Alexander Pleschka
Theatralität und Öffentlichkeit

Quellen und Forschungen
zur Literatur- und Kulturgeschichte

Begründet als

Quellen und Forschungen
zur Sprach- und Kulturgeschichte
der germanischen Völker

von

Bernhard Ten Brink und
Wilhelm Scherer

Herausgegeben von

Ernst Osterkamp und
Werner Röcke

75 (309)

De Gruyter

Theatralität und Öffentlichkeit

Schillers Spätdramatik und die
Tragödie der französischen Klassik

von

Alexander Pleschka

De Gruyter

Gedruckt mit Unterstützung der Johanna und Fritz Buch Gedächtnis-Stiftung.

ISBN 978-3-11-027207-9
e-ISBN 978-3-11-027227-7
ISSN 0946-9419

Library of Congress Cataloging-in-Publication Data

A CIP catalog record for this book has been applied for at the Library of Congress.

Bibliografische Information der Deutschen Nationalbibliothek

Die Deutsche Nationalbibliothek verzeichnet diese Publikation in der Deutschen
Nationalbibliografie; detaillierte bibliografische Daten sind im Internet
über http://dnb.dnb.de abrufbar.

Druck: Hubert & Co. GmbH & Co. KG, Göttingen
∞ Gedruckt auf säurefreiem Papier

Printed in Germany

www.degruyter.com

Vorbemerkung

Am Anfang der Arbeit an vorliegender Studie stand die Beobachtung, dass Schillers späte Dramen in einigen Punkten, dann jedoch auffallend den Tragödien der Französischen Klassik ähneln, dass auf diese Ähnlichkeit zwar schon oft hingewiesen, sie jedoch bisher nur unzureichend auf den Begriff gebracht wurde. Die Hypothese war, dass eine nähere Bestimmung dieser Affinität den Blick nicht nur auf den späten Schiller, sondern auch auf die *tragédie classique* schärfen könnte. Im Verlauf der Arbeit kristallisierte sich dann in der Tat heraus, dass gerade durch die Konfrontation der historisch weit auseinanderliegenden Dramaturgien diese, insbesondere aber die in ihnen eingelassenen Publikumskonzeptionen schärfere Konturen annahmen. Die Fragestellung lautete nun, wie in den jeweiligen Dramaturgien – seien sie theoretisch ausformuliert oder in den Dramen impliziert – das Verhältnis zwischen Szene und Publikum zu verstehen ist, welche Öffentlichkeitsform dem jeweiligen Publikumsbegriff zugrunde liegt und warum die der Schillerschen Dramatik Züge des Öffentlichkeitskonzepts trägt, das der *tragédie classique* zugrundegelegt werden kann. Die erste Frage, die sich dem Verhältnis von Szene und Publikum widmet, behandelt unter dem Begriff des Tableaus eine ästhetische, die zweite, die der durch das Publikum gegebenen Öffentlichkeit nachgeht, eine politische Problematik. Unter Berücksichtigung beider Teilaspekte lässt sich die Affinität der Schillerschen Spätdramatik zur *tragédie classique* begründen. In der vorliegenden Form wurde die Studie Ende 2010 an den Universitäten Bonn und Paris-Sorbonne (Paris IV) als Dissertationsschrift eingereicht. Berücksichtigt wurden die Forschungsarbeiten, die mir bis zu diesem Zeitpunkt vorlagen.

Viel verdanke ich der Unterstützung, die mir von verschiedenen Seiten zuteil kam. Dank gebührt vor allem Helmut J. Schneider, der mich schon während meines Studiums, dann aber besonders während der Promotion begleitet und gefordert hat. Des Weiteren möchte ich meinem Zweitbetreuer Gérard Laudin danken. Er hat die Arbeit in all ihren Phasen von französischer Seite aus unterstützt. Gefördert wurde ich durch die Universitätsgesellschaft Bonn – Freunde, Förderer, Alumni e.V. und die Studienstiftung des deutschen Volkes. Die Johanna und Fritz Buch Gedächtnis Stiftung gewährte mir einen großzügigen Druckkostenzuschuss. Für die Begutachtung der Arbeit in ihren unterschiedlichen Stadien möchte ich außerdem Volker C. Dörr, Jürgen Fohrmann, Ulrich Port und Michael

Werner danken. Rüdiger Campe hat mir in einem frühen Gespräch bei der Orientierung geholfen. Christopher Wild und David Wellbery, dem ich an dieser Stelle für die Einladung nach Chicago danken möchte, haben Vorformen von Kapiteln der Arbeit gelesen. Susanne Lüdemann danke ich für ihre Kritik und die Bereitschaft, mir das Manuskript einer ihrer Schillerstudien zur Verfügung gestellt zu haben. Ernst Osterkamp und Werner Röcke danke ich für die Aufnahme der Studie in die Reihe *Quellen und Forschungen zur Literatur- und Kulturgeschichte*. Ich danke meinen Eltern und allen Freunden, die mir auf die ein oder andere Weise geholfen haben, dieses Projekt zu Ende zu führen.

Inhaltsverzeichnis

Vorspiel. *Die Huldigung der Künste*

Zu den Kuriositäten von Schillers Werk gehört es, dass — sieht man von der Übersetzung der Racineschen *Phèdre* ab — sein letzter vollendeter dramatischer Text ein Vorspiel ist. Dieses Vorspiel, *Die Huldigung der Künste*, stellt Schiller der 1805 posthum unter dem Titel *Theater* erschienenen Gesamtausgabe seiner Dramen voran; eine Stellung, die nahelegt, dass er dieses nicht allein als Gelegenheitsarbeit verstand, sondern vielmehr als eine Art poetologisches Vorwort seiner gesamten Dramatik.[1] Anlass des Vorspiels ist ein politischer und ein ästhetischer; die Ankunft der russischen Großfürstin Maria Pawlowna in Weimar, die im August 1804 in Petersburg den Weimarer Erbprinzen Carl Friedrich geheiratet hatte, einerseits, die Aufführung von Racines *Mithridate* in der Übersetzung Theodor Heinrich August Bodes andererseits. Vor diesem Hintergrund nimmt es nicht wunder, dass der kurze Text auch um das für Schiller so zentrale Verhältnis von Kunst und Politik kreist.

Die Großfürstin könne, so heißt es im Stück, in Weimar nur durch die Kunst Fuß fassen, die sie an das neue Land, dem sie nun vorstehen werde, und an das auf der Bühne versammelte Volk, den Chor der Landleute, binde: „ALLE LANDLEUTE. O schöner Fremdling! Sag, wie wir sie binden, / Die Herrliche, in unsern stillen Gründen. / GENIUS. Es ist gefunden schon, das zarte Band, / Nicht alles ist ihr fremd in diesem Land, / *Mich* wird sie wohl und mein Gefolge kennen, / Wenn wir uns ihr verkündigen und nennen." (NA 10, 288.) Den Versuch der Landleute, die Königin durch die Pflanzung eines Orangenbaums zu binden, tut der Genius denn auch als naiv ab: „Hirten, euch ist nicht gegeben, / In ein schönes Herz zu schauen!" (NA 10, 287.) Auch die Landleute selbst bezweifeln, dass ihre Sympathie mit Maria die Bindungen an die Zarenfamilie und das „Jugendlande" (NA 10, 287.) ersetzen könnte. Dies könne, so der Genius der Künste, ausschließlich der ästhetische Umgang. Am Ende des Vorspiels steht denn

---

[1] An Humboldt schreibt er: „Zur Ankunft unserer Erbprinzessinn machte ich ein kleines Vorspiel, das ich Ihnen hier beilege. Es ist ein Werk des Moments und im Verlauf weniger Tage ausgedacht, ausgeführt und dargestellt worden. Eine Sammlung meiner Theaterstücke, womit diesen Sommer der Anfang gemacht wird, wird mit diesem Vorspiel, dem Carlos und der Jungfrau von Orleans eröfnet." (NA 32, 207.) Allgemein zum Kontext der Aufführung vgl. Seifert 2004. Zitiert wird im Folgenden nach dem im Literaturverzeichnis erläuterten Verfahren.

auch fest, dass Maria Pawlownas Ankunft im Großherzogtum Weimar eine Ankunft im Reich der Kunst darstellt: „So wollen wir mit schön vereintem Streben, / Der hohen Schönheit sieben heilge Zahlen, / Dir, Herrliche, den Lebensteppich weben! / ALLE KÜNSTE (*sich anfassend*). Denn aus der Kräfte schön vereintem Streben / Erhebt sich, wirkend, erst das wahre Leben." (NA 10, 292.)[2] Daher ist letztlich auch nicht zu entscheiden, ob es sich beim Genitiv des Titels um einen *genitivus objectivus* oder *subjectivus* handelt, ob im Vorspiel die Künste huldigen oder den Künsten gehuldigt wird.[3]

Da jedoch *Die Huldigung der Künste* nicht nur über die Kunst spricht, sondern ihrerseits selbst ein Kunstwerk ist, wird das Verhältnis von Kunst und Politik nicht allein inhaltlich, sondern auch auf der Ebene ihrer ästhetischen Form behandelt. Diese ist in der Tat paradigmatisch für das dramatische Spätwerk Schillers, denn das Stück vereint zwei ästhetische Formen, die Schillers spätes Dramenschaffen wesentlich prägen. Inszeniert werden einerseits szenische Tableaus, die als schöne, in sich geschlossene Bilder frontal dem Publikum und der dort sitzenden Maria Pawlowna präsentiert werden. So stehen die Künste und der Genius, darin im Übrigen den Stil des französischen Deklamationstheaters aufgreifend, in einem Halbkreis dem Publikum zugewandt. Die Szene bildet eine Ganzheit, die jedoch auch das im Theater versammelte Publikum exponiert.

Andererseits wird auf der Szene ein Chor, ein bühneninternes Publikum, inszeniert. Eine zentrale Annahme der Schillerschen Chordramaturgie ist nun, dass ein dargestelltes Publikum immer auch die Anwesenheit des betrachtenden Publikums hervorhebt, dass allein die physische Präsenz eines bühnen- und fiktionsinternen Publikums dieses mit dem bühnenexternen zu verbinden scheint, genauer: dass zwischen bühneninternem und bühnenexternem Publikum nicht nur ein metaphorisches, sondern auch ein metonymisches Verhältnis besteht.[4] Das bühneninterne Publikum ist nicht nur wie das bühnenexterne verfasst (metaphorisch), es scheint vielmehr aufgrund seiner physischen Präsenz, die es ausstellt, ein Teil des bühnenexternen Publikums zu sein (metonymisch). Im Unterschied zur Darstellung eines individuellen Zuschauers thematisiert und problematisiert damit die Darstellung eines bühneninternen Publikums nicht nur den Akt des Zuschauens, sondern immer auch die Darstellung als solche, denn das betrachtende Publikum scheint an dem dargestellten

---

2   Der Begriff „Lebensteppich" fällt in Schillers Werk übrigens noch ein weiteres Mal und zwar in einem vergleichbaren Kontext. Maria Stuart spricht im gleichnamigen Stück, als Mortimer ihr von der Kunstwelt berichtet, die für ihn das christliche Rom darstellt, ebenfalls vom Lebensteppich, den dieser vor ihr ausbreite. Vgl. MS 452.

3   Vgl. Vom Hofe 1990, S. 183.

4   Zu dieser Opposition vgl. Jakobson 1983, S. 168.

Publikum und somit an der theatralen Darstellung zu partizipieren, ja den Darstellungscharakter der Szene sogar partiell zu unterminieren. Damit aber wird der Ganzheitscharakter des szenischen Tableaus zu einem gewissen Grad aufgebrochen. Die Szene ist dann keine in sich geschlossene Ganzheit, sondern inszeniert den Prozess ihrer Schließung.

Schillers Spätdramatik oszilliert zwischen diesen beiden, wie noch zu zeigen sein wird, in der Kantrezeption gewonnenen Verständnissen ästhetischer Totalität. Wie in einem Vexierbild scheint das bühnenexterne Publikum mal ein Teil des im szenischen Tableau dargestellten Publikums zu sein, mal das Tableau nur von außen zu betrachten. Aus diesem Grund sind Schillers späte Dramen genuin theatralisch; sie exponieren stets immer auch die semiotische Ambivalenz theatraler Darstellung, bei der im Unterschied zum Film nie eindeutig festgelegt werden kann, ob es sich beim dargestellten Objekt um ein Ding oder ein Zeichen handelt, ob das Objekt Teil des inszenierten Dramas und damit ein Zeichen ist oder nicht. Bei einem kleinen Farbfleck auf der Bühne beispielsweise dürfte im Unterschied zu einem in einer Filmszene dem Rezipienten nicht sofort deutlich werden, ob dieser der dargestellten fiktiven Welt angehört oder dort nur zufällig angebracht ist. Diese Ambivalenz umfasst auch das betrachtende Publikum und die Körperlichkeit der theatralen Darstellung.[5] Es ist in Schillers Spätdramatik nie gänzlich entschieden, ob diese beiden Phänomene für die Inszenierung des Dramas notwendig sind oder nicht.

Die Huldigung der Künste ist diesbezüglich noch relativ eindeutig, denn die physische Anwesenheit der Zuschauerin Maria Pawlowna ist für die Inszenierung offenbar unabdingbar. Dennoch veröffentlicht Schiller auch diesen Text und stellt ihn damit in einen anderen Kontext bzw. macht es möglich, ihn in Kontexte zu stellen, in denen die russische Großfürstin nicht anwe-

---

5   Auf diese Weise wird im Folgenden der Begriff „Theatralität" verstanden. Er umfasst damit drei Aspekte: die angesprochene semiotische Ambivalenz, die Präsenz mehrerer Zuschauer und die irreduzible Körperlichkeit der Darstellung, insbesondere der Akteure und Zuschauer. Gerhard Neumann schlägt stattdessen in Anschluss an Roland Barthes vor, „Theatralität" allein im semiotischen Sinne zu gebrauchen. „Theatralität würde, aus dieser Perspektive aufgefaßt, als eine Praxis der Bedeutungsproduktion zu verstehen sein, die als ein dynamisches Muster der Sprache selbst innewohnt. Theatralität als generatives Element von Bedeutungsproduktion, so lautet die These, kann nicht losgelöst von Sprachlichkeit und Textualität konzipiert werden." (Neumann 2000, S. 13.) Für den angesprochenen weiteren Gebrauch des Begriffs mit seinen drei Aspekten Beobachtung, Körperlichkeit und Semiosis sprechen sich hingegen Bosse 2008, S. 24. und Schramm 1996, insbesondere S. 44. aus. Theatrale Inszenierungen können je nach historischem Kontext diese drei Aspekte hervorheben oder unterschlagen und werden in dieser Studie im ersten Fall als „theatralisch", im zweiten als „antitheatralisch" qualifiziert. Wird „Drama" als Gegenbegriff zu „Theater" verwendet, wird darunter der unaufgeführte Dramentext verstanden. Der ebenfalls im Titel dieser Studie fallende Begriff der Öffentlichkeit wird vorerst noch nicht näher bestimmt, da er angemessen allein aus dem jeweiligen historischen Kontext heraus definiert werden kann.

send ist. Eine These der vorliegenden Studie ist es, dass in Schillers Spätwerk eine so verstandene Theatralität der Darstellung konstitutiv für das
dramatische Werk ist. Genauer: Die späten Dramen zeichnen sich durch
eine Unentschiedenheit aus, die es offen lässt, ob die Theatralität der Darstellung, d.h. deren semiotische Ambivalenz, die Anwesenheit eines Publikums und die Körperlichkeit der Darstellung, dem Drama angehört oder
nicht. In diesem Sinne ist das dramatische Werk *zwischen* Drama und Theater
zu verorten. Dass das dramatische Werk diese Ambivalenz ausstellt, lässt
sich, so die noch ausführlich zu erläuternde These, auf ein Problem zurückführen, das Schillers Kant- und Diderotrezeption aufgeworfen hatte.

Die auf diese Weise exponierte Theatralität der Darstellung – dies ist
die zweite These der vorliegenden Studie – dient Schiller auch dazu, eine
Öffentlichkeitsform zu restituieren, die durch die zeitgenössische Dramaturgie, insbesondere die des bürgerlichen Trauerspiels, unmöglich geworden war. Gegen Ende des 18. Jahrhunderts konstituiert sich das Theaterpublikum zumindest in der dramaturgischen Theorie – im Folgenden wird
fast ausschließlich von den oft auch utopischen Charakter tragenden,
dramaturgischen Theorien, jedoch kaum von deren tatsächlicher Umsetzung die Rede sein – dadurch, dass die einzelnen Zuschauer gänzlich von
ihrer physischen Präsenz im Zuschauerraum abstrahieren und im Blick in
die Bühnenillusion aufgehen. Idealiter vergessen sie, dass sie im Theater
sitzen und damit Teil eines physisch präsenten Publikums sind. Schillers
Spätdramatik hingegen exponiert durch die in ihr ausgestellte Theatralität
auch die Anwesenheit und Körperlichkeit des Theaterpublikums. Entweder wird wie oben beschrieben das Publikum direkt angesprochen oder
aber es scheint wie etwa bei Auftritten des Chors, an einem bühneninternen zu partizipieren. In beiden Fällen wird dadurch eine Öffentlichkeit restituiert, die in der bürgerlichen Dramatik ausgeblendet wurde, deren Themen daher auch primär private waren: Wenn die Anwesenheit des
Theaterpublikums exponiert wird, laufen die dramatischen Handlungen
immer schon vor einem öffentlichen Forum ab. Und auch ein auf der
Bühne dargestelltes Publikum verleiht der Handlung öffentlichen Charakter. So feiern die Landleute der *Huldigung der Künste* beispielsweise ein Fest
zu Ehren der Königin. Das Fest ist dabei – wie noch ausführlich erläutert
werden soll – in Schillers Verständnis letztlich nichts anderes als die
Selbstinszenierung eines Kollektivs, das zu seinem eigenen Publikum geworden ist. Und auch das Theaterpublikum scheint an der Inszenierung
des Vorspiels zu partizipieren, ja gewissermaßen selbst ein ästhetisches
Objekt innerhalb dieser zu sein. Der „Lebensteppich", den die Künste
Maria Pawlowna zu weben beabsichtigen, scheint diese und damit das
gesamte, im Weimarer Theater versammelte Publikum zu umfassen.

Die dritte These der vorliegenden Studie ist in deren Untertitel angedeutet und lautet, dass Schillers Spätdramatik durch diese ästhetisch wie
politisch motivierte Verwiesenheit von Theatralität und Öffentlichkeit an
die Tragödie der Französischen Klassik anschließt. Es ist mithin kein Zufall, dass *Die Huldigung der Künste* ausgerechnet ein Vorspiel zu Racines
Tragödie *Mithridate* ist. Es mag zwar zunächst kontraintuitiv erscheinen,
dass Schiller gerade mit seinen Massenszenen bestimmten Aspekten der
im Personal sehr beschränkten Dramatik Racines und Corneilles folgt.
Deren Dramen beruhen aber wesentlich auf einer Dramaturgie, innerhalb
derer die Rezeption durch das Publikum eine genuin öffentliche ist. Die
Dramen dieser Autoren wurden im 17. Jahrhundert stets vor einem Publikum inszeniert, das sich selbst gegenwärtig und dessen Selbstpräsenz konstitutiv für die Wirkung des Dramas auf den individuellen Rezipienten war.
Schiller ästhetisiert, so wird sich zeigen, diese höfische Form des Theaterbesuchs. Dabei kommt er vor allem in den Dramen des Spätwerks immer
wieder auf die Dramaturgie der beiden genannten Autoren zurück.

In der vorliegenden Studie soll nicht rekonstruiert werden, wie Schiller
selbst vorgibt, die französische Tragödie rezipiert zu haben. Seine Selbstdeutung wird zwar berücksichtigt, steht jedoch nicht im Zentrum der
Darlegungen. Die Äußerungen zur *tragédie classique* sind zumeist vernich-
tend, zuweilen und vor allem im Spätwerk jedoch auch positiv. Wobei in
den anerkennenden vor allem lobend hervorgehoben wird, dass die höfische Dramatik die ästhetische Distanz exponiere. Sicherlich ist ein Vergleich der Rezeption der französischen Tragödie durch Schiller mit der der
Generation vor ihm, insbesondere der durch Lessing und Herder, sehr
aufschlussreich.[6] Die Verurteilung dieser durch letztere beruht auf einer
Nachahmungspoetik, an deren sehr spezifischem, normativem Naturbegriff, der von der Darstellung verlangt, illusionistisch zu wirken, die französische Tragödie gemessen wird. Zwar führt Herder, darin an die *Querelle
des Anciens et des Modernes* anknüpfend, eine Historisierung der ästhetischen
Beurteilung ein, weitet diese jedoch nicht auf die Französische Klassik aus,
sondern misst sie wie schon Lessing weiterhin am bereits angesprochenen
Naturbegriff, mit dem er ihr jedoch nicht gerecht werden kann.[7] Und auch
der frühe Goethe kann allein durch sein stark durch Herder geprägtes

---

[6]   Vgl. zum Folgenden Galle 1979, S. 440ff.

[7]   „Das Ganze ihrer Kunst ist ohne Natur, ist abenteuerlich, ist ekel!" (Herder 2, 506 (*Von
deutscher Art und Kunst. Einige fliegende Blätter*).) Zuvor hieß es bereits, die französische Tragödie gleiche der Sophokles' wie eine Puppe: „Als Puppe ihm noch so gleich; der Puppe
fehlt Geist, Leben, Natur, Wahrheit – mithin alle Elemente der Rührung – mithin Zweck
und Erreichung des Zwecks – ists also dasselbe Ding mehr?" (Ebd. S. 505.) Zu Lessing
siehe ausführlicher Kapitel II.1.

Naturkonzept zu der Behauptung gelangen, dass „alle französischen Trauerspiele Parodien von sich selbst"[8] seien. Weil die Französische Klassik
allgemein und auch vom frühen Schiller[9] an dem in der zweiten Hälfte des
18. Jahrhunderts in Deutschland omnipräsenten Naturbegriff gemessen
wurde, wird es in der Tat verständlich, warum sich das Urteil über die
„Franzosen" ändern musste, als dieser – wie dies in Schillers Spätwerk
geschehen wird – seinen für die Ästhetik so zentralen Stellenwert einbüßt.
So kommt Schiller im Gedicht *An Goethe. Als er den Mahomet von Voltaire
auf die Bühne brachte*, in dem er für eine partielle Orientierung an der *tragédie
classique* plädiert, auch auf den Naturbegriff zurück, mit dem diese zuvor
verurteilt wurde: „Der Schein soll nie die Wirklichkeit erreichen, / Und
siegt Natur, so muß die Kunst entweichen." (NA 2I, 405.) Schillers Plädo-
yer für die ästhetische Distanz fällt somit auch als eines für die französische Tragödie aus.

Ein solcher Vergleich soll jedoch hier nicht weiter verfolgt werden,
vielmehr sei der Fokus ganz auf das weiter oben skizzierte Problem, auf
das, nicht zuletzt durch die soeben beschriebene Exponierung der ästhetischen Distanz bewusst gemachte, Verhältnis von Bühne und Publikum,
von Szenenbild und ästhetischem Betrachter, von Drama und Theater
gesetzt. In dieser Hinsicht helfen Schillers briefliche und theoretische
Äußerungen zur französischen Tragödie jedoch nur selten weiter. Auch
diesbezüglich ist *Die Huldigung der Künste* exemplarisch, denn, obwohl sie
als Vorspiel zu Racines *Mithridate* Formen von Öffentlichkeit und Theatralität inszeniert, die in mancher Hinsicht der höfischen Dramatik ähneln,
wird das Racinestück selbst mit keinem Wort bedacht. Zum Vergleich
denke man an das 1737 in Straßburg aufgeführte Vorspiel der Neuberin
zu *Mithridate. Die Verehrung der Vollkommenheit durch die gebesserten deutschen
Schauspiele*, so der Titel, kreist fast ausschließlich darum, dass das deutsche
Drama sich am französischen zu orientieren habe, genauer: an der Poetik

---

8   Goethe 37, 132 (*Zum Schäkespears Tag*).
9   So heißt es 1782 in *Über das gegenwärtige teutsche Theater*: „Die Menschen des Peter Korneille
     sind frostige Behorcher ihrer Leidenschaft – altkluge Pedanten ihrer Empfindung. Den be-
     drängten Roderich hör ich auf offener Bühne über seine Verlegenheit Vorlesung halten,
     und seine Gemüthsbewegungen sorgfältig, wie eine Pariserin ihre Grimassen vor dem
     Spiegel, durchmustern. Der leidige Anstand in Frankreich hat den Naturmenschen ver-
     schnitten." (NA 20, 82.) Früh schon findet sich freilich auch ein positives Urteil und zwar
     in einem Brief an Dalberg vom 24. August 1784, wobei Schiller sich sicherlich bewusst
     war, dass der Intendant des Mannheimer Theaters die französische Bühne sehr schätzte:
     „Auch nähre ich insgeheim eine kleine Hoffnung, der teutschen Bühne mit der Zeit durch
     Versezung der klaßischen Stüke Corneilles, Racines, Crebillons und Voltaires auf unsern
     Boden eine wichtige Eroberung zu verschaffen." (NA 23, 155.)

des Abbé d'Aubignac, dessen *Pratique du Théâtre* die auf der Bühne auftretende Allegorie der Regel immer bei sich trägt.[10]

Von vorliegender Studie ist damit keine Rezeptionsgeschichte der französischen Tragödie in Deutschland oder durch Schiller zu erwarten, die die einzelnen theoretischen Äußerungen noch einmal aufrollen würde.[11] Weil die Argumentation sich an der beschriebenen Problematik von Theatralität und Öffentlichkeit orientiert, findet zudem ein Autor keine Beachtung, der im 18. Jahrhundert neben Racine und Corneille als der dritte „große" Dramatiker der französischen Tragödie galt: Voltaire.[12] Dies mag zunächst überraschen, denn dieser ist unter anderem dafür bekannt, in seiner Dramatik den für Schillers späte Dramaturgie zentralen Chor verwendet zu haben. In der *Lettre 6, qui contient une dissertation sur les chœurs* lässt Voltaire den Chor, wie er in seinem *Œdipe* auftritt, als Teil des Dramas gelten, wenn dieses öffentliche Themen behandle:

> Le chœur serait absolument déplacé dans *Bajazet*, dans *Mithridate*, dans *Britannicus*, et généralement dans toutes les pièces dont l'intrigue n'est fondée que sur les intérêts de quelques particuliers : il ne peut convenir qu'à des pièces où il s'agit du salut de tout un peuple.[13]

Schiller hingegen wird in der Vorrede zur *Braut von Messina* behaupten, dass die Themen allein durch die Einführung des Chors wieder öffentlichen Charakter tragen könnten. Im Unterschied dazu sieht Voltaire im Chor allein ein „ornement de la scène"[14], der nicht die gesamte Handlung begleitet und nur dazu diene, „pour jeter plus d'intérêt dans la scène, et pour ajouter plus de pompe au spectacle."[15] Der Chor Voltaires fällt damit für Schiller unter die modernen „opernhaften Chöre […]" (NA 10, 15.), die er in seiner Chorabhandlung aufs Äußerste kritisieren wird. Während

---

10   Abgedruckt bei Schlenther 1881, S. 457–476. Vgl. auch Heckmann 1986, S. 120f.

11   Die theoretischen und brieflichen Äußerungen Schillers zur Französischen Klassik sind sehr gut in den von Willi Hirdt besorgten Anmerkungen zu NA 15 aufgearbeitet. Vgl. außerdem Bloch 1968. Cunningham 1930. Mackervoy 1989. Minder 1961. Osels 1986. Stellmacher 1989. Zur Rezeption in Deutschland vgl. auch Bürger 1964. Dach 1941. Geisenhanslüke 2002. Geisenhanslüke 2006, S. 61ff. Lerch 1953. Nebrig 2007. Rehm 1951.

12   So kennt Schiller im einzigen Brief, in dem er ausführlicher auf die französische Tragödie zu sprechen kommt, dem Brief an Goethe vom 31. Mai 1799, wie selbstverständlich neben Corneille und Racine auch diesen. Vgl. NA 30, 50f. Freilich nahm Voltaire bereits im Kanon des 18. Jahrhunderts einen gegenüber den beiden älteren Dramatikern geringeren Stellenwert ein. Paradigmatisch ist in dieser Hinsicht Lessing, der in der *Hamburgischen Dramaturgie* polemisiert: „Kaum riß Corneille ihr Theater [das der Franzosen] ein wenig aus der Barbarei: so glaubten sie es der Vollkommenheit schon ganz nahe. Racine schien ihnen die letzte Hand angelegt zu haben" (Lessing 6, 586.).

13   Voltaire 2, 48.

14   Ebd.

15   Ebd., S. 46.

letzterer seine Dramaturgie ganz auf dem Chor aufzubauen versucht, kann ersterer sagen, der Chor sei im Grunde „un usage si sujet au ridicule […]. Voilà bien les hommes [les défenseurs des chœurs], qui prennent presque toujours l'origine d'une chose pour l'essence de la chose même."[16]

Doch auch aus einem anderen, wichtigeren Grund soll Voltaire in der vorliegenden Argumentation nur eine eingeschränkte Beachtung finden. Zu Recht erfreut sich in literatur- und kulturwissenschaftlichen Studien ein historiographisches Narrativ besonderer Beliebtheit. In diesem werden historische Phänomene stets auf einen im 18. Jahrhundert verorteten, grundlegenden gesellschaftlichen Umbruch zurückgeführt. Diese Sicht gründet, so Reinhart Koselleck, der daher auch von einer „Sattelzeit" spricht, in der „Vermutung, daß sich seit der Mitte des achtzehnten Jahrhunderts ein tiefgreifender Bedeutungswandel klassischer topoi vollzogen, daß alte Worte neue Sinngehalte gewonnen haben, die mit Annäherung an unsere Gegenwart keiner Übersetzung mehr bedürftig sind."[17] Von einem ähnlich grundlegenden Einschnitt geht auch die Systemtheorie Niklas Luhmanns aus, die diesen als einen Wechsel von einer stratifikatorischen zu einer funktionalen Differenzierung der Gesellschaft zu beschreiben versucht.[18] Ähnliches gilt für an Michel Foucault anschließende diskurstheoretische Ansätze.[19] Statt diesen Wandel noch einmal nachzuerzählen, soll jedoch im Folgenden vielmehr auf Kontinuitäten über diesen unleugbar einschneidenden Umbruch hinweg aufmerksam gemacht werden. Zwar wird auch nachzuvollziehen sein, wie die im Theater erzeugte und erfahrene Öffentlichkeit maßgeblich von dem erwähnten Wandel ergriffen wird, dennoch liegt das primäre Interesse darin, zu zeigen, wie Schiller die historisch überholten Formen der Französischen Klassik aufgreift, um mit ihnen gerade durch den Wandel aufgeworfenen Problemen, insbesondere der im Theater kaum noch inszenierbaren Abstraktheit und Unanschaulichkeit moderner Öffentlichkeit, zu begegnen. Dafür aber bietet sich die historisch entferntere Dramatik Corneilles und Racines sehr viel besser an als die Voltaires.

Aus diesem Grund gliedert sich die vorliegende Studie in drei Teile, in denen die hier nur angerissenen Thesen entfaltet werden sollen. Widmet sich der erste der Dramaturgie und Öffentlichkeit der Französischen Klassik, so der zweite dem soeben erwähnten Umbruch, der an den bürgerli-

---

[16]   Voltaire 2, 47.
[17]   Koselleck 1972, S. XV.
[18]   Vgl. Luhmann 1980.
[19]   Bereits die *Mots et les choses* beschreiben vor allem, hier epistemisch verstandene, Umbrüche und keine Kontinuitäten. Dem hier angesprochenen Wandel widmet sich Foucault vor allem in *Surveiller et punir*.

chen Theater- und Dramentheorien Diderots, Lessings, Rousseaus und des frühen Schillers nachvollzogen werden soll. Der abschließende Teil ist dann ganz dem Spätwerk Schillers vorbehalten. „Spätwerk" und „Spätdramatik" sollen die unter der in der Kantrezeption gewonnenen Ästhetik stehende dramatische Schaffensperiode bezeichnen. Insbesondere nach *Wallenstein*, jedoch auch in *Wallenstein* selbst, der, indem er die frühe Dramatik kritisch reflektiert und auf die Spätdramatik vorausweist, in Schillers Werk eine Zwischenstellung einnimmt, lassen sich Tendenzen ausmachen, denen hier unter dem Namen „Spätdramatik" nachgegangen werden soll. „Klassisch" wird diese Periode nicht genannt, weil der Begriff stark ideologisch besetzt und vor allem ein Produkt der Literaturgeschichtsschreibung des 19. Jahrhunderts ist.[20] Zudem problematisiert Schillers Spätdramatik, auch wenn sie ihr verpflichtet bleibt, gerade die Ästhetik, die gemeinhin als „klassisch" apostrophiert wird. Das „spät" in beiden Begriffen soll jedoch auch nicht suggerieren, dass mit ihm an die durch Adornos Stilbegriff geprägte Diskussion um den „Spätstil" angeknüpft wird.[21] „Spät" wird mithin ausschließlich im zeitlichen Sinne verstanden, um die Dramen nach der Kantrezeption von denen des Frühwerks abgrenzen zu können. Dieser dritte, das so verstandene Spätwerk betreffende, Teil untergliedert sich wiederum in drei Teile. Zunächst wird Schillers Kantrezeption in den *Kalliasbriefen* aufgearbeitet und durch diese das für Schiller neue Verständnis von ästhetischer Totalität und Theatralität begründet, wie es die vor allem in der Vorrede zur *Braut von Messina* auf den Begriff gebrachte späte Dramaturgie prägt. Diese soll auch mit den beiden ihr nahestehenden Bühnenästhetiken Goethes und Humboldts konfrontiert und von der Diderots abgegrenzt werden. Anschließend wird thematisiert, wie Schiller durch die dergestalt autonomieästhetisch motivierte Exponierung der Theatralität eine szenisch realisierte Form von Öffentlichkeit restituiert, die wesentliche Aspekte der in den Dramaturgien Corneilles und Racines wirkungsästhetisch entfalteten übernimmt. Dieser Öffentlichkeitsbegriff soll von denen der theoretischen Schriften, die vor allem auf Kant und Rousseau reagieren, differenziert werden. In einem letzten Schritt werden dann schließlich die zuvor theoretisch erarbeiteten

---

[20]   Vgl. Fohrmann 1989. und die Beiträge in Voßkamp 1993. Wenn auf ihn im französischen Kontext nicht verzichtet wird, liegt dies darin begründet, dass kein anderer adäquater Epochenbegriff zu Verfügung steht. „Französische Klassik" oder auch „tragédie classique" werden als Namen, nicht als Begriffe verwendet. Die Dramen werden als klassisch benannt, nicht jedoch als solche begriffen. Eine solche Verwendungsweise von „Klassik" schlägt für den deutschen Kontext vor Dörr 2007, S. 13. Zur Klassizität im französischen Kontext vgl. Stenzel 1995.

[21]   Vgl. Adorno 1973. Der derzeitige Diskussionsstand ist gut aufgearbeitet bei Düttmann 2008.

dramaturgischen Probleme exemplarisch an drei Dramen des Spätwerks analysiert. Dabei handelt es sich nicht im eigentlichen Sinne um Drameninterpretationen, die jedes einzelne Drama umfassend zu kommentieren in Anspruch nehmen, vielmehr soll allein nachvollzogen werden, wie Schiller seine dramaturgischen Theoreme dramatisch umsetzt bzw. sie durch die Dramenpraxis gewinnt.

Die hier vorgeschlagene Perspektive, die ganz in den Fokus rückt, wie sich in Schillers Spätwerk Theatralität und Öffentlichkeit zueinander verhalten, macht es möglich die theoretischen und dramatischen Texte zu vergleichen, ohne erstere einfach blind auf letztere „anzuwenden". Liest man sie vor der soeben skizzierten Problematik, verliert die Lektüre ihr willkürliches Moment, das den oft verfolgten, meist ideengeschichtlich ausgerichteten Lesarten, die theoretische und dramatische Texte auf Korrespondenzen abtasten, zuweilen innewohnt. Das eine theatrale Öffentlichkeit generierende Verhältnis von Drama und Theater ist offenbar hinreichend abstrakt, um als Problemstellung aller genannten Texte gelten zu können, und dennoch hinreichend konkret, um das Charakteristikum der jeweiligen Schriften nicht aus den Augen zu verlieren. So wird sich denn auch herausstellen, dass sowohl Schillers dramatische als auch seine theoretischen Schriften die Ästhetik und Öffentlichkeit der Dramen nicht alle auf dieselbe Weise durch die Theatralität der Darstellung zu begründen versuchen, sondern dass vielmehr die verschiedenen Texte unterschiedliche Antworten auf die gemeinsame Frage geben, wie sich Ästhetik und Öffentlichkeit, wie sich Kunst und Politik durch die in den Dramen implizierte Theatralität fundieren lassen. Eine Frage, die – weil auch auf thematischer Ebene verhandelt – wohl am eindringlichsten in der eingangs angesprochenen *Huldigung der Künste* Beachtung findet. In diesem Sinne handelt es sich bei diesem kurzen und unscheinbaren Vorspiel um ein poetologisches Vorwort zu Schillers Dramatik.[22]

---

[22] Da auf die Forschung, auf der die hier vorgestellten Thesen beruhen, im Folgenden noch ausführlich eingegangen wird, soll hier auf einen Forschungsüberblick verzichtet werden. Dennoch seien die wichtigsten Titel schon jetzt genannt. Bettine Menke hat die hier aufgegriffene These aufgestellt, das Publikum werde beim späten Schiller in das dramatische Werk partiell integriert (Menke, B. 2007.). Sie pointiert diese These jedoch gegen dessen Autonomieästhetik. Hier hingegen soll diese Integration gerade durch seine Kant- und Diderotrezeption begründet werden. Dabei wird insbesondere auf eine auf Schiller vorausweisende Bemerkung Michael Frieds (Fried 1980, S. 104f.) zurückzukommen sein, auf die zuletzt Christoph Menke aufmerksam gemacht hat (Menke, Ch. 2003, S. 764.). Bettine Menke spricht auch die durch die Integration des Publikums gegebene Öffentlichkeit an und verweist auf die Französische Klassik. Zum nun zu thematisierenden Öffentlichkeitsbegriff hat Hélène Merlin-Kajman eine wichtige Studie vorgelegt (Merlin 1994.).

Teil I: Französische Klassik

1 Der Körper des Publikums

Wenn irgend etwas Schauwürdiges auf flacher Erde vorgeht und alles zuläuft, suchen die Hintersten auf alle mögliche Weise sich über die Vordersten zu erheben: man tritt auf Bänke, rollt Fässer herbei, fährt mit Wagen heran, legt Breter [sic!] hinüber und herüber, besetzt einen benachbarten Hügel, und es bildet sich in der Geschwindigkeit ein Krater. Kommt das Schauspiel öfter auf derselben Stelle vor, so baut man leichte Gerüste für die so bezahlen können, und die übrige Masse behilft sich, wie sie mag. Dieses allgemeine Bedürfniß zu befriedigen, ist hier die Aufgabe des Architekten. Er bereitet einen solchen Krater durch Kunst, so einfach als nur möglich, damit dessen Zierrath das Volk selbst werde. Wenn es sich so beisammen sah, mußte es über sich selbst erstaunen, denn da es sonst nur gewohnt, sich durch einander laufen zu sehen, sich in einem Gewühle ohne Ordnung und sonderliche Zucht zu finden, so sieht das vielköpfige, vielsinnige, schwankende, hin und her irrende Thier sich zu einem edlen Körper vereinigt, zu einer Einheit bestimmt, in eine Masse verbunden und befestigt, als Eine Gestalt, von Einem Geiste belebt.[23]

Auf diese Weise kommentiert Goethe in der *Italienischen Reise* das Amphitheater Veronas und sein, ein vergangenes, Publikum. Dabei greift er auf eine Metapher zurück, die zu seiner Zeit bereits an Plausibilität verloren hat. Mit ihr, der des Körpers des Publikums, beschreibt er ein Publikum, das sich aufgrund seiner physischen Präsenz als eine in sich geschlossene, wohlgeordnete Einheit erfahren kann. Unplausibel geworden ist sie, weil sich ungefähr in der Mitte des 18. Jahrhunderts ein grundlegender sozialer Wandel vollzog, der Vergemeinschaftung im Allgemeinen und die des Theaterpublikums im Besonderen primär nicht mehr durch körperliche Interaktion (im Theater: der Zuschauer untereinander), sondern durch ein medial vermitteltes Geschehen, durch Kommunikation statthaben lässt.[24] Freilich handelt es sich dabei um einen allmählichen Prozess, so dass auch noch am Jahrhundertende Residualformen der alten Vergemeinschaftungsform existieren, ja, wie sich zeigen wird, greift Schiller in seiner Dramaturgie sogar auf solche Formen der Vergemeinschaftung zurück und ästhetisiert sie. Historisch treffend lässt sich mit der Metapher jedoch allein das Theaterpublikum vor dem erwähnten sozialen Wandel beschreiben.

Das Publikum erfährt jedoch schon im Frankreich des 17. Jahrhunderts und damit vor diesem Umbruch einen bedeutenden Wandel, der sich,

---

23   Goethe 30, 59f.
24   Siehe ausführlich Kapitel II.1.

so die in diesem Kapitel zu entfaltende These, auf die Veränderung der im Laufe des Jahrhunderts sich ebenfalls grundlegend wandelnden Öffentlichkeit zurückführen lässt. Erst nach dem angesprochenen Umbruch wird nämlich der Akt des Zuschauens als ein genuin subjektiver verstanden, zuvor ist er hingegen ein wesentlich öffentlicher. Der Zuschauer schaut nicht einfach der Darstellung zu, sondern verortet sich durch den Akt des Zuschauens im Publikumskörper. Daher sind die Blicke nicht allein auf die Bühne ausgerichtet, sondern streifen auch durch den Publikumsraum. Wenn sich das zeitgenössische Verständnis von Öffentlichkeit wandelt, ändert sich daher auch das Zuschauerverhalten.

Nun lässt sich auch die politische Öffentlichkeit der Zeit mit der Körpermetapher beschreiben.[25] Der *public* wird zunächst ebenfalls als eine Ganzheit angesehen, an der jedes Glied unmittelbar partizipiert. So streiten etwa die Feudalherren als ein Teil des noch ontologisch verstandenen politischen Körpers für diesen. Freilich ist diese Öffentlichkeitsform schon in sich brüchig, denn der Absolutismus stellt bekanntermaßen eine politische Entmündigung der einzelnen „Glieder" des politischen Körpers, der Untertanen, dar, die die politische Entscheidungsgewalt sich fortan idealiter in dessen Haupt, dem absoluten Souverän, konzentrieren lässt. Im Laufe des Jahrhunderts versucht dieser, sich ein immer größeres Öffentlichkeitsmonopol zu erwirken und damit die Untertanen aus der öffentlichen in die private (*particulier*) Sphäre zu verdrängen. Weil dieser Wandel auch das Theaterpublikum ergreift, verliert auch dieses im Laufe des Jahrhunderts seine Selbstverständlichkeit, seinen ontologischen Status. Dementsprechend entwickelt die dramaturgische Theorie und Praxis eine zunehmende Sensibilität für das Publikum und reflektiert seinen Stellenwert erstmals auch theoretisch.

Der Wandel, der die Öffentlichkeit des Theaterpublikums mit der Zeit immer „absolutistischer" werden lässt, sei hier anhand der *Querelle du Cid*, der Regelpoetik und der Dramaturgien Corneilles und Racines nachgezeichnet. Dabei sind für die oben angesprochene Rezeption durch Schiller vor allem die Dramaturgien der letztgenannten Autoren und die Art und Weise relevant, wie in ihnen durch das Theaterpublikum und die Interaktion der dramatischen Personen mit dem Publikum eine bestimmte Form von Öffentlichkeit entfaltet wird. Da dies jedoch angemessen nur aus dem historischen Kontext heraus beschrieben werden kann, soll zuvor auf die *Querelle du Cid*, in der die Zeitgenossen selbst ein Bewusstsein für die Öffentlichkeit des Theaterpublikums entwickeln, und die Regelpoetiken, die den Stellenwert des Publikums auch theoretisch beschreiben, eingegangen werden.

---

[25]   Vgl. Merlin 1994.

Zuerst sei jedoch eine im 20. Jahrhundert geführte Diskussion aufgegriffen, die sich dem Verhältnis von Theatralität und Souveränität widmet. Die Widersprüchlichkeit der hier referierten Positionen lässt sich auf einen Publizitätsbegriff zurückführen, der der historischen Situation und damit dem absolutistischen Souverän nur bedingt gerecht wird. Die Aufarbeitung dieser Diskussion wird daher auch zu einem genaueren Verständnis des hier bereits mehrfach gefallenen Begriffs der Öffentlichkeit (*public*) führen.

1.1 Theatralität und Souveränität. Ausgewählte Theorien

In seiner bekannten Studie *Die zwei Körper des Königs* geht Ernst H. Kantorowicz ausführlich der Körpermetaphorik des mittelalterlichen Königtums nach. Die karolingische Theologie hatte für die geweihte Hostie den Begriff *corpus mysticum* geprägt. Im 12. Jahrhundert wurde, wie Kantorowicz vermutet, aufgrund des Transsubstiationsdisputs der Begriff durch den des *corpus verum* ersetzt und der nun unbesetzte Term in einer entscheidenden Übertragung auf die Kirche bezogen.[26] Bei der Einführung der Körpermetaphorik zur Beschreibung einer Gemeinschaft konnten die Theologen auf eine lange antike wie auch paulinisch-christliche Tradition zurückgreifen.[27] Diese Verwendungsweise leitete eine Säkularisierung des Begriffs ein, die es den Legisten ermöglichte, ihn auch in einem politischen Kontext zu verwenden.[28] Dort gebrauchte man ihn, um die Kontinuität des Königtums über den Tod des einzelnen Königs hinaus fassen zu können. Eine solche Theorie geht davon aus, dass im Körper des jeweiligen individuellen Königs auch der unsterbliche, politische Königskörper anwesend ist. In diesem Sinne sprechen die Legisten von den zwei Körpern des Königs.

Innerhalb dieser Studie findet sich eine einflussreiche Interpretation von Shakespeares *Richard II.*, der, so die These, die Zersetzung des institutionellen, ewigen Königleibs vorführe. Kantorowicz weist dies anhand dreier Szenen nach, die jeweils dieselbe Struktur aufwiesen. „In jeder dieser drei Szenen sehen wir dieselbe Kaskade: von göttlichem Königtum zum ‚Namen' des Königtums, und von dem Namen zum nackten menschlichen Jammer."[29] Er führt weiter aus:

---

[26] Vgl. Kantorowicz 1990, S. 207f.
[27] Einen Überblick über diese Tradition geben u.a. Koschorke 2007. Lüdemann 2004, S. 79ff.
[28] Vgl. Kantorowicz 1990, S. 218ff.
[29] Ebd., S. 50.

Dieses glänzende Bild des Königs von Gottes Gnaden hält nicht lange. Es schwindet mit dem Eintreffen schlechter Nachrichten. In Richards Haltung tritt eine merkwürdige Änderung ein, man möchte sagen, eine Metamorphose vom Realismus zum Nominalismus. Der ‚Königtum‘ genannte Universalbegriff beginnt zu zerfallen, seine transzendente Realität, objektive Wahrheit und gottähnliche Existenz, eben noch so strahlend, verblassen zu einem Nichts, einem *nomen*.[30]

Die These, das Theaterstück führe den Wandel vom König zur Kreatur vor, fußt auf einer Prämisse, die vom Autor nicht weiter erörtert wird; Theater nämlich kann aufgrund der spezifischen Situation des Schauspielers als das privilegierte Medium einer solchen „Metamorphose vom Realismus zum Nominalismus“ gelten. Ein Schauspieler kann einen König immer nur spielen, nie aber realistisch verkörpern und hat somit die im Stückverlauf vollzogene Metamorphose immer schon erfüllt. Daher bietet sich das Theaterspiel für eine Reflexion auf die zwei Körper des Königs, die laut Kantorowicz *Richard II.* darstellt, besonders an.[31]

Kann aber, ist dann zu fragen, das Theater überhaupt den König inszenieren? Dieser Frage geht Carl Schmitt, in diesem Punkt Kantorowiczs Antipode, in seiner *Hamlet*-Monographie nach. Er gibt zwar vor, über die moderne Tragödie zu handeln, unterlegt jedoch seiner Tragödientheorie implizit eine Repräsentationstheorie des Souveräns. *Hamlet* sei durch „den Einbruch der Zeit in das Spiel“[32] strukturiert. Das Stück umspiele ein Tabu, das selbst nicht dargestellt werden könne. Unter dem historiographischen Blick Schmitts stellt sich heraus, dass dieses Tabu der Souverän ist.[33] An bestimmten Stellen rage die Geschichte in das Spiel hinein; damit werde in der Moderne Tragödie ermöglicht.[34] Gerade dadurch, dass im Stück etwas Nichtfiktionales anwesend sei, wird der Souverän wieder, wenngleich als Nichtdargestellter, repräsentierbar. „Shakespeares Theater ist [für Schmitt] der Ort gelingender Repräsentation des Souveräns, weil es

---

30   Kantorowicz 1990, S. 51f.

31   Mit dieser Lesart folge ich Menke 1998, S. 73–75, an dem sich auch die folgende Gegenüberstellung orientiert. Im Unterschied zu Menke, der sich auf Kantorowicz und Schmitt beschränkt, weite ich sie jedoch auf Louis Marin aus. Zudem sollen primär Gründe für die Möglichkeit der Divergenz zwischen den einzelnen Modellen gefunden werden.

32   So der Untertitel des Buches. „Einbruch“ grenzt Schmitt von zwei anderen Formen historischer Beeinflussung ab: Es gebe auch beiläufige Anspielungen auf Historisches und Spiegelungen realer Personen in stückinternen. (Schmitt 1956, S. 26f.) Diese seien jedoch im Unterschied zum „Einbruch“ des Historischen nicht strukturbestimmend (Ebd. S. 28.).

33   Tabuisiert sei erstens die Frage nach der Schuld der Mutter. Dies sei der „Einbruch“ der geschichtlichen Gattenmörderin Maria Stuart in das Spiel. Vgl. Schmitt 1956, S. 18ff. Zweitens werde der Held des Rachedramas problematisch. Maria Stuarts Sohn Jakob sei als Hamlet ebenfalls im Spiel präsent. Vgl. ebd., S. 22ff.

34   Schmitts Interpretation fußt auf der in Walter Benjamins *Trauerspiel*-Buch entwickelten Tragödientheorie, der zufolge Tragödie und Spielbewusstsein einander ausschließen. Vgl. ebd., S. 40.

nicht ganz Spiel ist, weil seine ‚nominalistische‘ Tendenz, alles auf der Bühne selbst zu machen (und dadurch aufzulösen), an bestimmten Stellen mit unbefragbarer, weil undarstellbarer Autorität unterbrochen wird.“[35] Schmitts Interpretation fußt somit ebenfalls auf derselben Prämisse zum Medium Theater wie Kantorowiczs Analysen. Das Theaterspiel verhindert die nicht-spielbare Realpräsenz des Souveräns, solange es Spiel bleibt. Im Unterschied zu Kantorowicz glaubt Schmitt jedoch, den Nachweis erbracht zu haben, dass das Theater (in der modernen Tragödie) nie ganz im Spiel aufgehe.

Ein weiteres prominentes Modell, das der Frage nach der theatralen Inszenierbarkeit des Königs nachgeht, stammt von Louis Marin. Es sei daran erinnert, dass Schmitt sein Souveränitätskonzept im Unterschied zum Mediävisten Kantorowicz in Auseinandersetzung mit dem französischen Absolutismus, und zwar vor allem anhand von Bodins Souveränitätslehre, entwickelte.[36] Vor diesem Hintergrund fällt es etwas befremdlich aus, wenn Marin in seiner einflussreichen Studie *Das Porträt des Königs* den Souverän des französischen Absolutismus im theoretischen Rahmen Schmitts, jedoch mit der von Kantorowicz analysierten Metaphorik beschreibt.[37]

> Folgende Hypothese wäre es, die unsere Studie – um in aller Bescheidenheit das von Kantorowicz fürs Mittelalter Geleistete fortzusetzen – für den ‚klassischen‘ Absolutismus vorschlagen würde: der König hat bloß noch einen Körper, aber dieser einzige Körper vereinigt in Wahrheit drei, einen historischen physischen, einen juridischen politischen und einen sakramentalen semiotischen Körper, wobei der sakramentale Körper, das ‚Portrait‘, *ohne Rest* den Austausch zwischen dem historischen und dem politischen Körper durchführt (oder jeden Rest zu eliminieren versucht).[38]

Anliegen dieses Konzepts ist es, die Semiotik offenzulegen, die es erlaubt, dass der Souverän nicht mehr wie der mittelalterliche König durch seinen Körper unmittelbar der transzendente Körper ist, aber dennoch auf eine im Porträt bzw. der Repräsentation gegebene Einheit des physischen und politischen Körpers verweisen kann.[39] Dieser letzte Körper jedoch ist

---

35 Menke 1998, S. 76.
36 Vgl. Schmitt 1922, S. 10.
37 Dies betont Merlin-Kajman 2000, S. 10f.
38 Marin 2005, S. 26.
39 Dass der Souverän des französischen Absolutismus allein über sein mediales Bild wirken kann, wurde auch schon vor Marin beschrieben. So ist beispielsweise die Schlusspointe der 1924 erschienenen Studie des Historikers Marc Bloch *Les rois thaumaturges*, dass die Wunderheilung durch Hand auflegende Könige nicht auf psychosomatische Gründe zurückzuführen sei, sondern durch die symbolische Darstellung der Heilung heilend wirke. Seine Repräsentation, nicht der König selbst heile. Vgl. Bloch 1961, S. 429f.

nicht mit dem von Kantorowicz untersuchten Körper identisch, denn mit dem juridisch politischen Körper ist der Schmittsche dezisionistische Souverän und nicht das Königtum gemeint, das der vor den National-sozialisten in die Vereinigten Staaten geflohene Jude Kantorowicz, der sich durch seine Schrift implizit vom nie zitierten Schmitt – und wie hin-zuzufügen ist: von seinem eigenen frühen Bestseller *Friedrich dem Zweiten* – absetzt, ins Auge gefasst hatte.[40] So definiert Marin die Macht als „eine Reserve an Gewalt"[41]. „Eine Gewalt ist Gewalt nur durch Vernichtung, und in diesem Sinn ist jede Gewalt ihrem Wesen nach absolut [...]. Dies ist der Kampf der Gewalten auf Leben und Tod, den man in der politi-schen Reflexion über die Ursprünge des Staats von Machiavelli, Hobbes oder Pascal bis zu Hegel oder Clausewitz findet"[42]. Marin interessiert sich somit allein für den neuzeitlichen Staat. An anderem Ort, in seinem Vor-wort zu Gabriel Naudés *Considérations politiques sur les coups d'Etat*, heißt es historisch spezifizierend: „L'essence ‚baroque' de l'acte politique est le coup d'Etat du prince."[43] Und an anderer Stelle: „Le coup d'Etat, en deça ou au-delà de la dénégation de la force dans la loi qu'est la représentation, n'est autre que l'éclat, la violence, le choc de l'absolu de la force."[44] Marin identifiziert hier das Politische mit dem Souverän und beides mit dem Staat. Seine Theorie erweist sich somit als Tradierung zentraler Theoreme Carl Schmitts, ohne dies jedoch jeweils offenzulegen, ja zum Teil wird der Rekurs auf Schmitt sogar durch die Metaphorik der drei Körper unkennt-lich gemacht.

Marins Ausführungen zur politischen Semiotik des Souveräns stehen denn auch der Schmittschen Lesart Shakespeares sehr viel näher als der Kantorowiczs. Wie Schmitt geht er davon aus, dass in der Repräsentation, und damit auch auf dem Theater, eine Darstellung des Souveräns möglich sei, jedoch nicht wie Schmitt annimmt, weil die Fiktion durch ein Tabu ausgesetzt werde, sondern vielmehr umgekehrt, weil der Souverän allein in der Repräsentation präsent werden könne. Dies ist die zentrale These Marins, auf die er in seinen Schriften immer wieder mit dem Chiasmus, die Repräsentation der Macht gelänge durch die Macht der Repräsentation,

---

[40]   Vgl. zu diesem biographischen Gesichtspunkt das Geleitwort zur deutschen Übersetzung. Kantorowicz 1990, S. 9ff. Zur Absetzung von Schmitt vgl. auch Menke 1998, S. 75 und Merlin-Kajman 2000, S. 7f., an der sich die folgende Kritik orientiert.

[41]   Marin 2005, S. 12. Mit dieser Sublimierungsthese der Gewalt in der Repräsentation greift Marin auf Thesen aus Norbert Elias' Studie zum *Zivilisationsprozess* und der Soziologie Bourdieus zurück. Vgl. Chartier 1994, S. 413 und S. 416.

[42]   Marin 2005, S. 13.

[43]   Marin 1988, S. 19.

[44]   Ebd., S. 20f.

rekurriert.[45] Damit versucht er nicht, wie er vorgibt, „in aller Bescheidenheit das von Kantorowicz für das Mittelalter Geleistete fortzusetzen"[46], sondern schließt vielmehr an die politische Theorie von dessen Antipoden Carl Schmitt an.

Aufgrund dieser Unklarheit ist Marins Verwendung der Körpermetapher auf methodischer Ebene problematisch. Auf analytischer Ebene ist sie es, weil Marin eine historische Metapher für die Beschreibung einer historischen Epoche verwendet, die die Metapher in dieser Weise nicht verwendet.[47] Zwar kann Marin mit seinem Modell die Mechanismen der absolutistischen Herrschaftsinszenierung so eingängig wie keiner vor ihm beschreiben (nur im Bild ist der Souverän realpräsent) und deren Ökonomie begründen (das Bild muss ständig neu geschaffen werden)[48] und zudem legt sein Modell die Analogie offen, die zwischen der Königsrepräsentation und der zeitgenössischen Semiotik von Port-Royal besteht, jedoch konzentrieren sich seine Analysen zu einseitig auf den *einen* König und verstärken damit den Fokus auf den Souverän. Marin analysiert, wie der Souverän auf semiotische, und nicht rhetorische, Weise von seiner Macht überzeugt. Weil er jedoch die mögliche Freiheit des Rezipienten, dem zu widerstehen, zwar mitdenkt, aber nicht weiter konzeptualisiert,[49] eignet seiner Theorie eine leicht glorifizierende Tendenz; so bleibt sie den Inszenierungsmechanismen des absolutistischen Propagandaprogramms tendenziell verhaftet und schreibt sie fort.

1.2 Theatralität und Öffentlichkeit im französischen Absolutismus

Die drei im vorangegangenen Kapitel skizzierten Theorien könnten sich nicht stärker einander widersprechen. Kantorowicz legt nahe, das Theater unterminiere auf subversive Weise das Königtum; Schmitt zufolge ist der Souverän umgekehrt die Macht, die das Theater aussetzen könne und so zur Darstellung komme; laut Marin schließlich existiert der Souverän nur

---

45   Vgl. exemplarisch Marin 2005, S. 15.
46   Ebd., S. 26.
47   Vgl. zu dieser Kritik Merlin-Kajman 2000, S. 12.
48   Zwei Punkte, die besonders herausgestellt und gewürdigt werden von Koschorke 2007, S. 188f.
49   Dies betont Chartier 1994, S. 415. Chartier erklärt andernorts die Bereitschaft der Untertanen, an die Bilder zu glauben, in denen der König eucharistisch präsent ist, durch deren religiösen Grundhabitus. Die Säkularisierung bedrohe daher im 18. Jahrhundert auch die absolutistische Königsrepräsentation. Vgl. Chartier 1990, S. 165.

durch die Repräsentation, die auch und vor allem theatraler Art sein könne. Um diese Widersprüchlichkeiten begründen zu können, muss man sich vergegenwärtigen, dass alle drei Ansätze eine gemeinsame Prämisse unterschlagen, die implizite Annahme nämlich, dass in nachfeudaler, absolutistischer Zeit der Ort der Herrschaftsrepräsentation als eine theatral strukturierte Öffentlichkeit zu verstehen sei, die theatrale Struktur dieser Öffentlichkeit jedoch nur unzureichend beschreiben. Diese Form von Öffentlichkeit hat Jürgen Habermas bekanntlich „repräsentative Öffentlichkeit" genannt.

> Diese *repräsentative Öffentlichkeit* konstituiert sich nicht als ein sozialer Bereich, als eine Sphäre der Öffentlichkeit, vielmehr ist sie, wenn sich der Terminus darauf übertragen ließe, so etwas wie ein Statusmerkmal. Der Status des Grundherrn, auf welcher Stufe auch immer, ist an sich gegenüber den Kriterien ‚öffentlich' und ‚privat' neutral; aber sein Inhaber repräsentiert ihn öffentlich: er zeigt sich, stellt sich dar als die Verkörperung einer wie immer ‚höheren' Gewalt. [...] Und zwar gibt sie [die Repräsentation] vor, ein unsichtbares Sein durch die *öffentlich* [Hervorhebung von mir, AP] anwesende Person des Herrn sichtbar zu machen [...].[50]

Doch auch Habermas macht die theatrale Form, die diese Öffentlichkeit strukturiert, nicht explizit; dies obgleich er in seiner *Wilhelm Meister*-Interpretation die Bühne als einen „Öffentlichkeitsersatz"[51] für den Bürger deutet. Die Herrscher repräsentieren sich immer vor einem Publikum: „sie repräsentieren ihre Herrschaft, statt für das Volk, ‚vor' dem Volk."[52] Dies gelte auch für den Absolutismus und die Feste am Versailler Hof. Habermas rekurriert an dieser Stelle auf Richard Alewyns Studie zum höfischen Fest, aus der er sein Theatralitätsverständnis repräsentativer Öffentlichkeit übernimmt. „Findet man hier [in Versailles] nun das Bett aufgeschlagen, wie eine Schaubühne, auf erhöhter Estrade, ein Thron zum Liegen, durch eine Schranke von dem Raum der Zuschauer getrennt, so ist ja in der Tat dieser Raum der tägliche Schauplatz der Zeremonien des Levers und Couchers, die das Intimste zu öffentlicher Bedeutsamkeit erheben."[53] Das theatrale Dispositiv, auf dem Alewyn seine Analysen hier aufbaut und das Habermas anschließend übernimmt, wird der historischen Situation aber nur bedingt gerecht. Es charakterisiert sich durch die klare Trennung (die „Schranke") von Zuschauerraum und Bühne, wobei allein auf letzterer die

---

[50] Habermas 1990, S. 60f.
[51] Ebd., S. 69.
[52] Ebd., S. 61.
[53] Alewyn 1959, S. 43. [Zitiert bei Habermas 1990, S. 65.] Vgl. auch: „Und es war das Volk, das [während der Feste] nichts als zuzuschauen brauchte, das sich am besten dabei unterhielt." (Alewyn 1959, S. 14.)

öffentliche Repräsentation stattfände.[54] Der Souverän hätte in diesem Fall ein „Öffentlichkeitsmonopol" inne. Dies ist gewissermaßen das im Absolutismus angestrebte Dispositiv, nicht jedoch das historisch gegebene. Beide Autoren missachten, dass der Zuschauerraum, das Publikum (*le public*), seinerseits einen sehr spezifischen öffentlichen Charakter trägt.

Die Vorgabe, der Souverän solle ein Öffentlichkeitsmonopol erhalten, lässt sich auf die absolutistischen Souveränitätslehren Bodins und besonders Hobbes' zurückführen, bei denen dem König vom Volk die absolute Souveränität übertragen wird. Diese politische Theorie lässt sich mit Reinhart Koselleck historisch als die Diagnose einer Reaktion auf die Religionskriege deuten. Diese stellen ein Symptom einer Zerspaltung des politischen Körpers in mehrere Parteien dar, die jeweils mit dem Anspruch auftraten, im Namen des politischen Ganzen zu handeln und dadurch die Spaltung noch weiter verstärkten. Eine politische Befriedung war nur durch eine grundlegende Umgestaltung der politischen Institutionen möglich, die idealiter die politische Gewalt im Souverän konzentrieren lässt und den Untertan politisch entmündigt.[55] Die Differenz von Privatem und Öffentlichem erhält damit in der politischen Theorie eine in ihrer Tragweite kaum zu unterschätzende Rolle. Das moralisch-religiöse Gewissen wird privatisiert, die politische Entscheidung entmoralisiert. Zentral für den König ist fortan die Trennung seiner privaten von seiner öffentlichen Person. Diese Trennung betrifft aber nicht nur das Haupt des politischen Körpers, den König, sondern alle Glieder; der Untertan wird entpolitisiert und zieht sich in die Privatheit zurück; im Souverän konzentriert sich der Staat.[56]

Die Öffentlichkeit, auf denen Habermas' Modell und die drei im vorangegangenen Kapitel skizzierten Theorien implizit beruhen, setzt voraus, dass diese Trennung bereits vollzogen ist. Der Absolutismus zeichnet sich im 17. Jahrhundert aber nicht dadurch aus, dass der Untertan entpolitisiert *ist*, sondern entpolitisiert *wird*, dass der Souverän kein Gewaltmonopol *innehat*, sondern sich ein solches erst *schafft*. So ist beispielsweise der absolutistische Hof nicht der Ort, an dem sich ein entpolitisierter Adel versammelt, sondern an dem dieser entpolitisiert wird, indem er von seinen

---

54 Dass die Szene öffentlicher Repräsentation auch in Teile des Zuschauerraums hineinragt und sich damit dort in der Trennung von Rängen und Parterre die zwischen Bühne und Zuschauerraum wiederholt, erwähnt selbstverständlich auch Habermas. Vgl. Habermas 1990, S. 100. Fraglich ist nur, ob es sich dabei wirklich immer um eine Öffentlichkeitsform handelt, die der des Souveräns wesentlich ähnlich ist.

55 Vgl. Koselleck 1973, S. 11 ff.

56 Zur Trennung von „privat" und „öffentlich" in diesem Sinne vgl. die Hobbesdeutung durch Koselleck 1973, S. 29.

im Feudalismus gegebenen Möglichkeiten abgelenkt wird.[57] Das gleiche gilt auch für die Repräsentation des Souveräns, denn auch diese schafft die „souveräne" Öffentlichkeit erst, die die beschriebenen Theorien ihren Analysen voraussetzen.

An dieser Stelle greift Hélène Merlin-Kajmans Kritik an Jürgen Habermas. Sie hat die Geschichte des Begriffs *public* im 17. Jahrhundert nachgezeichnet und deren Dynamik aus einer dem Begriff innewohnenden Inkohärenz begründet. Wesentlich inkohärent ist er, weil er je nach Kontext zwei verschiedene Verhältnisse von *public* (öffentlich) und *particulier* (privat) bezeichnet,[58] und zwar tradiert *public* einerseits ein ontotheologisches Verständnis des politischen Körpers nach dem bei der Besprechung Kantorowiczs bereits erwähnten Modell des *corpus mysticum,* andererseits aber bezeichnet *public* den nach den Religionskriegen entstandenen modernen Staat respektive das entpolitisierte Volk.[59] Im ersten Fall setzt der Begriff eine ontologische Gegebenheit des politischen Körpers voraus, im letzten dessen Artifizialität. Hat im ersten Fall das einzelne Individuum, der *particulier,* Anteil am *public* und bildet mit ihm eine Einheit, so ist er im letzten entweder sein Gegenteil (wenn *public* etatistisch verstanden wird) oder ein Element von ihm (wenn *public* die politikferne Gesellschaft meint), wobei aber im Unterschied zum ontologischen Modell *public* dann nur die Summe der *particuliers* bezeichnet. Beim einen ist *public* ein ontologischer, beim anderen ein allein empirischer Begriff. *Public* steht damit in einer doppelten Spannung und zwar einerseits zwischen Staat (*état*) und Volk (*peuple*) und andererseits zwischen einem feudalistisch-ontologischen und einem absolutistisch-artifiziellen Verständnis der politischen Gemeinschaft. Der Begriff trägt im 17. Jahrhundert beide Spannungen aus und ist entsprechend konfliktgeladen.

---

[57]	Vgl. Lepenies 1969. Lepenies sieht in der Fronde eine Folgeerscheinung von nicht verhinderter Langeweile. Vgl. ebd., S. 55. Dies gilt im Übrigen nicht nur für den Krieg, in den der Adel geschickt wurde, oder den Hof, sondern auch für das Theater. So heißt es beispielsweise in der Poetik des Abbé d'Aubignac: „D'ailleurs comme il y a toujours dans un État une infinité de gens qui demeurent oisifs […], cette fainéantise les porte ordinairement ou à s'abandonner à des débauches honteuses et criminelles, ou à consumer en peu d'heures ce qui pourrait suffire à l'entretien de leur famille durant plusieurs jours. […] il leur faut donner les Spectacles, comme une occupation générale pour ceux qui n'en ont point." (D'Aubignac 2001, S. 42f.)

[58]	Da sich beide Begriffe nur mit Verzerrungen ins Deutsche übertragen lassen, werden sie im Folgenden weitgehend nicht übersetzt oder aber den deutschen Begriffen beigestellt.

[59]	Vgl. Merlin 1994, S. 54. Zur Kritik an Habermas vgl. ebd. S. 24ff. Insofern verfehle auch die von Erich Auerbach (Vgl. Auerbach 1951.) unternommene soziologische Untersuchung zum Publikum der *cour et la ville* das zeitgenössische *public*; da Auerbach sich einzig für eine bürgerliche Öffentlichkeit interessiere, entgehe ihm die hier beschriebene Dynamik des Begriffs. Vgl. Merlin 1994, S. 25.

Dass die hier beschriebenen Spannungen nicht allein dem 17. Jahrhundert angehören, sondern vielmehr schon sehr früh das Verhältnis von Volk und König prägen, sei in einem kurzen Exkurs an einem Beispiel exemplifiziert, dem der mystischen Hochzeit des Königs mit seinem Königreich.

> Ihr Frauen, ordnet euch euren Männern unter wie dem Herrn. Denn der Mann ist das Haupt der Frau, wie auch Christus das Haupt der Gemeinde ist, die er als seinen Leib erlöst hat. Aber wie nun die Gemeinde sich Christus unterordnet, so sollen sich auch die Frauen ihren Männern unterordnen in allen Dingen. Ihr Männer, liebt eure Frauen, wie auch Christus die Gemeinde geliebt hat und hat sich selbst für sie dahingegeben, um sie zu heiligen. (Epheser 5,22–25.)

Dieses Bild aus dem *Brief an die Epheser*, das die Körpermetaphorik mit der Ehemetapher verknüpft, wurde zunächst auf das Verhältnis des Bischofs zu seiner Diözese, dann auf das des Königs zur *res publica* übertragen. Die Metapher wurde unter anderem populär, weil mit ihr die Unveräußerlichkeit des *fiscus* anschaulich beschrieben werden konnte, der im Bild durch die Mitgift der Braut dargestellt wird.[60] Bei der Kaiserwahl betont die Metapher das Einverständnis des Volks einem Ehevertrag ähnelnd.[61] 1547 wird in den französischen Krönungsordo erstmals eine Ringübergabe eingeführt, die von den Worten begleitet ist: „*Le roy espousa solemnellement le royaume*"[62]. Zur Krönung von 1594 heißt es:

> Parce qu'au jour du Sacre le Roy espousa solemnellement son Royaume, et fut comme par le doux, gracieux, et amiable lien de mariage inseparablement uny avec ses subjects, pour mutuellement s'entraimer ainsi que sont les epoux, luy fut par le dit Evesque de Chartres presenté un anneau, pour marque de ceste reciproque conjonction.[63]

Der König wird hier nur als ein, wenn auch herausgehobener, Teil des politischen Körpers, als dessen Haupt, vorgestellt. Man muss sich, wie Kantorowicz in Erinnerung ruft, stets bewusst halten, dass „in dem organologischen Konzept des ‚politischen und mystischen Körpers' die konstitutionellen Kräfte fortleben, die den königlichen Absolutismus beschränken."[64] Doch schon in vorabsolutistischer Zeit gibt es ein Gegenmodell, das dann im 17. Jahrhundert sehr dominant werden wird. Indem der König mit dem Salischen Recht, das erstmals in den Jahren 1316 und 1317

---

[60] Vgl. Kantorowicz 1990, S. 222ff.
[61] Vgl. ebd., S. 224.
[62] Zitiert nach ebd., S. 232.
[63] Es handelt sich um eine Beschreibung, die sich in Godefroys *Le cérémonial de France* aus dem Jahr 1619 findet. (Zitiert nach ebd.)
[64] Ebd., S. 230. Dies ist ein weiterer Grund, nicht auf die von Louis Marin vorgeschlagene Weise auf die Körpermetaphorik zurückzugreifen.

greift, als Johannes I. erst nach dem Tod Ludwigs X. zur Welt kommt, dynastisch durch seine Geburt festgelegt wird, hat weder die Kirche durch Billigung oder Weihe noch das Volk durch Wahl Einfluss auf die Legitimation.[65] Im 17. Jahrhundert wird sich das Salische Recht dann derart durchgesetzt haben, dass die Krönung den König nicht mehr als solchen einsetzt, sondern vor dem Publikum nur etwas, das schon stattgefunden hat, wiederholt, *re-präsentiert*.[66]

Die Selbstinszenierung des absolutistischen Souveräns beruht damit wesentlich darauf, dass das dazu konstitutive Publikum seine Öffentlichkeit nicht in einem politischen Sinn versteht, dass die durch die Inszenierung entfaltete Öffentlichkeit im Publikumsraum den ontologischen politischen Körper nicht aktualisiert. Am Hof, am ausgeprägtesten wohl in Versailles, wird dies dadurch zu verhindern versucht, dass sich nicht allein der Souverän, sondern mit ihm auch sein Publikum inszeniert. Nicht nur der König, sondern der gesamte politische Körper wird hier in Szene gesetzt.[67] Die Öffentlichkeit einer solchen Inszenierung ist weiterhin stratifikatorisch differenziert und gliedert sich der Körpermetapher entsprechend in ein zentrales Haupt, den Souverän, um das sich die einzelnen Glieder versammeln. Wenn der König sich vor den Höflingen als Souverän inszeniert, trifft er damit nicht auf passive Zuschauer, vielmehr inszenieren auch die Höflinge sich und ihre Position im Körper des *public*; stets achten sie darauf, ihre Nähe zum König gegenüber dem restlichen Publikum zu markieren.[68] Der Hof besteht insofern aus einer Öffentlichkeit (*public*) sich selbst inszenierender Zuschauer des in ihrem Zentrum stehenden Souve-

---

[65] Vgl. Kantorowicz 1990, S. 332.

[66] Vgl. Merlin 1994, S. 178. Merlin verweist zudem darauf, dass die königliche Macht nun direkt von Gott komme, ohne durch das Volk vermittelt zu werden. In seinem Rechtswörterbuch *La bibliothèque ou trésor du droit français* notiert 1615 Laurent Bouchel: „Sacre et couronnement des rois de France n'est qu'un simple habit et marque d'honneur en faveur de celui que Dieu a fait naître pour gouverner l'État." (Zitiert nach ebd., S. 178.)

[67] Dass das *public* am Jahrhundertende wesentlich Spektakel ist und sich somit von seiner ontologischen Bedeutung am Jahrhundertanfang, wenn auch noch nicht völlig gelöst, so doch weit entfernt hat, geht paradigmatisch aus folgender Bemerkung Charles Dufresnys in den 1699 erschienenen *Amusements sérieux et comiques* hervor: „Le public est un grand spectacle toujours nouveau, qui s'offre aux yeux des particuliers et les amuse. Ces particuliers sont autant de petits spectacles diversifiés qui se présentent à la vue du public, et le divertissent." (Dufresny 1992, S. 1042.)

[68] Wie diese Inszenierungen emotionale Bindungen stiften, legt dar Kolesch 2006, S. 77. Zur Ausrichtung des gesamten Publikums auf den König vgl. zur Lippe 1974, S. 25. Laut dem Verfasser könne im Hoftheater allein der König den durch die zentralperspektivische Ausrichtung der Bühne den *punto della distanza* einnehmen, so dass das „Publikum im übrigen Saal […] *über ihn* – wie über einen esoterischen Großpriester vor der Tür der Tempelcamera – wahrnehmen und teilnehmen" (ebd.) müsste, womit freilich auch zur Lippe die szenische Qualität, die das Publikum seinerseits entwickelt, marginalisiert.

räns. Gerade weil auf diese Weise der Körper des *public* allein *re*-inszeniert wird, kann er nicht mehr als ontologischer verstanden werden und entpolitisiert damit die Höflinge. Eine solche Reinszenierung kann jedoch nur gelingen, wenn es weiterhin ein Haupt gibt, auf das die Höflinge ihre Inszenierungen ausrichten können und dessen Unhinterfragbarkeit und transzendente Realität daher nicht in Zweifel gestellt werden kann. Insofern garantiert der Zwang des Publikums, sich vor sich selbst inszenieren zu müssen, dass der sich ebenfalls inszenierende Souverän seine Souveränität durch die theatrale Darstellung nicht verliert. Um sich als Publikumskörper inszenieren zu können, benötigt das Publikum ein „realistisches" Haupt, an dem sich die einzelnen Selbstinszenierungen der *particuliers* orientieren und in dem sich fortan die politische Öffentlichkeit konzentriert. Insofern muss Louis Marin Recht gegeben werden, dass der Souverän im französischen Absolutismus durch die theatrale Darstellung Souverän ist, konstitutiv ist dafür jedoch nicht dessen Selbstinszenierung, sondern die Partizipation des Publikums an dieser.

Zuschauen ist im 17. Jahrhundert nie ein im modernen Sinne subjektiver Akt, sondern eine öffentliche Handlung vor anderen Zuschauern. Diese Sachlage wird in den drei weiter oben vorgestellten Theorien zur Theatralität und Souveränität unterschlagen. Indem Louis Marin seine Analysen darauf konzentriert, die Mechanismen offenzulegen, wie der Zuschauer durch die theatrale Semiotik „geködert" werde, erfasst er nicht, dass die Mechanismen gerade darüber hinwegtäuschen sollen, wie sich eine neue, etatistische Form des Öffentlichen gegenüber und in *Abhängigkeit von* einer durch die Zuschauer ausgespielten, ontologischen Öffentlichkeit etabliert; genauer: Die Hinwegtäuschung darüber stellt erst deren Konstitution dar. Damit ist sie jedoch immer auch auf das Hinweggetäuschte verwiesen. Diese Abhängigkeit kann Marin mit seinem Modell nicht beschreiben.[69]

Carl Schmitt vernachlässigt ebenfalls das Publikum, das einen „Einbruch der Geschichte in das Spiel" glauben soll. Schmitt begegnet dem Problem, wie die theatrale Medialität die Darstellung des Souveräns unmöglich macht, indem er durch die Lektüre des Texts eine Struktur aufzuweisen versucht, die nur als reale, nicht-fiktive verstanden werden kann. Er kann damit die Darstellung des Souveräns ausschließlich in der Analyse des Dramentextes nachweisen. Aufgrund dieser methodischen Prämisse marginalisiert wie Marin auch Schmitt den Anteil der Zuschauer an der Inszenierung. Beide setzen also die von Habermas beschriebene „reprä-

---

69 Die Art und Weise, wie Marin das Theaterpublikum des 17. Jahrhunderts beschreibt, wird weiter unten noch kritisiert. Siehe Kapitel I.2.3.

sentative Öffentlichkeit" ihren Analysen voraus, die ihrerseits Theoreme des absolutistischen Konsolidierungsprogramms tradiert.[70]

Kantorowicz schließlich beachtet zwar den Zuschauer, denn es ist der Zuschauer, der den Scheincharakter der Darstellung und damit den des Souveräns durchschaut, doch urteilt er implizit vom Paradigma bürgerlicher Öffentlichkeit; er projiziert gewissermaßen den kritischen Bürger des 18. Jahrhunderts auf das Theater Shakespeares. Auch mit seinem Ansatz kann nicht beschrieben werden, warum die Zuschauer konstitutiv für die Inszenierung des Souveräns sind. Bei ihm ist das Publikum ein Kollektiv aus kritischen Individuen, nicht jedoch ein ontologisch verstandenes Ganzes, das durch die Inszenierung noch einmal reinszeniert, dadurch jedoch entpolitisiert werden soll. Eine Übertragung seines Ansatzes auf den französischen Kontext würde daher ebenfalls nur verzerrende Ergebnisse liefern. So arbeiten auf implizite Weise noch Theorien des 20. Jahrhunderts an der wohl längst überwunden geglaubten, begrifflichen Unschärfe des zwischen Feudalismus und Absolutismus stehenden Begriffs *public*. Diese Unschärfe ist eine im Absolutismus durchaus intendierte. Wird man sich dessen nicht bewusst, bleibt auch der Blick des heutigen Historikers den absolutistischen Konsolidierungsmechanismen verhaftet. Wenn Theatralität im 17. Jahrhundert eine politische Dimension innewohnt, ist sie – so lässt sich in einem ersten Zwischenfazit sagen – nicht primär in ihrem Verhältnis zum Souverän, sondern zur jeweiligen Öffentlichkeitsform des Publikums (*public*) zu verorten.

---

[70] Genau genommen müsste es natürlich heißen, dass Habermas mit seinem Konzept Thesen des von ihm auch zitierten Schmitt aufgreift. Zu Repräsentation und Öffentlichkeit bei Schmitt vgl. Schmitt 1928, S. 208f. und die Analysen bei Hebekus 2009, S. 29ff.

2 Dramaturgie und Öffentlichkeit

Das Publikum ist im französischen Absolutismus eine politisierbare Instanz. Als solches entfaltet es nicht nur bei der Repräsentation des Souveräns, sondern auch im dramatischen Theater eine Öffentlichkeit, die auch politisch verstanden werden kann. Würde es den Rahmen der vorliegenden Studie sprengen, dies für ersteres, die Inszenierungsmechanismen des Souveräns, durch das historische Material in seiner ganzen Breite zu belegen, so sei nun zumindest letzteres detaillierter thematisiert. Dabei sei zunächst auf die *Querelle du Cid* eingegangen, in der die Analogie zwischen der politischen Öffentlichkeit und der des Theaterpublikums auf eine die Folgezeit maßgeblich bestimmende Weise gezogen wird, anschließend auf die Regelpoetik des Abbé d'Aubignac, die wohl die elaborierteste Theorie der Zeit zum Verhältnis von Szene und Publikum darstellt, und schließlich auf Corneille und Racine, deren Dramaturgien die Öffentlichkeit des Theaterpublikums auf eine jeweils sehr spezifische Weise für die Wirkung auf den individuellen Rezipienten einsetzen.

2.1 Die *Querelle du Cid*

Hélène Merlin-Kajman hat vor dem Hintergrund ihrer bereits erwähnten Analysen zum Öffentlichkeitsbegriff die *Querelle du Cid* einer Relektüre unterzogen.[71] Sie macht geltend, dass in der Querelle nicht nur Regeln öffentlich diskutiert werden, sondern sich auch eine bestimmte Form der Öffentlichkeit etabliert, in der über Regeln diskutiert wird und die die Regeln am Ende des Streits dann verbindlich festlegt. Damit gerät sehr schnell die Dynamik der Querelle selbst zum eigentlichen Streitpunkt. In der öffentlichen Kontroverse über dramatische Regelhaftigkeit treffen wohl am markantesten die verschiedenen Öffentlichkeitsformen des 17. Jahrhunderts aufeinander. Dabei ist Merlin-Kajmans Leitthese, dass die Querelle analog zu den Religionskriegen und deren absolutistischer Befriedung verläuft.[72] Dies schlage sich nicht allein in der Metaphorik nieder, auf die die streitenden Parteien zurückgreifen, sondern auch in dem Verständnis

---

71 Meine Darlegungen folgen diesbezüglich Merlin 1994, insbesondere S. 153–305.
72 Vgl. Merlin 1994, S. 199.

von *public*, das den einzelnen Argumenten zugrunde liegt. Weil in der Querelle die Geltungsinstanz für ein öffentlich gültiges Urteil selbst zur Debatte steht, nimmt eine Partei, sobald sie eine Position bezieht, immer auch Stellung zu einer politischen Theorie.

Eigentlicher Ausgangspunkt der Querelle ist Corneilles Stolz, der sich in dem Vers der *Excuse à Ariste*, einem höchstwahrscheinlich nach der Publikation des *Cid* veröffentlichten, an die fiktive Person Ariste adressierten Text, konzentriert: „Je ne dois qu'à moi seul toute ma renommée."[73] Damit bricht der durch den *Cid* schlagartig berühmt gewordene Corneille mit dem Autorverständnis der humanistischen *république des lettres*, in der der Schriftsteller Teil eines ontologischen Ganzen ist, an dem er durch das Schreiben und die Veröffentlichung partizipiert.[74] In den Augen seiner Gegner erscheint er damit als Usurpator der *république des lettres*. So lässt sein Kontrahent Scudéry die gegen Corneille gerichtete Streitschrift *Observations sur Le Cid* pointiert mit dem Satz enden, seine eigenen Dramen hätten ebenfalls Mängel aufzuweisen, er habe sich aber genötigt gesehen „de faire voir à l'Autheur du *Cid*, qu'il se doit contenter de l'honneur, d'estre Citoyen d'une si belle Republica, sans s'imaginer mal à propos, qu'il en peut devenir le Tiran."[75] Als Motivationsgrund für sein Eingreifen gibt Scudéry neben den Mängeln des *Cids* vor allem den Hochmut Corneilles an:

> j'ai veu [dis-je] qu'il se Deifioit d'authorité privée ; qu'il parloit de luy comme nous avons accoustumé de parler des autres ; qu'il faisoit mesme imprimer les sentiments avantageux qu'il a de soy ; [...] j'ay creu que je ne pouvais sans injustice et lascheté, abandonner la cause commune [...].[76]

Wenn er Corneille hier vorwirft, er hätte die Publikation dazu instrumentalisiert, sich selbst (*particulier*) zu loben, kann er dies seinerseits nur durch eine Veröffentlichung denunzieren. Damit trete, so Merlin-Kajman, sein Argument in einen performativen Selbstwiderspruch, denn es vollzieht genau das, was es anprangert. Auch Scudéry fällt ein individuelles, privates (*particulier*) Urteil, das Anspruch auf öffentliche Geltung (die „cause commune") stellt.[77] Der Streit steht damit in der Tat in Analogie zu den Reli-

---

[73]   Corneille 1, 780 (Vers 50).
[74]   Zum Bruch mit der humanistischen *république des lettres* und der Ausdifferenzierung eines literarischen Feldes in einem größeren Kontext vgl. Viala 1985, insbesondere S. 162.
[75]   Gasté 1898, S. 111 (Scudéry: Observations sur le Cid.).
[76]   Ebd., S. 72 (Scudéry: Observations sur le Cid.).
[77]   Vgl. Merlin 1994, S. 197. Den Widerspruch reflektiert die *Lettre du Sieur Claveret au Sieur Corneille soy disant Autheur du Cid*: „Je suis marry qu'une remarque qui vous est si desavantageuse sorte ainsi de ma plume, et que je sois reduit à cette honteuse necessité de faire voir ma lettre par les mesmes voyes, dont avez usé pour debiter vos invectives : Mais parce que votre attaque est publique, il faut que ma defense le soit pareillement". (Gasté 1898, S. 189.) Vgl. Merlin 1994, S. 199.

gionskriegen, *dem* Trauma des 17. Jahrhunderts, in dem die einzelnen Parteien sich ebenfalls einander widerstreitend auf die *cause commune* bzw. den *bien public* berufen, um ihre eigenen politischen wie religiösen Interessen durchzusetzen. Das von Scudéry schließlich geforderte und auf Drängen Richelieus dann auch erfolgte Eingreifen der Akademie lässt sich damit als absolutistische Befriedung der zerspaltenen *république des lettres* verstehen, die dadurch in eine staatliche Institution überführt wird.[78] Es geht der Akademie nicht darum, die einzelnen von den *particuliers* publik gemachten Meinungen zu beeinflussen, sondern vielmehr die Publikation dieser Meinungen als solche zu verstaatlichen. Über ein Theaterstück soll nicht der ontologische, sondern ein überparteilicher, gesellschaftsenthobener *public* urteilen. Die *Querelle du Cid* schafft ein öffentliches Forum, das durch die Akademie institutionalisiert wird. Literarische Kritik ist dann nur noch im privaten (*particulier*) Rahmen oder dem der staatlich-offiziellen, öffentlichen (*public*) Institution möglich: „Comme elle [l'académie] cherche leur instruction, et non pas sa gloire, elle ne demande pas qu'ils prononcent en public contr'eux mesmes. Il luy suffit qu'ils se condamnent en particulier, et qu'ils se rendent en secret à leur propre raison."[79]

Die Akademie eskamotiert die politische Tragweite ihres Eingreifens, indem die Wertungskriterien als Vernunftkriterien ausgewiesen werden.[80] Dies hatte die Querelle ermöglicht, denn in ihr berufen sich die beiden Parteien entweder auf das Vergnügen (*plaisir*) des Publikums (*public*) oder auf die Vernunft, die die *vraisemblance* des Stücks beurteilt. Corneille verweist stets auf den Erfolg beim Publikum. In der *Excuse* heißt es: „Je satisfais ensemble et peuple et courtisans"[81]. Seine Gegner begegnen dem unleugbaren Erfolg des *Cids* im Theater mit dem Einwand, er würde in der Lektüre missfallen.

---

[78]   Insofern ist Franziska Sicks Formulierung zu widersprechen, dass „erst der Übergang zum Absolutismus die *Querelle* möglich macht" (Sick 1993, S. 257.). Die Querelle *ist* der Übergang zum Absolutismus.

[79]   Gasté 1898, S. 414 (*Les sentiments de l'académie françoise*).

[80]   Vgl. Merlin 1994, S. 246. Damit ist zugleich gesagt, dass trotz der Einspannung in das literaturpolitische Projekt Richelieus die Autonomie der Regeln gewahrt bleibt. Politisch sind nicht die *vraisemblance*-Regeln selbst, politisch ist vielmehr die Frage nach deren Geltungsgrund. So hat die Forschung der letzten Jahrzehnte denn auch herausgearbeitet, wie die Literatur im Laufe des 17. Jahrhunderts allmählich, mit Schwankungen und Rückfällen einen autonomen Status erlangt und sich von ihrer politischen Funktionalisierung emanzipiert. Soziologisch hat diesen Prozess in Anlehnung an Bourdieu beschrieben Viala 1985, im historischen Verlauf Stenzel 1995. Stenzels Hauptthese lautet: „In dieser doppelten Abgrenzung gegenüber zu weitgehender literarischer Autonomie wie gegenüber uneingeschränkter Heteronomie profiliert sich [...] die Bedingung der Möglichkeit einer Konstitution der Literatur als Diskursformation im modernen Sinn." (Ebd. S. 281.) Vgl. auch Stenzel 1995, S. 198. und Sick 1993, S. 261f.

[81]   Corneille 1, 780 (Vers 47).

> Monsieur du *Cid*, vous n'avés fait que deux fautes, qui ne se puissent reparer, l'une d'avoir fait imprimer vostre piece, qui avoit esté si bien approuvée sur le Theatre. Et l'autre, d'avoir répondu à celuy qui l'a censuree. Parce que vous ne vous deviés pas ennyvrer de la gloire du Theatre, pour montrer que vous n'en pouviez point pretendre hors de là [...].[82]

Schon Scudéry verlangt zu Beginn der Querelle: „je conjure les honnestes gens de suspendre un peu leur jugment"[83] und beharrt darauf, rational nachvollziehbare und objektive Beobachtungen anzustellen: „je ne fais ny une Satire, ny un Libelle diffamatoire, mais de simples *observations*"[84]. Der Ausgang des Streits um die Wirkung der Aufführung, der schließlich zu-gunsten der Vernunft ausfällt, wird die folgenden Regelpoetiken maßgeb-lich bestimmen. Das Urteil der Akademie lautet:

> Elle [l'académie] a bien creu qu'elle pouvoit estre bonne, mais elle n'a pas creu qu'il fallust conclurre qu'elle le fust, à cause seulement qu'elle avoit esté agreable. Elle s'est persuadée qu'estant question de juger de la justice et non pas de la force de son party, il falloit plustost peser les raisons, que conter les hommes qu'elle avoit de son costé, et ne regarder pas tant si elle avoit pleu, que si en effect elle avoit deu plaire.[85]

Es ist entscheidend, dass die Akademie hiermit nicht wie Corneille das Vergnügen (*plaire*), sondern wie Scudéry die Vernunft, der zufolge etwas gefallen muss (*devoir plaire*), als Grundlage der Beurteilung von Dramen vorschreibt. Der Akademie geht es darum, den durch den Kritikerstreit sich bildenden *public* staatlich zu institutionalisieren und damit zu mono-polisieren. Damit muss sie zwangsläufig das *plaire* als Beurteilungskrite-rium verwerfen, denn durch das *plaire* wird im Theater selbst ein *public* geschaffen, das Theaterpublikum, in dessen Namen die Parteien ihre Inte-ressen vertreten können, das sich jedoch nur sehr schwer institutionalisie-ren lässt. Dabei konstituiert sich dieses Theaterpublikum noch nicht wie im 18. Jahrhundert durch die sympathetische Einfühlung in die Illusion, die individuelle Rezeption voraussetzt. Im 17. Jahrhundert ist der Rezep-tionsakt wie gesagt nie ein individuell-subjektiver, der die anderen Be-trachter vergessen lässt, vielmehr ist er selbst öffentlich (*public*). Diese Form der Öffentlichkeit schließt an den ontologischen *public* an, den sie durch das ästhetische *plaire* reaktualisiert. Die Rezeption schafft stets ein stratifikatorisches, durch die Ständegrenzen und andere soziale Kriterien differenziertes Zuschauerkollektiv. So heißt es in der *Excuse à Ariste*: „Je satisfais ensemble et peuple et courtisans, / Et mes vers en tous lieux sont

---

[82] So beginnt der anonyme *Acomodement* [sic!] *du Cid et de son censeur.* Gasté 1898, S. 197.
[83] Ebd., S. 71 (Scudéry: Observations sur le Cid).
[84] Ebd., S. 72f. (Scudéry: Observations sur le Cid).
[85] Ebd., S. 359.

mes seuls partisans ; / Par leur seule beauté ma plume est estimée"[86]. Erstaunt muss auch Scudéry zugestehen: „Mais que cette vapeur grossiere, qui se forme dans le Parterre ait pu s'eslever jusqu'aux Galleries, et qu'un fantosme ait abusé le sçavoir comme l'ignorance, et la Cour aussi bien que le Bourgeois, j'avoüe que ce prodige m'estonne, et que ce n'est qu'en ce bizarre evenement que je trouve *Le Cid* merveilleux."[87] Bei der „vapeur grossière", dem Medium der Vergemeinschaftung, handelt es sich nicht um eine durch die individuelle Identifikation mit der Illusion vollzogene Abstraktion von den Gegebenheiten im Theater, sondern um das kollektiv erfahrene Vergnügen (*plaire*), das in Interaktion zwischen den Rezipienten stattfindet und das bezeichnenderweise auch Scudéry der Aufführung zugesteht.[88]

Dass Corneille die politische Dimension der in der Querelle ausgefochtenen Diskussion, ob das *plaire* während der Aufführung oder die *raison* während der Lektüre als Beurteilungsgrundlage dienen soll, nicht entgangen ist, macht er, wenn auch indirekt, im Vorwort des auf die Querelle folgenden Stücks, *Horace*, deutlich. Das Stück ist Richelieu gewidmet, der, indem er das Eingreifen der Akademie veranlasst und beeinflusst, in der Querelle ein indirektes Machtwort gesprochen hatte.

> Il faut, Monseigneur, que tous ceux qui donnent leurs veilles au Théâtre publient hautement avec moi que nous vous avons deux obligations très signalées ; l'une d'avoir ennobli le but de l'Art, l'autre de nous en avoir facilité les connaissances. Vous avez ennobli le but de l'Art, puisqu'au lieu de celui de *plaire au peuple*, que nous prescrivent nos Maîtres, et dont les deux plus honnêtes gens de leur siècle, Scipion et Lélie ont autrefois protesté de se contenter, vous nous avez donné celui de vous plaire et de vous divertir ; et qu'ainsi nous ne rendons pas un petit service à l'État, puisque contribuant à vos divertissements, nous contribuons à l'entretien d'une santé qui lui est si précieuse et si nécessaire. Vous nous en avez facilité les connaissances puisque nous n'avons plus besoin d'autre étude pour les acquérir, que d'attacher nos yeux sur Votre Éminence quand elle honore de sa présence et de son attention le récit de nos Poèmes. C'est là que lisant sur son visage ce qui *lui plaît*, et ce qui ne lui plaît pas, nous nous instruisons avec certitude de ce qui est bon, et de ce qui est mauvais, et tirons des *règles* infaillibles de ce qu'il faut suivre et de ce qu'il faut éviter. [...] c'est là que j'ai puisé ce qui m'a valu l'applaudissement du Public [...].[89]

---

[86] Corneille 1, 780 (V. 47–49.).
[87] Gasté 1898, S. 71 (Scudéry: Observations sur le Cid.).
[88] Dass in dieser Vergemeinschaftung noch vorabsolutistische Öffentlichkeitsformen nachwirken, betont Merlin 1994, S. 176f. Wie sich dies im Einzelnen gestaltet, wird im Kapitel I.2.3 noch zu erörtern sein.
[89] Corneille 1, 834, Hervorhebung von mir, AP.

In diesem das Eigenlob der *Excuse* auf überaus ironische Weise zurücknehmenden Lob Richelieus macht Corneille explizit, dass seiner Ansicht nach der Staat durch Richelieu die poetisch-autonomen Regeln funktionalisiert. Auf Richelieus Gesicht, nicht in Büchern wie den Aristoteleskommentaren oder am Erfolg beim Publikum lassen sich die Regeln, die „règles infaillibles", studieren. Indem er an die Stelle des *plaire au peuple* den Minister setzt, auf dessen Gesicht sich die Regelhaftigkeit des Stücks ablesen lässt und das dadurch zum eigentlichen Spektakel der Aufführung gerät,[90] hebt er das politische Potential hervor, das das *plaire au peuple* durch die Querelle entfaltet hat. Zugleich wehrt sich Corneille hier noch dagegen, Regeln der Vernunft anzuerkennen, die ein Drama laut den zeitgenössischen Regelpoetiken einzulösen habe, ausschlaggebend sei allein Richelieus Vergnügen während der Aufführung.

2.2 Regelpoetik (*La Pratique du Théâtre*)

Der Streitpunkt der *Querelle du Cid*, ob das affektive Vergnügen des Publikums oder die vernunftkonforme Regelhaftigkeit die Grundlage einer Bewertung über die Qualität eines Dramas darstellt, scheint mit dem Eingreifen der Akademie geklärt. Zwar marginalisieren auch die Regelpoetiken die affektive Erregung durch die Aufführung nicht, im Gegenteil ist es einstimmiges Ziel aller Poetiken, eine möglichst intensive Affizierung der Zuschauer zu erreichen,[91] dennoch – und dies unterscheidet Regelpoetik von anderer Dramentheorie – ist das Vergnügen (*plaisir*) während der Vorstellung und damit der Erfolg beim Publikum nicht das Kriterium eines Werturteils. Die Ermöglichung affektiver Erregung ist gemäß dem regelpoetischen Ansatz die notwendige, aber nicht die hinreichende Bedingung eines kunstvollen Dramas.[92]

---

[90]   Vgl. Merlin-Kajman 2000, S. 85.

[91]   Vgl. Forestier 2003, S. 119ff. Lyons 1999, S. 43ff. So heißt es z.B. auch beim Abbé d'Aubignac, dem Regelpoetiker *par excellence*: „Tout de même le Poète en considérant dans sa Tragédie le Spectacle ou la Représentation, il fait tout ce que son Art et son Esprit lui peuvent fournir pour la rendre admirable aux Spectateurs : Car il ne travaille que pour leur plaire." (D'Aubignac 2001, S. 81.)

[92]   Es sei an dieser Stelle kurz Stellung zu der die Regelpoetik betreffenden Forschungsgeschichte genommen. Diese wurde maßgeblich durch die Studie René Brays *La formation de la doctrine classique* geprägt, deren Verdienst es war, in einer kaum übertroffenen Breite die Regelpoetiken des 17. Jahrhunderts aufgearbeitet zu haben. Sie beruht jedoch in mehrerer Hinsicht auf fragwürdigen Prämissen. Insbesondere die Leitthese, dass es im 17. Jahrhundert eine einheitliche, da vernünftige, „Doktrin" gab, ist eine späte Projektion, die versucht, Regelhaftigkeit in Klassizität umzudeuten. Dies gilt mit gewissen Einschränkungen auch für Scherer 1950. Auch die von Autoren wie Valéry oder Nietzsche vertretene These,

Dramen werden fortan in Hinsicht auf ein Regelkorpus beurteilt, wenn auch nicht geklärt ist, aus welchen Regeln dieses Korpus besteht. „Il est constant qu'il y a des préceptes, puisqu'il y a un art, mais il n'est pas constant quels ils sont. On convient du nom sans convenir de la chose, et on s'accorde sur les paroles, pour contester sur leur signification"[93], formuliert 1660 Corneille im Rückblick. Diese Bemerkung legt ein Charakteristikum der Regelpoetik offen, dass nämlich Regeln stets im Plural auftreten (es heißt stets *être dans les règles*) und ihr Korpus nicht auf eine bestimmte Zahl begrenzt ist. Da jederzeit eine neue Regel eingeführt werden kann, kommt es dazu, dass die alten Regeln abgewandelt und an die neue angepasst werden müssen. Dies sorgt dafür, dass auch in den Jahrzehnten nach der Querelle die regelpoetische Diskussion nicht abbricht.[94]

Regelpoetik zeichnet sich wesentlich durch eine Präferenz des dramatischen Texts vor der Inszenierung aus. Der über die Regeln informierte *docte* rekurriert bei einem Werturteil nie primär auf den bei der Aufführung empfundenen *plaisir*, sondern stets auf den Dramentext, den er, im Idealfall in der Lektüre, vernunftgeleitet auf seine Regelhaftigkeit überprüft. Regelpoetik grenzt damit nahezu völlig den Ereignischarakter einer Aufführung aus dem Werturteil aus. Dieser antitheatrale Grundzug prägt die Poetik der Zeit, insbesondere aber die wohl elaborierteste, die *Pratique du*

Regelpoetik stelle ein willkürlich festgelegtes Regelwerk auf, das es möglichst kunstvoll zu erfüllen gelte, sagt mehr über die Ästhetik dieser Autoren als über das 17. Jahrhundert aus. In seinem 1921 erschienenen Essay *Au sujet d'Adonis* entwickelt Valéry seine Theorie der völligen Arbitrarität der Regeln. Nietzsche schreibt zur französischen Dramatik in *Menschliches, Allzumenschliches* durchaus mit Valéry vergleichbar: „Sich so zu binden kann absurd erscheinen; trotzdem giebt es kein anderes Mittel, um aus dem Naturalisieren herauszukommen, als sich zuerst auf das allerstärkste (vielleicht allerwillkürlichste) zu beschränken." (Nietzsche IV2, 183.) Es bestehe „in der organisirenden Bewältigung aller Kunstmittel die eigentlich künstlerische That" (Ebd. S. 185.). Erst in den letzten Jahren wurden die im Folgenden skizzierten Eckpunkte des Anliegens von Regelpoetik erarbeitet. Zu nennen sind hier vor allem Forestier 2003. Lyons 1999. und für den politischen Hintergrund Merlin 1994. Stenzel 1995.

93 Corneille 3, 117.

94 Zu diesen allgemeinen Charakteristika der Regelpoetik vgl. Lyons 1999, S. 1–15. Wobei jedoch schon Racine den Geltungsgrund eines Werturteils über ein Drama wieder in die spontane Reaktion des Publikums zurückverlegt und damit den regelpoetischen Ansatz zu einem gewissen Grad unterminiert; so heißt es etwa im Vorwort zur *Bérénice*: „La principale règle est de plaire et de toucher. Toutes les autres ne sont faites que pour parvenir à cette première." (Racine 1999, S. 452. Vgl. Lyons 1999, S. 30ff.) Eine ähnliche Tendenz findet sich in der 1674 erschienenen Poetik René Rapins. Auch dort ist das Gefühl des Zuschauers ausschlaggebend: „On ne parle pas assez au cœur des spectateurs, qui est le seul art du théâtre, où rien est capable de plaire, que ce qui remue les affections, et ce qui fait impression sur l'âme" (Rapin 1970, S. 106.).

Théâtre des Abbé d'Aubignac,[95] zutiefst; idealiter ist der dramatische Text ein in sich kohärentes und geschlossenes Objekt, dessen Ganzheit weder durch die Aufführung noch durch die Anwesenheit eines Publikums unterminiert wird. Für die *Pratique* gilt wie für die meisten Regelpoetiken, was pointiert d'Aubignacs Tragödie *La Pucelle d'Orléans* in dem Vorwort *Le libraire au lecteur* vorangestellt ist:

> Encore est-il certain que la Pucelle d'Orléans fut tellement défigurée en la représentation, que tu prendras plaisir à la considérer dans son état naturel, et sous ses propres ornements.[96]

Der *plaisir* ist hier ganz an den vernunftgeleiteten Leseakt gebunden. Trotz dieser Textpräferenz versuchen die Dramen jedoch nicht über die Theatralität als solche hinwegzutäuschen, vielmehr werden diese vom regelpoetisch geschulten Autor so weit wie möglich an die theatralen Aufführungsbedingungen angepasst, so dass im Idealfall dem Drama durch die Theateraufführung nichts hinzugefügt zu werden scheint. Die Aufführung geht dementsprechend idealiter gänzlich in der *Re*-präsentation des Dramentextes auf. Gerade weil auf diese Weise die Aufführung und damit das Theaterpublikum zu Fremdkörpern des Dramas geworden sind, thematisiert – wie es nun darzulegen gilt – Regelpoetik, und insbesondere die *Pratique du Théâtre*, beide umso ausführlicher.[97] Um jedoch nachvollziehen zu können, wie d'Aubignac das Verhältnis der Dramenfiktion zum Theaterpublikum versteht, muss zuvor kurz in die Grundbegriffe seiner Poetik eingeführt werden.

Das Tableau. Transparenz und Ganzheit

In seiner Poetik stellt der Abbé d'Aubignac eine zentrale Forderung an das Drama, dieses solle eine in sich geschlossene, alle Handlungen der dramatischen Personen kohärent vereinende Ganzheit bilden, die auch durch die

---

[95]   Vgl. Baby 2001, S. 667. Zur Textpräferenz, die der Schaffung eines Literaturtheaters dient, vgl. Jehle 1986, S. 29. Biet 2002, S. 78. Biet liest d'Aubignac vor dem Hintergrund des Wechsels von einer Oral- zu einer Schriftkultur.

[96]   D'Aubignac 1642, keine Paginierung.

[97]   Zum Zuschauer im 17. Jahrhundert vgl. Louvat-Molozay 2008 und die anderen Beiträge im selben Sammelband. Der Einfachheit halber sei im Folgenden stets von „Zuschauer" gesprochen. Auch wenn d'Aubignac in seiner Poetik eine solche Differenzierung bereits einfordert, unterscheiden die Zeitgenossen wie im Übrigen auch der dadurch sich widersprechende Abbé noch nicht systematisch zwischen „spectateur" und „auditeur" (Vgl. d'Aubignac 2001, S. 407.). Der Zuschauer ist im 17. Jahrhundert so zentral, weil er zumindest in Frankreich in dessen Verlauf als theatrale Instanz in das theoretisch geschulte Bewusstsein der Zeitgenossen tritt. Vgl. Jehle 1986, S. 19ff. Eine Begriffsgeschichte, die sich auf das 18. Jahrhundert beschränkt, findet sich bei Lehmann 2000, S. 26ff.

theatrale Darstellung nicht unterminiert werde. Alle Handlungen müssten erstens so aufeinander abgestimmt sein, dass sie ein in sich kohärentes Ganzes bilden, und sich zweitens derart an die Aufführungsbedingungen anpassen, dass die Inszenierung der Ganzheit des Dramentexts nichts hinzuzufügen scheint. Beides, die Ganzheit des Dramas und die Transparenz der Darstellung, fasst d'Aubignac mit dem Begriff des Tableaus, der damit neben dem der *vraisemblance* das zentrale Konzept der *Pratique du Théâtre* darstellt.[98]

Diese Ganzheitsforderung betrifft die Handlung, den Dramentext als solchen und die szenische Darstellung. So heißt es zum ersten Punkt im Kapitel *De l'Unité de l'Action*: „Il est certain que le Théâtre n'est rien qu'une Image, et partant comme il est impossible de faire une seule image accomplie de deux originaux différents, il est impossible que deux Actions (j'entends principales) soient représentées raisonnablement par une seule Pièce de Théâtre."[99] Die Einheit der Handlung wird durch die Momenthaftigkeit des Bildes begründet, dessen Ganzheit der Zuschauer in einem Nu erschließen könne: „[…] mais de toutes les actions qui composeraient cette histoire, le Peintre choisirait la plus importante, la plus convenable à l'excellence de son art, et qui contiendrait en quelque façon toutes les autres, afin que d'un seul regard on pût avoir une suffisante connaissance de tout ce qu'il aurait voulu dépeindre."[100] D'Aubignac nimmt hier das Konzept vorweg, das hundert Jahre später Lessing den „prägnanten Moment" nennen wird.[101] Der Abbé überträgt den Bildbegriff der Malerei wie folgt auf das Drama:

> Notre Poète donc choisira dans ces vastes matières une action notable, et, s'il le faut ainsi dire, un point d'histoire éclatant par le bonheur ou le malheur de quelque illustre Personnage, dans lequel il puisse comprendre le reste comme abrégé, et par la représentation d'une seule partie faire tout repasser adroitement devant les yeux des Spectateurs, sans multiplier l'action principale, et sans en retrancher aucune des beautés nécessaires à l'accomplissement de son ouvrage.[102]

---

[98] Zur Geschichte des Tableau-Begriffs, dessen Anwendung auf das Theater zu d'Aubignacs Zeiten bereits topisch geworden ist, im Italien und Frankreich des 16. und 17. Jahrhunderts vgl. Hénin 2003. Hénins Studie ist vor allem aufschlussreich, weil sie detailliert belegt, wie sich die Bildtheorien im 17. Jahrhundert am Theater orientieren und nicht etwa wie im 18. Jahrhundert umgekehrt, wobei freilich schon im 18. Jahrhundert diese These vertreten wurde. Lessing ist im *Laokoon* etwa „der Meinung, daß man auf das eigentliche Perspectivische in den Gemälden nur gelegentlich durch die Scenenmalerei gekommen ist" (Lessing 5/2, 143.). Vgl. auch Borchmeyer 2004.

[99] D'Aubignac 2001, S. 133.

[100] Ebd., S. 134. Vgl. Lyons 1999, S. 188–192.

[101] Siehe Kapitel II.1.

[102] D'Aubignac 2001, S. 136.

Nicht allein die Handlung, sondern auch das Stück und damit der Dramentext als solcher solle eine Ganzheit bilden, die d'Aubignac in diesem Fall nicht mit der Tableau-, sondern mit einer Körpermetapher beschreibt.[103] Die Ganzheit des Textkörpers bilde sich durch die wohlgeordnet aufeinander abgestimmte Rede der dramatischen Personen. Insofern dürfe der Dichter in diesen keine Regieanweisungen einfügen:

> En quoi paraît la nécessité qu'il y a d'expliquer les décorations par les vers, pour joindre le sujet avec le Lieu, et les Actions avec les choses, et pour faire ingénieusement un Tout bien ordonné par une juste liaison de toutes les parties qui le composent.[104]

Und zuvor hieß es bereits an die Platonische Unterscheidung von Mimesis und Diegesis anknüpfend zu den Regieanweisungen: „Mais en ces Notes c'est le Poète qui parle, et nous avons dit qu'il ne le peut faire en cette sorte de Poésie."[105] Schließlich dürfe auch die szenische Umsetzung die durch den Dramentext und die Einheit der Handlung gegebene Ganzheit nicht unterminieren. Auch das Szenenbild formt eine Ganzheit, die sich in die des Dramas fügt:

> Mais pour conserver cette vraisemblance dans toutes les circonstances d'une action Théâtrale, il faut bien savoir les règles de ce Poème, et les pratiquer ; car elles n'enseignent rien autre chose qu'à rendre toutes les parties d'une action vraisemblables, en les port[e]<an>t sur la Scène, pour en faire *une image entière* et reconnaissable.[106]

Das Verhältnis von Dramentext und szenischer Umsetzung und damit das von Drama und Theater ist somit als eines der Transparenz bestimmt. Idealiter ist der Dramentext so verfasst, dass bei seiner szenischen Aufführung seine Ganzheit bestehen bleibt. Auch in diesem Kontext rekurriert der Abbé auf den Tableaubegriff:

> Je prends ici la comparaison d'un Tableau, dont j'ai résolu de me servir souvent en ce Traité, et je dis qu'on le peut considérer en deux façons. La première comme une peinture, c'est-à-dire, en tant que c'est l'ouvrage de la main du Peintre, où il n'y a que des couleurs et non pas des choses ; des ombres, et non pas des corps, des jours artificiels, de fausses élévations, des éloignements en Perspective, des raccourcissements illusoires, et de simples apparences de tout ce qui n'est point. La seconde en tant qu'il contient une chose qui est peinte, soit véritable ou supposée telle, dont les lieux sont certains, les qualités naturelles, les actions indubitables, et toutes les circonstances selon l'ordre et la raison.[107]

---

[103] Vgl.: „[…] étant certain que les Spectateurs ne peuvent souffrir dans le corps d'une Pièce des personnes inutiles à l'histoire ; […]" (Ebd., S. 307.).
[104] D'Aubignac 2001, S. 106.
[105] Ebd., S. 99. Zu Platon vgl. das dritte Kapitel der *Politeia*. Platon 3, 125[392d].
[106] D'Aubignac 2001, S. 127 (Hervorhebung von mir, AP.).
[107] Ebd., S. 77f.

Das Drama könne man völlig analog unter den beiden hier beschriebenen Gesichtspunkten betrachten; d'Aubignac nennt sie „vérité de l'Action Théâtrale" und „Représentation". „On peut du premier regard y considérer le Spectacle, et la simple Représentation, où l'art ne donne que des images des choses qui ne sont point."[108] Statt das Darstellende könne man jedoch den Fokus auch auf das Dargestellte richten: „Ou bien on regarde dans ces Poèmes l'Histoire véritable, ou que l'on suppose véritable, et dont toutes les aventures sont véritablement arrivées dans l'ordre, le temps et les lieux, et selon les intrigues qui nous apparaissent."[109] Ziel sei eine perfekte Illusionierung des Zuschauers; dieser solle allein das Dargestellte wahrnehmen, nicht jedoch das Darstellende.[110]

> Je sais bien que le Théâtre est une espèce d'illusion, mais il faut tromper les Spectateurs en telle sorte, qu'ils ne s'imaginent pas l'être, encore qu'ils le sachent ; il ne faut pas tandis qu'on les trompe, que leur esprit le connaisse ; mais seulement quand il y fait réflexion.[111]

Die Semiotik, mit deren Hilfe d'Aubignac sowohl die Illusion als auch das Verhältnis des Dramas zur Aufführung konzeptualisiert, hatte fast 30 Jahre zuvor Chapelain ausgearbeitet.[112] Die folgende Formulierung aus dessen *Lettre sur la Règle des Vingt-quatre heures* ist für den Imitationsbegriff der Regelpoetiken des 17. Jahrhunderts grundlegend:

> Je pose donc pour fondement que l'imitation en tous poèmes doit être si parfaite qu'il ne paraisse aucune différence entre la chose imitée et celle qui imite, car le principal effet de celle-ci consiste à proposer à l'esprit, pour le purger de ses passions déréglées, les objets comme vrais et comme présents […].[113]

Diese Definition trifft allein eine Aussage über das Zeichen („la chose imitée et celle qui imite"), nicht jedoch über das Verhältnis zwischen Zeichen und Referenten. Dies wird aus einem Vergleich mit einer Passage aus den *Sentiments de l'Académie française touchant les observations faites sur la tragicomédie du Cid* ersichtlich, in denen Chapelain scheinbar dem obigen Zitat widersprechend schreibt:[114]

> C'est principalement en ces rencontres [les événements du *Cid*] que le Poëte a droit de preferer la vray-semblance à la verité, et de travailler plustost sur un sujet

---

[108] D'Aubignac 2001, S. 78.
[109] Ebd., S. 79.
[110] Eine gute Einführung in das Illusionsverständnis der Zeit liefert immer noch Bürger 1971, S. 39ff. Eine konzise Übersicht über die Zeit von 1623 bis 1670 gibt Pasquier 1995.
[111] D'Aubignac 2001, S. 317.
[112] Zu dieser Kontinuität vgl. Forestier 2003, S. 98. Pasquier 1995, S. 170.
[113] Chapelain 2007, S. 223.
[114] Von einem Widerspruch geht aus Bray 1966, S. 149. Zur Klarstellung Forestier 2003, S. 75ff.

feint et raisonnable que sur un veritable qui ne fust pas conforme à la raison. Que s'il est obligé de traitter une matiere historique de cette nature, c'est alors qu'il la doit reduire aux termes de la bien-seance, sans avoir égard à la verité, et qu'il la doit plustost changer toute entière que de luy laisser rien qui soit incompatible avec les regles de son Art ; lequel se proposant l'idée universelle des choses, les espure des defaux et des irrégularités particulieres que l'histoire par la severité de ses loix est contrainte d'y souffrir.[115]

Im Unterschied zum ersten Zitat wird hier eine Aussage getroffen, die allein das Verhältnis zwischen Zeichen und Referenten betrifft, nicht jedoch das zeicheninterne Verhältnis von *signifiant* und *signifié*. Im ersten Fall wird allein die Darstellung thematisiert, im zweiten die Angemessenheit des Dargestellten, das soziale *aptum* bzw. die *bienséance*. Zu einer Verwechslung beider lädt der Begriff *vraisemblance* ein, mit dem von den Zeitgenossen beide Fragestellungen, die der Mimesis und die der Dezenz, verhandelt werden.[116]

Dass bei der Frage, wie der Gegenstand zur Darstellung kommen solle, um eine möglichst starke Illusion zu erreichen, allein das semiotische Verhältnis von *signifiant* und *signifié* berücksichtigt und vom Referenten abstrahiert wird, unterscheidet die von Chapelain etablierte Regelpoetik von den Poetiken der so genannten *Irréguliers*, den Autoren des französischen Barocks.[117] Während es diesen um eine möglichst wirklichkeitsge-

---

[115] Gasté 1898, S. 366.

[116] Vgl. Neuschäfer 1971, S. XXIII. Selbst für die Zeitgenossen scheint eine Definition der *vraisemblance* daher schwierig oder aber nicht nötig. So liefert der Abbé d'Aubignac beispielsweise keine positive Definition; im Kapitel II2, das im Titel *De la vraisemblance* eine solche verspricht, definiert d'Aubignac die *vraisemblance* lediglich negativ, sie sei weder das Wahre noch das Mögliche. Vgl. d'Aubignac 2001, S. 123ff.
Noch komplexer wird der Begriff, wenn man bedenkt, dass *vraisemblance* nicht nur Kriterien für die gelungene theatrale Darstellung, sondern auch für die textinterne Kohärenz geben soll, und dass *bienséance* neben der ethischen Kodifizierung auch die innere Kohärenz eines Charakters, wie sie Aristoteles im 15. Kapitel der *Poetik* beschreibt, bezeichnen kann. (Vgl. Aristoteles 1994, S. 47.) Schon im *Thresor de la langue françoise* findet sich die Doppeldeutigkeit von *bienséance*, die als „Côuenientia rerum, Decentia" definiert wird. (Nicot 1960, S. 78. Vgl. Lyons 1999, S. 125.) Ist mit „conuenientia rerum" das Aristotelische Ethoskonzept der Angemessenheit angesprochen, so ist die Dezenz eine Neuerung des 17. Jahrhunderts. Eine so verstandene *bienséance*, der sich vor allem die Poetik La Mesnadières widmet (Vgl. La Mesnadière 1972. Vgl. auch Pasquier 1995, S. 81–101, insbesondere S. 87ff.), zeichnet sich dadurch aus, dass sie allein auf textexternen Urteilskriterien beruht. (Vgl. Genette 1968, S. 21.) „Il ne faut pas oublier [...] que si le Sujet n'est conforme aux mœurs et aux sentiments des Spectateurs, il ne réussira jamais" (D'Aubignac 2001, S. 119.). René Rapin bringt dies in seinen *Réflexions sur la Poétique* prägnant auf den Punkt. Die *vraisemblance* sei „tout ce qui est conforme à l'opinion du public." (Rapin 1970, S. 39.)

[117] Vgl. Forestier 2003, S. 93ff. Forestiers Darlegung, die diese Entwicklung nachzeichnet, ist jedoch in einem Punkt ungenau, denn er unterscheidet bisweilen nicht zwischen Referent und signifié. Vgl. ebd. S. 98. Dies setzt sich in der Kritik Hélène Babys an Forestier fort. Vgl. Baby 2001, S. 661.

treue Darstellung geht, blendet jene das Verhältnis des theatralen Zeichens zum Referenten völlig aus ihren Überlegungen aus. Damit ist die Regelpoetik seit Chapelain zwar illusionistisch, bemüht sich aber nicht um eine möglichst genaue Nachahmung der Realität.[118] Es geht ihr nicht um die perfekte Darstellung *der* Wirklichkeit, sondern um die perfekte Darstellung *als* Wirklichkeit. Diese ist Effekt jener und geht ihr nicht wie in der Poetik der *Irréguliers* als das Nachzuahmende voraus. In diesem Sinne ist Chapelains Äußerung zu verstehen: „le Poëte a droit de preferer la vray-semblance à la verité"[119].

Die den Regelpoetiken zugrunde liegende Semiotik ist vom Ansatz her identisch mit der vor allem durch Michel Foucaults Analysen populär gewordenen Semiotik von Port-Royal.[120] Diese dient Foucault als Modell der so genannten „klassischen Episteme", die eine völlige Transparenz von Zeichen, Idee und Objekt geltend mache, so dass Sprache letztlich nicht das Denken darstelle, sondern es geradezu sei.[121] Dieses semiotische Ideal, dem zufolge das Bezeichnende ganz hinter das Bezeichnete zurücktreten soll, wird in der Regelpoetik durch die Anpassung der Dramentexte an die theatrale Medialität zu erreichen versucht. Daher rührt die Notwendigkeit der bekannten drei Einheiten, die die französischen Regelpoetiken von den italienischen Aristoteles-Kommentatoren übernehmen. Wenn oberstes Ziel der Darstellung die Illusion ist, das Dargestellte sei mit dem Darstellenden identisch, muss das Drama idealiter genauso viel *Zeit* in Anspruch nehmen wie die Theatervorstellung, sich nur an einem *Ort* abspielen, denn auch das Theater befindet sich nur an einem Ort, um so eine ganze, zusammenhängende *Handlung* darstellen zu können. Insofern angenommen wird, die Illusion stelle sich durch eine möglichst große Angleichung des Dramas an die Bedingungen seines Darstellungsmediums ein, ist die Regelpoetik gleichermaßen theatralisch wie illusionistisch.

---

[118]　Thomas Pavel erhebt die Tatsache, dass dadurch die Darstellung zwar realistisch wirkt, jedoch dennoch stets die Distanz zur Wirklichkeit markiert, zum Signum einer ganzen Epoche. Vgl. Pavel 1996.

[119]　Gasté 1898, S. 366 (*Les sentiments de l'académie françoise*).

[120]　Vgl. Forestier 2003, S. 101. Hénin 2004b, S. 69. Marin 1997, S. 248.

[121]　Vgl. Foucault 1966, S. 72ff. Diese immer noch populären Darlegungen Foucaults wurden schon früh korrigiert. Louis Marin hat anhand der *Logique de Port-Royal* dargelegt, wie Sprache durchaus auch von den Jansenisten als tendenziell intransparent verstanden wurde. Vgl. Marin 1975, insbesondere S. 40f. An Marin schließt Rudolf Behrens an, der das rationalistische Sprachverständnis mit den zeitgenössischen Rhetoriken konfrontiert und den Spannungen zwischen beiden nachgeht. Zur Kritik an Foucault vgl. Behrens 1982, S. 47ff. Vgl. auch Merlin 1993, die zudem auf Boileaus Rehabilitierung des Erhabenen verweist. Eine vergleichbare Kritik anhand des Zeichenbegriffs La Rochefoucaulds und Pascals übt Kolesch 2006, S. 130. Vgl. auch Schulz 2003.

Anhand der so genannten „Einheit der Zeit"[122] lässt sich exemplarisch nachverfolgen, wie die Regelpoetiken im Verlauf des 17. Jahrhunderts eine immer größere Sensibilität für die Theateraufführung entwickeln. An dem Wandel, von der zunächst noch sehr weitgesteckten zeitlichen Periode von 24 zu 2 Stunden, wird eine für die Regelpoetik charakteristische Tendenz greifbar, sich immer stärker an den Aufführungsbedingungen zu orientieren.[123] Wobei jedoch schon bei Chapelain zu Beginn der Diskussion nicht die autonom verstandene Handlung, sondern die Aufnahmefähigkeit des Zuschauers Grundlage der Argumentation ist.[124] Chapelain geht von einer visuellen Gedächtnistheorie aus, der zufolge der Zuschauer, im Unterschied zum Leser eine über 24 Stunden hinausgehende Ereignisfolge nicht erinnern könne, weil er sie über das Auge aufnehme.[125] Wichtig ist dabei nicht dieses Verständnis von Gedächtnis, sondern, dass schon Chapelain die Einheit der Zeit aufgrund der durch die Aufführung gegebenen Verhältnisse begründet. Corneille argumentiert am Ende dieser Entwicklung in Hinsicht auf die theatrale Realisierung des Dramas: „La représentation dure deux heures, et ressemblerait parfaitement, si l'action qu'elle représente n'en demandait pas davantage pour sa réalité."[126]

Das Publikum. Chor und Vierte Wand

Die *Pratique du Théâtre* zeichnet sich primär dadurch aus, dass sie synthetisch die verschiedenen, soeben skizzierten Theoreme der zeitgenössischen Diskussion zusammenträgt und in ein systematisch-kohärentes Ganzes zu fügen versucht.[127] Im Vergleich zu anderen Positionen der Epoche ist d'Aubignacs regelpoetisches Werk somit wenig innovativ. Eine wichtige Ausnahme bilden diesbezüglich jedoch seine Äußerungen zum Publikum und zum Theaterzuschauer. D'Aubignac plädiert für eine rigorose Trennung von Zuschauerraum und Bühne; ein Gedanke, der erstmals in der italienischen Renaissance aufkommt.[128] Das französische Theater

---

[122]   Es handelt sich um einen Anachronismus. Im 17. Jahrhundert wird zunächst nicht von „unité de temps", sondern von „unité du jour" gesprochen.

[123]   Vgl. Lyons 1999, S. 174.

[124]   Darauf verweist Lyons 1999, S. 175ff. und korrigiert damit die klassische Studie Scherer 1950, S. 110.

[125]   Im Unterschied zu den „poèmes narratifs" gelte „que pour les représentatifs l'œil, qui est un organe fini, leur sert de juge, auquel on ne peut en faire voir que selon son étendue et qui détermine le jugement de l'homme à certaines espèces de choses selon qu'il les a remarquées dans son opération." Chapelain 2007, S. 225 (*Lettre sur la règle des vingt-quatre heures*).

[126]   Corneille 3, 184 (*Trois discours*). Im Anschluss diskutiert er jedoch auch längere Zeiträume.

[127]   Vgl. Bray 1966, S. 203.

[128]   Vgl. Haß 2005. Hénin 2003.

des 17. Jahrhunderts bildet theatergeschichtlich einen Sonderfall, denn es hält trotz der starken Rezeption des italienischen Theaters, seiner Poetiken und Aristoteleskommentare an der Vermischung von Bühne und Zuschauerraum fest. Die Trennung von Bühne und Publikum ließ sich in der *Comédie française* erst 1759 durchsetzen.

Die Unterscheidung von „histoire véritable" und „représentation" wieder aufgreifend beschreibt der Abbé das Verhältnis von Szene und Publikum wie folgt. Die Darstellung („représentation") solle sich zwar stets am Zuschauer orientieren – der Dichter „cherchera tous les moyens de réussir dans l'estime des Spectateurs, qu'il a seulement lors en l'esprit"[129] –, in der Fiktion selbst („histoire véritable") dürfe der Zuschauer jedoch nicht wahrgenommen werden; womit schon der Abbé ähnlich wie später Diderot eine Art Vierte Wand einfordert, die die Dramenfiktion vom Publikum trennt.

> Il [i. e. le poète] fait comme s'il n'y avait point de Spectateurs, c'est-à-dire tous les personnages doivent agir et parler comme s'ils étaient véritablement Roi, et non pas comme étant Bellerose, ou Mondory ; comme s'ils étaient dans le Palais d'Horace à Rome, et non pas dans l'Hôtel de Bourgogne à Paris ; et comme si personne ne les voyait et ne les entendait que ceux qui sont sur le Théâtre agissants et comme dans le lieu représenté.[130]

Die durch das Tableau geforderte Ganzheit des Dramas und Szenenbildes darf mithin auch vom zuschauenden Publikum nicht unterminiert werden. Das Drama präsentiert sich zwar als ein in sich Ganzes den Zuschauern, dieser Bezug dürfe jedoch nicht kenntlich werden; jede zuschauerorientierte Handlung müsse vielmehr aus dem Handlungszusammenhang motiviert werden. Diese zuschauerbezogene Spezialform der *vraisemblance* nennt d'Aubignac *couleur*.[131] Indem jede Handlung durch eine *couleur*, eine fiktionsinterne Motivation, begründet wird, schließt sich der Handlungszusammenhang des Dramas in sich, so dass ihm sein Bezug auf die Zuschauer nicht anzumerken ist.

Seine Forderung nach einer in sich geschlossenen Ganzheit des Dramas und seiner Handlung und der möglichst perfekten Illusionierung des Zuschauers führt d'Aubignac nun jedoch dazu, zu verlangen, dass die Regelhaftigkeit selbst nicht als unmotiviert und der Ganzheit des Dramas

---

129 D'Aubignac 2001, S. 81.
130 Ebd., S. 81f. Zum Stellenwert des Zuschauers vgl. auch Forestier 1999.
131 „[…] mais il ne doit pas faire ces Récits, ni ces Spectacles seulement à cause que les Spectateurs en doivent avoir la connaissance. Comment donc ? Il faut qu'il cherche dans l'Action considérée comme véritable, un motif et une raison apparente, que l'on nomme couleur, pour faire que ces Récits et ces Spectacles soient vraisemblablement arrivés de la sorte." (D'Aubignac 2001, S. 82.)

Äußeres wahrgenommen werden dürfe. Zum einen solle dem Drama nicht anzusehen sein, dass es von einem Autor verfasst wurde,[132] zum anderen solle ihm selbst seine Künstlichkeit nicht anzumerken sein; so heißt es fast schon paradox, der Auftritt von Figuren müsse so vorbereitet sein „que cette variété semble naître du Sujet et non pas de l'invention du Poète ; car tout ce qui sent trop l'art au Théâtre, n'est pas bien selon l'Art, et perd toute sa grâce"[133]. Bei der rationalen Analyse des Stücks dürfe zwar auffallen, dass dieses durch die Regeln der *vraisemblance* geprägt ist, die Regeln müssten aber selbst ebenfalls wahrscheinlich sein, denn nur Regeln, die wahrscheinlich sind, werden nicht als der Ganzheit des Dramas äußerliche wahrgenommen.

Angerissen wird diese Problematik im dritten Buch, in dem der Abbé für die Wiedereinführung des Chors plädiert, der eine handelnde Person sei, jedoch im Drama auch ein Publikum vorstelle. Aus seinen Überlegungen zum Chor resultiere,

> qu'il y a grand sujet de s'étonner que les Savants, qui jusqu'ici nous ont entretenu de tant de curiosités concernant le Poème Dramatique, ne l'aient point enseigné, quoique très facile à découvrir, très importante d'ailleurs pour bien connaître l'ancienne Tragédie, et très nécessaire enfin pour bien justifier la vraisemblance de toutes les règles du Théâtre.[134]

Erst der Chor beweise – dies ist im 17. Jahrhundert eine Bedeutung von *justifier* – bzw. garantiere die Wahrscheinlichkeit der Regeln der Wahrscheinlichkeit, denn, wie d'Aubignac weiter ausführt, nur ein ständig präsentes dramaninternes Publikum mache es verständlich, dass auf der Bühne kein Monolog gehalten werde, denn dann spreche die dramatische Person bereits zu einem Publikum; dass auf ihr kein Tod dargestellt werden dürfe, denn es sei unwahrscheinlich, dass der Chor in diesem Fall nicht eingreifen würde; und dass der Dichter, da der Chor die Szene nie verlasse, die drei Einheiten der Handlung, des Orts und der Zeit beachte.[135] Der Chor avanciert damit zum „fondement de toute l'économie de ce Poème, et la lumière presque de toutes ses règles"[136]. Würde der Chor richtig angewandt, würden die Regeln der *vraisemblance* wie die der *couleur*,

---

[132] „En un mot, il [le poète] change les matières et leur donne des formes comme il le veut résoudre dans son conseil secret : Mais il est vrai pourtant que toutes ces choses doivent être si bien ajustées, qu'elles semblent avoir eu d'elles-mêmes, la naissance, le progrès et la fin qu'il leur donne. Et quoiqu'il en soit l'Auteur, il les doit manier si dextrement, qu'il ne paraisse pas seulement les avoir écrites." (Ebd., S. 79.)
[133] Ebd., S. 342.
[134] Ebd., S. 315.
[135] Vgl. ebd., S. 315–317.
[136] Ebd., S. 303.

würde Regelpoetik und damit selbst die *Pratique du Théâtre* überflüssig werden, denn der Chor würde, indem er in die dargestellte Fiktion eine theatrale Struktur einträgt und sie zum Theater werden lässt, im Idealfall von vorne herein verhindern, dass die theatrale Darstellung den dargestellten Dramentext und seine Ganzheit korrumpiert. Um die Illusion transparenter Darstellung erreichen zu können, muss die dargestellte Fiktion selbst Theater werden. Die Theatralität der Darstellung kann nur überspielt werden, wenn das Dargestellte seinerseits bereits theatral ist, die *histoire véritable* selbst bereits eine *représentation* ist. Das gesamte regelpoetische Werk des Abbé d'Aubignac beruht somit auf dem Paradox, dass das Drama Theater werden muss, um den Eindruck erwecken zu können, nicht mehr Theater zu sein. Das Theater wird bejaht, indem es verleugnet wird.

Indem sie dieses Paradox mit dem Chor selbst thematisiert, gerät die *Pratique du Théâtre* jedoch an ihre Grenzen, denn, um seinem rationalistischen Anspruch zu genügen, müsste der Abbé auch Regeln angeben können, wie der Chor in das Drama einzuführen sei. Dass der Chor nicht nur die *vraisemblance* der Regeln garantiert, sondern seinerseits wahrscheinlich sein muss, hebt d'Aubignac denn auch in seiner Definition des Chors hervor:

> *Le Chœur est une troupe d'Acteurs représentant l'assemblée de ceux qui s'étaient rencontrés, ou qui vraisemblablement [!] se devaient ou pouvaient rencontrer au lieu où s'est passée l'action exposée sur la Scène.*[137]

Der Chor dürfe in der Dramenfiktion nicht als ein dem Theaterpublikum vergleichbarer Fremdkörper auftreten. Daher solle er nicht nur die Zwischenakte mit seinem Gesang überbrücken, sondern müsse im Drama selbst handeln.[138] Zu vermeiden sei, dass der Chor wie in der römischen Antike „cessa peu à peu de faire partie du Poëme, n'étant plus qu'une troupe de Musiciens chantant et dansant pour marquer les intervalles des Actes."[139] Wenn d'Aubignac jedoch Regeln für die Instanz angeben würde, die die Regeln der Wahrscheinlichkeit wahrscheinlich werden lässt, müsste wiederum eine Instanz gefunden werden, die diese Regeln wahrscheinlich macht. Weil er damit in einen infiniten Regress gerät, bricht er an dieser Stelle ab und verweist auf das Studium der Griechen.[140] Obwohl oder gerade weil der Chor eine so zentrale Instanz der Poetik d'Aubignacs ist, steht er jenseits der *Pratique du Théâtre*.

---

137 D'Aubignac 2001, S. 304.
138 Vgl. ebd., S. 307f.
139 Ebd., S. 306.
140 Vgl. ebd., S. 320f.

> C'est pourquoi je ne m'arrêterai point à déduire ici, comment on pourrait faire
> pour ajouter les Chœurs à notre Tragédie ; Ce qu'il faudrait imiter des Anciens ;
> ce qu'il en faudrait retrancher ou changer selon nos Coutumes, ni quel était le de-
> voir des Musiciens et des Danseurs ; car cela mériterait un Traité particulier, qui
> maintenant serait fort inutile. Passons donc à des choses plus nécessaires pour
> l'intelligence du Poème Dramatique, et qui regardent la Pratique du Théâtre.[141]

In einem doppelten Sinn nimmt der Chor in der *Pratique* eine liminale
Position ein. Zum einen markiert er in ihr auf die soeben beschriebene
Weise die Grenzen des rationalistischen Projekts Regelpoetik. Zum anderen soll er die Dramenfiktion als in das Drama eingelassene theatrale Instanz vom Theatersaal abgrenzen. Er ist gewissermaßen die innere, dra-
meninterne Seite der Grenze zum Publikum, deren äußere die Vierte
Wand ist. D'Aubignacs nie zu erreichendes Ideal ist ein tableauhaft in sich
geschlossenes Objekt, das, da in sich selbst theatral strukturiert, im Theater eine derart transparente Darstellung möglich werden lässt, dass sich
das gelesene vom aufgeführten Drama nicht mehr zu unterscheiden
scheint. Da zwischen Chor und Theaterpublikum jedoch allein ein metaphorisches und kein metonymisches Verhältnis besteht, der Chor dieses in
der Dramenfiktion nur vertritt, jedoch kein Teil von ihm ist, kann ihm
dies letztlich nicht gelingen. Der Chor, das dargestellte Publikum, ist nur
ein dargestelltes, fiktionsinternes, das vom Theaterpublikum als solches
betrachtet wird. Die von d'Aubignac perhorreszierte theatrale Öffentlichkeit (*public*) lässt sich nie gänzlich in das Drama integrieren.

Diderot wird auf diese Problematik auf eine gänzlich anders geartete
Weise reagieren, nämlich indem er die Ganzheit des Tableaus wirkungsästhetisch durch die Ausgrenzung des Betrachters und damit der Theatralität
schlechthin begründet.[142] D'Aubignacs Überlegungen abstrahieren hingegen völlig vom Rezipienten; er begründet die Ganzheit des Tableaus nicht
aus seinem Verhältnis zum Zuschauer, vielmehr versteht er sie allein vom
Objekt her, das er als ein in sich geschlossenes Ganzes auffasst. Es geht
ihm allein darum, die Präsenz der Theaterzuschauer auszugrenzen, nicht
jedoch den theatralen Blick schlechthin.[143] Daher schließen sich bei ihm
die Vierte Wand und der Chor nicht aus, sondern ergänzen sich. Weil
Schiller – so viel sei bereits vorweggenommen – nach Diderot die Ganzheit des Dramas, wenn auch vor einem anderen, einem autonomieästhetischen Hintergrund, objektiv zu fassen versucht, wird ihn die hier durch
d'Aubignac aufgeworfene Problematik wieder beschäftigen.

---

[141]   Ebd., S. 321.
[142]   Siehe ausführlich weiter unten Kapitel II.1.
[143]   Vgl. Kolesch 2006, S. 237.

2.3 Die Dramaturgie Corneilles und Racines

Die in der Querelle theoretisch aufgeworfene Frage zum Verhältnis des Dramas zum Theater und insbesondere zum Publikum setzt sich nicht allein in der Regelpoetik fort, vielmehr bestimmt sie auch maßgeblich die Dramatik der Zeit. So lassen die Dramaturgien der beiden wohl einflussreichsten Dramatiker, die Corneilles und Racines, auch in der zweiten Jahrhunderthälfte im Publikum eine Öffentlichkeit entfalten, die das d'Aubignacsche Ideal einer klaren Trennung von Bühne und Publikum nur sehr bedingt bestätigen.[144] Allein die Tatsache, dass mit wenigen Ausnahmen die zeitgenössischen Dramen keine Chordramen sind, legt nahe, dass das Publikum während der Theateraufführung auch weiterhin relevant ist und in der Inszenierung eine Rolle übernimmt; mit John D. Lyons könnte man sagen: „the watching role of the missing chorus"[145].

Corneilles und Racines Dramaturgien *wirken* beide wesentlich dadurch, dass die Rezeption keine private (*particulier*), sondern eine öffentliche (*public*) ist. Da jedoch wie beschrieben „public" im 17. Jahrhundert stets ein bestimmtes Verhältnis zwischen *particulier* und *public* bezeichnet, ist auch die Wirkung auf die Rezipienten maßgeblich durch dieses Verhältnis bestimmt, ja wie sich zeigen wird, lassen sich die beiden Dramaturgien gerade durch die genauere Beschreibung dieses Verhältnisses voneinander abgrenzen. Dies soll im Folgenden jeweils anhand eines Dramas geschehen und zwar anhand eines solchen, in dem die Dramaturgie selbst auf ihre Prämissen hin befragt wird.

Der blinde König. Aporien der Bewunderung (Corneille: Œdipe)

Auch über die *Querelle du Cid* hinaus, bis in sein Spätwerk hinein bemüht sich Corneille, gegenüber den Regelpoetiken eine eigenständige Position zu bewahren. Verfasst er 1660 in der Retrospektive zwar selbst eine Poetik, die *Trois Discours*, die er als Ergänzung zu den *Examens* der einzelnen Stücke den drei Bänden seiner Gesamtausgabe voranstellt, so ist sie doch in zentralen Punkten gegen die Regelpoetik Chapelains und d'Aubignacs formuliert. Zwar wurde in den letzten Jahren vermehrt die Nähe Corneilles zu d'Aubignac unterstrichen, dennoch gibt es Unterschiede, die ebenso eklatant wie grundlegend sind. Der Poetik des Abbé d'Aubignac stehen die

---

144 Allein der Klassik-Begriff, wie er sich im 18. und vor allem 19. Jahrhundert herausbildet, hat das 17. Jahrhundert zu einer homogenen Epoche im Zeichen von Regelhaftigkeit und einer allgemeingültigen *doctrine classique* werden lassen. Zu einer umfassenden Kritik vgl. Stenzel 1995.
145 Lyons 1999, S. 147.

Discours nahe, wenn man von dem terminologischen Streit absieht, den beide ausfechten. Corneille kritisiert, die Poetiken seiner Zeit würden zu stark die Wahrscheinlichkeit betonen und das zweite Konzept der Aristotelischen Begriffsdyade, das Notwendige, vernachlässigen. Ein Aspekt seines Notwendigkeitsbegriffs deckt sich jedoch weitgehend mit dem von d'Aubignac entwickelten Konzept der *couleur*, der handlungsinternen Motivierung von Handlungen, die durch die Anwesenheit eines Publikums notwendig werden.[146] Zum Teil motiviert sich der Streit zwischen d'Aubignac und Corneille also durch ein terminologisches Missverständnis.

Ein fundamentaler Unterschied besteht jedoch darin, wie beide Autoren den Stellenwert der Theateraufführung einschätzen. Während d'Aubignacs Poetik ein antitheatraler Grundzug eignet, kann weder bezüglich Corneilles Dramatik noch seiner Poetik von einer Präferenz des Textes vor der Aufführung die Rede sein. Dies wird exemplarisch an einem vordergründig eher nebensächlich erscheinenden Detail ersichtlich, den Äußerungen beider Autoren zu Regieanweisungen. Sieht d'Aubignac in ihnen etwas dem Textkörper Fremdes, das diesen und seine Ganzheit entstelle, so betont Corneille deren Wichtigkeit, denn sie würden die Lektüre des Dramas erleichtern.

> Aristote veut que la tragédie bien faite soit belle, et capable de plaire, sans le secours des comédiens, et hors de la représentation. Pour faciliter ce plaisir au lecteur, il ne faut non plus gêner son esprit, que celui du spectateur, parce que l'effort qu'il est obligé de se faire pour la concevoir, et se la représenter lui-même dans son esprit, diminue la satisfaction qu'il en doit recevoir. Ainsi je serais d'avis que le poète prît grand soin de marquer à la marge les menues actions, qui ne méritent pas qu'il en charge ses vers [...].[147]

Damit widerspricht Corneille nicht nur d'Aubignac, sondern, anders als er glauben machen will, auch Aristoteles' Marginalisierung der *opsis* in dessen *Poetik*.[148] Zwar finden sich in den *Discours* Passagen, die ausschließlich

---

[146] Dies ist nur ein Aspekt des Notwendigen, der andere ist die notwendige Verbindung wahrscheinlicher Handlungen. Vgl. Corneille 3, 165. Dies greift insbesondere, wenn Figuren gegen soziale Normen verstoßen. Vgl. Lyons 1999, S. 108f. Die beiden Aspekte kommen auch in der Definition des Notwendigen als „*le besoin du poète pour arriver à son but, ou pour y faire arriver ses acteurs*" zur Geltung (Corneille 3, 170.). In immer noch unübertroffener Dichte und Präzision rekonstruiert die Argumentation Kommerell 1957, S. 164–167. Auf die Nähe von Corneilles *nécessaire* und d'Aubignacs *couleur* verweist Baby 2001, S. 651.

[147] Corneille 3, 182.

[148] Aristoteles marginalisiert in seiner *Poetik* die Aufführung (*opsis*) nahezu völlig: „Die Inszenierung vermag zwar die Zuschauer zu ergreifen; sie ist jedoch das Kunstloseste und hat am wenigsten etwas mit der Dichtkunst zu tun. Denn die Wirkung der Tragödie kommt auch ohne Aufführung und Schauspieler zustande." (Aristoteles 1994, S. 25.) Im ersten *Discours* legt Corneille nahe, er verstehe unter *opsis* allein die „décoration du théâtre": „comme il [Aristote] ne la [la décoration du théâtre] traite point, je me dispenserai d'en dire plus qu'il ne m'en a appris." (Corneille 3, 134.)

textinterne Aspekte problematisieren, wie beispielsweise den Dramenauf-
bau in Akte und Szenen oder die verschiedenen Handlungstypen, doch
der soeben zitierte Passus hebt eindeutig hervor, dass sich der Leser eines
Dramentexts vor seinem inneren Auge eine Aufführung imaginieren würde, über dessen Ganzheit schweigt sich Corneille hingegen völlig aus. Ist
bei d'Aubignac die Lektüre die angemessenste Rezeptionsform, so bei
Corneille die Theateraufführung.

Dies liegt insbesondere in der Art und Weise begründet, wie letzterer
die Wirkung seiner Dramen versteht. Bekanntlich verwirft er im zweiten
Discours die Katharsis als zentrales Wirkungsprinzip der Tragödie[149] und
entwickelt eine, wenn auch theoretisch nicht sehr breit ausgearbeitete, so
doch sehr einflussreiche Wirkungstheorie, in deren Zentrum die Bewunderung, die *admiration*, steht. Im *Examen* zu *Nicomède* heißt es vom Titelhelden:

> Ce héros de ma façon sort un peu des règles de la tragédie, en ce qu'il ne
> cherche point à faire pitié par l'excès de ses infortunes ; mais le succès a montré
> que la fermeté des grands cœurs, qui n'excite que de l'admiration dans l'âme du
> spectateur, est quelquefois aussi agréable, que la compassion que notre art nous
> ordonne d'y produire par la représentation de leurs malheurs. […] Dans
> l'admiration qu'on a pour sa vertu, je trouve une manière de purger les passions,
> dont n'a point parlé Aristote, et qui est peut-être plus sûre que celle qu'il pres-
> crit à la tragédie par le moyen de la pitié et de la crainte. L'amour qu'elle nous
> donne pour cette vertu que nous admirons, nous imprime de la haine pour le
> vice contraire.[150]

Dass das zentrale wirkungsästhetische Prinzip der Corneilleschen Dramatik, die Bewunderung, nur möglich ist, wenn eine Interaktion zwischen
dramatischer Person und Publikum stattfindet, die die Trennung von
Bühne und Zuschauerraum aufhebt, und damit wesentlich auf die Aufführung angewiesen ist, kann jedoch allein anhand der Dramen selbst
nachgewiesen werden; die wenigen Passagen der theoretischen Texte zur
Bewunderung gehen auf diesen Aspekt nicht ein. Ein Drama bietet sich
dafür besonders an und zwar die unmittelbar vor den *Trois Discours* ver-
fasste Tragödie *Œdipe*. In seiner Poetik gesteht Corneille später offen ein,
er könne nicht verstehen, warum Aristoteles *König Ödipus* als Beispiel
kathartischer Wirkung anführe.[151] Vor diesem Hintergrund kann das

---

149 Vgl. Corneille 3, S. 142ff.
150 Corneille 2, 643.
151 Mit dem nur unwissentlich schuldig gewordenen Ödipus könne der Zuschauer kein
     Mitleid und keine Furcht haben. Vgl. Corneille 3, 145. Der Zuschauer werde höchstens
     von der „curiosité de savoir l'avenir" (Ebd. S. 149.) gereinigt, nicht jedoch von Leiden-
     schaften.

Stück durchaus auch als poetologische Positionierung gedeutet werden. Zudem bricht Corneille mit ihm sein nach dem Fiasko *Pertharite. Roi des Lombards* eingenommenes, siebenjähriges Schweigen. Allein aus diesem Grund ist anzunehmen, dass das Stück das bisherige Schaffen auf eine ähnlich prononciert-programmatische Weise wie die anschließenden *Trois Discours* reflektiert.

Corneilles Dramatik ist in doppelter Hinsicht eine genuin politische.[152] Einerseits spielen in ihr immer wieder einzelne Ereignisse der Dramen auf historisch-politische an. So inszeniert beispielsweise *Œdipe* wie seine antiken Vorbilder einen Generationenkonflikt, das Stück nimmt jedoch bei Corneille auch auf einen zeitgeschichtlichen Konflikt Bezug. In ihm heißt es, dass Laïus' Tod 16 Jahre zurückliege. 1659, im Jahr der Uraufführung und Publikation *Œdipes*, lag der Tod Ludwig XIII. ebenfalls 16 Jahre zurück, die Thronbesteigung Ludwig XIV. dagegen unmittelbar bevor.[153] Andererseits kann jedoch auch die Dramaturgie selbst als eine politische gelten, denn in ihr kommt es zu einer Interaktion zwischen der dramatischen Person und dem Theaterpublikum, die in letzterem eine Öffentlichkeitsform erzeugt, die stets auch ähnlich wie in der *Querelle du Cid* eine bestimmte Form politischer Publizität reaktualisiert.

Œdipe ist in dieser Hinsicht eines der selbstreflexivsten Dramen Corneilles, denn in ihm wird die dergestalt dramaturgisch erzeugte Öffentlichkeitsform auf ihre politischen und ästhetischen Prämissen und Konsequenzen hin befragt. So greift das Stück zunächst eine dem Feudalismus nahestehende Dramaturgie auf, um sie dann jedoch in der ästhetischen Reflexion zugunsten einer absolutistischen zu verabschieden. Angestoßen wird diese Reinszenierung durch die von Seneca übernommene Szene der Beschwörung des toten Laïus. Im Unterschied zu Seneca, der sie außerhalb der Gesellschaft in der Nähe eines Hains stattfinden lässt,[154] verlegt Corneille sie an den Hof und damit in das Zentrum des absolutistischen Staates. Der gesamte Hof ist mit der bezeichnenden Ausnahme der beiden

---

[152] Vgl. aus der breiten Forschung exemplarisch Couton 1984. Prigent 1986. Apostolidès 1985, S. 54–89. Die These eines unpolitischen Corneilles bei Forestier 1996 widerlegt Merlin-Kajman 2000, S. 21ff.

[153] Vgl. Biet 1994, S. 212, der eine solche politische Lesart vorgeschlagen hat. Biet liest das Stück als Allegorie der politischen Verhältnisse zwischen 1643 und 1659. Œdipe spiele auf Mazarin an, Jocaste auf Anna von Österreich, Laïus auf Ludwig XIII., die politische Instabilität auf die Bürgerkriege der Fronde. Eine derartige allegorische Lesart ist charakteristisch für viele der politischen Interpretationen des Werks. Im Folgenden soll solchen Anspielungen jedoch nicht weiter nachgegangen werden.

[154] Vgl. Seneca 2, 30 (Vers 530f.): „Est procul ab urbe lucus ilicibus niger, / Dircaea circa uallis inriguae loca."

Kinder Laïus', Œdipe und der von Corneille erfundenen Dircé, anwesend. Erst als auch die letzten eintreffen, will die Beschwörung gelingen. Sie wird gerahmt von der angekommenen Königin (Œ 593) und dem ankommenden König (Œ 614). Nérine, aus deren Botenbericht der Zuschauer von den Ereignissen erfährt, legt nun bei der Beschreibung der Beschwörung mindestens ebenso viel Wert auf die Darstellung der Reaktionen der anwesenden Zuschauer wie auf die des beschworenen Geistes. Diese Reaktionen sind die von Theaterzuschauern, die beschriebenen Affekte typische des Theaters: „À ce terrible aspect la Reine s'est troublée, / La frayeur a couru dans toute l'assemblée" (Œ 601f.). Später heißt es: „Ces mots dans tous les cœurs redoublent les alarmes; / L'Ombre qui disparaît laisse la Reine en larmes, / Thésée au désespoir, Hémon tout hors de lui, / Le Roi même arrivant partage leur ennui" (Œ 611–614). Bei der Beschwörung handelt es sich mithin um eine durch Tirésie angestoßene Theaterszene. Corneille beschwört hier nicht einfach nur den toten Vater und Souverän herauf, sondern mit ihm auch eine vergangene Theaterform, das feudalistisch-aristokratische Werte implizierende, regelferne Theater seiner Jugend.

Die Beschreibung des Toten steht dabei ganz im Zeichen des Blicks und des Blutes:

> L'impérieux orgueil de son regard sévère
> Sur son visage pâle avait peint la colère ;
> Tout menaçait en elle, et des restes de sang,
> Par un prodige affreux, lui dégouttaient du flanc. (Œ 597–600)

Das Blut verweist in diesem Kontext sowohl auf den vergangenen Tod als auch auf die zukünftige, von Laïus eingeforderte Rache. Es veranschaulicht die Worte des Geistes und steht damit konträr zur eigentlichen, die Regeln der *bienséance* wahrenden Szene des Botenberichts.

> « Un grand crime impuni cause votre misère ;
> Par le sang de ma race il se doit effacer,
> Mais à moins que de le verser,
> Le Ciel ne se peut satisfaire ;
> Et la fin de vos maux ne se fera point voir
> Que mon sang n'ait fait son devoir. » (Œ 605–610)

Im Blut überschneiden sich die Semantiken feudalistischer Genealogie („le sang de ma race") und Racheforderung („le verser").[155] Das Blut kann daher als symbolisches Korrelat zum Corneilleschen Ehrbegriff gelten, der

---

155 Vgl. Delmas 1985, S. 163: Im Blut verbinde sich „naissance, ambition, sacrifice".

in sich ebenfalls Abstammung und physische Überlegenheit vereint.[156] Die aus der Abstammung erwachsene Ehre muss bei Corneille stets wieder aufs Neue beglaubigt werden, das Individuum stets seine Gruppenzugehörigkeit und damit seine Stellung im politischen Körper bezeugen. Dies ist die von Laïus angesprochene Pflicht seines „Blutes". Dieser Ehrbegriff fundiert eine Ethik, die die politische Teilhabe des Einzelnen am sozialen Körper reguliert, und ist durch die Spaltung dieses Körpers in den Staat und die Gesellschaft zum Anachronismus geworden.

Bewunderung ist sein dramaturgisches Äquivalent. Genauer: Die Ästhetisierung der *gloire* zum dramaturgischen Prinzip Bewunderung begegnet seiner ethisch-politischen Unzeitgemäßheit.[157] Auf dem Theater Corneilles steht nämlich nicht die bewundernswerte Tat, sondern vielmehr der Entschluss zu dieser im Vordergrund der Darstellung. Die Entscheidung gestaltet sich dabei stets als eine rhetorisch durchgestaltete Aussprache vor dem zuschauenden Theaterpublikum. Zu denken ist an Monologe wie etwa den von Rodrigue in der Szene I6 des *Cid* gehaltenen, oder Dialoge mit einem Vertrauten, der vor der prunkvollen Rede als Zuhörer so marginalisiert ist, dass seine Rolle nahezu mit der des Publikums verschmilzt. „Der Held erringt die *gloire* nicht durch sein Wirken in der dramatischen Handlungswelt, sondern durch eine Probe, die er vor dem Theaterpublikum ablegt."[158] Insofern ist Bewunderung ein Affekt, der sich allein aus der Medialität des Theaters generiert, und die Aufführung für die Wirkung der Dramen konstitutiv. Corneilles Heroismus ist theatralisch.[159] Weil das Theaterpublikum nur bewundern kann, wenn es als Kollektiv in einer unmittelbaren Interaktion mit der dramatischen Person angesprochen wird, kann Corneille kein Verständnis für die vom Abbé d'Aubignac eingeforderte Vierte Wand oder den Chor aufbringen.[160]

---

[156] Im Unterschied zum antiken und christlichen Ehrbegriff, der (wie etwa in Aristoteles' *Nikomachischer Ethik*) als zusätzlicher, d.h. sekundärer, Lohn für tugendhaftes Verhalten verstanden wird, speist die Corneillesche *gloire* sich aus einer feudalistisch geprägten Traditionslinie, in der Ehre selbst zum Telos des Handelns wird. Sie definiert sich über Abstammung, d.h. Gruppenzugehörigkeit, die es durch körperliche Überlegenheit stets zu bestätigen gilt. Selbst wenn sie mit der älteren Traditionslinie das agonale Moment teilt (in der Antike ist etwa an die Ataraxie der Stoa zu denken), ist der Unterschied doch erheblich. Vgl. Kablitz 2000. Kablitz verweist darauf, dass der Corneillesche Ehrbegriff dennoch mit Elementen des antiken kontaminiert sei, dadurch seine Labilität erhalte, daraus aber auch seine Dynamik schöpfe. Vgl. ebd. S. 493.

[157] Dieser These Wolfgang Matzats liegt Norbert Elias' Narrativ zugrunde, durch die Verhofung käme es zu einem Zivilisationsschub. Vgl. Matzat 1982, S. 136f. Elias 1992 und besonders Elias 1978.

[158] Matzat 1982, S. 136.

[159] Vgl. ebd., S. 117. Starobinski 1961, S. 50ff.

[160] Im dritten *Discours* sieht Corneille im antiken Chor einzig ein, überdies sehr unpraktisches, Mittel, die Akte voneinander zu trennen. Vgl. Corneille 3, 181.

Nicht als ethisches, wohl aber als ästhetisches Prinzip ist *gloire* bereits höfisch: Adlige handeln nicht mehr, sondern entschließen sich als Figuren der höfischen Bühne zu Taten, von denen aufgrund der *bienséance* nur erzählt werden darf, oder bewundern als Theaterzuschauer das Heroische dieser Entschlüsse und wissen insgeheim, dass das Heroische auf ihrem anerkennenden Theaterblick beruht, mithin von ihrer kollektiven Anwesenheit im Theater abhängt. Wurde zuvor vom Helden verlangt, durch seine Handlungen seine Gruppenzugehörigkeit und damit seine Position im politischen Körper unter Beweis zu stellen, so tritt im Theater Corneilles an die Stelle dieser Handlungen die rhetorische Rede, an die Stelle der Gruppe das Theaterpublikum.

Bewunderung entsteht im Wechselblick, dem zwischen Bewundertem und Bewunderndem und dem zwischen den Bewundernden untereinander. Primär ist, dass der Held sich entscheidet, wie das Kollektiv es von ihm als herausragendem Individuum erwartet, sekundär die ebenfalls bewunderte Distanz, die diese Entscheidung zum individuellen Zuschauer bezeugt.[161] In diesem Sinne ist das Publikum dem Affekt vorgängig; es bestätigt sich als Kollektiv durch den Affekt der Bewunderung, wie der Held sich selbst ständig aufs Neue bestätigt. Das Kollektiv ist die Bedingung der Möglichkeit von Bewunderung und nicht umgekehrt. In dieser dramaturgischen Vorgängigkeit des Publikums wirkt feudales Gedankengut nach, denn ein solches Primat kann nur auf einer ontologischen Form von Publizität fußen. In der Interaktion zwischen der individuellen dramatischen Person und seinem Theaterpublikum reaktualisiert erstere eine Ontologie des Öffentlichen, ja Corneille geht sogar so weit, diese vom Helden geleistete Reaktualisierung der ontologischen Öffentlichkeit in das für seine Dramaturgie zentrale Wirkungsprinzip Bewunderung zu integrieren.[162]

Doch die Labilität dieser allein *re*-aktualisierten ontologischen Publikumsform lässt sich auch durch ihre Ästhetisierung nicht kaschieren. Der Held ist dazu angehalten, ständig aufs Neue seine Gruppenzugehörigkeit,

---

161 Diese Erwartungshaltung des Publikums ist wertneutral und nicht an moralische oder politische Prinzipien gebunden. Bewunderung ist mithin ein Affekt der Ehrfurcht. Vgl. Matzat 1982, S. 76.

162 Dies als Ergänzung zu Merlin 1994, S. 267: „Le bien comme le mal ne procèdent que par *coups*, instantanés de puissance, coups de majesté, actes héroïques ou coups d'État. On reconnaît le modèle volontariste du nominaliste. L'originalité de Corneille consiste à ne le projeter, à partir de Dieu, ni sur le roi ni sur l'ensemble des particuliers à égalité, mais sur le héros, et à le réarticuler au modèle ontologique du *public*. Par là, le modèle du *public*, quoique historicisé – c'est-à-dire individualisé dans les cas de l'histoire –, ne perd pas nécessairement sa réalité ontologique. Celle-ci dépend d'une ontologie de l'individu *parce que seul l'individu est source de puissance*."

die zum Theaterpublikum, unter Beweis zu stellen.[163] So wie die dramatische Person immer wieder ihren Heroismus ostentativ zur Schau stellt, muss auch das Publikum sich und seine historisch bereits fragile Öffentlichkeitsform stets neu bestätigen; es dürstet nach Bewunderung. Bewunderung zwingt zu Wiederholung. Aus diesem Grund ist das Drama durch verschiedene Theatercoups strukturiert, die häufig mit heroischen Entschlüssen zusammenfallen, und zeichnet sich als ein gelungenes dadurch aus, dass die Handlung möglichst kunstvoll möglichst viele Theatercoups aneinanderkettet.[164]

Im Anschluss an die Totenbeschwörung inszeniert Corneille die durch diese angestoßene Bewunderungsdramaturgie wie schon so oft ein weiteres Mal. Die Wirkung des Botenberichts auf Dircé, neben der Vertrauten Mégare die einzige Figur, die gleichzeitig mit dem Zuschauer von den Ereignissen erfährt, ist konträr zur „voix commune" (Œ 615), die sich im Anschluss an die Geistererscheinung in der Versammlung gebildet hatte.

> Mourir pour sa patrie est un sort plein d'appas
> Pour quiconque à des fers préfère le trépas.
> *Admire, peuple ingrat*, qui m'as déshéritée,
> Quelle vengeance en prend ta princesse irritée,
> Et connais, dans la fin de tes longs déplaisirs,
> Ta véritable reine à ses derniers soupirs. (Œ 625–630, Hervorhebung von mir, AP.)

Dircé bezieht die Prophezeiung, wie sie kurz darauf erläutert, auf sich, da sie sich für den Tod des Königs verantwortlich glaubt, Laïus habe sich ihretwegen auf den Weg zum Orakel gemacht, auf dem er schließlich ermordet wurde. Zum Zeitpunkt ihrer Rede befinden sich auf der Bühne nur Mégare und die Botin Nérine. Die an ein fiktives Publikum gerichtete

---

[163]   Vgl. Starobinski 1961, S. 57f.: „Mais si fulgurant que soit le haut fait, cette victoire est brève, trop brève pour n'avoir pas besoin d'être indéfiniment répétée et réaffirmée [...] Il faudra que le héros sache se montrer grand sans relâche. La multiplication des péripéties et des exploits [...], la façon dont les personnages cornéliens ne cessent de vanter leur race ou leur courage, s'expliquent par la nécessité de recommencer inlassablement le geste admirable". Zum Wiederholungszwang der heroischen Tat vgl. auch Matzat 1982, S. 121.

[164]   Insofern kann Corneille für Aristoteles' Poetik, die allein von einer Peripetie ausgeht, die im Idealfall wie dem *König Ödipus* mit der Anagnorisis zusammenfallen solle, nur Unverständnis zeigen. Zur Handlungsführung vgl. ausführlich Forestier 1996. Einheit erlangt eine solche Handlungskette laut Corneille durch die Gefahr, der die Hauptperson ausgesetzt ist: „c'est le péril d'un héros qui la [la tragédie heureuse] constitue, et losqu'il en est sorti, l'action est terminée." (Corneille 3, 126.) Am Ende sei die Gefahr aufgehoben: „[...] le spectateur doit être si bien instruit des sentiments de tous ceux qui y ont eu quelque part, qu'il sorte l'esprit en repos, et ne soit plus en doute de rien" (Ebd. S. 125.). Noch genauer ist der dritte *Discours*, in dem es heißt: „l'unité d'action consiste, dans la comédie, en l'unité d'intrigue, ou d'obstacle aux desseins des principaux acteurs, et en l'unité de péril dans la tragédie, soit que son héros y succombe, soit qu'il en sorte" (Ebd. S. 174.).

Rede, das undankbare Volk solle sie bewundern, ist daher in erster Linie nicht an das fiktive, sondern an das im Theater versammelte Publikum adressiert. Auch ihr kurz darauf folgender Stanzenmonolog der ersten Szene des dritten Akts, der vor dem Publikum den Konflikt zwischen Ehre und Neigung ausbreitet – auch dies ein Topos im Werk Corneilles – knüpft an diese Rhetorik an. Die Rede richtet sich hier zwar nicht an ein Publikum, sondern an Thésée und die personifizierte *gloire*, doch wirkt der Monolog auf die Zuschauer nur, weil sie ihn auf die beschriebene, für Corneille so charakteristische Weise vor dem Theaterpublikum hält.

Statt aber wie beispielsweise im *Cid* allein den Konflikt von Pflicht und Neigung durchzuspielen, lässt Corneille im Folgenden seine eigene Dramaturgie der *gloire*, auf der dieser Konflikt beruht, kollabieren.[165] Aufgrund seiner Liebe zu Dircé entschließt sich Thésée dazu, sich selbst zu opfern; er sei wie Œdipe von Phorbas ausgesetzt worden, könne daher durchaus auch der Sohn Laïus' sein. Indem dadurch die Identität des verlangten Opfers nur noch undeutlicher wird, entzieht er Dircé und im Grunde auch sich selbst die Grundlage ihres bzw. seines Handelns. Damit tritt das Drama auf ironische Distanz zu sich selbst. Im Unterschied zum *Cid* und anderen früheren Dramen inszeniert *Œdipe* eine Uneindeutigkeit, die heroische Entscheidungen und damit Bewunderung unmöglich werden lässt.[166] Dadurch kann sich nunmehr keine der dramatischen Personen vor dem Publikum als Held inszenieren. Allein die Handlung des Dramas, nicht jedoch eine individuelle dramatische Person löst diese Uneindeutigkeit und deckt die Identität des verlangten Opfers auf.[167]

Dementsprechend handelt Œdipe nicht mehr gemäß der soeben beschriebenen Bewunderungsdramaturgie. Zwar handelt es sich auch bei seiner Blendung um eine heroische Tat, jedoch ist es eine letzte, die im Drama den Wiederholungszwang zu heroischen Entschlüssen, wie ihn Dircé und Thésée durchexerzieren, enden lässt und damit letztlich als

---

[165] Dass Corneilles Spätwerk den Heroismus problematisiert, ist gängige Forschungsmeinung. Dabei lassen die Interpreten je nach ihren interpretativen Prämissen dies früher oder später beginnen; so Serge Doubrovsky beispielsweise nach *Œdipe* und Michel Prigent mit ihm. Vgl. Doubrovsky 1963, S. 343. Prigent 1986, S. 365ff. Paul Bénichou spricht bekanntlich mit Hinblick auf die zweite Hälfte des 17. Jahrhunderts von der „démolition du héros" (Bénichou 1948, S. 155ff.).

[166] Die eigentliche „Schuld" trägt Laïus, der zu sehr auf die erbliche Machtübertragung achtet und damit Œdipes Identitätskonflikt erst ermöglicht. Dies legt die Deutung aus dem *Dicours de la tragédie* nahe: „Si sa représentation [celle d'Œdipe] nous peut imprimer quelque crainte, et que cette crainte soit capable de purger en nous quelque inclination blâmable, ou vicieuse, elle y purgera la curiosité de savoir l'avenir [...]." (Corneille 3, 149.) Vgl. Merlin-Kajman 2000, S. 324f.

[167] Jacques Rancière sieht darin die Neuerung Corneilles gegenüber Sophokles' *Ödipus* und dessen Deutung durch Aristoteles. Vgl. Rancière 2005, S. 134.

heroische Tat mit dem Heroismus als solchem bricht. Zwar kann Œdipe
in seinem Opfer eine „sortie honorable" (Œ 1834) aus seinem Leben
und einen „trépas glorieux" (Œ 1840) sehen, denn er opfert in der Tat
seine Privatperson zugunsten der politischen,[168] jedoch vollzieht sich
sowohl die Blendung als auch die Entscheidung dazu nicht mehr vor
dem Theaterpublikum. Es sind weder wichtige Figuren noch das Publikum anwesend, allein der Bote Dymas ist Zeuge des Hergangs.[169] Das
Entscheidende ist damit nicht mehr der Entscheidungsmonolog, sondern
allein das bleibende Ergebnis, der geblendete Körper, „[q]ui montre en-
core à tous quelle est sa tyrannie [celle du ciel]" (Œ 1994). Fortan werden
alle Figuren diesen Körper bewundern. Er zieht die gesamte, durch den
heroischen Wiederholungszwang gegebene Instabilität im politischen
Körper, deren Allegorie im Übrigen die mit der Blendung schwindende
Pest ist, auf sich. Der Wiederholungszwang der Bewunderung ragt damit
nicht über das Drama hinaus, der blinde Körper ist Beweis genug; er
stellt Bewunderung auf Dauer. Dem blutenden und von seinem Blut Blut,
und damit heroische Taten, fordernden Ahn steht der blinde, die Blicke
aller auf sich ziehende und diese damit zu passiven Zuschauern machende
Souverän gegenüber.

Doch nicht nur der Entscheidungsmonolog, sondern auch der geblendete Körper wird am Dramenausgang den Zuschauern vorenthalten.
Damit genügt das Drama einerseits den von der höfischen Gesellschaft
vorgegebenen Regeln der *bienséance*. Es reflektiert jedoch andererseits
auch die Darstellbarkeit eines absolutistischen Souveräns innerhalb der
ihre Dynamik maßgeblich aus der Interaktion zwischen Held und Publikum beziehenden Dramaturgie Corneilles.[170] Der Souverän wird im ge-
sellschaftlich Ausgeschlossenen verortet, der vom dramaturgischen Ideal
der *bienséance* und dem höfischen des *art de plaire* verpönten Körperlichkeit.[171] Durch das Opfer seines privaten Körpers trennt sich Œdipe

---

168 Vgl. Biet 1994, S. 219ff.
169 Dies ist nebenbei bemerkt auch der entscheidende Unterschied zu *Cinna*, in dem Auguste
     sich durch seinen Entschluss zur *clementia* in den „legitimen Usurpator" verwandelt. *Cinna*
     stellt in mancher Hinsicht eine Apologie des Absolutismus dar. Der Usurpator Octave er-
     fährt im letzten Akt eine ihn legitimierende „Transsubstantiation" (Meier 1993, S. 28.).
     Cinna stellt dar, wie Octave auf der Bühne zu Auguste wird, verschweigt jedoch welchen
     Preis er als Privatperson (*particulier*) dafür zahlen muss (Vgl. auch Koschorke 2007, S. 210.).
     In *Œdipe* kommt die Gewalt, die eine solche Legitimierung bedeutet, zur Sprache, jedoch
     um den Preis, die Legitimierung selbst nicht auf die Bühne bringen zu können.
170 Zum Antagonismus von Held und Souverän vgl. Haas 2010.
171 Insofern erinnert Œdipe nebenbei bemerkt an den von Giorgio Agamben beschriebenen
     homo sacer. Vgl. Agamben 2002.

somit nicht nur aus der fiktiven Öffentlichkeit,[172] sondern auch aus der des Theaterpublikums. Weder mit der einen noch mit der anderen tritt er in Interaktion und wird nicht wie der Geist seines Vaters ins Publikum, sei es das der Fiktion oder das des Theaters, schauen können, ja er monopolisiert, gerade weil er nicht zurückschaut, die Bewunderung. Radikaler kann die Trennung von Fiktion und Publikum in diesem absolutistischen Theatercoup, der als Theatercoup mit der Dramaturgie des ständig wiederholten, Bühne und Publikum jeweils vereinenden Theatercoups bricht, nicht sein. Corneille ist so noch einmal gelungen, was ihm zunächst nicht mehr möglich schien: Gerade indem das Theater der Bewunderung seine Aporien auslotet, kann es auch seine letzten noch verbliebenen feudalen Reminiszenzen abstreifen. Gerade indem Corneille sein Theater, das als genuin theatralisches von dem Wechselspiel zwischen Held und Publikum lebt, in eine *mise en abyme* stellt, gelingt ihm der Ausschluss eines absoluten Herrschers aus der Gesellschaft und eines ontologisch verstandenen Öffentlichkeitsverständnis aus dem Theater. Ein solches Theater ist jedoch, selbst wenn es seine feudalen Reste ablegt, mitnichten absolutismusaffin, denn Corneille legt mit den Aporien seiner eigenen Dramaturgie auch die der absolutistischen Herrschaftsinszenierung offen.[173]

Damit inszeniert ausgerechnet das Drama, mit dem Corneille nach siebenjähriger Pause wieder zur Bühne zurückkehrt, an seinem Ende die Unmöglichkeit der Corneilleschen Dramatik. Œdipe monopolisiert hier nicht allein Bewunderung, sondern in letzter Konsequenz auch die theatrale Darstellung schlechthin. Die Figuren, die den Bericht über Œdipes Blendung angehört haben, treten ab, um den geblendeten König zu sehen (Œ 2008). Die Leere der Bühne, die die dramatischen Personen hinterlassen, veranschaulicht die Aporie eines Theaters, das sich selbst unmöglich macht. Dircé, die sich von Beginn an vor dem Publikum als Heldin inszenieren will, wird in die Rolle der bewundernden Zuschauerin gedrängt. So treten am Ende die dramatischen Personen von der Bühne ab, um selbst Zuschauer zu werden. Der Souverän monopolisiert in

---

[172] Er ist ähnlich wie sein Vater eine Art „Untoter": „Ce que j'ose encor dire, / Qu'il vit et ne vit plus, qu'il est mort, et respire, / Et que son sort [...] / Des morts et des vivants semble le séparer." (Œ 1981–1984)

[173] Darauf lässt sich die harsche Kritik des Abbé d'Aubignac in dessen dritter, *Œdipe* gewidmeter *Dissertation contre Corneille* zurückführen: „[...] ce n'est pas là [au Théâtre français] qu'il faut manifester les grands malheurs des familles Royales, quand ils sont mêlés d'actions détestables et honteuses" (D'Aubignac 1995, S. 89.) Zu den Zuschauern heißt es: „[...] il faut les entretenir dans cette pieuse croyance, que les Rois sont toujours accompagnés d'une faveur particulière du Ciel, qu'ils sont partout innocents et que personne n'a droit de les estimer coupables" (Ebd.).

Œdipe mit der Bewunderung auch Repräsentation schlechthin. Am Dramenausgang stellt das Theater nur noch den Entzug der Darstellung, den Entzug des Theaters dar.

Publikum und Leidenschaft (Racine: Phèdre)

„Et pour lors, la *Cour* toute pleine / De Pleureurs, fit une autre scène".[174] Mit diesen Worten kommentiert Charles Robinet am 1. September 1674 die Wirkung der seinerzeit sehr erfolgreichen Aufführung der *Iphigénie* Racines und bietet zugleich eine ebenso kurze wie genaue Beschreibung des Racineschen Publikums. Indem Robinet von einer anderen, einer weiteren Szene spricht, legt er nahe, dass sowohl die Bühne als auch das Publikum eine in sich geschlossene szenische Ganzheit bilden, die sich streng voneinander getrennt gegenüberstehen. So wie die Bühnenszene sich zu einem tableauhaften Ganzen schließen kann,[175] rundet sich auch der Publikumskörper zu einer schönen Ganzheit. Neben das Szenenbild tritt das Bild des weinenden Publikums.

Im Unterschied zu Corneille verläuft bei Racine ein Graben zwischen Bühne und Publikum, im Unterschied zum Abbé d'Aubignac ist das Theaterpublikum jedoch, da es für die hier beschriebene, tränenerregende Wirkung des Dramas weiterhin eine zentrale Rolle übernimmt, nicht zu vernachlässigen oder gar als Chor im Sinne der *Pratique* in das Drama integriert. Dass nämlich das Publikumsgemälde sich in Robinets Beschreibung aus Weinenden, den *pleureurs*, zusammensetzt, ist überaus signifikant für das Racinesche Theater.[176] Diese Weinenden wiederholen im Publikumsraum szenisch den auf der Bühne szenisch dargestellten affektiven Exzess. Sie sind Resonator des rhetorisch erregten Affekts. Exzessiv wird dieser mithin nicht nur, weil der Affekt sich in der dramatischen Person regt und vom Schauspieler als solcher präsentiert wird, sondern weil die Rezipienten untereinander exzessiv rezipieren und sich dies selbst vorführen. Wirken kann die Inszenierung des privaten (*particulier*) Affekts der dramatischen Person, ihr Leidenschaftsausbruch, nur, weil dessen Rezeption eine öffentliche (*public*) ist. Das Publikum (*public*) konstituiert sich weiterhin durch die Publizität der Rezeption, bestätigt sich jedoch nicht wie bei Corneille in der Interaktion mit der dramatischen Person, sondern primär durch die Interaktion mit den anderen Zuschauern. Der auf der Bühne dargestellte Leidenschaftsausbruch wird zum Anlass, sich kollektiv

---

[174] Robinet/Laurent 1993, S. 151.
[175] Zum Tableau bei Racine vgl. Lehmann 2004, hier S. 50f.
[176] Vgl. insbesondere Bayne 1981. Biet 1996, S. 125. Haas 2007.

als ein in sich geschlossenes Publikum zu inszenieren, das zur dramatischen Person in derselben Distanz steht wie der sie verkörpernde Schauspieler:[177] beide, Publikum und Schauspieler, inszenieren den affektiven Exzess. Zwar heißt es bei Robinet kurz nach den oben zitierten Versen, geweint würde „sans aucun artifice", doch ändert dies nichts an der Inszeniertheit des Weinens, das vielmehr als ein ungekünsteltes vor dem restlichen, ebenfalls weinenden Publikum zur Schau gestellt wird. Die Zuschauer sind sich stets der Inszeniertheit des dargestellten Affekts, seiner Rezeption und damit der Ganzheit des Publikumskörpers bewusst. Sie machen, sie „*fit* une autre scène."[178] Das Publikum wird als ontologisches nicht reaktualisiert, sondern reinszeniert.

Racines Dramaturgie lässt sich im Unterschied zu der Corneilles ausschließlich aus den Dramentexten und Aussagen der Zeitgenossen rekonstruieren, denn seine Äußerungen zur dramatischen und theatralen Wirkung seiner Stücke sind sehr spärlich gesät und begrifflich überaus vage. Im Vorwort zu *Bérénice* findet sich der viel kommentierte Satz:

> Ce n'est point une nécessité qu'il y ait du sang et des morts dans une tragédie ; il suffit que l'action en soit grande, que les acteurs en soient héroïques, que les passions y soient excitées, et que tout s'y ressente de cette tristesse majestueuse qui fait tout le plaisir de la tragédie.[179]

Wie die hier erwähnte „tristesse majestueuse" auf den Zuschauer wirkt, wird an dieser und auch anderen Stellen jedoch nicht deutlich. Letztlich bieten Racines theoretische Aussagen keine kohärente Wirkungstheorie. Zum Teil helfen die Übersetzungsfragmente und Anmerkungen weiter, die man in seiner Ausgabe der Aristotelischen *Poetik* gefunden hat.[180] Auffällig ist, dass Racine sich nicht wie seine Zeitgenossen primär für die Handlungsführung oder die drei Einheiten, sondern für die affektive Wirkung auf die Zuschauer interessiert, denn er übersetzt fast ausschließlich Textpassagen aus diesem Kontext.[181] Insbesondere der ergänzende Satz, den Racine der Tragödiendefinition anfügt, ist sehr aussagekräftig: „Elle [la tragédie] ne se fait point par un récit, mais par une représentation vive

---

[177] In La Fontaines *Les amours de Psyché et de Cupidon* sagt Gélaste zu Ariste: „Vous allez là [au théâtre] pour vous réjouïr, et vous y trouvez un homme qui pleure auprès d'un autre homme, et cet autre auprès d'un autre, et tous ensemble avec la Comédienne qui représente Andromaque, et la Comédienne avec le Poëte : c'est une chaisne de gens qui pleurent, comme dit vostre Platon." (La Fontaine 1991, S. 123.)

[178] Robinet/Laurent 1993, S. 151.

[179] Racine 1999, S. 450.

[180] Ich folge diesbezüglich den nach wie vor aufschlussreichen Anmerkungen des Herausgebers Eugène Vinaver in Racine 1951.

[181] Vgl. ebd., S. 42f. Erinnert sei noch einmal an das Vorwort zu *Bérénice*, in dem Racine indirekt auf Distanz zur Regelpoetik geht. Siehe oben Fußnote 94.

qui, excitant la pitié et la terreur, purge *et tempère* ces sortes de passions. *C'est-à-dire qu'en esmouvant ces passions, elle leur oste ce qu'elles ont d'excessif et de vitieux, et les rameine à un estat modéré et conforme à la raison.*"[182] Leidenschaften lassen sich also laut Racine graduell abstufen und zwar zwischen den Extrempunkten, Exzess und vernunftkonformer, gemäßigter Zustand. Die Aufnahme dieser Begriffe in die Tragödiendefinition impliziert, dass eine gelungene Tragödie notwendig die beiden Extremwerte der Affekte erreichen muss. Nicht weiter präzisiert wird, ob es sich bei den Affekten um die der Zuschauer oder um die der dramatischen Personen handelt.

Auch anhand der Aussagen der Racine intellektuell nahestehenden Zeitgenossen lässt sich rekonstruieren, wie seine Dramatik auf das zeitgenössische Publikum wirkt. So verurteilt der Jansenist Pierre Nicole im *Traité de la Comédie* das Theater aufgrund der Annahme, die dargestellten Leidenschaften würden sich im Zuschauer wiederholen und in dessen Seele zumeist unbewusst Spuren hinterlassen. Die von Nicole verwendeten Metaphern, insbesondere die Leitmetapher aus der Typographie, die der „impression"[183], aber auch die geläufige der Ansteckung[184], implizieren, wie Doris Kolesch nachweisen konnte, dass die affektive Wirkung nach dem Modell körperlichen Kontakts verstanden wird, dass also die körperliche Präsenz der Zuschauer und Schauspieler konstitutiv für die Wirkung des Stücks ist.[185]

Nicoles Hauptkritikpunkt lautet, dass die im Zuschauer erregten Leidenschaften Einfluss auf dessen Charakter und Habitus nehmen würden. Oft käme die korrumpierende Wirkung des Theaters erst nach einiger Zeit zu Tage: „L'on ne commence pas à tomber quand on tombe sensiblement."[186] Dies gelte auch für die Schauspieler, die Nicole zufolge die dar-

---

182 Racine 1951, S. 11f., beim kursiv gesetzten Text handelt es sich um Hinzufügungen Racines. Der Passus lautet in der Übersetzung von Manfred Fuhrmann: „[...] Nachahmung von Handelnden und nicht durch Bericht, die Jammer und Schaudern hervorruft und hierdurch eine Reinigung von derartigen Erregungszuständen bewirkt." (Aristoteles 1984, S. 19.)

183 Vgl. beispielsweise Nicole 1998, S. 46.

184 Der von Racine mit Nicole geführte Streit über das Theater geht auf einen Brief der *Visionnaires* zurück, den letzterer später zusammen mit dem *Traité de la Comédie* unter dem Titel *Les Imaginaires* veröffentlicht und in dem es heißt: „Un faiseur de Romans et un poète de théâtre est un empoisonneur public, non des corps, mais des âmes des fidèles, qui se doit croire coupable d'une infinité d'homicides spirituels, ou qu'il a causés en effet, ou qu'il a pu causer par ses écrits pernicieux." (Nicole 1998, S. 219.) Zum Hergang des Streits vgl. Forestier 2006, S. 259ff. Zur Ansteckungs- und Vergiftungsmetapher ausführlich Guyot/Thouret 2009, S. 229.

185 Vgl. Kolesch 2006, S. 147–189. Vgl. auch Thirouin 1997.

186 Nicole 1998, S. 46.

gestellten Affekte selbst fühlen würden.[187] Der Zuschauer würde die moralisch verwerflichen, durch das Drama erregten Affekte, da er sie durch den rhetorischen Affekttransfer ebenfalls fühle, unmerklich übernehmen: „parce que l'esprit y étant transporté et tout hors de soi, au lieu de corriger ces sentiments, s'y abandonne sans résistance, et met son plaisir à sentir les mouvements qu'ils inspirent, ce qui le dispose à en produire de semblables dans l'occasion."[188] Der Autor könne zwar im Dramentext den Leidenschaftsausbruch, wenn er wolle, unterbrechen, den der Zuschauer hingegen nicht.

> Les spectateurs ne reçoivent l'impression que de la passion, et peu ou point de la règle de la passion. L'auteur l'arrête où il veut dans ses personnages par un trait de plume ; mais il ne l'arrête pas de même dans ceux en qui il l'excite.[189]

Diese Affekterregung ist, wie aus den angeführten Äußerungen hervorgehen sollte, zwar eine individuelle, findet jedoch stets in einem öffentlichen Rahmen statt[190] und ist damit nicht mit einer Dramaturgie der Einfühlung vergleichbar, wie sie das 18. Jahrhundert und seine die aristotelische Katharsis emotionalisierenden Dramaturgien erfinden wird. Ich teile damit nicht die These Louis Marins, das 17. Jahrhundert kenne eine solche bereits, die der folgenden Überlegung zu Nicoles Theaterkritik zugrunde liegt:

> La représentation théâtrale livre le spectateur à son individualité en le livrant à l'imaginaire réalisé dans l'illusion scénique. Dans le grand jeu de la spécularité, la société n'est présente dans le lieu de la salle de théâtre que comme une multiplicité de regards *particuliers* focalisés par la scène qui constitue la forme de leur *unité collective, lieu dont ils sont séparés.* La représentation théâtrale découvre donc une société à la fois réduite et reconduite à une somme d'individualités juxtaposés, dissoute dans cette juxtaposition et qui reconquiert son unité par projection, c'est-à-dire dans son aliénation totale dans un spectacle dont les règles sont celles de la représentation.[191]

Damit trifft Marin nur sehr bedingt die dramaturgischen Konzepte des 17. Jahrhunderts. Die Theorie der Vierten Wand, die er seiner Argumentation zugrunde legt, ist vom Abbé d'Aubignac zwar bereits formuliert worden, dennoch kann von einer im von Marin skizzierten Sinne indivi-

---

[187] „Il faut donc que ceux qui représentent une passion d'amour en soient en quelque sorte touchés pendant qu'ils la représentent, et il ne faut pas s'imaginer que l'on puisse effacer de son esprit cette impression qu'on y a excitée volontairement, et qu'elle ne laisse pas en nous une grande disposition à cette même passion qu'on a bien voulu ressentir." (Nicole 1998, S. 36f.)

[188] Ebd., S. 74.

[189] Ebd., S. 40.

[190] „On ne joue point la Comédie pour une seule personne : c'est un spectacle qu'on expose à toutes sortes d'esprits, dont la plupart sont faibles et corrompus, et à qui par conséquent il est extrêmement dangereux." (Ebd., S. 52.)

[191] Marin 1997, S. 254f., Hervorhebung von mir, AP.

duell-subjektiven Rezeption der derart vom Publikum getrennten Büh-
nenwirklichkeit nicht die Rede sein. Seine Einheit erlangt das Publikum
eines Racinedramas nicht durch die individuelle Identifikation mit der
Illusion, sondern durch die öffentliche Inszenierung dieser individuellen
Identifikation. Wie eingangs ausgeführt nehmen die Zuschauer den Leidenschaftsausbruch zum Anlass, sich vor anderen als Identifizierende, als
Weinende zu inszenieren. Das Publikum entsteht durch den sowohl vom
Schauspieler als auch vom Zuschauer vollzogenen Akt, die Leidenschaften
des *particulier* zu veröffentlichen. Der Akt des Zuschauens ist auch hier nie
ein im modernen Sinne subjektiver.[192]

Wie sich ein solcher Leidenschaftsausbruch gestalten kann, sei nun
anhand einer Szene der *Phèdre* nachvollzogen, des Liebesgeständnisses der
Titelheldin gegenüber Hippolyte. Dieses bietet sich an, weil in ihm das
durch die Theateraufführung vollzogene Öffentlich-Werden der Leidenschaft des *particulier* in der Dramenfiktion selbst vollzogen wird.[193] Das
Geständnis stellt in der Dramenfiktion das dar, was die Theateraufführung
eines Racinedramas den Zuschauern immer schon ist, die unwillkürliche,
exzessive, leidenschaftliche Selbstdarstellung eines Individuums (*particulier*)
vor anderen Individuen. Phèdre greift in ihrem Geständnis den Mythos
ihrer Schwester Ariadne auf, an deren Stelle sie sich setzt, Hippolyte hingegen an die vakante seines Vaters. Im Verlauf des Dialogs ersetzt sie
überdies den Ariadnefaden, mit dessen Hilfe Thésée dem kretischen Labyrinth entkommen war, durch sich (Ph 660). Mit diesem Faden verlieren sie
und Hippolyte jedoch auch den rhetorischen roten Faden. Die Rede ist
zwar stets eine über Leidenschaft, wird jedoch an dieser Stelle auch zu
einer durch Leidenschaft geprägten.[194] Hippolyte irrt nicht, wie Phèdre

---

[192]   Siehe auch Guyot/Thouret 2009, S. 231: Die durch die Aufführung generierten Emotionen
seien „comme un mode de relation à autrui plutôt comme un mode d'expression de la sub-
jecitivité." Dieser Anachronismus seitens Marins hat insofern weitreichende Konsequenzen, als er implizit auch seiner Repräsentationstheorie des Souveräns zugrundeliegt. Siehe
oben Kapitel I.1.

[193]   Eine eingehende Analyse der Geständnisszenen im Gesamtwerk liefert Matzat 1982, S. 174ff.

[194]   Dem Helden Racines eignet eine gewisse Passivität, die ihm zum Zuschauer seiner eigenen
Leidenschaft werden lässt, die er im dramatischen Sprechen allein kommentieren darf. „Was
in den dramatis personae vorgeht, wird so, als handle es sich um einen anderen (je est un autre), mithilfe der Sprache ‚präsentiert': vorgezeigt, als Präsent dargeboten, vor sich hingestellt
und zugleich von sich weggehalten." (Lehmann 2004, S. 42.) Nur im Moment höchster Exaltation wird dies unterbrochen. Leo Spitzer hat bekanntlich die Formulierung der „klassischen
Dämpfung" geprägt, um die Distanz der Person zu ihrer eigenen Leidenschaftlichkeit beschreiben zu können. Vgl. Spitzer 1931. Dieses viel diskutierte und kritisierte Konzept ist insofern problematisch, als es damit nicht möglich ist Racine von anderen Autoren abzugrenzen. Zudem macht der Begriff „Dämpfung" nur Sinn, wenn sich die Figur der dämpfenden
Wirkung bewusst ist. Vgl. Schulze-Witzenrath 1988, S. 237f. Bei Racine treten jedoch wohl-
geformte „gedämpfte" Rede und Leidenschaftsausbruch zugleich auf. Vgl. Ott 1964, S. 335.

erzählt, durch das Labyrinth, sondern durch ihre Konditionalsätze, bis er dem Monster, Phèdre selbst, begegnet, die er genau in dem Moment als ein solches verstehen soll, da sie sich ihm gänzlich eröffnet. „Digne fils du héros qui t'a donné le jour, / Délivre l'univers d'un monstre qui t'irrite. / La veuve de Thésée ose aimer Hippolyte ! / Crois-moi, ce monstre affreux ne doit point t'échapper." (Ph 700–703)

Im Zentrum der Szene steht damit nicht so sehr, was Phèdre sagt oder wie sie es sagt, sondern, *dass* sie es sagt; der dramatische Sprechakt als solcher wird thematisch.[195] Schon im ersten Akt, als Phèdre Œnone ihre Leidenschaft eingesteht, kreist ihre Rede stets darum, dass sie nicht sprechen dürfe.[196] Das Geständnis problematisiert jedoch nicht allein den für dramatische Rede unabdingbaren Sprechakt, sondern auch den schauspielerischen Auftritt als solchen. Nach den oben zitierten Versen folgt der Ausruf: „Voilà mon cœur. C'est là que ta main doit frapper." (Ph 704) Mit diesem *voilà* präsentiert die Rede nicht mehr die Leidenschaft, sondern vielmehr Phèdres Körper und damit den der Schauspielerin. Dieser Moment, der mit der höchsten furiosen Exaltation zusammenfällt, ist paradox, denn einerseits setzt Phèdre damit das zeitgenössische Illusionsideal um, dass bezeichnender Körper und bezeichnete Rolle ineinander verschmelzen sollen, andererseits präsentiert die Rede in diesem Moment allein den Körper der Schauspielerin. „Voilà mon cœur" ruft die von der zeitgenössischen Poetik von der Bühne verbannte und entsprechend monströse Körperlichkeit in Erinnerung. Unmittelbar darauf handelt denn auch Phèdre, damit vollends gegen die *bienséance* verstoßend, auf der Bühne und entwendet Hippolyte sein Schwert. Der höchste Affekt fällt mit dem Moment in eins, in dem die Sprache für kurze Zeit nichts mehr bedeutet, sondern in der Deixis nur noch auf das Hier und Jetzt der Theateraufführung verweist.[197] Schließlich thematisiert ihr Geständnis noch einen dritten für einen Dramenauftritt charakteristischen Punkt, den Adressaten. Bei

---

[195]   Vgl. Ott 1964. Barthes 1963, S. 115: „C'est ici l'être même de la parole qui est porté sur le théâtre […], Phèdre est une tragédie nominaliste."

[196]   So hebt Phèdre denn auch hervor, dass nicht sie, sondern Œnone Hippolyte nennt: „C'est toi qui l'as nommé." (Ph 264)

[197]   Zuvor untermalt der Körper der Schauspielerin vor allem durch die kunstvoll ausgeführte Gestik die dramatische Rede. Diese Gesten sind selbst kodifiziert und Zeichenträger für einen Affekt. So wie Charles Le Brun in der *Conférence sur l'expression générale et particulière* jeder Leidenschaft einen Gesichtsausdruck zuordnen kann, findet sich auch zum dramatischen Affekt jeweils eine entsprechende Geste. Zur Gestik vgl. Lehmann 2004, S. 49f. Zu Le Brun Kirchner 1991, S. 33ff. Kirchner legt dar, wie Le Brun als erster Descartes' rationalistische Beschreibung der Leidenschaften in den 1649 erschienenen *Passions de l'âme* auf die Kunst überträgt. Ähnlich wie in der Regelpoetik, die vom Referenten des Zeichens absieht, ist auch für ein nach Le Bruns Methode gezeichnetes Gesicht nicht mehr die Wirklichkeit das bis in jedes Detail nachzuahmende Vorbild. Vgl. ebd. S. 35f.

ihrem Geständnis handelt es sich nicht um eine im bürgerlichen Sinne intime, subjektive Selbstaussprache, sondern um eine furiose Rede, die immer auch ihr Publikum adressiert und dementsprechend theatralisch ist: „Hé bien ! connais donc Phèdre et toute sa fureur." (Ph 672) Allein indem sie beginnt, Hippolyte zu duzen, ruft sie diese Adressiertheit ihrer Rede dem durch die höfischen Verhaltensnormen geprägten Zuschauer in Erinnerung.

Die Szene weist damit eine Struktur auf, die paradigmatisch für die gesamte Dramatik Racines ist. Diese bezieht ihre Dynamik aus einem antidramatischen und antitheatralen Grundzug, gegen den jedoch ständig verstoßen wird. Wie in der Geständnisszene ist das dramatische Sprechen, dessen Adressat und der Körper der Sprechenden immer schon problematisch. Schuldbeladen sind die Figuren allein, weil sie sprechen und ihre private (*particulier*) Leidenschaft veröffentlichen, weil sie im affektiven Exzess die durch die *bienséance* restringierte Körperlichkeit der theatralen Darstellung und die Adressiertheit ihrer Rede vergegenwärtigen und damit in Erinnerung rufen, dass sie auf dem Theater stehen. Dementsprechend thematisieren die dramatischen Personen unablässig, dass sie nicht hätten reden, handeln, sehen oder gar körperlich präsent sein dürfen.

Diese Verfasstheit der dramatischen Person korrespondiert der gegenüber Corneille völlig neuen Publikumsform. Racines Held fehlt das Publikum, dessen ontologischen Status er durch seine rhetorische Ansprache reaktualisieren könnte. Das Individuum (*particulier*) wird nicht vom Publikum in sich und seine Öffentlichkeit aufgenommen, sondern es exponiert vor diesem allein sich selbst und seine Leidenschaftlichkeit. Da dies jedoch unwillkürlich geschieht,[198] präsentiert sich der Held nicht vor dem Publikum, um alle Blicke auf sich zu ziehen, sondern weicht diesen schamhaft aus. „Être vu n'implique pas la gloire, mais la honte."[199] La Bruyère hat das in das bekannte Bonmot gedrängt: „celui-là [Corneille] peint les hommes comme ils devraient être, celui-ci les peint tels qu'ils sont. […] Corneille est plus moral, Racine plus naturel."[200] Dass ein Individuum sich auf der Bühne öffentlich als *particulier* zur Schau stellen kann, bildet für die Zeitgenossen den Reiz dieser Dramatik. Diese liefert dem Höfling die Möglichkeit, für eine begrenzte Zeit es dem Schauspieler gleichzutun und sein *particulier* freilich stets mit der Distanz des Schauspielers seiner selbst öffentlich zu machen. Es bietet ihm damit die Gelegenheit, den Zwängen der von Norbert Elias beschriebenen „höfischen Ra-

---

198 So sagt Phèdre: „Cet aveu que je viens de te faire / Cet aveu si honteux, le crois-tu volontaire ?" (Ph 693f.)
199 Starobinski 1961, S. 73. Vgl. auch ebd. S. 71f.
200 La Bruyère 1951, S. 84f. (*Les Caractères ou les mœurs de ce siècle*).

tionalität", also der durch die höfischen Verhaltensregeln der *simulatio* und *dissimulatio* auferlegten Selbstdisziplinierung, für kurze Zeit zu entgehen, ohne sich dessen schämen zu müssen.[201] So wie sich Phèdre furios vor Hippolyte inszeniert und die Schauspielerin dies dem Publikum präsentiert, inszenieren sich auch die Zuschauer voreinander als affektiv Ergriffene und bilden dadurch ein in sich geschlossenes Ganzes.

Das derart sich selbst inszenierende Publikum ist auch hier dem Affekt vorgängig, denn es gibt die Normen vor, auf denen letztlich der antidramatische Grundzug der Racineschen Dramen beruht. Die *bienséance* und das höfische *art de plaire* kodifizieren sowohl den Auftritt als auch das Sprechen der dramatischen Person, die dazu angehalten ist, ihre Körperlichkeit möglichst völlig zurückzunehmen, und ihr Sprechen ganz den höfischen Normen anzupassen.[202] Die Handlungen wirken auf das Publikum jedoch nicht, indem sie die durch dieses vorgegebenen Normen bestätigen, sondern indem sie gegen diese verstoßen. Dementsprechend darf auch der individuelle Zuschauer sich durch seine Ergriffenheit für kurze Zeit über die höfischen Verhaltensregeln hinwegsetzen. Das Vergnügen und damit auch der durch die Aufführung generierte Publikumsköper beruhen also darauf, dass jeder einzelne *particulier* den anderen *particuliers* vorführen kann, wie die dramatische Person gegen die durch den *public* vorgegebenen Normen verstoßen zu können. Als solches kann das Publikum nicht mehr zwangsläufig als eine Reaktualisierung einer politischen Öffentlichkeit verstanden werden. Das bewundernde Kollektiv Corneilles nimmt die dramatische Person in die Öffentlichkeit, dessen ontologischen Status es reaktualisiert, mit auf, das weinende Kollektiv Racines hingegen nicht. In diesem Sinne kann von einem Graben zwischen Bühne und Publikum gesprochen werden.

Eine Selbstreflexion dieser Dramaturgie bietet der fünfte Akt.[203] In ihm werden drei Tode gestorben. Œnone wirft sich ins Meer, Hippolyte stirbt im Botenbericht Théramènes als amorphe Leiche, Phèdre wählt die Bühne zum Ort ihres Freitods. Vor allem die letzten beiden Todesarten

---

[201] Vgl. Matzat 1982, S. 204ff., insbesondere S. 210. Zur „höfischen Rationalität" vgl. Elias 1992.

[202] Daher rührt unter anderem das beschränkte Vokabular der Dramen Racines und das ständige Rekurrieren auf dieselben Topoi. Durch den Fokus auf die Sprache, nimmt im Übrigen die Hypotypose bei Racine einen zentralen Stellenwert ein. Vgl. Backès 1981, S. 47. Barthes 1963, S. 29.

[203] Marc Fumaroli hat ebenfalls eine Interpretation vorgelegt, die die selbstreflexiven Momente der *Phèdre* betont. Er geht allerdings so weit, in Phèdres Tod auch das Ende der *tragédie classique* reflektiert zu sehen. (Vgl. Fumaroli 1990, S. 507.) Statt *Phèdre* als ein *mise en abyme* der Gattung Tragödie (oder der Epoche „Klassik") zu deuten, sei hier die These aufgestellt, dass das Stück im fünften Akt die Körper- und Sprachlichkeit ihrer Darstellung reflektiert.

drängen sich als Allegorien der theatralen Körper- und Sprachlichkeit auf, die diese jedoch antithetisch auf zwei völlig verschiedene Weisen reflektieren. Dass die beiden Figuren zwei unterschiedliche Positionen gegenüber dem Theater beziehen, machen bereits ihre jeweiligen ersten Auftritte kenntlich. Als Hippolyte das erste Mal die Bühne betritt, tut er dies, um seine Flucht zu verkünden: „Le dessein en est pris : je pars, cher Théramène" (Ph 1). Er flieht freilich nicht, sondern bleibt bis zur Verfluchung durch seinen Vater auf der Bühne, um ständig zu wiederholen, er wolle fliehen. Phèdre hingegen betritt die Bühne, um dort zu verweilen, ja sie setzt sich gar; ihre ersten Worte lauten: „N'allons point plus avant. Demeurons chère Œnone." (Ph 153).[204]

Entsprechend stirbt Hippolyte einen Tod jenseits der Bühne, Phèdre hingegen einen auf ihr.[205] Théramènes Botenbericht ist insofern auch eine Reflexion über das antidramatische und antitheatrale Moment der Dramen Racines. Im Unterschied zum zuvor im Text mehrfach gefallenen „monstre"-Begriff[206] wird dieser hier nicht mehr metaphorisch verwendet, vielmehr tritt ein Monster selbst in Erscheinung. Dieses, als Schaumgeborenes (Vgl. Ph 1516) die Perversion der Aphrodite, wird wie folgt beschrieben: „Indomptable taureau, dragon impétueux, / Sa croupe se recourbe en replis tortueux." (Ph 1519f.) Das Präsens, in das Théramène bei der Beschreibung der Monstererscheinung fällt, ist nicht ein rein historisches, vielmehr erscheint gerade durch die Beschreibung das Monster. Im überdies auch phonetisch hässlichen, da zungenbrecherischen, Satz „sa croupe se recourbe en replis tortueux" werden die Windungen der Kruppe durch ganze vier semantische Elemente wiedergegeben, die alle nahezu synonym sind; in „sa croupe se courbe" fügt Théramène ein „re" ein, erweitert dies um „en replis", das er durch „tortueux" ergänzt. Monströs ist der Satz für die *tragédie classique*, die wesentlich Deklamationstheater ist,[207] weil auch die Schrift sich windet und zwar sowohl vertikal (*p* in „croupe" wird zu *b* in „courbe") als auch horizontal (*rou* wird zu *our*). Das Monster sind die sich windenden Buchstaben, durch die das Monströse sich zeigt (*monstrare*).[208] Der Bericht ist das Monster.

---

[204] Auf diese Gegensätzlichkeit verweist Goldmann 1959, S. 423 und 429. Dass die Regieanweisung, sie setze sich, nicht belanglos ist, werde durch die Seltenheit solcher Anweisungen bei Racine gestützt. (Vgl. ebd.) Racine folgt darin wie so oft d'Aubignac, hier dessen Forderung nach der Ganzheit des dramatischen Textkörpers.

[205] Auf die gegenläufigen, aufeinander verweisenden Todesarten macht aufmerksam Balke 2009, S. 396.

[206] Vgl. z.B. den prominenten, bereits zitierten Vers im Liebesgeständnis Ph 703.

[207] Zur Rolle der Deklamation bei Racine vgl. Chaouche 2001, S. 301ff. Gros de Gasquet 2006, S. 47ff.

[208] Orthographie und Druckbild der Zeit differieren vom heutigen. Vgl. daher Abbildung 1.

Im Anschluss verheddert sich Hippolyte, der aus Liebe das unter der Schirmherrschaft Neptuns stehende Rossebändigen vernachlässigt hat, in den Zügeln und wird von seinen eigenen Pferden zu Tode geschliffen. Wie verschobene Buchstaben Wörter zerstückeln, so bleiben auch hier nur Fragmente und eine formlose Leiche.[209] Hippolytes letzte Worte enden nicht im Alexandriner, sondern auf der dritten Silbe. Drei Punkte markieren das Abbrechen seines Sprechens und die drei fehlenden Silben zur Zäsur des Alexandriners: „*Qu'il lui rende ... À ce mot ce Héros éxpiré /* *N'a laissé dans mes bras qu'un corps défiguré*" (Ph 1567f.). Hippolyte hinterlässt einen amorphen Leib und Punkte als kleinstmögliche Buchstabenfragmente.[210] Damit sind der Körper der dramatischen Person und der Textkörper gleichermaßen fragmentiert.[211]

Der Ort, zu dem Hippolyte sich vor seinem Tod auf den Weg gemacht hat, ist bezeichnenderweise ebenfalls ein Ort jenseits des Theaters. Im Tempel nämlich, in dem er Aricie seine ewige Treue schwören will, ist jede Verstellung und damit jede schauspielerische Rede unmöglich: „C'est là que les mortels n'osent jurer en vain : / Le perfide y reçoit un châtiment soudain ; / Et craignant d'y trouver la mort inévitable, / Le mensonge n'a point de frein plus redoutable." (Ph 1395–1398) Seine amorphe Leiche, die nicht mehr auf die Bühne gebracht werden kann, besiegelt seine Flucht aus dem Theater. Sein Tod ist ein wesentlich antidramatischer, ja antitheatraler, einer des Buches; dem Leser erschließt sich in der Lektüre offensichtlich mehr als dem Theaterzuschauer. Die Theaterfeindlichkeit der

---

209 Dies ist Théramène ein Bild: „une image cruelle" (Ph 1545). Wie schwer die Szene jedoch bildlich darzustellen ist, wird an dem Illustrationsversuch Charles Le Bruns ersichtlich, den er durch das Verfertigen des Frontispizes der Erstausgabe unternahm. Vgl. Abbildung 2. Weder ist Hippolytes Körper eine einzige Wunde (Ph 1550) noch sein Wagen in Stücke zerschellt (Ph 1543). Le Brun beschränkt sich bezeichnenderweise auf die bei Racine in der Vergangenheitsform erzählten Ereignisse. Dabei teilt sich das Bild in eine ruhige, obere Hälfte (der unbewegte Himmel, das ruhige Meer, der rettende Tempel) und eine bewegte untere, die – dadurch das Racines Dramatik wesentlich prägende Tableaukonzept des Abbé d'Aubignac unterminierend – auf drei Ebenen die zeitlich versetzten Handlungen wiedergibt: im Vordergrund das gebrochene Rad (Ph 1542), anschließend die fliehenden Pferde (Ph 1549) und schließlich der tote Hippolyte. An der Grenze dieser Bereiche liegt das verwundete Monster. Le Brun stellt Théramène in der traditionellen Haltung Josefs von Arimathäa dar und überträgt so die Szene in eine christliche Ikonographie. Vgl. Siguret 1987. Weitere Illustrationsversuche, die ähnlich ungenau die Szene wiedergeben sind abgedruckt in Maskell 1991, nach S. 244.

210 Dies ist ein genuin barocker Zug des Botenberichts. Zur amorphen Leiche und einer solchen „buchstäblichen" Zerstückelung im Barock vgl. Benjamin 1, 392.

211 Dass der Dramentext gemäß d'Aubignacs Tableaupoetik ein Ganzes bildet, legt allein schon dessen symmetrischer Aufbau nahe, der die alles entscheidende Nachricht über Thésées Rückkehr exakt in die arithmetische Mitte des Textes verlegt.

Jansenisten und die Textpräferenz der Regelpoetiken finden damit in Thérämènes Botenbericht einen überaus ironischen Kommentar.[212]

Im Gegensatz zum von der Bühne fliehenden Hippolyte verbleibt Phèdre auf ihr. Kommentiert dies schon ihr erster Vers, so ist auch ihr Tod ein spektakulärer Theatertod. Phèdres Leiche bleibt zum Schluss äußerlich unversehrt auf der Bühne liegen und verstößt damit in kaum zu übertreffender Weise gegen die Dezenz. Den dreimal begonnenen und wieder verworfenen, denkbar untheatralischen Brief, den zu schreiben sie zuerst erwogen hatte, ersetzt sie durch ihren letzten Auftritt: „J'ai voulu, devant vous exposant mes remords, / Par un chemin plus lent descendre chez les morts." (Ph 1635f.) Ihr Wille, ihre Gewissensbisse ihrem Gemahl persönlich vorzutragen, ist also eine klare Affirmation des Theaters. Sie exponiert damit nicht nur ihre Reue, sondern auch und vor allem ihren von Leidenschaft geplagten Leib. Damit spitzt sie die an der Geständnisszene mit Hippolyte bereits skizzierte Dialektik von dramatischem Sprechen und körperlicher Präsenz, die zwischen der Wahrung der *bienséance* und dem Verstoß gegen sie zu. Ihr Geständnis ist vollkommen, weil sie zu sprechen aufhört und einzig ihr toter Leib auf der Bühne ihre Schuld bezeugt.

Der fünfte Akt stellt somit ähnlich wie *Œdipe* eine Selbstreflexion der dem Drama inhärenten Dramaturgie dar. Der theaterflüchtige Hippolyte erleidet einen Tod, der auf die Bühne nicht nur nicht gebracht werden darf, sondern auch nicht gebracht werden kann. Phèdre hingegen restituiert durch ihren Theatertod nach dem Botenbericht das Theater. Der Unterschied zu Corneille könnte kaum frappierender sein. Œdipes letzte Worte lauten im Bericht des Boten:

> Ne voyons plus le Ciel après sa cruauté,
> Pour nous venger de lui, dédaignons la clarté,
> Refusons-lui nos yeux, et gardons quelque vie
> Qui montre à tous quelle est sa tyrannie. (Œ 1991–1994)

Phèdres hingegen:

> Déjà je ne vois plus qu'à travers un nuage
> Et le ciel, et l'époux que ma présence outrage ;
> Et la mort, à mes yeux dérobant la clarté,
> Rend au jour, qu'ils souillaient, toute sa pureté. (Ph 1641–1644)

---

[212] Dem Leser entgeht allerdings das Gesicht Thérämènes, das Thésée anfangs nicht wiederzuerkennen vermag (Ph 1488) und in dessen Entstellung sich die körperlichen Entstellungen der Ereignisse an der Küste spiegeln.

Während bei Corneille die ausgestochenen Augen des königlichen Helden die Grausamkeit des Himmels anprangern, geben Phèdres tote Augen diesem seine Reinheit zurück. Verneint Corneille am Stückende durch den souveränen Akt Œdipes die sonst stets exponierte Öffentlichkeit des Theaters, so bejaht und restituiert Phèdres Opfertod sie, die gewöhnlich von Racines Helden stets gemiedene. Œdipes, das Schicksal anprangernder und damit büßend sich einer Öffentlichkeit (*public*) zeigender Körper wird nicht dargestellt, Phèdres den eigenen Charakter (*particulier*) anprangernde Leiche hingegen schon.

Dieser Unterschied gründet auch im jeweiligen Publikumsverständnis der beiden Autoren. Œdipes Akt kann als Monopolisierung von Öffentlichkeit, und damit auch der durch die heroische Bewunderung eine politisch-ontologische Bedeutung erlangten theatralen Öffentlichkeit, verstanden werden. Dieser Akt kann zwangsläufig nicht vor einer weiteren Öffentlichkeit, einem Theaterpublikum, gezeigt werden. Phèdre hingegen reaktualisiert im Zuschauerraum keine politisch-ontologische Öffentlichkeitsform, sondern gibt wie beschrieben den individuellen Zuschauern (*particuliers*) die Gelegenheit, sich als Ergriffene auf der der Bühne gegenüberstehenden zweiten Szene darzustellen. Racines Theater steht damit dem absolutistischen Öffentlichkeitsmodell sehr viel näher. Der historische Prozess, der als Trennung von Staat und Gesellschaft beschrieben werden kann und den auch das Theater mit seinen unterschiedlichen Publikumsformen austrägt, hat sich mithin bei ihm schon sehr viel stärker durchgesetzt. Dies heißt selbstverständlich nicht, dass sein Theater aufgrund seines tendenziell entpolitisierenden Publikumsverständnisses unpolitisch werden würde, denn es inszeniert in den Tragödien weiterhin staatliche Themen und macht nicht zuletzt in der Gestalt des seinen Sohn verfluchenden Thésées die Abgründe publik, die die politisch-öffentlichen (*public*) Akteure zu bewältigen haben, ihre individuelle (*particulier*) Leidenschaftlichkeit.[213]

---

213 Damit schließe ich mich Volker Schröder an, der aus diesem Grund für einen dezidiert politischen Racine plädiert. Vgl. Schröder 1999, S. 46ff. Dass in Racines Dramatik die *particuliers* auf diese Weise in die Öffentlichkeit treten, betont Merlin-Kajman 2000, S. 301ff.

Teil II: Der Bruch mit der *tragédie classique*

Das bürgerliche Theater bricht im 18. Jahrhundert auf ebenso grundlegende wie nachhaltige Weise mit den im vorherigen Kapitel beschriebenen Dramaturgien der Französischen Klassik. Dabei konturiert sich in literaturgeschichtlich folgenreicher Weise insbesondere die Dramaturgie des bürgerlichen Trauerspiels in Abgrenzung vom höfischen Theater und seiner Dramatik. Weil aus diesem Grund der Bruch mit der *tragédie classique* an ihr wohl am augenfälligsten wird und sie für Schillers Dramatik wichtige Weichenstellungen setzt, stehen im Folgenden allein ihre Theoretiker im Fokus der Darstellung; neben Diderot und Lessing wird auch Rousseau zu behandeln sein, in dessen Theaterkritik, darin Pierre Nicole ähnelnd, die Grundzüge der neuen Dramatik mindestens ebenso prägnant auf den Begriff gebracht werden wie in den dramaturgischen Schriften der beiden erstgenannten Autoren. In einem zweiten Kapitel wird dann darzulegen sein, wie die Dramaturgie des Schilllerschen Frühwerks wesentliche Züge dieser Dramatik bestätigt.

1 Die Dramaturgie des bürgerlichen Trauerspiels und ihr Publikum

Zuschauen wird seit dem 18. Jahrhundert als eine genuin subjektive Tätigkeit verstanden. Dies hinterlässt tiefgreifende Spuren in der Verfasstheit des Theaterpublikums und dessen Bezug zur Szene. Auch Diderots Dramaturgie der Vierten Wand und seiner Tableauästhetik liegen ein in diesem Sinne genuin moderne Züge tragender Subjektbegriff und eine entsprechende Publikumsform zugrunde. Diderots theoretische Schriften spiegeln daher in der dramaturgischen Theorie sehr genau die oft beschriebenen, grundlegenden gesellschaftlichen Umbrüche des 18. Jahrhunderts wieder. Die folgenden Darlegungen, die diesen Bruch in seinen Hauptzügen nachzuzeichnen versuchen, gliedern sich in drei Schritte: Zunächst soll behandelt werden, wie das Tableau die Szene als eine schöne Ganzheit gestaltet, die der des Subjekts wesentlich ähnlich ist. Anschließend soll die Beziehung zwischen Zuschauer und Szene als eine zwischen Subjekt und Objekt beschrieben werden, wie sie für die moderne Subjektivität charakteristisch ist, um dann schließlich darlegen zu können, warum aufgrund einer solchen Beziehung das die Szene betrachtende Publikum nicht mehr als ein gegliederter Sozialkörper verstanden werden kann. Beziehen sich die ersten beiden Punkte ganz auf Diderot, so der letzte auch auf Lessing und Rousseau. Dabei soll zunächst auch einiges Bekanntes in Erinnerung gerufen werden.

Diderot entwickelt seine Theaterästhetik vom Bild her und steht damit in der klassizistischen Tradition.[214] Indem er jedoch die klassizistischen Theoreme neu konstelliert, kann er ihnen eine trotz dieser Kontinuität völlig neue, innovative Dramaturgie abgewinnen. So finden sich die für ihn zentralen Konzepte, der Tableaubegriff und die klare Trennung von Publikum und Szene, beispielsweise in der Dramaturgie des Abbé d'Aubignac bereits vorgeprägt. Dennoch ist der Stellenwert dieser Theoreme innerhalb seiner Dramaturgie ein völlig neuer.

Das die Handlung strukturierende Prinzip des Dramas der Französischen Klassik ist, so der damit die Poetik d'Aubignacs unterschlagende Diderot, der *coup de théâtre*, der überraschende, sich in einem Moment kon-

---

214 Siehe weiter oben Kapitel I.2.2. Diese Kontinuität unterstreicht insbesondere Kolesch 2006, S. 239. Vgl. auch Frantz 1998. Hénin 2003. Hénin 2004a, S. 27.

zentrierende Umschwung der Handlung, durch den sich die Handlungssi-
tuation und Figurenkonstellation grundlegend neu gestaltet. Nach einem
Moment, etwa einer unverhofften Nachricht, ist nichts mehr, wie es war.
Der *coup de théâtre* generiert Neuheit und ist insofern das handlungstrei-
bende Moment, jedoch so an den Augenblick des Umschwungs gebunden,
dass er sich schnell erschöpfend Wiederholung seiner selbst fordert, um
zu verhindern, dass die Handlung ins Leere ausläuft. Diese ist eine Reihe
von Momenten *éclat*-hafter Intensität und als solche diskret und additiv
strukturiert. Ihre Definientia sind Kategorien von Temporalität.

Den *coup de théâtre* zeichnet es weiterhin aus, dass mit ihm auch den
Figuren das handlungsstrukturierende Prinzip bewusst ist. Die dargestellten Personen haben ein Bewusstsein von den sich vollziehenden Hand-
lungsumschwüngen und damit auch von der Struktur der Handlung. Mit
Ausnahme der Poetik des Abbé d'Aubignac, in der die Einheit der Handlung bereits als Tableau gedacht wird, gilt dies für alle Dramaturgien der
Französischen Klassik. Auch die Figuren, nicht nur die Zuschauer, haben
ein Bewusstsein davon, dass wie etwa bei Corneille die bewunderte Entscheidung oder wie bei Racine der leidenschaftliche Ausbruch den Handlungsverlauf strukturiert. Bei ersterem erkennen sowohl die Figuren als
auch die Zuschauer die einheitsstiftende Gefahr, die *unité de péril*. Diese
Kontinuität zwischen Zuschauer und Figur kappt Diderot, indem er den
Figuren das die Handlung strukturierende Prinzip invisibilisiert. Der *coup
de théâtre* wird damit als das zentrale, handlungsstrukturierende Prinzip
disqualifiziert, an seine Stelle tritt das Tableau. Im Unterschied zur Regelpoetik des Abbé d'Aubignac ist dieses Tableau jedoch sehr viel dezidierter
auf die szenische Umsetzung bezogen. So lässt Diderot in seinen *Entretiens
sur le Fils naturel* den das Stück gestaltenden Dorval erwägen:

> J'aimerais bien mieux des tableaux sur la scène où il y en a si peu, et où ils produi-
> raient un effet si agréable et si sûr, que ces coups de théâtre qu'on amène d'une
> manière si forcée, et qui sont fondés sur tant de suppositions singulières, que,
> pour une de ces combinaisons d'événements qui soit heureuse et naturelle, il y en
> a mille qui doivent déplaire à un homme de goût.[215]

und Moi einen Definitionsversuch wagen:

> Un incident imprévu qui se passe en action, et qui change subitement l'état des
> personnages, est un coup de théâtre. Une disposition de ces personnages sur la
> scène, si naturelle et si vraie, que, rendue fidèlement par un peintre, elle me plai-
> rait sur la toile, est un tableau.[216]

---

[215] Diderot 1965, S.88.
[216] Ebd.

Dieser Definition zufolge situiert sich der *coup de théâtre* auf der Ebene der Handlung („en action") und ist den Figuren bewusst („l'état des personnages"), das Tableau dagegen auf der figurenexternen Ebene der vom Zuschauer betrachteten szenischen Ganzheit, einer „disposition", die dem Zuschauer, dem „me" des Definierenden, gefällt. Den *coup de théâtre* können die Figuren wahrnehmen, das Tableau hingegen nicht.[217] Diderot unterstreicht die ontologische Differenz von Zuschauer und Figur explizit: „Celui qui agit et celui qui regarde, sont deux êtres très différents."[218]

Wie der *coup de théâtre* ist auch das Tableau an einen Moment gebunden, der sich durch Intensität auszeichnet, im Unterschied zum *coup de théâtre* jedoch nicht im Sinne von intensiver Neuheit und Überraschung, vielmehr ist im Tableau die Handlung für eine kurze Zeit stillgestellt. Das derart die Handlung stillstellende Szenenbild verweist auf das Vergangene und Kommende, das es in sich zu enthalten scheint. Das Tableau organisiert die Präsenz von Abwesenheiten.[219] Idealiter sind alle vergangenen und zukünftigen Handlungen im „prägnanten Moment" simultan präsent und dem Zuschauer erschließbar.[220] Die Intensität des Tableaus beruht also darauf, dass es eine möglichst große zeitliche Extension in einem Augenblick zu bündeln scheint. Insofern ist das Tableau bedeutend bzw. bedeutungsschwanger, „prägnant", wie die Zeitgenossen sagen. Während der *coup de théâtre* überrascht, für den Rezipienten das Neue als Unvorhergesehenes präsentiert, lädt das Tableau zum Verweilen ein. Das Tableau wird daher im Unterschied zum *coup de théâtre* nicht primär durch temporale, sondern durch räumliche Kategorien beschrieben.[221] So heißt es in dem oben bereits zitierten Definitionsversuch, das Tableau sei „une disposition de ces personnages sur la scène"[222].

Für das Tableau ist eine Ganzheit konstitutiv, die sich dem Rezipienten idealiter in einem Blick erschließt.[223] Die einzelnen dargestellten Teile ordnen sich ausnahmslos einem Ganzen unter. Im Artikel *Composition* der

---

217   Vgl. Fried 1980, S. 95f.

218   Diderot 1965, S. 81.

219   Vgl. Barthes 2002, S. 335. Dort findet sich auch der Verweis auf Lessings Konzept des prägnanten Moments.

220   „Die Malerei kann in ihren coexistierenden Compositionen nur einen einzigen Augenblick der Handlung nutzen, und muß daher den prägnantesten wählen, aus welchem das Vorhergehende und Folgende am begreiflichsten wird." (Lessing 5/2, 117 (*Laokoon*).)

221   Den Aspekt der Räumlichkeit betont Graczyk 2004, S. 84.

222   Diderot 1965, S. 88.

223   „Chaque action a plusieurs instants ; mais je l'ai dit, et je le répète, l'artiste n'en a qu'un, dont la durée est celle d'un coup d'œil." (Ebd., S. 714f. (*Essais sur la peinture*).) Dass dieses Bildverständnis auf das zentralperspektivische Bildkonzept der Renaissance zurückgeht, legt dar Borchmeyer 2004. Siehe auch Kapitel I.2.2. Zur Ganzheit vgl. auch ausführlich Frantz 1993.

Encyclopédie dient Diderot der Körper als Modell, um diese Totalität zu beschreiben:

> Un tableau bien composé est un tout renfermé sous un seul point de vue, où les parties concourent à un même but, & forment par leur correspondance mutuelle un ensemble aussi réel, que celui des membres dans un corps animal ; en sorte qu'un morceau de peinture fait d'un grand nombre de figure jetées au hasard, sans proportion sans intelligence, & sans unité, ne mérite non plus le nom d'une *véritable composition*, que des études éparses de jambes, de nez, d'yeux, sur un même carton, ne méritent celui de *portrait*, ou même de *figure humaine*.[224]

Insofern ist das Tableau immer auch gerahmt und zeigt das dargestellte in diesem Rahmen und durch diesen strukturiert.[225] In der *Encyclopédie* heißt es:

> TABLEAU, s. m. (*Peinture.*) représentation d'un sujet que le peintre renferme dans un espace orné pour l'ordinaire d'un cadre ou bordure. [...] L'industrie des hommes a trouvé quelques moyens de rendre les *tableaux* plus capables de faire beaucoup d'impression sur nous; on les vernit: on les renferme dans des bordures qui jettent un nouvel éclat sur les couleurs, & qui semblent, en séparant les *tableaux* des objets voisins, réunir mieux entr'elles les parties dont ils sont composés, à-peu-près comme il paroît qu'une fenêtre rassemble les différens objets qu'on voit par son ouverture.[226]

Diderot versteht – darin unterscheidet sich seine Ästhetik wesentlich von der des Abbé d'Aubignac und weist auf die Schillers voraus – die durch das Tableau gegebene Ganzheit, die die dargestellten Teile in einem Nu zu zeigen scheint und die Szene dadurch bedeutend werden lässt, als eine Einheit, die nicht nur der des Körpers, sondern auch der des Subjekts ähnlich ist. In der *Lettre sur les sourds et les muets* dient die Totalität des Tableaus Diderot dazu, die Einheit des Subjekts zu beschreiben:

---

[224] Diderot/d'Alembert 1751ff., III, S. 722.

[225] Vgl. Barthes 2002, S. 333: „Le tableau (pictural, théâtral, littéraire) est un découpage pur, aux bords nets, irréversible, incorruptible, qui refoule dans le néant tout son entour, innommé, et promeut à l'essence, à la lumière, à la vue, tout ce qu'il fait entrer dans son champs". Die Bedeutung, die das Bild wesentlich als gerahmtes versteht, nimmt der Begriff schon sehr früh an. Das französische „cadre" rührt etymologisch vom italienischen „quadro" und bezeichnet dort zunächst die Rahmung, per Metonymie dann auch das Eingerahmte. Im 17. Jahrhundert lässt sich der Gebrauch von „quadre" in diesem Sinne auch in Frankreich dokumentieren. Zur Etymologie vgl. Hénin 2004a, S. 25. „quadre" hat zunächst die Spezialbedeutung eines weiteren sich im Hauptbild befindenden, eigenständigen, gerahmten Bildes. Vgl. Hénin 2003, S. 350ff. Beim Abbé d'Aubignac liest man: „Et s'il [le peintre] voulait représenter deux parties de la même histoire, il ferait dans le même Tableau un autre cadre [in Originalorthographie: quadre] avec un éloignement, où il peindrait une autre action que celle qui serait dans le tableau, afin de faire connaître qu'il ferait deux images de deux actions différentes, et que ce sont deux Tableaux." (D'Aubignac 2001, S. 134.)

[226] Diderot/d'Alembert 1751ff., XV, S. 804. Verfasser des Artikels ist Louis de Jaucourt.

> Notre âme est un tableau mouvant, d'après lequel nous peignons sans cesse : nous employons bien du temps à le rendre avec fidélité : mais il existe en entier, et tout à la fois : l'esprit ne va pas à pas comptés comme l'expression.[227]

Das Tableau ist bei Diderot jedoch nicht einfach nur eine beliebige Metapher für die Einheit des Subjekts, vielmehr ist letztere das Modell schlechthin für die des nach dem Tableau strukturierten Kunstwerks.[228] So ist für Diderot, wie Christoph Menke bemerkt, „Zweiheit, der Augenblicke oder Handlungen, [...] in der Kunst nur dort und soweit zulässig, wo sich ihr Zusammenhang als einer des menschlichen, subjektiven Lebens, in Erinnerung und Vorausahnung verstehen läßt"[229]:

> Cependant, comme sur un visage où régnait la douleur et où l'on a fait poindre la joie, je retrouverai la passion présente confondue parmi les vestiges de la passion qui passe ; il peut aussi rester, au moment que le peintre a choisi, soit dans les attitudes, soit dans les caractères, soit dans les actions, des traces subsistantes du moment qui a précédé.[230]

Weil die Einheit des Tableaus analog zu der des Subjekts verfasst ist, erscheint das Tableau, und damit das Schöne, für das betrachtende Subjekt *wie* ein Subjekt. Im Satz „Notre âme est un tableau mouvant" ist „tableau" eine *Analogmetapher*. Unsere Seele ist *wie* ein Tableau verfasst und umgekehrt, denn beide bilden auf die gleiche Art und Weise eine Einheit bzw. Ganzheit: „il existe en entier et tout à la fois"[231]. Damit ist der zweite der oben erwähnten Punkte angesprochen: der der Beziehung zwischen dem Tableau und seinem Betrachter, die Theorie der Vierten Wand. Diese charakterisiert sich durch eine klare Trennung der im Tableau dargestellten Fiktion vom Betrachter; die Fiktion stellt sich diesem als etwas dar, das nicht für ihn dargestellt zu sein scheint. Die Darstellung ist, da sie dadurch das theatrale Setting verleugnet, auf dem sie beruht, genuin antitheatralisch.[232] „Les spectateurs ne sont que des témoins ignorés de la chose."[233] Die Schauspieler spielen, als würden sie nicht beobachtet werden, als gäbe es keine Zuschauer. In *De la poésie dramatique* heißt es:

> Soit donc que vous composiez, soit que vous jouiez, ne pensez non plus au spectateur que s'il n'existait pas. Imaginez, sur le bord du théâtre, un grand mur qui vous sépare du parterre ; jouez comme si la toile ne se levait pas.[234]

---

227 Diderot 1, 369.
228 Vgl. Menke, Ch. 2003, S. 763.
229 Ebd.
230 Diderot 1965, S. 715.
231 Diderot 1, 369.
232 Vgl. Fried 1980.
233 Diderot 1965, S. 226 (*De la poésie dramatique*).
234 Ebd., S. 231 (*De la poésie dramatique*).

Schön ist eine Szene nur, wenn sie für das beobachtende Subjekt nicht als beobachtet erscheint. Im *Essai sur la peinture* verdeutlicht Diderot dies an folgendem Beispiel:

> Vous êtes seul chez vous. Vous attendez mes papiers qui ne viennent point. Vous pensez que les souverains veulent être servis à point nommé. Vous voilà étendu sur votre chaise de paille, les bras posés sur vos genoux ; votre bonnet de nuit renfoncé sur vos yeux, ou vos cheveux épars et mal retroussés sous un peigne courbé ; votre robe de chambre entr'ouverte et retombant à longs plis de l'un et de l'autre côté : vous êtes tout à fait pittoresque et beau. On vous annonce M. le marquis de Castries ; et voilà le bonnet relevé, la robe de chambre croisée ; mon homme droit, tous ses membres bien composés, se maniérant, se marcélisant, se rendant très agréable pour la visite qui lui arrive, très maussade pour l'artiste. Tout à l'heure vous étiez son homme ; vous ne l'êtes plus.[235]

Eine schöne Szene ist also eine solche, in der der Betrachter nicht wahrgenommen wird. Dass die unverstellte, „natürliche" Subjektivität den Zuschauerblick ausschließt, ist eine These, die Rousseau in dem *Discours sur l'origine et les fondements de l'inégalité parmi les hommes* entfaltet. Dort unterscheidet er zwischen dem natürlichen *amour de soi-même* und dem *amour propre*, der im Naturzustand nicht existiere:

> Ceci bien entendu, je dis que dans nôtre état primitif, dans le véritable état de nature, l'Amour propre n'éxiste pas ; Car chaque homme en particulier se regardant lui-même comme le seul Spectateur qui l'observe, comme le seul être dans l'univers qui prenne intérêt à lui, comme le seul juge de son propre mérite, il n'est pas possible qu'un sentiment qui prend sa source dans des comparaisons qu'il n'est pas à portée de faire, puisse germer dans son âme [...].[236]

Negativ ist damit formuliert, dass der der Vierten Wand zugrundeliegende Zuschauerblick den *amour propre* und damit die Subjektivität des Gesellschaftszustands prägt. Das Beobachtungsverhältnis der unbeobachteten Beobachtung ist grundlegend für die moderne Subjektivität und ihre „exzentrische Positionalität"[237], das Verhältnis des Betrachters zum Tableau ist das des modernen Subjekts zum Objekt und damit, wenn es sich selbst zum Objekt wird, auch zu sich selbst.[238] „Die Vierte Wand ist ein kulturelles Dis-

---

[235]   Diderot 1965, S. 702f. (*Essais sur la peinture*) Vgl. auch Menke, Ch. 2003, S. 762f.

[236]   Rousseau 3, 219. Vgl. auch Lehmann 2003, S. 160. Die von Rousseau für den Gesellschaftszustand geltend gemachte Zuschauerstruktur bereite die Theatertheorie des 18. Jahrhunderts vor.

[237]   Helmuth Plessner, der diesen Begriff geprägt hat und auf den in diesem Kontext auch Doris Kolesch rekurriert (Vgl. Kolesch 2006, S. 238.), spricht denn auch in seiner *Anthropologie des Schauspielers* davon, dass wir als Menschen, da wir uns immer vor anderen wie vor uns selbst in einer bestimmten Rolle darstellen müssten und daher zu uns in einer exzentrischen Position ständen, stets „virtuelle Zuschauer unserer selbst" seien (Plessner 1953, S. 187.).

[238]   Vgl. grundlegend Fried 1980, S. 104f.

positiv, das Diderot entwickelt, um die Doppelseitigkeit des Menschen als Subjekt und zugleich Objekt des Wissens und Handelns zu reflektieren."[239] Diese Struktur prägt auch das Tableau und dessen Ganzheit. Dieses ist ein Ganzes gerade, weil der Betrachter in ihm fehlt.[240] Vor diesem Hintergrund lässt sich dem bereits zitierten Vergleich, den Diderot zwischen dem Tableau und dem Subjekt, „notre âme", zieht, eine weitere Facette abgewinnen. Die Ganzheit des Tableaus ist wie die des modernen, sich nie selbstpräsenten Subjekts zu verstehen. Diderot kann das Tableau als eine Metapher für die moderne Subjektivität verwenden, weil in beiden Fällen sich die Ganzheit dadurch konstituiert, dass der Betrachter nicht in ihr enthalten ist.

Darin unterscheidet sich Diderots Ästhetik von der Schillers, auf die sie gleichwohl vorausweist. Dieser wird in den *Kalliasbriefen* zu beweisen versuchen, dass das Subjekt im ästhetischen Objekt anschaulich gegeben sei.[241] Statt wie Diderot allein wirkungsästhetische Aussagen zu treffen – das Objekt und der Bezug zu ihm müssten subjektanalog verfasst sein, damit es auf das Subjekt wirken könne –, versucht Schiller, das schöne Objekt für sich betrachtet, also gewissermaßen „ontologisch" zu beschreiben. Er zieht keinen Vergleich, sondern bestimmt das Subjekt als den Gehalt des schönen Objekts. Dies impliziert, dass das ästhetische Objekt auch den die Ganzheit des Tableaus konstituierenden, ihr jedoch äußerlichen Betrachter enthält. Für Diderot ist dies hingegen unmöglich. Das Tableau bzw. das Schöne ist ihm zufolge wie das Subjekt verfasst, weil letzteres in ersterem eine Totalität wiederzuerkennen vermag, die der wesentlich ähnlich ist, die sich einstellt, wenn es sich selbst zum Objekt wird; in beiden fehlt der Betrachter und sie erscheinen dennoch oder gerade deswegen als eine Ganzheit. Damit sollte auch deutlich geworden sein, inwiefern Diderots Dramaturgie der Vierten Wand sich von der des Abbé d'Aubignac unterscheidet. Während letzterer Aussagen darüber trifft, wie das Kunstwerk für sich beschaffen sein muss, damit es in sich kohärent und wahrscheinlich ist und als solches rezipiert werden kann, trifft ersterer wirkungsästhetische Aussagen über das Verhältnis von Subjekt und Objekt, ein Verhältnis, das der Abbé auf diese Weise an keiner Stelle thematisiert. Aus diesem Grund können sich bei d'Aubignac die Vierte Wand und der Chor ergänzen. In Diderots Ästhetik hingegen wäre dies unvorstellbar, denn für ihn meint die durch die Vierte Wand gegebene Schließung der fiktionalen Welt, deren Ganzheit, gerade nicht, dass das ästhetische Objekt sich dadurch gänzlich in sich abschließen und von dem fiktionsexternen Betrachter emanzipieren würde.

---

[239] Kolesch 2006, S. 238.
[240] Auf diesem Sachverhalt fußt die Studie Caplan 1985.
[241] Siehe weiter unten Kapitel III.1.2, wo das Folgende noch eine ausführliche Erläuterung erfährt.

Weil, wie Rousseau im *Discours sur l'origine et les fondements de l'inégalité parmi les hommes* zeigen konnte, die Struktur moderner Subjektivität, die diese nie sich selbst präsent werden lässt, sich als ein Zuschauerverhältnis beschreiben lässt, konnte Diderot seine Dramaturgie so leicht auf dieser Struktur aufbauen. Dramaturgisch gesehen führt dies einige wichtige Konsequenzen mit sich. Darstellungsideal ist nun eine Darstellung, die sich selbst verleugnet und damit die Illusion von Natürlichkeit und Authentizität erzeugt.[242] Der Zuschauer soll idealiter vergessen, dass er im Theater sitzt. So wie die Personen in den zeitgenössischen Bildern den Betrachter nicht wahrzunehmen scheinen, ignorieren auch die dramatischen Personen und die Schauspieler das Publikum. Im Übrigen kämpfte Diderot auch ganz pragmatisch für die konsequente Trennung von Szene und Theaterpublikum; das Bühnenpublikum wird wie bereits erwähnt in der *Comédie française* erst 1759 abgeschafft.[243]

Während Diderot mit seiner Theorie der Vierten Wand das Verhältnis von Betrachter und Tableau als das des Objektbezugs der modernen Subjektivität ausweist, bestimmt Lessing wohl am prägnantesten die wirkungsästhetischen Konsequenzen, die ein solches Betrachterverständnis zeitigt. Auch Lessings Wirkungsästhetik ist eine genuin subjektive und bricht dadurch mit den vorherigen Dramaturgien. Ist vor Lessing Identifikation zwar schon möglich, so handelt es sich doch immer nur um eine partielle und punktuelle mit einer Figur. So präsentiert der Handlungsverlauf in der Racineschen Tragödie beispielsweise Momente, in denen sich der Zuschauer mit der Figur identifizieren kann; den Höfling fasziniert insbesondere der vom Schauspieler inszenierte leidenschaftliche Kontrollverlust. Die Identifikation findet jedoch immer nur partiell statt, d.h. in gewissen Momenten bzw. mit manchen Figuren, nicht jedoch mit der Darstellung als solcher. Identifikation ist also nur in einem bestimmten

---

[242]   Hiermit richte ich mich gegen die ansonsten sehr anregenden Darlegungen bei Lehmann 2000, der aus selbstreflexiven Momenten der Darstellung folgert, durch diese würde die Illusion gebrochen. Sicherlich werden gerade durch die Vierte Wand und deren Umschalten von direkter Affizierung zu Beobachtung von Kommunikation (Vgl. Lehmann 2000, S. 186. Auf diesen Punkt wird noch weiter unten eingegangen.) selbstreflexive Momente wie das Beobachten von bühneninternen Beobachtern zentral. Der Zuschauer wird aber immer nur mit einer Beobachtungssituation der naturalistischen Illusionsdramaturgie konfrontiert. Die Selbstreflektion bleibt innerhalb der Grenzen der eigenen Dramaturgie der Illusionierung und ist ihrerseits nicht ostentativ theatralisch. So ist denn beispielsweise auch im für Diderots Selbstbeobachtungsverständnis wichtigen *Belisarius* die beobachtete Beobachtungssituation eine der Absorption. In einem Brief vom 18. Juli 1762 an Sophie Volland heißt es: „En supposant qu'il n'y a personne au monde que les personnages du tableau, celui de Vandick est sublime." (zitiert nach Fried 1980, S. 149. Bei Fried finden sich auch weitere wichtige Ausführungen zum Themenkomplex, insbesondere ebd. S. 150.)

[243]   Zur Bühnengeschichte vgl. u.a. Dressler 1993. Frantz1998. Orlich 1984.

Augenblick möglich und lässt dann wieder nach. Im bürgerlichen Trauerspiel dagegen muss jeder Moment der Darstellung von der mitleidigen Einfühlung begleitet werden können. Mitleid ist nicht einfach ein Affekt unter vielen, denen er auf gleicher Stufe beigeordnet ist, sondern Metaaffekt, der die Rezeption aller weiteren Affekte erst ermöglicht. Eine solche empathische Identifikation wird durch den so genannten mittleren Charakter möglich, der „mit uns von gleichem Schrote und Korne"[244] ist. Es handelt sich um eine Dramaturgie der Vertrautheit;[245] die Handlungen sind stets psychologisch nachvollziehbar: „Tout doit être clair pour le spectateur. Confident de chaque personnage, instruit de ce qui s'est passé et de ce qui se passe, il y a cent moments où l'on n'a rien de mieux à faire que de lui déclarer nettement ce qui se passera."[246] Aus diesem Grund disqualifizieren sich politische Themen, die stets – zu denken ist an die Ständeklausel – von einer Asymmetrie zwischen dramatischer Person und Zuschauer ausgehen:

> Die Namen von Fürsten und Helden können einem Stücke Pomp und Majestät geben; aber zur Rührung tragen sie nichts bei. Das Unglück derjenigen, deren Umstände den unsrigen am nächsten kommen, muß natürlicher Weise am tiefsten in unsere Seele dringen; und wenn wir mit Königen Mitleiden haben, so haben wir es mit ihnen als mit Menschen, und nicht als mit Königen.[247]

Daher konturiert Lessing seinen Mitleidsbegriff auch in Abgrenzung zur Bewunderung, die als Wirkungsaffekt ja einerseits stets eine solche Distanz zur dramatischen Person voraussetzt und andererseits darauf beruht, dass der Akt des Zuschauens nicht als individuell-subjektiver, sondern als kollektiver verstanden wird.[248] Erst eine psychologische Egalität von Figur

---

244 Lessing 6, 559 (*Hamburgische Dramaturgie*). Im *Briefwechsel über das Trauerspiel* heißt es bereits: „Der Philosoph [Aristoteles] sagt daselbst: der Held eines Trauerspieles müsse ein Mittelcharakter sein". (Lessing 3, 700.) Eine noch immer lesenswerte, sozialgeschichtliche Darlegung bietet Szondi 1978c und Szondi 1973.

245 Vgl. Fohrmann 2005.

246 Diderot 1965, S. 227 (*De la poésie dramatique*). Lessing nimmt den Passus in die *Hamburgische Dramaturgie* auf: „Für den Zuschauer muß alles klar sein. Er ist der Vertraute einer jeden Person; er weiß alles was vorgeht, alles was vorgegangen ist; und es giebt hundert Augenblicke, wo man nichts bessers tun kann, als daß man ihm gerade voraussagt, was noch vorgehen soll." (Lessing 6, 420.)

247 Ebd., S. 251 (*Hamburgische Dramaturgie*).

248 Zur Distanz vgl. Kommerell 1957, S. 209. Im *Briefwechsel über das Trauerspiel* ist Lessings Hauptkritikpunkt freilich, dass Bewunderung ein rationaler Charakter zugrunde liege, Mitleid hingegen über die unmittelbare Empfindung wirke. Bewunderung sei im Unterschied zum Mitleid nur moralisch bessernd, wenn sie zu Nacheiferung anrege, ein Konnotat, das der Begriff seit Saint-Évremond mit sich führt. Dem müsse jedoch eine rationale Reflexion vorausgehen: „die Nacheiferung setzt eine deutliche Erkenntnis der Vollkommenheit, welcher ich nacheifern will, voraus." (Lessing 3, 683.) Vgl. Meier 1993, S. 200ff. Zur Distanznahme zum schulmetaphysischen Rationalismus vgl. Schulte-Sasse 1972.

und Zuschauer ermöglicht eine subjektive Identifikation, d.h. den allein im
individuellen Zuschauer entstehenden Affekt des Mitleids. Dieser Mitleidsbegriff ist genuin rousseauistisch. Rousseau erweitert nämlich im Vorwort
des *Discours sur l'origine et les fondements de l'inégalité parmi les hommes* die Hob-
bessche Anthropologie, die allein die Selbsterhaltung kennt, um das Mitleid
als einen vorreflexiven, „natürlichen" Affekt, ein Anthropologikum:

> [...] méditant sur les premières et plus simples opérations de l'Ame humaine, j'y
> crois appercevoir deux principes antérieurs à la raison dont l'un nous intéresse
> ardemment à notre bien-être et à la conservation de nous-mêmes, et l'autre nous
> inspire *une répugnance naturelle à voir périr ou souffrir tout être sensible, et principalement nos
> semblables.*[249]

Diese laut Rousseau allen der *sensibilité* fähigen Lebewesen gemeinsame
Anlage, die Fähigkeit zur „commisération"[250], greift Lessing auf und funktionalisiert sie theatertheoretisch.[251] Dass das so verstandene Mitleid für
ihn kein Affekt unter anderen, sondern deren Medium und damit ein
„Transzendentalaffekt"[252] ist, macht er erstmals im mit Mendelssohn und
Nicolai geführten *Briefwechsel über das Trauerspiel* explizit, denn hier stellt er
die bekannte These auf, dass das Mitleid des Zuschauers ein von dem der
dargestellten Figuren kategorial verschiedener Affekt sei:

> Die spielende Person gerät in einen unangenehmen Affekt, und ich mit ihr. Aber
> warum ist dieser Affekt bei mir angenehm? Weil ich nicht die spielende Person
> selbst bin, auf welche die unangenehme Idee unmittelbar wirkt, weil ich den Af-
> fekt nur als Affekt empfinde, ohne einen gewissen unangenehmen Gegenstand
> zu denken.[253]

Die Affizierung des Zuschauers durch die spielende Person sei insofern
mit einer Saite vergleichbar, die mit einer anderen mitschwinge, ohne sie
zu berühren. Im Anschluss fährt Lessing fort:

> Dergleichen *zweite* Affekten aber, die bei Erblickung solcher Affekten an andern,
> in mir entstehen, verdienen kaum den Namen der Affekten; daher ich denn in
> meinen ersten Briefen schon gesagt habe, daß die Tragödie eigentlich keinen Af-
> fekt bei uns rege mache, als das *Mitleiden.* Denn diesen Affekt empfinden nicht
> die spielenden Personen, sondern er entsteht in uns ursprünglich aus der Wir-
> kung der Gegenstände auf uns; es ist kein *zweiter* mitgeteilter Affekt etc.[254]

---

[249]   Rousseau 3, 125f.
[250]   Ebd. S. 21.
[251]   Zur Genese des Lessingschen Mitleidsbegriffs aus dem Rousseaus vgl. Schings 1980,
         S. 27ff. Kronauer 1978. Durch seine Übersetzung machte Lessings Freund Moses Men-
         delssohn die Schrift sehr schnell einem breiten deutschen Publikum zugänglich.
[252]   Den Begriff „transcendental sentiment" übernehme ich von Schneider 2008, S. 389.
[253]   Lessing 3, 713 (Brief an Mendelssohn vom 2. Februar 1757).
[254]   Lessing 3, 714.

Indem Lessing das Mitleid als einen Affekt versteht, der nur im Rezipienten entsteht und den die Figuren nicht teilen, bricht er mit der Tradition, die stets argumentierte, die Zuschauer würden den Affekt der Figuren in einer Art Transfer übernehmen. Das von Lessing beschriebene Mitleid ist ein genuin subjektiver Affekt, der sich allein aus der Subjektivität des Zuschauenden speist. Die Struktur eines Affekts, der nur im Rezipienten generiert wird und der damit eine ontologische Differenz zwischen den dramatischen Personen und den Zuschauern oder auch, da Lessing ausschließlich dramentheoretisch argumentiert, zwischen dramatischer Person und Leser voraussetzt, kann als analog zur Struktur der Vierten Wand beschrieben werden.[255] Im Unterschied zu Diderots Tableau und der Vierten Wand abstrahiert Lessing jedoch von der Aufführung; die Differenz zwischen Rezipient und Dramenfigur gilt bereits für den Dramen*text*.[256] Schon in die Dramenfigur, nicht erst in den Schauspieler könne sich der Rezipient einfühlen. Lessing wird beide Aspekte, das Mitleid als Metaaffekt und die Vernachlässigung der *opsis*, in die *Hamburgische Dramaturgie* übernehmen. Im 78. Stück heißt es: „Denn Mitleid und Furcht sind die Leidenschaften, die in der Tragödie wir, nicht aber die handelnden Personen empfinden; sind die Leidenschaften, durch welche die handelnden Personen uns rühren, nicht aber die, durch welche sie sich selbst ihre Unfälle zuziehen."[257] Und im 80. Stück versucht er, Voltaires These, die Aufführungsbedingungen seien an der schlechten Qualität der Stücke schuld, durch ein Aristoteleszitat zu widerlegen. „‚Furcht und Mitleid', sagt der Philosoph, ‚läßt sich zwar durchs Gesicht erregen; es kann aber auch aus der Verknüpfung der Begebenheiten selbst entspringen, welches letztere vorzüglicher, und die Weise des bessern Dichters ist."[258]

Lessing beschreibt den Wirkungsaffekt Mitleid also als einen solchen, der die medialen Grenzen transzendiert; sowohl das gelesene als auch das aufgeführte Drama zeitigt auf dieselbe Art und Weise eine affektive Wirkung im Rezipienten. Mit dieser Wirkungsästhetik schließt er an eine weiter oben schon erwähnte, in der Mitte des 18. Jahrhunderts alle gesellschaftlichen Bereiche prägende Tendenz an, die sich soziologisch als ein Wandel von Interaktion zu Kommunikation beschreiben lässt, d.h. als ein Wechsel von direktem personalem Kontakt zwischen einzelnen Individuen

---

255 Vgl. Lehmann 2000, S. 270. Zum Ende des Affekttransfers vgl. zudem Rothe 2005, S. 168f.
256 Darin unterscheidet er sich im *Briefwechsel* von Mendelssohn und Nicolai. Vgl. Lehmann 2000, S. 258ff. So schreibt Mendelssohn beispielsweise: „Aber die Vernunft redet anders [als der Sprachgebrauch]; sie zählet eine jede große und würdige Begebenheit zu den Gegenständen des Trauerspiels, wenn *sie nur durch die lebendige Vorstellung eines größern Grades der Nachahmung fähig ist.*" (Lessing 3, 705.)
257 Lessing 6, 572.
258 Ebd., S. 583f. Zu Lessings Ausgrenzung der Aufführung seit dem *Briefwechsel über das Trauerspiel* vgl. Lehmann 2000, S. 277ff.

zu einem medial vermittelten Geschehen.[259] Im Theater werden Affekte nicht mehr in einem direkten Transfer übertragen, sondern sind immer bereits medial vermittelt. Dies zeitigt ein völlig neues Verständnis des Publikums, das sich nun als ein im modernen Sinne abstraktes bildet und damit seinen Körpercharakter verliert.

In seiner Studie *Körperströme und Schriftverkehr* konnte Albrecht Koschorke darlegen, wie durch die Alphabetisierung einer breiteren Bevölkerungsschicht in der Empfindsamkeit die Schrift zum gesellschaftlichen Leitmedium avanciert und mit ihren medialen Voraussetzungen weite Bereiche der sich herausbildenden modernen Gesellschaft prägt. Unter anderem gilt dies auch für die Gemeinschaftsbildung. Durch den medialen Umbruch entstehen neue „Formen der Kollektivierung"[260], die imaginative Nähe bei körperlicher Distanz suggerieren. Erst damit werden abstrakte Kollektive vorstellbar, wie sie etwa dem modernen Nationalstaatsbegriff zugrundeliegen.[261] „Auf diese Weise [d.i. durch Schriftverkehr] tritt das sinnliche Nahorientierungssystem außer Kraft, das bis dahin maßgeblich für die Erkennung und emotionale Festigung von Gruppenbindungen war. Auf der anderen Seite stellt literale Kommunikation das Abstraktionsvermögen bereit, aus dem gegliederten Sozialkörper der vormodernen Gesellschaft eine Idee der Menschheit zu destillieren."[262]

An diese Analysen anschließend konnte Helmut J. Schneider darlegen, dass sich nicht nur die literale Schrift-, sondern auch die neue Theatergemeinschaft durch denselben Wechsel von Interaktion zu Kommunikation begründen lässt.[263] Erst für die Dramaturgie des bürgerlichen Trauerspiels gilt eine Form der Gemeinschaftsbildung, wie sie Louis Marin bereits für Pierre Nicoles Theaterverständnis geltend macht.[264] Die sympathetische Einfühlung in die Bühnenwirklichkeit, das Zuschauen, ist eine genuin subjektive und kann nur gelingen, wenn sie als privat-individueller und nicht als öffentlicher Akt verstanden wird. Dem Zuschauer wird damit auferlegt, von seiner körperlichen Anwesenheit im Theater, vor allem aber von der der anderen Zuschauer zu abstrahieren. Insofern diszipliniert das bürgerliche Theater seine Zuschauer zu Körperlosigkeit. Idealiter gehen die Zuschauer völlig im Akt des Zuschauens auf. Zugleich erfahren sie den Akt der Abstraktion und den der sympathetischen Einfühlung jedoch als einen kol-

---

[259]   Mit dieser an Luhmann angelehnten Terminologie beschreibt Albrecht Koschorke die gesellschaftliche Umstrukturierung während der Empfindsamkeit. Vgl. Koschorke 1999, S. 166f. Luhmann 1984, S. 551ff.

[260]   Koschorke 1999, S. 187.

[261]   Vgl. Anderson 1996.

[262]   Koschorke 1999, S. 188.

[263]   Vgl. Schneider 2008.

[264]   Vgl. Marin 1997, S. 254f. Siehe Kapitel I.2.3.

lektiven.[265] Auf diese Weise bildet sich das Publikum nicht mehr durch die gemeinsame körperliche Anwesenheit, sondern durch den gemeinsamen Akt, von der körperlichen Anwesenheit zu abstrahieren. Dieser Prozess bildet das für das Theater spezifische Gegenstück zu dem von Koschorke beschriebenen Prozess. Mitleid bzw. Sympathie ist in diesem Wandel die zentrale Kategorie, denn sie vereint die beiden notwendigen Aspekte eines solchen Modells sozialer Vergemeinschaftung, körperliche Distanz und psychologisch-imaginative Nähe.[266] Lessing fasst dies in das weiter oben bereits kurz erwähnte Bild der mit einer anderen mitschwingenden Saite:

> Ein Exempel aus der Körperwelt! Es ist bekannt, daß, wenn man zwei Saiten eine gleiche Spannung giebt, und die eine durch die Berührung ertönen läßt, die andere mit ertönt, ohne berührt zu sein.[267]

Die anfänglich schwingende Saite und die anschließend mitschwingende berühren sich nie und wirken dennoch aufeinander. Der Metaaffekt Sympathie ist somit im bürgerlichen Theater nicht nur Wirkungsaffekt, sondern dient auch der Gemeinschaftsbildung.[268] Im Unterschied zum Theater des 17. Jahrhunderts schafft der Affekt der Sympathie das Publikum, das damit nicht mehr als ein ontologisches verstanden werden kann. Als ein solches ist es aber auch nicht Modell einer bürgerlichen Öffentlichkeit, wie dies Jürgen Habermas für das Theater des 18. Jahrhunderts geltend macht, denn es konstituiert sich allein durch Sympathie, nicht jedoch durch vernünftiges Räsonieren.[269] Gerade im politisch zersplitterten Deutschland kann ein solches durch die sympathetische Identifikation entstandenes Kollektiv als affektives Modell für die Nation dienen.[270]

---

[265] Vgl. Schneider 2008, S. 390. Zur Genese dieses neuen Zuschauerverständnisses und dem Stellenwert Gottscheds vgl. Graf 1992, hier: S. 283f.

[266] Vgl. Schneider 2008, S. 387.

[267] Lessing 3, 713. Im Artikel *Sympathie, Simpathie* heißt es bei Zedler: „Zu den Arten der Sympathie gehöret [sic!] auch auf gewisse Masse daß Merckmahl, so sich an musicalischen Instrumenten ereignet. Man wird gewahr, wenn in einem Zimmer ein gewisses Instrument gerühret wird, und ein anderes seines gleichen henget an der Wand, so klinget dasselbe auch, ob es schon niemand angreifft". (Zedler 41, Sp. 747.)

[268] Dieser Sympathiebegriff und seine genuin theatrale Eigenschaft, dass man sich nämlich in den Körper eines anderen versetzt, ist in Adam Smiths *Theory of moral sentiments* auf den Begriff gebracht. Vgl. Vogl 2002, S. 87ff. Für Lessings Sympathiebegriff ist der Smithsche also von Interesse, weil dieser Mitleid explizit durch den Akt des Zuschauens definiert. Vgl. Schneider 2008, S. 388.

[269] Darauf verweist Schneider 2003, S. 66. Vgl. Habermas 1990, S. 88 und S. 116ff. Habermas entwickelt sein Modell bekanntlich anhand des Publikumsbegriffs in Kants Aufsatz *Beantwortung der Frage: Was ist Aufklärung?* Das räsonierende Publikum Kants konstituiert sich aus der Diskussion der mit Vernunftgründen argumentierenden Gelehrten und Kritiker. Die beschriebene theatrale Vergemeinschaftung ist mit einem solchen Publikum nicht vergleichbar. Siehe auch Kapitel III.2.2.

[270] Vgl. insbesondere Höyng 2003, S. 157. Zum Nationaltheater allgemein vgl. Krebs 1985.

Rousseau hat wohl am nachdrücklichsten die Konsequenzen dieser Dramen- und Theaterform ausgelotet. An seiner eigenwilligen Interpretation der Racineschen *Bérénice* in der *Lettre à d'Alembert* werden exemplarisch sowohl die Bruchstellen mit dem Theater der *tragédie classique* als auch die Folgen der neuen Dramaturgie ersichtlich, seien sie politischer Art oder auf die moderne Subjektivität und Geschlechterordnung bezogen. Der Brief richtet sich gegen d'Alemberts im Artikel *Genève* der *Encyclopédie* geäußerten Vorschlag, in Genf ein Theater zu errichten. Im Vordergrund der Streitschrift steht dabei der für die Theaterkritik topische Einwand, das Theater sei allein aufgrund seiner medialen Verfasstheit bereits sittenverderbend und daher moralisch verwerflich. Gerade weil er, um dies begründen zu können, die medialen Bedingungen des Theaters analysieren muss, bietet diese Kritik aber auch eine sehr genaue Beschreibung der theatralen Repräsentation, des bürgerlichen, männlichen Subjekts, der Gemeinschaftsbildung im bürgerlichen Theater und des Zusammenhangs dieser drei Aspekte. In der bereits angesprochenen Lesart der *Bérénice* will Rousseau nachweisen, dass der Zuschauer keinesfalls, wie von den Verteidigern des Theaters behauptet, durch die Darstellung der Liebe von amourösen Schwächen geheilt werde: „On prétend nous guérir de l'amour par la peinture de ses foiblesses."[271] Rousseau glaubt sich erinnern zu können, mit d'Alembert vor Jahren einer Aufführung der *Bérénice* beigewohnt und dabei ein überraschend großes Vergnügen gehabt zu haben. Bei seiner Analyse, wie es zu diesem Vergnügen kam, stellt er zunächst fest, dass Titus aufgrund seines Schwankens zwischen Liebe und Pflicht während der Aufführung nur Verachtung beim Zuschauer hervorrufen konnte. Aus dem männlichen Römer sei ein „weiblicher Schwächling" geworden: „un Romain [...] qui, flottant incessamment dans une deshonorante incertitude, avilit par des plaintes efféminées ce caractère presque divin que lui donne l'histoire"[272]. Nach der Aufführung hätte sich der Zuschauer jedoch mit dem effeminierten, ehemals fast göttlichen Helden identifizieren können: „Il finit par plaindre cet homme sensible qu'il méprisoit, [...] par murmurer en secret du sacrifice qu'il est forcé d'en faire aux lois de la patrie."[273] Der Zuschauer werde durch die Aufführung in die gleiche Position wie Titus gedrängt und übernehme dessen Verhalten. Rousseau fährt fort:

> Non que ses plaintes continuelles donnassent une grande émotion durant le cours de la pièce ; mais au cinquième acte où, cessant de se plaindre, l'air morne, l'œil

---

271   Rousseau 5, 48 (*Lettre à d'Alembert*).
272   Ebd.
273   Ebd., S. 49.

sec et la voix éteinte, elle faisait parler une douleur froide approchante du désespoir, l'art de l'actrice ajoutait au pathétique du rôle, et les spectateurs vivement
touchés commençaient à pleurer quand Bérénice ne pleurait plus. Que signifiait
cela, sinon qu'on tremblait qu'elle ne fût renvoyée ; qu'on sentait d'avance la douleur dont son cœur serait pénétré ; et que chacun aurait voulu que Titus se laissât
vaincre, même au risque de l'en moins estimer ? Ne voilà-t-il pas une tragédie qui
a bien rempli son objet, et qui a bien appris aux spectateurs à surmonter les fai-
blesses de l'amour ?

L'événement dément ces vœux secrets, mais qu'importe ? Le dénouement n'efface
point l'effet de la pièce. La Reine part sans le congé du parterre : l'Empereur la
renvoie *invitus invitam*, on peut ajouter *invito spectatore*. Titus a beau rester Romain, il
est seul de son parti ; tous les spectateurs ont épousé Bérénice.[274]

Eine Hochzeit eines jeden Zuschauers mit Bérénice ist nur unter der Bedingung von körperlicher Distanz bei imaginativer Nähe möglich. Da in
der Imagination Bérénice nur von einem Mann geheiratet werden kann,
darf keiner der Zuschauer dem anderen körperlich präsent sein und zwar
weder auf der Bühne noch im Zuschauerraum. Allein in der Illusion, die
die Anwesenheit der Zuschauer ausblendet, also in der Illusion der Vierten Wand, die imaginative Nähe bei körperlicher Distanz schafft, ist eine
solche Hochzeit möglich.[275] Paradoxerweise wird dieses individuelle Er-
lebnis dennoch als ein Gemeinschaftsgefühl wahrgenommen, denn
Rousseau setzt ja voraus, dass sich der Freund d'Alembert seinerseits
ebenfalls an die Aufführung und das gemeinsam empfundene Vergnügen
erinnert.[276] Dabei ist es kein Zufall, dass Rousseau mit d'Alembert, also
einem Mann, das Theater besucht hat. Unter Rousseaus Feder avanciert
Bérénice zum Medium des männlich kodierten Gemeinschaftsgefühls. In
ihrem Zeichen können Männerfreunde Erlebnisse machen, über die sie
noch Jahre später schreiben. Genauer: Bérénice wird zur Metonymie des
gemeinschaftsbildenden Mediums der Bühnenillusion. Damit ist auch die
Bühnenillusion als solche weiblich kodiert.[277] Dies ist der eigentliche
Grund, warum Titus als effeminiert wahrgenommen wird und seine Läu-

---

[274] Rousseau 5, 49.
[275] Rousseau schreibt gegen Anfang des Briefs: „L'on croit s'assembler au Spectacle, et c'est là
       que chacun s'isole ; c'est là qu'on va oublier ses amis, ses voisins, ses proches, pour
       s'intéresser à des fables, pour pleurer les malheurs des morts, ou rire aux dépends des vi-
       vans." (Ebd., S. 16.)
[276] Es heißt: „*tous* les spectateurs ont épousé Bérénice" und zuvor bereits: „une pièce […] qui
       nous fit un plaisir auquel *nous nous* attendions peu" (Ebd. S. 48, Hervorhebung von mir, AP.).
[277] Diderot gewinnt bekanntlich seinem Darstellungsideal, wie er es vor allem in den Bildern
       Greuzes vorgeprägt sieht, ebenfalls ein erotisches Potential ab und vollzieht in seinen Bild-
       kommentaren nach, wie das Darstellungsdispositiv das Begehren des (männlichen) Be-
       trachters erregt. Vgl. insbesondere sein Kommentar zu Greuzes *La jeune fille qui pleure son oi-
       seau mort.* Vgl. Diderot 14, 180ff.

terung zum männlichen Stoizismus keine Auswirkungen mehr auf die Rezeptionshaltung hat. In Rousseaus *Bérénice*-Interpretation sind Frauen entsprechend im Publikum nicht präsent; allein Männer können an der Kollektivehe mit der palästinensischen Königin partizipieren.

In der Invektive gegen *Bérénice* argumentiert Rousseau ausschließlich auf der Ebene des Dargestellten, erst im Verlauf der *Lettre* wechselt er auch auf die Ebene des Darstellenden.[278] In diesem Kontext, dem der Aufführung, verdammt Rousseau das Nebeneinander von Frauen und Männern im Theater und kritisiert die Schauspielerin wie folgt: „A-t-on besoin même de disputer sur les différences morales des Séxes, pour sentir combien il est difficile que celle qui se met à prix en représentation ne s'y mette bientôt en personne, et ne se laisse jamais tenter de satisfaire des désirs qu'elle prend tant de soin d'exciter ?"[279] Seine Racine-Interpretation zeigt, dass die Schauspielerin sich nicht nur durch die Aufführung, die theatrale Medialität, prostituiert, sondern bereits durch ihre Rolle, ihre dramentinterne Funktion, imaginär zur Ehefrau aller Zuschauer und somit zur Prostituierten wird. Nicht nur das Theater, sondern schon der Dramentext, insofern ihm ein Zuschauerverhältnis inhärent ist, pervertiert damit Rousseau zufolge die männlichen Subjekte wie auch die gesellschaftlichen Institutionen: Die Ehefrau wird zur Prostituierten und die Prostituierte zur Ehefrau.[280]

In seiner *Lettre* erschrickt Rousseau darüber, dass er einer Frau bedarf, um sich zu Männerbünden, dem Publikum, zusammenschließen zu können.[281] Er sieht in den *Cercles*, die allein aus Männern bestehen und in denen diese unter sich ungestört räsonieren könnten, das eigentliche Forum männlicher Geselligkeit.

> Nos cercles conservent encore parmi nous quelque image des mœurs antiques. Les hommes entre eux, dispensés de rabaisser leurs idées à la portée des femmes et d'habiller galamment la raison, peuvent se livrer à des discours graves et sérieux sans crainte du ridicule. On ose parler de patrie et de vertu sans passer pour rabâcheur, on ose être Soi-même sans s'asservir aux maximes d'une Caillette.[282]

---

[278]   So heißt es: „Outre ces effets du théâtre, relatifs aux choses représentées, il en a d'autres non moins nécessaires, qui se rapportent directement à la Scène et aux personnages représentans" (Rousseau 5, 53.)

[279]   Ebd. S. 143.

[280]   Darin steht seine Theaterkritik ganz offensichtlich in der Linie der allerdings theologisch motivierten Kritik Pierre Nicoles. Vgl. Nicole 1998, S. 42: „[...] et souvent même, la représentation d'une passion couverte de ce voile d'honneur [le mariage] est plus dangereuse, parce que l'esprit la regarde plus sûrement, qu'elle y est reçue avec moins d'horreur, et que le cœur s'y laisse aller avec moins de résistance."

[281]   Vgl. Heeg 2000, S. 23ff.

[282]   Rousseau 5, 96.

Gerade die Kollektivhochzeit macht das Theater aber als effizientere Form der männlichen Vergemeinschaftung zum ernst zu nehmenden Konkurrenten der *Cercles*. Das Theater zeigt ihm, dass er der Frau als Medium der Vergemeinschaftung bedarf und sei es wie in den *Cercles* als ausgeschlossene. Daher motiviert sich seine Schreibstrategie, auch noch die Exklusion der Frau und deren Medialisierung zu invisibilisieren. Hiermit nähert er sich der Dramaturgie des bürgerlichen Trauerspiels und damit der der Vierten Wand wieder erheblich an, denn schließlich ist es auch das erklärte Ziel dieser Dramaturgie die Medialität der Darstellung zu überspielen.[283] Auf die harsche Kritik an dem gemeinsamen Theaterbesuch folgt eine äußerst subtile Beschreibung des bürgerlichen Dramas. Rousseau greift selbst zur Feder und schreibt den fünften Akt des Racineschen Stücks in einen bürgerlichen um. Titus opfere Bérénice sein Kaiseramt und ziehe sich mit ihr aus der Politik in ein abgelegenes Refugium zurück:

> [...] que tous deux enivrés des charmes de l'amour, de la paix, de l'innocence, et renonçant aux vaines grandeurs, prennent, avec cette douce joye qu'inspirent les vrais mouvements de la nature, le parti d'aller vivre heureux et ignorés dans un coin de la terre [...].[284]

Das Stück solle mit einer Rede Titus' enden, die noch einmal seine Entscheidung begründe, sich aus der Öffentlichkeit zurückzuziehen, und die auf die Zuschauer überaus stark wirken werde. Das eigentliche Sujet des Theaters ist damit nicht mehr darstellbar. Mit der von Rousseau imaginierten Abschiedsrede Titus' endet das Theater und beginnt das antitheatralische bürgerliche Trauerspiel. Rousseau erschreibt sich eine *Bérénice*, die mit Racine das Theater als solches ad acta legt. Das Theater ist dann nur als ein solches legitim, das sich selbst in seiner Medialität verneint und aufzuheben versucht. Und tatsächlich will die oben beschriebene bürgerliche Illusionsdramaturgie nichts anderes als stets über ihren medialen Status hinwegtäuschen. Die bürgerlichen Dramen spielen genau dort, wohin sich die beiden Racinehelden Rousseaus zurückziehen: im privaten Refugium bürgerlicher „Natürlichkeit". Diese Welt jenseits des Theaters, die – das ist das Paradox des bürgerlichen Trauerspiels – dennoch auf dem Theater dargestellt wird, ist die des bürgerlichen Trauerspiels. Die Theatralitätskritik erweist sich als dessen normative Poetik.[285]

Zugleich legt Rousseau mit seiner *Bérénice*-Interpretation das politische Potential der neuen bürgerlichen Dramatik offen. Im Unterschied zum Illusionsideal der Regelpoetik des 17. Jahrhunderts wird in dieser nicht

---

283 Vgl. Heeg 2000, S. 13ff.
284 Rousseau 5, 50.
285 Vgl. Heeg 2000, S. 13–31. Außerdem Wild 2003.

allein ein transparentes Zeichenverhältnis von Darstellendem und Dargestelltem angestrebt, vielmehr wird auch eine Aussage über die Realität des
semiotischen Referenten getroffen.[286] Die Bühnenillusion legt immer auch
nahe, dass der durch das Zeichen dargestellte Referent auf der Bühne
wirklich präsent ist. Rousseau liest *Bérénice* nun, als sei sie in diese bürgerliche Dramaturgie eingebunden, so dass der dargestellte Souverän Titus als
tatsächlich auf der Bühne Handelnder rezipiert wird. Zugleich fordert
jedoch die Dramaturgie eine sympathetische Identifikation mit ihm; der
Souverän ist damit nicht mehr der gesellschaftsenthobene Herrscher, sondern ein Mensch unter anderen. Dann jedoch erscheint dessen Königtum
als eine Rolle, in die sich jeder Zuschauer hineinversetzen und die dadurch
potentiell jeder Zuschauer übernehmen kann. Der Bürger erfährt dann,
wie dies Kantorowicz an *Richard II.* vorführte, im Theater, dass der Souverän auch außerhalb des Theaters nur Theater macht. Es ist daher kein
Zufall, dass die Zuschauer durch die Kollektivehe zum Schluss ausgerechnet an die Stelle des Souveräns treten. In diesem Licht betrachtet erscheint
die Kollektivehe des Publikums mit der Schauspielerin auch als ein Akt
bürgerlicher Selbstbemächtigung. Weil in der Imagination jeder individuelle Zuschauer an die Stelle des Souveräns tritt, faktisch jedoch jedem diese
Position verwehrt bleibt, tritt allein die durch das Publikum gegebene
Öffentlichkeit an dessen Stelle. Den ästhetischen Betrachter, der Titus'
Position „usurpiert", gibt es nur im Plural. Die Souveränität wird mithin
im Bérénice heiratenden Publikum verortet und auf diese Weise als Volkssouveränität ausgewiesen. Rousseau politisiert implizit die dem Theater-
dispositiv inhärente Instanz des Publikums.[287]

Nachdem er diese politisch-subversive Dimension des Theaters unter
bürgerlichen Bedingungen freigelegt hat, erschrickt Rousseau jedoch über
deren Konsequenzen. Da die Souveränität weiterhin personal dargestellt
wird, ermöglicht das Theater nicht nur dem Souverän, sondern auch dem
Bürger die Usurpation der Volkssouveränität. Jeder einzelne Zuschauer
kann seinerseits potentiell immer auch Souverän sein, d.h. in diesem Kontext ihn spielen. Damit aber erweist sich das Theater als ebenso gefahrvoll
wie lehrreich.[288] Es kann für politische Zwecke beider Seiten instrumentalisiert werden. Das Theater wird von Rousseau aufgrund dieser Ambivalenz, und damit auch und nicht zuletzt aus politischen Gründen, gleichsam prophylaktisch aus der Gesellschaft verbannt. An seine Stelle soll das

---

[286]   Zu ersterem siehe Kapitel I.2.2, zu letzterem grundlegend Fischer-Lichte 1983. Vgl. auch
        Herrmann 2005.
[287]   Damit ist das bürgerliche Theater in Reinhart Kosellecks Sinne auf unpolitische Art und
        Weise politisch. Vgl. Koselleck 1973.
[288]   Vgl. Menke 2006a, S. 348ff. Rebentisch 2006, S. 76.

republikanische Fest treten, das keine Trennung mehr von Zuschauer und Darstellungsraum kennt, auf der die gesamte, in diesem Kapitel vorgestellte Begrifflichkeit beruht.[289] Einzig als bürgerliches Trauerspiel, das seine Eigenheit verleugnet, duldet es der Racine-Umschreiber Rousseau. Auch daher motiviert sich also sein „Verbesserungsversuch" der *Bérénice*. Mit der finalen Schlussrede ziehen sich die beiden Protagonisten nicht nur aus dem Theater, sondern auch aus der Politik in die private „Natürlichkeit" zurück. Über denjenigen, der an den vakanten Platz tritt, den Titus dadurch hinterlässt, schweigt sich Rousseau bezeichnenderweise aus. Als Nachfolger verbleibt in seinem Narrativ allein das Titus' Abschiedsrede anhörende, bühneninterne Publikum der Römer, das durch seine Tränen gemeinsam mit dem Theaterpublikum bezeugt, Rousseaus (auch politische) Lektion verstanden zu haben:

> Titus en quitant [sic!] les Romains leur addresse [sic!] un discours, tel que la circonstance et le sujet le comportent ; (n'est-il pas clair, par éxemple, qu'à moins qu'un auteur ne soit de la dernière maladresse, un tel discours doit faire fondre en larmes l'assemblée ?) La pièce finissant ainsi, sera, si l'on veut, moins bonne, moins instructive, moins conforme à l'histoire ; mais en fera-t-elle moins de plaisir, et les spectateurs en sortiront-ils moins satisfaits ? Les quatre premiers actes subsisteroient à peu près tels qu'ils sont, et cependant on en tireroit une leçon directement contraire.[290]

---

289   Siehe weiter unten ausführlich Kapitel III.2.1.
290   Rousseau 5, 50.

2 Schillers frühe Dramatik.
Politik und Publikum

Im Vergleich zu den im vorherigen Kapitel vorgestellten dramaturgischen Schriften sind in Schillers Frühwerk die theoretischen Äußerungen zur Dramaturgie weitaus spärlicher gesät und ungleich weniger elaboriert. Dennoch hat der frühe Schiller zu zwei Themenkomplexen Position bezogen, die im Kontext dieser Studie von Interesse sind. Zum einen bemüht er sich schon früh um eine Repolitisierung der zeitgenössischen Dramaturgie, zum anderen greift auch er den Sympathiebegriff seiner Zeitgenossen auf und gründet auf ihn eine Wirkungstheorie, die ein Publikum generiert, wie es im vorherigen Kapitel beschrieben wurde.

In der Vorrede zum republikanischen Trauerspiel *Die Verschwörung des Fiesko zu Genua* bringt Schiller zur Sprache, dass sich letztlich auch für ihn der politische Held und der Mensch, mit dem allein eine sympathetische Identifikation möglich sei, einander ausschließen würden, politische Themen daher nur gerechtfertigt seien, wenn sie sich in eine Sympathiedramaturgie fügen würden:

> Wenn es wahr ist, daß nur Empfindung Empfindung wekt, so müßte, däucht mich, der *politische Held* in eben dem Grade kein Subjekt für die Bühne seyn, in welchem er den Menschen hintenansezen muß, um der politische Held zu seyn. Es stand daher nicht bei mir, meiner Fabel jene lebendige Glut einzuhauchen, welche durch das lautere Produkt der Begeisterung herrscht, aber die kalte, unfruchtbare Staatsaktion aus dem menschlichen Herzen herauszuspinnen, und eben dadurch an das menschliche Herz wieder anzuknüpfen – den *Mann* durch den *Staatsklugen Kopf* zu verwikeln – und von der erfindrischen Intrige Situationen für die Menschheit zu entlehnen – *das* stand bei mir. Mein Verhältniß mit der bürgerlichen Welt machte mich auch mit dem Herzen bekannter als dem Kabinet, und vielleicht ist eben diese politische Schwäche zu einer poetischen Tugend geworden. (NA 4, 9f.)

Ob allerdings Schiller mit der Dramatisierung des Staatsstreichs genuesischer Adliger gegen die Alleinherrschaft Andreas Dorias aus dem Jahre 1547 eine solche Repolitisierung der bürgerlichen Dramatik gelingt, ist

– wie die Forschung mehrfach feststellte – durchaus fraglich.[291] Zwar kann darauf verwiesen werden, dass die Helden nicht mehr wie im älteren republikanischen Trauerspiel als moralisch eindeutig vorbildlich gezeichnet werden, so dass eine psychologische Einfühlung in die Figuren möglich wird.[292] Republikanismus wird dann nicht mehr auf der diskursiv-inhaltlichen Ebene, sondern auf der der Rezeption verhandelt. Statt ein republikanisch vorbildliches Verhalten vorzuführen, wird ein solches von den Zuschauern eingeübt, indem sie sich immer dann mit den Protagonisten identifizieren, wenn diese sich republikanisch-vorbildlich verhalten.[293] Der Preis einer solchen Dramaturgie ist jedoch groß, denn sie überträgt tendenziell die gesamte Sphäre politischer Rationalität in soziales Verhalten: „Mit diesem dramaturgischen Ansatz nimmt Schiller also eine Entpolitisierung des Republikanismus in Kauf: [...] Schiller [...] versucht die Ausweitung der Republikanismus-Idee vom Regierungsprinzip zum sozialen Verhalten aller, d.h. er aktualisiert antike Ideale für die soziale Realität des 18. Jahrhunderts, wobei er die Sozialethik der Empfindsamkeit zugrundelegen kann.“[294] Ethik und Politik folgen dann demselben „Handlungsprinzip [...]: dem Wohlwollen (‚benevolence‘) bzw. der sozialen Verantwortung“[295]; nur unter einer solchen Bedingung scheint Schiller innerhalb der bürgerlichen Sympathiedramaturgie eine politische Thematik möglich. Eine eigentliche Rehabilitierung der politischen Dramatik und eine zumindest partielle des durch die Sympathie verdrängten Affekts der Bewunderung wird ihm, so viel sei vorweggenommen, erst in seinem Spätwerk gelingen.

Sein Verständnis von Sympathie entfaltet Schiller vor allem in den Schriften der Karlsschulzeit. Am deutlichsten, wenn auch bereits sehr selbstkritisch, formuliert er dieses sicherlich in den *Philosophischen Briefen*, in denen er auf seinem Liebes- und Sympathiebegriff eine regelrechte Meta-

---

[291]   Vgl. Geulen 2009, S. 264. Die Forschung, die um die Frage kreist, ob das Drama politisch oder psychologisch zu verstehen sei, ist detailliert aufgearbeitet bei Roßbach 2005. Zymner 2002, S. 27ff. Vgl. auch die im Folgenden kurz referierte Position von Meier 2009. Meier 1993, S. 342–349.

[292]   Zum dergestalt „vermenschlichten“ Helden bei Schiller vgl. Immer 2008.

[293]   Vgl. Meier 2009, S. 45. Diesem Argument liegt Schillers von den *moral-sense*-Philosophen übernommene Annahme zugrunde, der Mensch habe eine angeborene Fähigkeit, moralisch verwerfliches von moralisch gutem Verhalten unterscheiden zu können. Vgl. Meier 1993, S. 348. Nicht zuletzt in der *Schaubühnenrede*, aber auch in der *Erinnerung an das Publikum* des *Fieskos* stellt Schiller klar, dass er das Theater, die „moralische Anstalt“, als den Ort versteht, an dem diese angeborene Fähigkeit kultiviert werden könne.

[294]   Meier 2009, S. 47.

[295]   Ebd.

physik aufbaut.[296] Doch schon in der Karlsschulrede *Die Tugend in ihren Folgen betrachtet* heißt es überaus prägnant:

> Liebe ist es, die Seelen an Seelen fesselt; Liebe ist es, die den Unendlichen Schöpfer zum endlichen Geschöpfe herunterneigt, das endliche Geschöpf hinaufhebt zum unendlichen Schöpfer; Liebe ist es, die aus der gränzenlosen Geisterwelt eine Einzige Familie, und soviel Myriaden Geister zu soviel Söhnen Eines allliebenden Vaters macht. Liebe ist der zweite Lebensodem in der Schöpfung; Liebe das grose Band des Zusammenhangs aller denkenden Naturen. (NA, 20, 32.)

Schillers Gemeinschaftsmodell beruht also schon sehr früh auf dem in der zweiten Jahrhunderthälfte geradezu ubiquitären Sympathiebegriff.[297] In der auf dem Theaterzettel zu *Fiesko* abgedruckten *Erinnerung an das Publikum* legt Schiller bereits nahe, dass sein Sympathiebegriff auch das Wirkungsprinzip seiner Dramatik ist und der Vergemeinschaftung im Publikum zugrundeliegt.[298] Vor allem jedoch in der 1784 in Mannheim gehaltenen *Schaubühnenrede* macht er dann explizit, dass sein sympathisches Sozialmodell auch seinem Publikumsverständnis zugrundeliegt. Dort heißt es:

> Und dann endlich – welch ein Triumph für dich, Natur – so oft zu Boden getretene, so oft wieder auferstehende Natur – wenn Menschen aus allen Kreisen und Zonen und Ständen, abgeworfen jede Fessel der Künstelei und der Mode, herausgerissen aus jedem Drange des Schicksals, durch *eine* allwebende Sympathie verbrüdert, in *ein* Geschlecht wieder aufgelöst, ihrer selbst und der Welt vergessen und ihrem himmlischen Ursprung sich nähern. Jeder einzelne genießt die Entzückungen aller, die verstärkt und verschönert aus hundert Augen auf ihn zurückfallen, und seine Brust gibt jetzt nur *einer* Empfindung Raum – es ist diese: ein *Mensch* zu sein. (NA 20, 100.)

---

[296] Zur ideengeschichtlichen Verortung des Liebeskonzepts vgl. Riedel 1985, S. 176ff.

[297] Vgl. (auch in Hinblick auf dramaturgische Konsequenzen für das Frühwerk) Schings 1980/1981, S. 88ff. Wobei der Sympathiebegriff im 18. Jahrhundert – dies wurde bisher noch nicht erwähnt, ist für den Mediziner Schiller jedoch zentral – doppeldeutig ist: Er wird sowohl im hier verwendeten, sozialen als auch in einem humoral-somatischen Sinn gebraucht. Exemplarisch ist der Artikel *Sympathie* des Zedlerschen *Universal-Lexicon*. Vgl. Zedler 41, Sp. 744ff. Zu Überschneidungen der sozialen und anthropologischen Bedeutung beim frühen Schiller vgl. Stöckmann 2003

[298] „Heilig und feierlich war immer der stille, der große Augenblick in dem Schauspielhaus, wo die Herzen so vieler Hunderte, wie auf den allmächtigen Schlag einer magischen Rute, nach der Phantasie eines Dichters beben – wo, herausgerissen aus allen Masken und Winkeln, der *natürliche Mensch* mit offenen Sinnen horcht – wo ich des Zuschauers Seele am Zügel führe und nach meinem Gefallen einem Ball gleich dem Himmel oder der Hölle zuwerfen kann – und es ist Hochverrat an dem Genius – Hochverrat an der Menschheit, diesen glücklichen Augenblick zu versäumen, wo so vieles für das Herz kann verloren oder gewonnen werden. – Wenn jeder von uns zum Besten des Vaterlands *diejenige* Krone hinwegwerfen lernt, die er fähig ist zu erringen, so ist die Moral des Fiesko die größte des Lebens." (NA 22, 90f.)

Schiller beschreibt hier die auch in Rousseaus *Bérénice*-Interpretation implizierte bürgerliche Publikumskonzeption, erweitert diese aber um eine Nuance. Das Kollektiv bildet sich wie oben beschrieben über die Abwesenheit der Zuschauer zueinander. Sie sind „ihrer selbst und der Welt vergessen" (NA 20, 100.). So wird jegliche soziale Determination (die „Kreise", „Zonen" und „Stände") transzendiert und der von allen gleichermaßen geteilte, subjektiv generierte Affekt der Sympathie ermöglicht. Gleichzeitig sind sich die Zuschauer als Zuschauer jedoch präsent, denn „[j]eder einzelne genießt die Entzückungen aller, die verstärkt und verschönert aus hundert Augen auf ihn zurückfallen" (NA 20, 100.). Es handelt sich jedoch nicht mehr um eine körperliche Präsenz im Sinne des höfischen Repräsentationstheaters. In den anderen sieht der Zuschauer sein Sehen und er sieht, so ließe sich in Anlehnung an Merleau-Pontys Phänomenologie des chiasmatisch verflochtenen Blicks formulieren, sich als Sehender gesehen. Das Auge wird als das Sinnesorgan, das sich selbst nur im Anderen wahrnehmen kann, hier zum Emblem bürgerlicher Subjektivität, die sich – zu denken ist an die oben beschriebene Struktur der Vierten Wand – ebenfalls nur vermittelt selbst präsent sein kann. Als solches wird es zum Medium der Vergemeinschaftung, denn Schiller fährt fort, die in den Augen gespiegelten „Entzückungen" würden in der einen Empfindung gipfeln: „es ist diese: ein *Mensch* zu seyn" (NA 20, 100.). Neben den dramatischen Affekt des Mitleids, dessen von Rousseau postulierte, allgemeingültige Geltung für den „Menschen" Lessing dramaturgisch stark gemacht hat, setzt Schiller den „theatralen" Akt des Sehens. Die soziale Kollektivbildung im Theater wird damit nicht allein wirkungspoetisch, sondern auch über die Theateraufführung begründet. Diese Nuance, nicht nur vom Drama und dessen Wirkung, sondern auch vom Theater zu sprechen, macht explizit, dass nicht allein Sympathie, sondern der gemeinsame Akt des Sehens und damit der, sich der Sympathie hinzugeben, das Theaterkollektiv schafft. Einerseits argumentiert Schiller somit im Fahrwasser Lessings, der die Wirkung ähnlich wie Aristoteles unter Vernachlässigung der *opsis* konzeptualisiert, andererseits betont er jedoch die sinnlich-körperliche Präsenz des Theaterbesuchs, die die Wirkung ermöglicht. Es findet sich damit bereits im Frühwerk ein Oszillieren zwischen einer Wirkungstheorie, die rein dramatisch, d.h. allein in Hinsicht auf den Dramentext konzipiert ist, und einer solchen, die die medialen Bedingungen der theatralen Aufführung mitbedenkt. Letzteres wird konstitutiv für Schillers Spätdramatik werden.

Das Auge ist der einzige Körperteil, der im bürgerlichen Theater als körperlich präsent erfahren werden kann, ohne die körperliche Distanz aufzuheben. Das Auge kann spiritualisiert werden; gerade indem sich das

Subjekt in ihm spiegeln kann, verliert es seine sinnlich-körperliche Präsenz. Allein durch die sympathetische bürgerliche Verbrüderung im Zeichen des Menschen kann das Auge zum Emblem von Gleichheit werden und allein dadurch, dass es als Emblem von Gleichheit aufgefasst werden kann, ist es als Phänomen körperlicher Präsenz dem bürgerlichen Theater assimilierbar. Das körperlich präsente Auge verweist einzig auf die nie zustande kommende Selbstpräsenz des bürgerlichen Sehens. Im Hoftheater ist das Sehen Medium der Distinktion. Der Wechselblick zwischen den Zuschauern kontrolliert dort die soziale Verortung. In der bürgerlichen Dramaturgie wurde daher vom Wechselblick abstrahiert und ein völlig in die Illusion absorbierter Blick postuliert. Illusionierung und Ausgrenzung des Blicks der anderen bedingen einander. Die Analyse der Rousseauschen *Bérénice*-Interpretation hat gezeigt, dass gerade dieses Bedingungsverhältnis die Kollektivehe mit Bérénice, der Metonymie der Bühnenillusion, ermöglicht. Am Ende von Schillers Rede über die Schaubühne ist nun auch der höfische Wechselblick verbürgerlicht. Statt wie im Hoftheater bewundernd oder verachtend über den Körper des anderen zu gleiten, um dort soziale Distinktionsmerkmale wie beispielsweise Modisch-Neues zu suchen, macht das bürgerliche Sehen beim Auge halt und sieht nur sein eigenes Sehen. Dass der Bürger auch den höfischen Wechselblick seiner Sympathiedramaturgie einverleibt, kann, insofern dieser das soziale Bindeglied der Hofgesellschaft darstellt, als politischer Akt gelten. Der Bürger usurpiert aus der absolutistischen Perspektive den höfischen Zuschauerraum und damit auch die höfische Umgangsform.[299]

Damit liegt der Dramaturgie, die, wie die Vorrede zum *Fiesko* zeigte, primär unpolitisch ist, ein implizit politischer Gestus zugrunde. Dieser ist auch ein Grundzug der gesamten *Schaubühnenrede*. So heißt es schon zu Beginn, gegenüber dem abstrakten Staat und dessen Gesetzen wirke das Theater über seine Anschaulichkeit und als solches entsprechend effizienter. „So gewiß sichtbare Darstellung mächtiger wirkt, als toder Buchstabe und kalte Erzählung, so gewiß wirkt die Schaubühne tiefer und daurender als Moral und Geseze." (NA 20, 93.) Reinhart Koselleck hat daher seine These in der Schaubühnenrede bestätigt gesehen, dass das nur scheinbar unpolitische Bürgertum, das sich in Geheimgesellschaften oder dem Theater versammele und dort eine indirekt politische Macht entfalte, im 18. Jahrhundert mit dem Staat in Konflikt gerate. „Die Gerichtsbarkeit der Bühne fängt an, wo das Gebiet der weltlichen Gesetze sich endigt." (NA 20, 92.)

---

[299] Nicht am Theater, wohl aber an allgemeinen Umgangsformen wurde das politische Potential einer Umkehrung der höfischen Interaktionsweisen in der Empfindsamkeit vor allem von Nikolaus Wegmann beschrieben. Vgl. Wegmann 1988, S. 56ff.

Werde „sich endigen" räumlich verstanden, könne von einem Nebeneinander von Staat und Theater ausgegangen werden; zeitlich verstanden,
stehe das Theater als legitime Form politischer Kritik hingegen über dem
Staat.[300] Beide Thesen lassen sich mit Textstellen der Schaubühnenrede
untermauern. So legen die Stellen, die von der allein moralischen Wirkung
auf das Individuum, der Veranschaulichung von tugend- oder lasterhaftem
Verhalten, sprechen, ein Nebeneinander nahe, das Ende der Rede jedoch,
an dem die Wirkung auf das im Theater anwesende Kollektiv thematisiert
wird, eine Konkurrenz. Der Text schwankt zwischen beiden Positionen,
seine Klimaxstruktur[301] legt jedoch nahe, dass zum Schluss denn doch für
das implizit politische Moment Partei ergriffen wird.

---

[300] Vgl. Koselleck 1973, S. 82. Kritik daran äußert Schings 1980, S. 104. Der Text argumentie-
re laut Schings an anderen Stellen stets für ein friedliches Nebeneinander von Staat und
Theater. Merciers Ansichten würden Kosellecks These gerechter werden. Die Ambivalenz
des Satzes ist damit jedoch nicht widerlegt.

[301] Vgl. die Reihe der „Aber", die zeitweilig jeden zweiten Absatz einleiten (NA 20, Seite: 93, 94,
95, 96.), damit den Text strukturieren und in den den letzten Absatz vorbereitenden Satz
mündet: „Aber was sie hier leistet ist wichtiger, als man gewohnt ist zu glauben." (NA 20, 99.)

Teil III: Friedrich Schiller

Schillers theoretischer und dramatischer Stil neigt zur rhetorischen Zuspitzung und Pointierung. Einzelne Sätze erscheinen derart gehaltvoll, dass sie in sich schlechthin alles Vor- und Nachherige zu konzentrieren scheinen. Das Gehaltvolle schlägt zuweilen ins Sentenziöse um. Aus dem Kontext gelöst sind diese Sätze topisch geworden und ins kollektive Gedächtnis getreten. Ein recht unbekannter, nicht so eingängiger, aber in seiner Tragweite an die der populären heranreichender Satz findet sich in der Vorrede zur *Braut von Messina* und lautet: „das tragische Dichterwerk wird erst durch die theatralische Vorstellung zu einem Ganzen" (NA 10, 7). Mit diesem Satz spricht Schiller mehrere Punkte an: zunächst das Verhältnis von dramatischem Text und theatraler Darstellung, dann, da er vor dem Hintergrund der Schillerschen Autonomieästhetik formuliert ist, das Verhältnis des autonomen Werks zur Theatralität der Darstellung, schließlich – wie aus dem weiteren Kontext der Textstelle hervorgeht – einen politischen Aspekt; Schiller plädiert in der Vorrede für eine Repolitisierung der insbesondere seit dem bürgerlichen Trauerspiel entpolitisierten, allein indirekt politischen Dramatik. Dabei ist es kein Zufall, dass Schiller alle drei genannten Aspekte, den dramaturgischen zwischen Drama und Theater, den ästhetischen zwischen Autonomie und Theater und den politischen zwischen Öffentlichkeit und Theater, in einem Text behandelt. Vielmehr lässt sich für den späten Schiller die jeweilige Fragestellung, die einer dieser Aspekte aufwirft, nur im Kontext der anderen beantworten. Genauer: Die beiden letzten treffen sich im ersten. Der Dramaturgie, Ästhetik und Öffentlichkeit der Schillerschen Spätdramatik liegt ein gleichgeartetes Verhältnis von Drama und Theater zugrunde.[302] Dadurch werden sie vergleichbar.

---

[302] Dass Schiller im Frühwerk dieser Programmatik explizit noch nicht folgt, legt – blendet man einmal die Frage aus, ob die Selbstdeutung das Drama auch treffend beschreibt – ein kurzes Zitat aus der unterdrückten Vorrede zu den *Räubern* nahe. Im Laufe der Theatergeschichte „fand sich, daß schon allein die Dramatische Methode auch ohne Hinsicht auf theatralische Verkörperung, vor allen Gattungen der rührenden und unterrichtenden Poesie einen vorzüglichen Werth habe." (NA 3, S. 243.)

Dieser Vergleich sei im Folgenden geführt. Dabei wird, nach einem kurzen, einleitenden Kapitel zum intrikaten Verhältnis von Theatralität und ästhetischer Autonomie, dem im oben zitierten Satz enthaltenen Konzept der Ganzheit des „tragischen Dichterwerks" nachzugehen sein. Die in den *Kalliasbriefen* geführte Kantrezeption ist wesentlich durch zwei unterschiedliche Totalitätskonzepte geprägt, die nachhaltig auch die Ästhetik von Schillers später Dramaturgie prägen. Hier wird zudem die Frage zu klären sein, wie sich diese Ästhetik zur im letzten Kapitel vorgestellten Tableauästhetik Diderots und der Dramaturgie der Vierten Wand verhält. In einem zweiten Kapitel soll dann zwischen verschiedenen Öffentlichkeitsbegriffen in Schillers theoretischen und dramaturgischen Schriften differenziert und diese auf ihre implizite Theatralität hin befragt werden. Darzulegen sein wird hier, wie Schiller damit an die im ersten Teil dieser Studie besprochenen Öffentlichkeitsformen anknüpft. Schließlich soll anhand dreier Dramen demonstriert werden, wie auch in der dramatischen Praxis die Öffentlichkeit und Ästhetizität seiner Dramatik auf ihrer in ihr implizierten Theatralität fundiert und damit bestimmte Aspekte der französischen Tragödie aufgreift.

1 Theatralität und Ästhetik

Bevor nun ausführlich auf Schillers ästhetische und dramaturgische Schriften eingegangen wird, sei zunächst in einem kurzen Exkurs eine aktuelle Diskussion aufgegriffen, die sich dem Verhältnis von Theatralität und Autonomie widmet. Freilich lassen sich die hier vorgestellten Ansätze nur sehr bedingt auf Schiller selbst anwenden. Weil aber die Probleme, denen sich dieser in seinen späten Schriften stellt, noch die heutige Diskussion prägen, kann deren Aufarbeitung auch den Blick auf Schillers Autonomieästhetik schärfen.

1.1 Theatralität und Autonomie. Ausgewählte Theorien

In dem berühmten, 1967 erschienenen Aufsatz *Kunst und Objekthaftigkeit* verwirft der Kunsthistoriker und Essayist Michael Fried die von ihm als „literalistische Kunst" bezeichnete Minimal Art und begründet dies mit der Behauptung, „Theater ist heute die Negation von Kunst"[303]. Ein solches Diktum, das ganz offensichtlich konträr zum eingangs angeführten Schillerzitat steht, lässt sich selbstverständlich nur nachvollziehen, wenn geklärt ist, was Fried unter „Theater" und „Kunst" versteht. Was in diesem Kontext „Kunst" meint, wird deutlich, wenn Fried lobend über zeitgenössische künstlerische Arbeiten spricht. So heißt es über die Skulpturen Anthony Caros:

> Es scheint, daß die Erfahrung der letztgenannten [d.i. die der nicht der Minimal Art zugehörenden modernen Kunst] *keine* Zeitdauer hat – nicht etwa, weil man ein Bild von Noland oder Olitski oder eine Skulptur von David Smith oder Caro nicht *tatsächlich* in der Zeit erfährt, sondern weil *das Werk selbst in jedem Moment gänzlich manifest ist*. (Dies gilt auch für Skulpturen, obwohl sie offensichtlich, da sie dreidimensional sind, von unendlich vielen Standpunkten aus gesehen werden können. Jemandes Erfahrung von einem Caro ist nicht unvollständig, die Überzeugung, was seine Qualität betrifft, nicht ungewiß, nur weil man die Skulptur nur von dort gesehen hat, wo man steht. Überdies wird bei seinen besten Werken der Blick des Betrachters sozusagen von der Skulptur selbst *ausgeblendet* – und es

---

303   Fried 1995, S. 342.

wäre schlichtweg sinnlos, sie nur *teilweise* gegenwärtig zu nennen.) Diese fortwäh-
rende und vollständige Selbstschöpfung, wird erfahren als eine Art *Augenblicklichkeit*: als reichte, wenn man nur unendlich viel scharfsichtiger wäre, ein einzelner,
unendlich kurzer Moment aus, um alles zu sehen, um das Werk in seiner ganzen
Tiefe und Fülle zu erfahren, um für immer von ihm überzeugt zu sein. [...] Ich
denke, daß es dank dieser Gegenwärtigkeit und Augenblicklichkeit der modernen
Malerei und Skulptur gelingt, das Theater zu überwinden.[304]

Fried ist hier offensichtlich einer recht traditionellen, aus dem 18. und
19. Jahrhundert stammenden Ästhetik der Werkautonomie verpflichtet.
Überschneidungspunkte mit dieser liegen vor allem in der Betonung des
Augenblicklichen, der Gegenwärtigkeit, der sinnhaften Fülle und der in sich
geschlossenen, da perspektiv- und damit betrachterunabhängigen, Einheit
des Kunstwerks vor. Noch deutlicher wird dies in Frieds späterer Arbeit
zu Diderot und der französischen Malerei des 18. Jahrhunderts.[305] Im
vorliegenden Passus urteilt er über die Kunst des 20. Jahrhunderts normativ mithilfe einer Diderot verpflichteten Ästhetik. Diderot wird mithin von
Fried implizit als Wegbereiter der Autonomieästhetik verstanden.

Der Passus wurde hier so ausführlich wiedergegeben, da er gewissermaßen repräsentativ die theoretische Position wiedergibt, die davon ausgeht, dass ästhetische Autonomie und Theatralität einander ausschließen.
Gerade weil es eine „durch eine Fülle unerschöpflich[e]"[306] Ganzheit bildet, müsse das autonome Kunstwerk den ihm heteronomen Betrachter
ausschließen. Es ist, so die spätere Terminologie der Diderotstudie, „antitheatralisch".[307] Ein Phänomen, das Fried mit dem Begriff „Theatralität" anspricht, ist der Einbezug dieses dem Werk heteronomen Rezipienten in das ästhetische Objekt. „Während in früherer Kunst ‚alles, was das
Werk hergibt, stets in ihm selbst lokalisiert' ist, wird in der literalistischen
Kunst ein Werk *in einer Situation* erfahren – und zwar in einer, die geradezu
definitionsgemäß *den Betrachter mit umfaßt*'[308]. Die „neue" literalistische
Kunst ist ästhetisch situativ. Nicht nur schafft der Betrachter erst durch
seinen Rezeptionsakt das Kunstobjekt, vielmehr wird das betrachtende
Subjekt seinerseits als solches erst durch den Akt des Betrachtens „ge-

---

[304]　Fried 1995, S. 365f.
[305]　Vgl. Fried 1980. In *An Introduction to My Art Criticism* heißt es hierzu: „When I wrote ‚Art
　　　　and Objecthood' and related essays I was a Diderotian critic without knowing it." (Fried
　　　　1998, S. 2.)
[306]　Fried 1995, S. 363.
[307]　Vgl. Fried 1980. In „Kunst und Objekthaftigkeit" spricht er bereits von der Unterscheidung
　　　　zwischen „*grundsätzlich theatralischer Kunst und nicht-theatralischer Kunst*" (Fried 1995, S. 349.).
　　　　Ich werde im Folgenden den Begriff „Antitheatralität" dem des „Nicht-Theatralischen"
　　　　vorziehen, da dieser sich in der Diskussion durchgesetzt zu haben scheint.
[308]　Fried 1995, S. 342.

schaffen". Dies gilt es laut Fried zu bekämpfen. Sein Gegenbegriff dazu ist das „Bildhafte".[309] Allein dieser Terminus verdeutlicht, wie nahe Fried hier Diderots antitheatralischem Tableau steht.

Ein weiteres Beispiel einer Position, die von einer Unvereinbarkeit des autonomen Werks mit der Theatralität seiner Aufführung ausgeht, stellt die *Ästhetik des Performativen* der Theaterwissenschaftlerin Erika Fischer-Lichte dar. Im Unterschied zu Fried vertritt Fischer-Lichte allerdings keine theaterfeindliche, sondern eine theaterfreundliche Position. Diese konturiert sie über eine Abgrenzung von einer Werkästhetik, die den seit den 1960er Jahren sich herausbildenden Performance-Künsten und neuen Theaterformen nicht mehr gerecht werde. Die Gegenbegriffe zum Werk lauten dabei unter anderem Ereignis, Performativität, Inszenierung oder Aufführung. Allen diesen Begriffen ist gemein, dass sie die ästhetische Erfahrung als einen durch die Interaktion zwischen künstlerischen Akteuren und Zuschauern erzeugten Schwellenzustand beschreibbar halten sollen. Das Kunstwerk werde nicht passiv rezipiert, sondern bilde sich durch die so genannte autopoietische „*feedback*-Schleife"[310], d.h. durch eine nicht planbare, mithin unverfügbare, sich autopoietisch durch sich selbst konstituierende Wechselwirkung von Akteuren und Zuschauern, die tendenziell deren Unterscheidbarkeit aufhebe. Es gehe in Aufführungen nicht darum, geistige Bedeutungen, wie etwa einen vorgegebenen literarischen Text, zu versinnlichen, vielmehr fiele bei den performativen Künsten Materialität, Signifikant und Signifikat ereignishaft in eins, so dass die Prämisse einer Versinnlichung geistigen Inhalts, die Semiotik einer sog. „Zwei-Welten-Theorie" eines intelligiblen und eines sinnlichen Bereichs unterminiert werde.[311] Fischer-Lichtes Ansatz ließe sich auf die Formel bringen, dass das Kunstwerk nicht ein aufgeführtes Objekt ist, das dann von dem dem Objekt äußerlichen Zuschauer rezipiert würde, sondern dass das Kunstwerk die Interaktion *zwischen* Aufführenden und Zuschauern selbst sei. Ihr Ansatz steht mit dieser Affirmation des Zuschauereinbezugs in den ästhetischen Prozess konträr zu dem von Fried vertretenen.

Das Verhältnis dieser Ästhetik zu der traditionellen bestimmt sie als ein supplementäres. Die Ästhetik des Performativen könne die Werkästhetik ergänzen, müsse sie jedoch nicht notwendig ersetzen.

---

[309] Vgl. Fried 1995, S. 353f.
[310] Fischer-Lichte 2004, S. 59.
[311] Vgl. ebd., S. 243ff.

> Eine Ästhetik des Performativen will *nicht* generell an die Stelle überlieferter Werk-, Produktions- und Rezeptionsästhetiken treten. Wo immer Kunstprozesse ablaufen oder abgelaufen sind, die sich mit den Begriffen ‚Werk‘, ‚Produktion‘ und ‚Rezeption‘ angemessen fassen und beschreiben lassen, besteht keine Notwendigkeit, sie durch eine Ästhetik des Performativen zu ersetzen – wenn auch häufig eine vielversprechende Möglichkeit, sie durch sie produktiv zu ergänzen.[312]

Sie präzisiert jedoch nicht, wie sich eine solche produktive Ergänzung gestalten könnte. Implizit übernimmt die Autorin damit das überkommene Verständnis des Verhältnisses von Theater und Drama, von Aufführung und Werk. Für neuere Theaterformen, wenn diese überhaupt noch dramatisch sind, gelte dieses nicht, für die des 18. und 19. Jahrhunderts hingegen schon. Dem eingangs zitierten Postulat, das tragische Kunstwerk benötige die theatrale Aufführung, um ein Ganzes sein zu können, steht damit wie schon Michael Frieds so auch Erika Fischer-Lichtes Ansatz diametral entgegen. Verstörend mag dieser Sachverhalt zunächst erscheinen, weil der Kant- und Moritzrezipient Schiller als einer der großen, wenn nicht als *der* Werkästhetiker schlechthin zu gelten hat, der mit Goethe das für das 19. Jahrhundert Maßstäbe setzende Literaturtheater etablierte, und mit der eingangs zitierten Auffassung dennoch sowohl dem Theaterfeind Fried, der das autonome Werk vor der Theatralität zu „retten“ versucht, als auch der Theaterfreundin Fischer-Lichte widerspricht, die es historisch von Theaterformen des Performativen trennt.

Nimmt man Schillers Aussage ernst und versteht man ihn dennoch weiterhin als einen Ästhetiker des autonomen Werks, dann muss sowohl Fried als auch Fischer-Lichte widersprochen werden. Die Behauptung, „das tragische Dichterwerk wird erst durch die theatralische Vorstellung zu einem Ganzen“ (NA 10, 7.), legt einerseits nahe, dass entgegen Frieds Ansichten die Kunst des autonomen Werks sehr wohl mit Theatralität zu vereinbaren ist. Wenn bereits die angeblich nicht-theatralische, autonome Kunst als eine genuin theatralische zu verstehen ist, wird Frieds Verurteilung theatralischer Kunstformen hinfällig. Andererseits bedeutet dies, dass die neueren, dem Aufführungsparadigma verpflichteten Theaterformen nicht, wie Fischer-Lichte behauptet,[313] einen Bruch mit der autonomen Werkästhetik vollzogen haben, sondern vielmehr einen ihrer Aspekte – allerdings auf extreme Weise – radikalisieren, den die autonomen Werke immer schon mitbedacht haben. Schiller zufolge ist die Aufführung keineswegs dem Werk völlig fremd, vielmehr scheint im autonomen Werk ein *Mangel* zu bestehen, der seine Ergänzungsbedürftigkeit durch die Auf-

---

312 Fischer-Lichte 2004, S. 315.
313 Vgl. z.B. ebd., S. 53 oder auch ebd., S. 268.

führung provoziert und die theatrale Aufführung immer schon in das Werk hineinträgt.

Als Beispiel einer solchen dritten Position, die Werkautonomie und Theatralität nicht in einem sich gegenseitig ausschließenden Verhältnis begründet, ließe sich Juliane Rebentischs Kritik des bereits besprochenen Friedessays anführen. In ihrer *Ästhetik der Installation* liest sie Fried gegen den Strich und weist nach, dass dieser nicht nur wie oben bereits dargelegt eine symbolästhetische Werkkonzeption, sondern auch ein positivistisches Selbstmissverständnis mancher Minimal-Art-Künstler – zu denken ist etwa an Frank Stella und Donald Judd – tradiert. Der Titelterminus „Objekthaftigkeit" bezeichnet bei Fried die Buchstäblichkeit von „literalistischen" Kunstobjekten. „Wie die Form des Objekts, so repräsentieren, bezeichnen und verweisen die Materialien auf nichts; sie sind, was sie sind, mehr nicht."[314] So würde ein minimalistischer Würfel z.B. nichts anderes bedeuten als einen Würfel. Nimmt man, so Rebentisch,[315] aber Frieds Betonung der Theatralität ernst, können Dinge nicht einfach in ihrer jeweiligen Dinghaftigkeit wahrgenommen werden, vielmehr verweisen sie wie Dinge oder Personen auf dem Theater immer *zugleich* auf sich selbst wie auch auf etwas anderes, das sie bedeuten. Minimalistische Kunstobjekte können nicht positivistisch als „Dinge an sich" wahrgenommen werden, stattdessen tragen sie ein „unentschiedenes Oszillieren zwischen Buchstäblichkeit und Bedeutung"[316] aus. Sie sind immer „*doppelt lesbar* […]: als Ding *und* als Zeichen, und zwar im wechselseitigen Verweis aufeinander"[317]. Rebentischs Argument ist nun, dass diese Eigenschaft keine spezifische Eigenart minimalistischer Kunst sei, sondern „ein Strukturmoment aller Kunst. Gegen Fried heißt das in der Konsequenz: Es gibt keine nicht-theatralische Kunst."[318]

Das Strukturmerkmal der Theatralität betrifft auch unmittelbar das bei den bisher vorgestellten Autoren bereits besprochene Problem des Betrachtereinbezugs bzw. -ausschlusses, wobei allerdings „Betrachtereinbezug" bei Fischer-Lichte und Rebentisch nicht genau dasselbe bezeichnet. Letztere betont, dass das genuin ästhetische Oszillieren zwischen Ding und Zeichen, eine strukturelle Verunsicherung des Betrachters darstelle. Dem Betrachter sei aufgrund dieser Ambivalenz stets unklar, was zum Werk dazugehört und was nicht, so dass letztlich er darüber entscheide.[319]

---

314 Fried 1995, S. 362.
315 Vgl. Rebentisch 2003, S. 52ff.
316 Ebd., S. 55.
317 Ebd.
318 Ebd.
319 Vgl. ebd., S. 37 und 58.

Der Betrachter habe damit an der Konstitution des Werks einen essentiellen Anteil. Da er sich aber seiner Involviertheit auch bewusst werde, entstehe die angesprochene Unsicherheit über die Grenzen des Werks, so dass die ästhetische Rezeption strukturell verunsichernd ausfallen müsse. Minimalistische Kunstwerke stellen dieses Charakteristikum ästhetischer Objekte pointiert aus und rücken damit ein ästhetisches Moment aller Kunst in das Zentrum ästhetischer Erfahrung. „Betrachtereinbezug" meint in diesem Sinne nur sehr bedingt die von Fischer-Lichte beschriebene *feedback*-Schleife performativer Kunstformen.[320] Mit Rebentischs Friedkritik liest sich das von Fischer-Lichte stets betonte interaktive Spiel neuerer Theaterformen somit nicht als neue Kunstform, die mit der traditionellen Werkästhetik bricht, vielmehr stellt es die genuin ästhetische Interaktion von Objekt und Betrachter nur bewusst aus und inszeniert sie selbstreflexiv; Interaktion stellt kein Spezifikum performativer Kunstformen dar.

Ein so verstandener Betrachtereinbezug erlaubt es zugleich, ästhetische Autonomie weiterhin in Anschluss an Kant zu konzeptualisieren.[321] Das Ästhetische, das Fried im ästhetischen Objekt als durch einen Gnadenakt[322] gegebene lokalisiert, verortet Rebentisch daher nicht im Objekt, sondern in dessen Erfahrung und rückt damit bewusst an Kants subjektive Ästhetik heran. „Denn bereits dieser hatte ja die Einsicht, daß das Ästhetische nicht in bestimmten Objekteigenschaften lokalisiert werden kann, sondern einzig über den urteilenden Charakter der ästhetischen Erfahrung erläuterbar ist."[323] Im Unterschied zu Kant folgert sie daraus nicht, das Kunstwerk als Bezugsgröße der ästhetischen Erfahrung zu marginalisieren. Wie so oft in Ästhetiken des 20. Jahrhunderts geht auch Rebentisch davon aus, dass das Kunstwerk eine andere Form der Beziehung zwischen Subjekt und Objekt ermöglicht. „Autonom ist Kunst nicht, weil sie auf diese oder jene Weise verfaßt ist, sondern weil sie einer Erfahrung stattgibt, die sich aufgrund der spezifischen Struktur der Beziehung zwischen ihrem Subjekt und ihrem Objekt von den Sphären der praktischen und der theoretischen Vernunft unterscheidet."[324] Damit lässt sich der Werkbegriff antiobjektivistisch fassen, ohne ihn völlig zu verwerfen.[325]

---

[320]   Vgl. hierzu, wenn auch Fischer-Lichte nicht explizit genannt, Rebentisch 2003, S. 59.
[321]   Fischer-Lichte dagegen begründet Autonomie nicht aus Theatralität, sondern aus Institutionalität. Vgl. Fischer-Lichte 2004, S. 352. Dies ist einer der entscheidenden Differenzen zwischen den beiden Ansätzen und verweist zugleich auf einen Schwachpunkt in Rebentischs Ansatz. Lässt sich die ästhetische Erfahrung wirklich *allein* vom Werkbegriff her beschreiben?
[322]   Vgl. den Schluss des Essays: „Gegenwärtigkeit ist Gnade." (Fried 1995, S. 366.)
[323]   Rebentisch 2003, S. 57.
[324]   Ebd., S. 12.
[325]   Vgl. ebd., S. 11.

Eine solche Konzeption, die von der für die Ästhetik strukturellen Unmöglichkeit ausgeht, über das Werk objektiv eine gültige Aussage treffen zu können, knüpft an Darlegungen Jacques Derridas zum Stellenwert des Parergons in Kants *Kritik der Urteilskraft* an.[326] Im Parergon sieht dieser eine Problemstellung, der alle traditionellen Ästhetiken (wie im Übrigen auch Sinn schlechthin[327]) begegnen. Dabei soll zunächst nicht Derridas Kantlektüre referiert werden,[328] es interessiert allein die von ihm innerhalb dieser Lektüre ausgearbeitete Struktur des Parergonalen. „Ein *Parergon* tritt dem *ergon*, der gemachten Arbeit, der Tatsache, dem Werk entgegen, zur Seite und zu ihm hinzu, aber es fällt nicht beiseite, es berührt und wirkt, von einem bestimmten Außen her, im Inneren des Verfahrens mit; weder einfach außen noch einfach innen; wie eine Nebensache, die man verpflichtet ist, am Rande, an Bord aufzunehmen. Es ist zunächst (*d'abord*) das An-Bord (*l'à-bord*).“[329] Das Parergon ist ein zum *ergon*, dem Werk, hinzukommendes Beiwerk, das dieses aufgrund eines ihm innewohnenden Mangels supplementiert.[330] Zu denken ist beispielsweise an einen Rahmen, der ein Bild einfasst. Ein solches Parergon ist ein dem *ergon* Äußeres, das dennoch mit diesem verbunden ist. Dieses Verhältnis, dass es zugleich werkheteronom und doch werkimplizit ist, leistet die Ermöglichung einer Abgrenzung des Werks von seiner Umgebung. So gehört ein Rahmen zum Beispiel nicht zum Bild, das er einfasst, ist jedoch an dieses gebunden und grenzt es durch diese Zwischenstellung, ihm anzugehören und doch kein Teil von ihm zu sein, von seiner Umgebung ab und lässt das Bild so ein Ganzes werden.

Insofern es das Verhältnis von Innen und Außen, und damit die Werkzugehörigkeit, regelt, ist das Parergon auch mit dem Genetteschen Konzept des Paratextes vergleichbar.[331] Genettes Begriff leistet letztlich ja vor allem den Nachweis, dass die einzelnen textuellen Gebilde um den Text (wie beispielsweise der Titel, der Verfassername, die Motti etc.) eine gemeinsame Struktur aufweisen. Sie gehören als textexterne Entitäten dennoch dem Text an. Aus der Perspektive des Texts sind sie etwas ihm Äußeres, aus der Außenperspektive gehören sie jedoch zum Text.[332] Wenn der Betrachter, wie Rebentisch betont, aufgrund der irreduziblen Theatralität der künstlerischen Darstellung stets dazu genötigt ist, zu entscheiden,

---

[326] Vgl. Rebentisch 2003, S. 58 und S. 254f.
[327] Vgl. Derrida 1978, S. 53.
[328] Siehe dazu weiter unten Fußnote 424.
[329] Derrida 1992, S. 74.
[330] Vgl. ebd., S. 77
[331] Vgl. Genette 1987.
[332] Zu dieser Analogie vgl. Dembeck 2007, S. 11f.

was dem Werk angehört und was nicht, stellt letztlich dieser das Parergon des Werks dar. Das von Rebentisch beschriebene, genuin ästhetische Verhältnis von Subjekt und Objekt kann mithin ein parergonales genannt werden. Theatralität lässt sich auf diese Weise durchaus mit einem objektiven Werkbegriff vereinbaren.

Abschließend sei noch kurz auf einen ebenfalls sehr prominenten Ansatz eingegangen, der sich in einigen Punkten mit dem von Erika Fischer-Lichte deckt, sich in einem anderen aber von diesem entscheidend abhebt; gemeint ist Hans-Thies Lehmanns Konzept des *Postdramatischen Theaters*. Auch Lehmann beschreibt die im 20. Jahrhundert erfolgte Emanzipationsbewegung des Theaters vom Drama. Im Unterschied zu Fischer-Lichte entwickelt er aber keine Ästhetik, die die des 18. und 19. Jahrhunderts abgelöst habe. „Postdramatisches Theater" bezeichnet bei ihm keine Epoche, sondern „eine konkrete theaterästhetische Problemstellung"[333], die gleichwohl im 20. Jahrhundert stark in den Vordergrund getreten sei. Wie Fischer-Lichte geht zwar auch er davon aus, dass „die grundlegende Verlagerung *vom Werk zum Ereignis*"[334] in der Theaterästhetik ersteres obsolet hat werden lassen,[335] jedoch fügt er in der Vorrede zur 3. Auflage unter Verweis auf die Arbeiten Christoph Menkes hinzu, dass seine Analyse von Tendenzen, die vom dramatischen Theater wegführen, helfen könne, „eine Perspektive auf die Geschichte des dramatischen Theaters zu befördern, die gerade die Spannung zwischen Drama und Theater, zwischen Textfiktion und Spiel, Werk und Performanz, sowie die Reflexion dieser Spannungen in der Moderne und Postmoderne genauer wahrnimmt."[336] Angesichts des Schillerzitats, auf das in diesem Kapitel so nachdrücklich rekurriert wurde, und des bis hierhin Ausgeführten scheint sich gerade Schiller für eine solche Perspektive anzubieten.

Unterstellt man, wie dies insbesondere das besagte Schillerzitat nahelegt, dass der soeben skizzierte Werkbegriff *als Fragehorizont* bereits in den Ästhetiken des 18. und 19. Jahrhundert impliziert ist, so muss nicht mehr von einem radikalen Bruch zwischen älterem Literaturtheater und neuerem performance-Theater gesprochen werden. Schillers späte Dramen sind damit, so die These, nicht nur, wie oft gesagt wurde,[337] vor einem wirkungsästhetischen, sondern auch vor einem autonomieästhetischen Hintergrund für das Theater verfasst. Dabei sei jedoch noch einmal explizit hervorgehoben, dass, auch wenn das bisher Gesagte dies nahelegen

---

[333] Lehmann 2005, S. 19.
[334] Ebd., S. 100.
[335] Vgl. ebd., S. 101.
[336] Ebd., S. 8.
[337] Vgl. exemplarisch Prader 1954, S. 13.

könnte, Schiller im Folgenden nicht um jeden Preis aktualisiert und als unser Zeitgenosse behandelt werden soll. Die herausgearbeitete Gemeinsamkeit in der ästhetischen Fragestellung soll nicht über die Differenzen zu heute hinwegtäuschen. Fraglos heben heutige Theaterformen viel radikaler das theatrale Aufführungsmoment hervor, ja abstrahieren sogar gänzlich von Vorgaben dramatisch-textueller oder handlungsstruktureller Art.[338] Und auch die Ausführungen Rebentischs lassen sich selbstverständlich nicht eins zu eins auf Schiller übertragen. Sie wurden hier vielmehr allein so ausführlich thematisiert, um darzulegen, dass Theatralität und Werkautonomie nicht *per* se in Widerspruch stehen. Kontinuität prinzipieller Art schließt jedoch Differenzen nicht aus. Diese sind in der Tat erheblich, denn im Unterschied zu Rebentisch begründet Schiller Werkautonomie nicht ausschließlich durch Theatralität, sondern hält auch an seinem von Rebentisch so stark kritisierten und von ihrem Antipoden Fried übernommenen objektivistischen Schönheitsverständnis fest, steht also auf eine paradoxe Art und Weise gewissermaßen zwischen diesen beiden. Wie dies zu verstehen ist, kann jedoch allein durch die detaillierte Analyse von Schillers Texten selbst geklärt werden. Es gilt daher nun zu prüfen, ob der hier für Schiller allein postulierte Werkbegriff, der das Werk in das gespannte Verhältnis von Drama und Theater stellt und Werkautonomie mit Theatralität zu vereinbaren versucht, sich an Schillers ästhetischen, dramaturgischen und dramatischen Schriften belegen lässt.[339]

1.2 Schillers Kantrezeption in den *Kalliasbriefen*

Einleitung

Schiller begründet, so eine gängige Lesart, durch die kritische Auseinandersetzung mit Kant als erster eine genuin idealistische Ästhetik. Bevor ich diese Lesart kritisieren werde, seien zunächst die Argumente referiert, die

---

338 Insofern kommt der bestechenden Phänomenologie, die Fischer-Lichte von diesen Theaterformen gibt, volle Geltung zu. Die oben geäußerte Kritik betrifft wie gesagt allein ihr Verständnis der traditionellen Werkästhetik bzw. das Verhältnis dieser zur performativen Ästhetik.

339 Ein weiterer Punkt sei erwähnt: Wenn hier und im Folgenden häufig auf den Werkbegriff rekurriert wird, so geschieht dies im Bewusstsein, dass er vor allem seit der Rezeption des französischen Poststrukturalismus unter Ideologieverdacht steht und weitgehend durch den Textbegriff abgelöst wurde. Dass der Werkbegriff, zumindest bei Schiller, mehr bedeutet, als seine Kritiker glauben machen wollen, sollte aus den folgenden Darlegungen hervorgehen.

für eine solche sprechen.[340] Im Zentrum von Kants und Schillers Ästhetik steht gleichermaßen die ästhetische Subjektivität, die von beiden Autoren jedoch auf völlig unterschiedliche Weise verstanden wird. Der Rationalismus hatte das zuvor ontologisch verstandene Schöne radikal subjektiviert und daher dem Urteil über das Schöne jeglichen Anspruch auf allgemeine Geltung abgesprochen. Ein solches Urteil sei stets ein sinnliches und damit ein Privaturteil.[341] Gegen diese Position hatten sich im Laufe des 18. Jahrhunderts verschiedene Ästhetiken herausgebildet, die die Subjektivierung des Schönen aufnahmen, ihr jedoch das Pejorative nehmen wollten.

Der Beitrag Kants in diesem Kontext besteht darin, dass er geltend macht, der Rationalismus unterscheide nicht zwischen Urteilen, die sich auf das Angenehme und solchen, die sich auf das Schöne beziehen. Ein Urteil über etwas Angenehmes sei in der Tat ein privates, da es allein auf Sinnlichkeit gründe. Ein ästhetisches Urteil hingegen beanspruche stets die allgemeine und notwendige Geltung für jedermann. Zugleich sei das ästhetische Urteil jedoch auch vom vernunftgeleiteten Urteil über das Gute zu unterscheiden, bei dem zwar das Urteil ebenfalls die Gültigkeit für jedermann in Anspruch nehme, jedoch beruhe es im Unterschied zum Angenehmen und Schönen auf einem Begriff.[342] Anspruch auf jedermanns Beistimmung könne das ästhetische Urteil stellen, weil in ihm die Erkenntnisvermögen des Subjekts, Einbildungskraft und Verstand, in einer bestimmten Weise, einem „freien Spiele"[343], harmonieren würden. Das ästhetische Urteil wird damit strukturell definiert und zwar als ein genuin selbstbezügliches, durch das das Subjekt sich selbst fühlt. Das freie Spiel der Erkenntnisvermögen ist ästhetisch, weil es auf diese Weise im Unterschied zum Urteil über das Gute nicht aufgrund eines Begriffs gefällt, und es kann berechtigterweise Anspruch auf Allgemeinheit erheben, weil es dennoch auf den Vermögen gründet, die bei einer Erkenntnis verwendet werden, nur dass diese in der angesprochenen selbstreflexiven Weise aktiviert werden. Es unterscheidet sich damit von der theoretischen Erkennt-

---

[340] Die genannte Interpretation vertritt neuerdings Menke, Ch. 2003, S. 759ff. Da er sie wohl derzeit auf die prägnanteste Weise vorgetragen hat und Schillers Ästhetik überdies mit der Diderots konfrontiert, werde ich sie im Folgenden ausführlich referieren.

[341] Exemplarisch ist der Brief Descartes' an Mersenne vom 18. März 1630: „Pour vostre question, sçauoir si on peut establir la raison du *beau*, c'est tout de mesme que ce que vous demandiez auparauant, pourquoy vn son est plus agreable que l'autre, sinon que le mot de *beau* semble plus particulierement se rapporter au sens de la veuë. Mais generalement ny le beau, ny l'agreable, ne signifie rien qu'vn rapport de nostre iugement à l'objet; & pource que les iugements des hommes sont si differens, on ne peut dire que le beau, ny l'agreable, ayent ancune [sic!] mesure determinée." (Zitiert nach Menke, Ch. 2003, S. 744.)

[342] Vgl. KdU, B 5ff. (§§2–7) [B= Paginierung der zweiten Auflage von 1793].

[343] KdU, B 28.

nis, ist ihr jedoch ähnlich, da auch diese auf dem sich beim ästhetischen Urteil einstellenden Verhältnis „als subjektiver Bedingung"[344] beruht. Was Kant hier leisten will, ist erstens die Abgrenzung des ästhetischen Urteils von der theoretischen Erkenntnis und zweitens der Nachweis, dass es dennoch auf diese bezogen bleibt. Er will damit plausibel machen, dass die ästhetische Subjektivität eine gewisse Modalität der Subjektivität darstellt, in der sich das Subjekt seiner Erkenntnismöglichkeit vergewissert. Der ästhetische Gemütszustand begründet somit die Erkenntnis nicht, sondern dient allein der subjektiven „Selbstvergewisserung"[345].

Schiller greift in den theoretischen Schriften der 1790er Jahre auf diesen ästhetischen Subjektivitätsbegriff Kants zurück und bildet ihn auf eine Weise um, die mehrere entscheidende Neuerungen mit sich bringt, von denen zunächst nur die wichtigsten genannt seien. In den *Kalliasbriefen* bemüht er sich darum, das Schöne objektiv zu begründen und nachzuweisen, dass das schöne Objekt die (ästhetische) Subjektivität selbst sei. Ästhetische Subjektivität sei nicht die selbstreflexive Empfindungsweise des Subjekts angesichts bestimmter Objekte, sondern der Gehalt dieser Objekte. Das Ästhetische wird damit erstens als Gegenstand definiert, der ästhetische Gegenstand wiederum zweitens als Subjektivität. Im schönen Objekt stelle sich Subjektivität dar, indem dieses eine Form selbstevidenter Ganzheit annehme, die – wie noch auszuführen sein wird – der ästhetischen Subjektivität auch Kant zufolge eigen ist. Der Gedanke von der selbstevidenten Darstellung der Subjektivität im Objekt, der „Freiheit in der Erscheinung" (NA 26, 182.), wird in den *Ästhetischen Briefen* dann um einen weiteren Aspekt erweitert: Die subjektive Selbstvergewisserung, wie sie Kant verstand, gerät hier zu einer „ästhetischen Selbstbegründung und -vollendung"[346]. Dadurch, dass das Ästhetische als eine objektive Form selbstevidenter Ganzheit und überdies als ästhetische Selbstbegründung und -vollendung des Subjekts verstanden wird, nimmt Schillers Ästhetik ideologische Züge an.[347]

Bei seinem Bemühen, ästhetische Subjektivität als den Gehalt des Objekts auszuweisen, konnte Schiller auf Diderots Dramaturgie des Tableaus zurückgreifen, die daher partiell die Schillersche Ästhetik vorbereitet.[348] Diderot hatte den Ausschluss des Betrachters aus der künstlerischen Darstellung als angemessene Strategie verstanden, um auf den Betrachter ästhe-

---

344   KdU, B 29.
345   Menke, Ch. 2003, S.761. Vgl. auch Lyotard 1991, S. 40f.
346   Menke, Ch. 2003, S. 762. Vgl. auch Kapitel III.2.2 dieser Studie.
347   Vgl. de Man 1996, S. 129ff.
348   Vgl. Menke, Ch. 2003, S. 762f. Die folgenden Ausführungen zu Diderot erinnern an das in Teil II ausführlich Dargelegte.

tisch wirken zu können. Dieser Bezug des Betrachters zum ästhetischen Objekt, dem Tableau, konnte als analog zu dem des Subjekts zu sich selbst ausgewiesen werden. Das dramatische Kunstwerk gibt wie das bildliche vor, nicht für das betrachtende Subjekt gemacht zu sein, obwohl es gemäß dem betrachtenden Subjekt strukturiert ist. Das Tableau und das Subjekt bilden auf die gleiche Art und Weise eine Einheit bzw. Ganzheit. Diderot behauptet jedoch nur, dass das Tableau *wie* das Subjekt beschaffen ist, dass also zwischen beiden eine Analogie besteht. Außerdem unterscheidet sich, wie bereits kurz erwähnt wurde, Diderots Ansatz von dem Schillers dadurch, dass er keine Aussagen darüber trifft, wie das Kunstwerk für sich betrachtet beschaffen ist, sondern dieses, dem dennoch sein Dasein für das Subjekt nicht anzumerken sei, über die subjektive Rezeption definiert. Diderot trifft allein wirkungsästhetische Aussagen über das ästhetische Objekt. Sowohl das Objekt als auch dessen Rezeption müssten sich „subjektiv", genauer: subjektanalog gestalten, um auf das Subjekt wirken zu können.

Eine solche Annäherung an Diderots Ästhetik könnte den Eindruck erwecken, Schillers Autonomieästhetik affirmiere die Antitheatralität des Diderotschen Tableaus, ja beruhe sogar auf dieser. Dann wäre auch für Schiller, ähnlich wie dies Michael Fried behaupten wird, Antitheatralität die Bedingung der Möglichkeit seiner Autonomieästhetik. Für das Schillersche Theater würde dann gelten, dass die Vierte Wand im Theater einen autonomen Raum schafft, in dem das ästhetische Objekt dem Betrachter als autonomes entgegentritt.[349] Vor dem Hintergrund des im vorherigen Kapitel zum Verhältnis von Autonomie und Theatralität allgemein Gesagten erscheint diese Ansicht jedoch fragwürdig. Dieser erste Eindruck verstärkt sich noch, wenn man bedenkt, dass – wie noch auszuführen sein wird – Schiller sich durch seine Spätdramatik gerade von der durch Lessing und Diderot geprägten Dramaturgie abwenden und an die theatralischen Theaterformen der Französischen Klassik wiederanknüpfen wird. Zu klären ist mithin, warum trotz der Ähnlichkeit zu Diderot Schillers Ästhetik in eine genuin theatralische Dramaturgie mündet und damit diametral der Tableaudramaturgie Diderots entgegensteht.

Bei der hier referierten Lesart der Schillerschen Kantrezeption, die wie dargelegt implizit auch als eine Diderots ausfällt, muss bedacht werden, dass sie die in Schillers Argumentation auftretende Widersprüchlichkeit ganz aus ihren Überlegungen ausblendet. Insofern gibt sie zwar mit großer Wahrscheinlichkeit Schillers Intention während des Verfassens der *Kalliasbriefe* wieder, unterschlägt jedoch solche Passagen, in denen dieser seine eigene

---

349   Dies ist eine häufig vertretene These. Sehr konzis entwickelt sie beispielsweise Wild 2003, S. 407. Vgl. auch Schramm 2005, S. 63.

Argumentation und seine ideologieaffinen Argumente in Frage stellt. Die Widersprüchlichkeit der Begrifflichkeit und die argumentative Haltlosigkeit mancher Textstellen der Schillerschen Ästhetik betont eine andere Lesart sehr viel stärker. Diese versucht, Schiller als einen gescheiterten Philosophen darzustellen, der letztlich allein als Dichter ernst zu nehmen sei.[350] Im Unterschied zu de Man oder Menke, die ihn gerade aufgrund seiner Ideologienähe sehr wohl ernst nehmen, marginalisieren solche Deutungen seine Theorie zumeist. Des Weiteren gibt es Lesarten, die aufgrund dieser Widersprüche die Kantnähe Schillers stärker hervorheben.[351] Doch diesen derart die argumentativen Widersprüche unterstreichenden Ansätzen sei hier nur zum Teil gefolgt. Zu fragen wäre vielmehr, ob sich eine Problematik ausmachen ließe, die die Widersprüchlichkeiten in der Theorie erst motiviert. Es kann also nicht darum gehen, einfach auf solche Stellen aufmerksam zu machen, an denen Schiller seinen ideologieaffinen Äußerungen widerspricht; vielmehr müsste nachgewiesen werden können, dass dem objektivistischen Autonomieanspruch wie den theorieinternen Argumenten, die diesem widersprechen, ein ungelöstes, da nicht auf den Begriff gebrachtes, Problem vorgelagert ist, das die argumentative Widersprüchlichkeit hervorbringt. Gedeutet werden dann nicht einzelne Argumente, sondern die Argumentation als ein in sich widersprüchliches Ganzes. Aus diesem die Widersprüchlichkeit der Argumentation provozierenden Problem wird sich, so viel sei vorweggenommen, begründen lassen, warum Schillers auf dieser Ästhetik fußende Spätdramatik eine genuin theatralische ist.

Schließlich sei noch eine letzte Lesart erwähnt, die die Widersprüchlichkeit von Schillers Ästhetik betont, sie jedoch als Ausdruck einer anderen, der Widersprüchlichkeit der Moderne, deutet.[352] Sicher artikulieren sich in Schillers Ästhetik Spannungen, die charakteristisch für die Moderne sind. Indem eine solche durchaus interessante Lesart Schillers Ästhetik

---

[350] So hat Fichte schon sehr früh Schillers Stil kritisiert. Er schreibt ihm: „Bei mir steht das Bild nicht *an der Stelle* des Begriffs, sondern vor oder *nach* dem Begriffe, als Gleichniß: ich sehe darauf, daß es paße; [...] Sie feßeln die Einbildungskraft, welche nur frei seyn kann, und wollen dieselbe zwingen, zu denken. Das kann sie nicht; daher, glaube ich, entsteht die ermüdende Anstrengung, die mir Ihre philosophischen Schriften verursachen". (NA 35, 232.) Wobei Fichte jedoch, wenn auch nicht die Argumentationsweise, so doch den Gehalt von Schillers theoretischen Schriften schätzte (Vgl. ebd.).

[351] Vgl. z.B. Frank 1989, S. 104ff. Ähnlich auch Frank 2007. Frank betont das Changieren zwischen kantaffinen und kantfremden Argumenten. Ähnlich argumentiert Dieter Henrich, wenn es heißt, es liege „eine eigene Wahrheit in dem scheiternden Versuche, durch die Konsequenz einer überkommenen Systematik die Einsicht in Phänomene hindurchzuführen und festzuhalten, die für eben dieses System ein ungelöstes und unlösbares Problem darstellen, und somit zwar in ihm selbst verbleibend, doch unüberhörbar über es hinaus zu weisen." (Henrich 1957, S. 529.)

[352] Vgl. Früchtl 2005, S. 14.

in einen größeren Zusammenhang stellt, den der Moderne, und sie als deren Symptom deutet, verliert sie jedoch tendenziell das Spezifikum aus den Augen, durch das Schillers Ästhetik sich von anderen Positionen in diesem größeren Kontext unterscheidet. Auch aus diesem Grund soll die Widersprüchlichkeit als eine ästhetische Problematik beschrieben werden, derer sich Schiller durch seine eigenwillige Kantrezeption *notwendig* konfrontiert sah. Dies heißt nicht, dass diese schillerspezifische Problematik im Anschluss nicht auch als typisch modern gedeutet werden kann. Im Gegenteil, im einleitenden Kapitel wurde ja bereits angedeutet, dass Schillers Ästhetik Problemstellungen aufwirft, die noch heute diskutiert werden.

Totalität und Evidenz. Die symbolische Hypotypose,
das ästhetische Objekt

Kant

Schiller knüpft in seinen Überlegungen zur Objektivität des Schönen direkt an Kants Konzept der symbolischen Hypotypose an und gestaltet es seinem Anliegen entsprechend um. Es sei daher zunächst erläutert, welche argumentative Funktion der Hypotypose in Kants Ästhetik zukommt. Kant beschreibt das Schöne wie dargelegt als freies Spiel von Einbildungskraft und Verstand. In einer theoretischen Erörterung des ästhetischen Urteils lässt sich ohne weiteres von dem dritten subjektiven Erkenntnisvermögen, der Vernunft, abstrahieren, in der Praxis hingegen nicht. Es muss also auch das Verhältnis der Vernunft zum freien Spiel der beiden anderen Erkenntniskräfte näher bestimmt werden, denn wenn die Vernunft nicht auf eine bestimmte Weise auf das freie Spiel bezogen wird, würde sie dieses als zweckwidrig erleben.[353] So gibt Kant das Beispiel, dass „[w]enn die schönen Künste nicht nahe oder fern mit moralischen Ideen in Verbindung gebracht werden, die allein ein selbständiges Wohlgefallen bei sich führen,"[354] es zu einem Genuss komme, der „das Gemüt, durch das Bewußtsein seiner *im Urteile der Vernunft* zweckwidrigen Stimmung, mit sich selbst unzufrieden und launisch macht."[355]

Ein zweiter Grund, das Verhältnis der Vernunft zum freien Spiel zu klären, ist, dass Kant noch nicht hinreichend geklärt hat, warum das Geschmacksurteil jedermanns Beistimmung beanspruchen kann. Zwar ist bereits erwiesen, dass jedermann des Geschmacksurteils fähig ist, jedoch

---

[353] Vgl. Arnold 2003, S. 41f.
[354] KdU, B 214.
[355] KdU, B 214 [Hervorhebung von mir, AP.]. Vgl. Arnold 2003, S. 40f.

noch nicht, warum diese Fähigkeit entwickelt werden sollte.[356] Kant geht davon aus, dass der Aufbau und die Funktionsweise der Erkenntnisvermögen von allen Menschen geteilt werden. Mit der Einführung eines ästhetischen *sensus communis* hatte er das intersubjektive Moment der Fähigkeit zum Geschmacksurteil bereits präzisiert; der Mensch nehme eine „*erweiterte*[…] *Denkungsart* […] [an], wenn er sich über die subjektiven Privatbedingungen des Urteils, wozwischen so viele andere wie eingeklammert sind, wegsetzen kann und aus einem *allgemeinen Standpunkte* (den er dadurch nur bestimmen kann, daß er sich in den Standpunkt anderer versetzt) über sein eigenes Urteil reflektiert."[357] Begründen kann er damit aber noch nicht, daß „das Gefühl im Geschmacksurteile gleichsam als Pflicht jedermann zugemutet werde."[358]

Ein dritter, eng mit dem vorherigen verzahnter Grund, warum Kant sich in der Dialektik der ästhetischen Urteilskraft mit der Vernunft befasst, liegt darin, dass er glaubt, allein auf diese Weise die Antinomie des Geschmacksurteils lösen zu können. Diese Antinomie besteht darin, dass das Geschmacksurteil ein subjektives ist und dennoch Anspruch auf allgemeine Zustimmung erhebt:

> 1. *Thesis*. Das Geschmacksurteil gründet sich nicht auf Begriffen; denn sonst ließe sich darüber disputieren (durch Beweise entscheiden.) 2. *Antithesis*. Das Geschmacksurteil gründet sich auf Begriffen; denn sonst ließe sich, ungeachtet der Verschiedenheit desselben, darüber auch nicht einmal streiten (auf die notwendige Einstimmung anderer mit diesem Urteile Anspruch machen).[359]

Er löst diese Antinomie, indem er darauf aufmerksam macht, dass „Begriff" jeweils nicht dasselbe meine, in der Thesis müsse es „bestimmte Begriffe", in der Antithesis „unbestimmte Begriffe" heißen. Bei bestimmbaren Begriffen ist diesen eine sinnliche Anschauung beigegeben, bei unbestimmten und zugleich unbestimmbaren jedoch nicht. Damit gründet das Geschmacksurteil auf einem unbestimmten Begriff (einer Idee), mit dem nichts weiter erkannt werden kann, und ist somit subjektiv (Thesis). Es beruht aber dennoch auf einem Begriff und erhält daher Gültigkeit für jedermann (Antithesis), „weil der Bestimmungsgrund desselben vielleicht im Begriffe von demjenigen liegt, was als das übersinnliche Substrat der Menschheit angesehen werden kann."[360] So heißt es:

---

356 Vgl. Arnold 2003, S. 40.
357 KdU, B 159.
358 KdU, B 161. So schließt der §40 „Vom Geschmacke als einer Art von *sensus communis*".
359 KdU, B 234.
360 KdU, B 236f.

Ein bestimmtes objektives Prinzip des Geschmacks, wonach die Urteile desselben geleitet, geprüft und bewiesen werden könnten, zu geben, ist schlechterdings
unmöglich; denn es wäre alsdenn kein Geschmacksurteil. Das subjektive Prinzip,
nämlich die unbestimmte Idee des Übersinnlichen in uns, kann nur als der einzige
Schlüssel der Enträtselung dieses uns selbst seinen Quellen nach verborgenen
Vermögens *angezeigt*, aber durch nichts weiter begreiflich gemacht werden.[361]

Der §59 soll nun das im zitierten Satz begrifflich noch recht vage „Anzeigen" präziser fassen, d.h. den Bezug von Vernunft und Geschmacksurteil
auf den Begriff bringen. Kant behauptet, dass zwischen Vernunft und
Geschmacksurteil eine Analogie bestehe: „das Schöne ist das Symbol des
Sittlich-Guten"[362]. Seinen Symbolbegriff definiert er wie folgt:

> Alle *Hypotypose* (Darstellung, *subiectio sub adspectum*) als Versinnlichung ist zweifach:
> entweder *schematisch*, da einem Begriffe, den der Verstand faßt, die korrespondie-
> rende Anschauung a priori gegeben wird; oder *symbolisch*, da einem Begriffe, den
> nur die Vernunft denken, und dem keine sinnliche Anschauung angemessen sein
> kann, eine solche untergelegt wird, mit welcher das Verfahren der Urteilskraft
> demjenigen, was sie im Schematisieren beobachtet, bloß analogisch ist, d.i. mit
> ihm bloß der Regel dieses Verfahrens, nicht der Anschauung selbst, mithin bloß
> der Form der Reflexion, nicht dem Inhalte nach übereinkommt.[363]

Bei einem moralischen Urteil, bei dem einer Handlung Sittlichkeit zugesprochen wird, empfindet das Subjekt laut Kant ein Gefühl, das später
erinnert werden könne. Beim ästhetischen Urteil bemerkt die reflektieren-
de Urteilskraft nun gewissermaßen automatisch, ohne dass die Vernunft
dabei als Impulsgeber beteiligt wäre, dass das Gefühl der Lust am freien
Spiel von Verstand und Einbildungskraft analog zu dem erinnerten verfasst ist. Damit ließe sich begründen, dass man bei der Beschreibung
schöner Objekte so oft zu Metaphern aus dem Bereich der Sittlichkeit
greife, Bäume etwa „majestätisch" oder „prächtig" nenne.[364]

In der Analytik des Schönen hatte Kant auf diesen Gedanken bereits
vorgegriffen. Er unterscheidet dort zwischen einer freien und einer anhän-
genden Schönheit (*pulchritudo vaga* vs. *adhaerens*). Bei ersterer – Kant denkt
an Blumen, Ornamente, Zierrate etc. – liege dem Urteil kein Begriff zugrunde, bei letzterer hingegen schon.[365] Allein eine freie Schönheit erlaubt

---

361   KdU, B 237f., Hervorhebung von mir, AP.
362   KdU, B 258. Es bleibt festzuhalten, dass Kant in der *Kritik der praktischen Vernunft* beim
      Begriff „Sittlichkeit" zwischen Moralität und Legalität differenziert, hier jedoch mit „Sitt-
      lichkeit", ohne dies weiter zu präzisieren, allein Moralität anspricht. Bei pflichtmäßigen
      Handlungen spricht Kant von Legalität, bei Handlungen, die zudem willentlich der Pflicht
      folgen, von Moralität. Vgl. Kant 5, 79f.
363   KdU, B 255.
364   Vgl. KdU, B 260.
365   Vgl. KdU, B 48ff. sowie B 43. Dieser Punkt wird weiter unten noch genauer erläutert.

somit ein „reines", begriffsautonomes Urteil, während die anhängende Schönheit immer mit einem Begriff, der durch den Verstand erkannt wird, verbunden ist. In §17 bestimmt Kant die menschliche Gestalt, die, da mit einem Begriff verbunden, eine anhängende Schönheit ist, als das Ideal des Schönen. „An dieser nun besteht das Ideal in dem Ausdrucke des *Sittlichen*"[366]. Es mache „die Seelengüte oder Reinigkeit oder Stärke oder Ruhe usw. in körperlicher Äußerung (als Wirkung des Inneren) gleichsam sichtbar"[367]. Entscheidend ist, dass dieses Ideal auch „Muster" für das reine Geschmacksurteil, d.h. für die freie Schönheit, ist: Es ist „das höchste Muster [...], und wonach er [d.i. einjeder] *alles*, was Objekt des Geschmacks, was Beispiel der Beurteilung durch Geschmack sei, und selbst den Geschmack von jedermann beurteilen muß."[368] Erst der §59 begründet dieses „muß" hinreichend; erst dann wird ersichtlich, warum das Geschmacksurteil laut Kant kein völlig begriffsautonomes sein kann. Erst wenn das Urteil mit der Vernunft verbunden ist, kann begründet werden, warum sich das freie Spiel der Erkenntnisvermögen nicht nur einstellt, sondern warum es auch angestrebt werden soll, warum die *Fähigkeit* zum Geschmacksurteil, d.i. die Einnahme einer die Privatbedingungen des Individuums transzendierenden Beurteilungsposition, kultiviert werden soll.[369]

Indem Kant die symbolische Darstellung als Analogie definiert, macht er die „Argumentationsfigur" explizit, mit der die *Kritik der Urteilskraft* durchgehend operiert, dass nämlich die Leistung der reflektierenden Urteilskraft darin besteht, alles im Modus des ‚Als-ob' zu betrachten,[370] und dass sie aus diesem Grund kein eigenes „Gebiet"[371] ihrer Begriffe aufweist. Der §59 lässt sich damit als eine Theorie der Analogmetapher verstehen oder genauer: als Theorie solcher Metaphern, die eine irreduzible Anschaulichkeit aufweisen und sich nicht völlig in Begrifflichkeit überführen

---

366 KdU, B 59.
367 Ebd.
368 KdU, B 54 [Hervorhebung von mir, AP].
369 Vgl. Arnold 2003, S. 39f. Zum Bildungsgedanken bei Kant vgl. Böhme 1999, S. 34–39.
370 Darauf verweist Recki 2008, S. 197. Als Beispiel unter vielen ließe sich anführen: Das transzendentale Prinzip der Urteilskraft könne „kein anderes sein, als daß [...] die besonderen empirischen Gesetze [...] nach einer solchen Einheit betrachtet werden müssen, *als ob* gleichfalls ein Verstand (wenn gleich nicht der unsrige) sie zum Behuf unserer Erkenntnisvermögen, um ein System der Erfahrung nach besonderen Naturgesetzen möglich zu machen, gegeben hätte." (KdU, B XXVII [Hervorhebung von mir, AP].)
371 Mit dieser Metapher bezeichnet Kant in der Einleitung ein Begriffsfeld, in dem Erkenntnis möglich ist („Boden") und die Begriffe zudem gesetzgebend sind. Vgl. KdU, B XVI. Gerade weil die Urteilskraft kein „Gebiet" habe, könne sie als „Brücke" über die „Kluft" der beiden „Gebiete", Verstand und Vernunft, fungieren. Vgl. zu dieser Metaphorik KdU, B LIIIf.

lassen.[372] Dabei ist zu beachten, dass dies nur möglich ist, wenn Kant das traditionelle Verhältnis von Metapher und Hypotypose im rhetorischen Sinne (*evidentia*) umkehrt; war in der Rhetorik die Anschaulichkeit Effekt der Metapher, so geht die Anschaulichkeit nun amimetisch der Analogie (der Metapher) voraus. So greift, wie Rüdiger Campe dargelegt hat, Kant zunächst durch die Formulierung „*subiectio sub adspectum*"[373] auf Ciceros Definition der Hypotypose zurück, überträgt sie dann jedoch bezüglich der schematischen und symbolischen Hypotypose unterschiedlich ins Deutsche, und zwar so, dass nicht das Vor-Augen (*sub adspectum*), sondern die *subiectio* (geben, unterlegen) als Differenzkriterium der beiden Darstellungsformen ausfällt. Die Anschaulichkeit ist damit der *subiectio* im Unterschied zur rhetorischen Tradition vorgelagert. Allein das Verhältnis zum Begriff, das die beiden Verben „geben" und „unterlegen" beschreiben, nicht aber die Anschaulichkeit ist die spezifische Differenz zum *genus proximum* Hypotypose. Die Anschaulichkeit der symbolischen Hypotypose ist, obwohl sie metaphorisch verfährt, im Unterschied zur rhetorischen Hypotypose radikal amimetisch.[374]

Dabei ist insbesondere im Kontext der Deutung durch Schiller von zentraler Bedeutung, dass hier noch einmal die Subjektivität des Prozesses betont wird; „unterlegen" beschreibt eine Aktivität des Subjekts, die als Selbstbespiegelung verstanden werden kann.[375] „In der symbolischen Darstellung produziert das Gemüt eine Darstellung seiner selbst und fühlt sich selbst durch diese Darstellung."[376] Das Subjekt ist, wie sein Name sagt, die Instanz, die sich selbst durch die „subiectio", durch die „Unterwerfung" unter die Anschaulichkeit fühlt. Kant spricht auch vom „Le-

---

[372] Dies ist die These von Hans Blumenberg, der im Anschluss an diesen Paragraphen seinen Begriff der absoluten Metapher geprägt hat. Vgl. Blumenberg 1998, S. 11f.

[373] KdU, S. 253 [B255]. Vgl. zu diesem Aspekt Campe 1997, S. 212. Vgl. auch Haverkamp 2007, S. 100f. Zu unterschiedlichen Evidenzvorstellungen im 18. Jahrhundert vgl. auch Campe 2001.

[374] Kant bringt den rhetorischen Hypotyposebegriff in die Diskussion um den Begriff „Darstellung", der den Bruch mit dem Mimesisparadigma bereits vollzogen hatte. So vermerkt z.B. Gottfried August Bürger in *Von der Popularität der Poesie* in Auseinandersetzung mit Klopstocks *Gelehrtenrepublik* prägnant: „Man merkt schon, daß ich Darstellung an den Platz setze, wo sonst das erbärmliche Wort *Nachahmung* in den Poetiken stand." (Bürger 1894, S. 342.) Die Begriffsgeschichte oder Kants Bezüge zu seinen Vorgängern können in diesem Kontext nicht im Detail nachgewiesen werden. Vgl. hierzu Mülder-Bach 1998 und Menninghaus 1994, insbesondere S. 219ff.

[375] Inwiefern Kant mit der Verbindung von subjektiver Handlung und Verlebendigung des Gemüts an die pygmalionische Leitmotivik bei Klopstock und Herder anknüpft, mit der diese die subjektive Selbstaffektion beschrieben, hat dargelegt Mülder-Bach 1998, S. 236. Die Verbindung zu Klopstock bezüglich der Selbstaffektion betont auch Menninghaus 1994, S. 218.

[376] Mülder-Bach 1998, S. 236.

bensgefühl"[377] des Subjekts. Dabei handelt es sich – wie es nun darzulegen gilt – um eine gelungene Selbstdarstellung des Gemüts in seiner *Ganzheit*, so dass alle drei Vermögen des Gemüts, Verstand, Einbildungskraft *und* Vernunft, an ihr partizipieren, genauer: die subjektive Totalität stellt sich erst durch die symbolische Selbstdarstellung ein.[378] Weil der Begriff Hypotypose in der rhetorischen Tradition immer auch eine solche Totalität des Vor-Augen-Gestellten konnotiert,[379] wird verständlich, warum Kant im §59 plötzlich auf diesen zurückgreift, obwohl er zuvor stets von „Darstellung" gesprochen hat.

Dies sei in einem kurzen Exkurs anhand der 1730 erschienenen, zumindest im französischsprachigen Raum wohl einflussreichsten Rhetorik des 18. Jahrhunderts, dem *Traité des Tropes* Du Marsais', erläutert. Dort wird das Vor-Augen-Stellen wie folgt definiert: „L'hypotypose est un mot grec qui signifie *image, tableau*."[380] Streng genommen handelt es sich hier nicht um eine Definition, sondern um eine Übersetzung; der Begriff „Hypotypose" wird als ein Wort verstanden, das die angeführten französischen Wörter, *image* und *tableau*, nicht definieren, sondern ersetzen. Die eigentliche Definition erfolgt erst im Anschluss. Es heißt:

> L'hypotypose est un mot grec qui signifie *image, tableau*. C'est lorsque, dans les descriptions, on peint les faits dont on parle comme si ce qu'on dit était actuellement devant les yeux ; on montre, pour ainsi dire, ce qu'on ne fait que raconter ; on donne en quelque sorte l'original pour la copie, les objets pour les tableaux.[381]

In der Definition, die die Hypotypose auf traditionelle Weise als die visuelle Veranschaulichung des dargestellten Objekts durch die Rede versteht, greift Du Marsais auf eines der Wörter zurück, mit denen er zuvor das Definiens ins Französische übertragen hat: „*tableau*". Die Definition ließe sich damit wie folgt paraphrasieren: „Hypotypose" ist ein Fremdwort, das im Französischen mit „*tableau*" wiedergegeben werden kann. Von einem *tableau* kann man sprechen, wenn durch die Rede das Geschilderte, das *tableau*, sich als reales Objekt präsentiert, über seinen Status *tableau* hinwegtäuscht. Das Wiederauftreten des Definiens als Definiendum läuft auf die Paradoxie hinaus, dass *tableau* den Fall bezeichnet, wenn ein *tableau* kein *tableau* ist. Dabei lässt sich diese Paradoxie jedoch relativ leicht auflösen, wenn man beachtet, dass der Begriff *tableau* als Definiens den rhetorischen bezeichnet, als Definiendum den der bildenden Kunst. Du Marsais greift zur Metapher

---

[377] KdU, B 4.
[378] Vgl. Gasché 1994, S. 163.
[379] Siehe unten Fußnote 382.
[380] Du Marsais 1977, S. 110.
[381] Ebd.

aus der bildenden Kunst, *tableau*, um den rhetorischen Begriff, *tableau*, zu definieren. Entscheidend ist jedoch nicht, dass die Paradoxie sich auflösen lässt, sondern dass Du Marsais es offensichtlich auf diese Begriffsverwirrung ankommen lässt, ja sie durch die Übersetzung von „Hypotypose" durch „tableau" erst provoziert. Dass dem Tableau im Sinne der bildenden Kunst im 18. Jahrhundert ein elaborierter Bildbegriff zugrundeliegt, der stets eine gerahmte Ganzheit impliziert, wurde im zweiten Teil dieser Studie bereits ausführlich beschrieben. Du Marsais' Definition der Hypotypose erweist sich vor diesem Hintergrund als Integration einer Bild- und Rahmentheorie in den rhetorischen Begriff.[382] Dabei soll der Rahmen im Idealfall gerade nicht wahrgenommen werden, denn das Vor-Augen-Stellen ist der Fall, in dem die Bilder nicht als solche wahrgenommen werden, die Anschauungen gewissermaßen aus ihren Rahmen treten.[383]

Rodolphe Gasché beschreibt Kants Rückgriff auf den rhetorischen Begriff folgendermaßen:

> Wenn diese besondere Art, Sinnlichkeit, Verstand und Vernunft miteinander in Beziehung zu setzen, von Kant Hypotypose genannt wird, dann deshalb, weil sie das Leben des Gemüts wie in einem Tableau als einheitliche Gesamtansicht darstellt. Die rhetorische Figur wird hier ‚verwesentlicht', um die relationale Minimalbedingung des Verhältnisses der Vermögen untereinander zu bezeichnen: das Minimum an Zusammenstimmung, derer sie bedürfen, um ein orchestrales Ganzes zu ergeben, und ohne die sie leblos bleiben.[384]

---

[382] Rahmung ist jedoch schon in der Antike mit dem Begriff verbunden. So notiert Heinrich Lausberg zur Evidenz, die er als synonym zur Hypotypose versteht: „Die *evidentia* (Quint. 8,3,61; 9,2,40) ist die lebhaft-detaillierte Schilderung eines rahmenmäßigen Gesamtgegenstandes (Quint. 8,3,70 *totum;* 9,2,40 *res … universa*) durch Aufzählung (wirklicher oder in der Phantasie erfundener) sinnenfälliger Einzelheiten (Quint. 8,3,70) *omnia;* 9,2,40 *per partes*). Der Gesamtgegenstand hat in der *evidentia* kernhaft statischen Charakter, auch wenn er ein Vorgang (Quint. 9,2,40 *res … ut sit gesta ostenditur*) ist: es handelt sich um die Beschreibung eines wenn auch in den Einzelheiten bewegten, so doch durch den Rahmen einer (mehr oder minder lockerbaren) Gleichzeitigkeit zusammengehaltenen Bildes. Die den statischen Charakter des Gesamtgegenstandes bedingende Gleichzeitigkeit der Einzelheiten ist das *Gleichzeitigkeitserlebnis des Augenzeugen*: der Redner versetzt sich und sein Publikum in die Lage des Augenzeugen". (Lausberg 1973, S. 399f.)

[383] Bezeichnenderweise führt Du Marsais für eine exemplarisch gelungene Hypotypose den Botenbericht des Théramènes an und genauer: den in Kapitel I.2.3 dieser Studie untersuchten Ausschnitt. Wie dort dargelegt verhindert aber gerade das Buchstabenspiel von „croupe" und „recourbe", das mit den sich drehenden und windenden Buchstaben die Windungen des Monsters buchstäblich (und für die *tragédie classique* monströs) dem Leser vor Augen stellt, die Hypotypose. Das Beispiel exponiert damit selbst die Gelingensbedingungen von Hypotypose.

[384] Vgl. Gasché 1994, S. 163. Vgl. auch ebd. S. 171. Gasché verweist ebenfalls auf Du Marsais. Vgl. ebd. S. 159.

Der rhetorische Hypotyposebegriff erlaubt es Kant, die seiner Ansicht nach für das ästhetische Urteil charakteristische Evidenz und Totalität, genauer: die unmittelbar evidente Totalität der ästhetischen Subjektivität mit einem einzigen Begriff zu fassen. Indem die symbolische Hypotypose dieses Konnotat vom rhetorischen Begriff übernimmt, bezeichnet sie eine Dastellung, die immer schon anschaulich *und* ganz bzw. in sich geschlossen ist. Zugleich unmittelbar evident und total zu sein, ist das Charakteristikum schlechthin der subjektiven Selbstbespiegelung symbolischer Hypotypose.

Damit ist die symbolische Hypotypose von der negativen Darstellung, die beim Erhabenen greift, zu unterscheiden.[385] Hier nämlich sieht die Einbildungskraft sich mit einer Vorstellung konfrontiert, die sie nicht „in ein Ganzes der Anschauung (mithin der Darstellung der Idee der Vernunft)"[386] zusammenfassen kann.[387] Indem die Urteilskraft, so Kant, bei der (mathematisch-)erhabenen Vorstellung die Unmöglichkeit ihrer Bemühung um die Ganzheit der Anschauung erfahre, mache sie die Bestimmung des Subjekts zur Vernunft erfahrbar, schreibe den Grund der Lust dieser Erfahrung jedoch „durch eine gewisse Subreption (Verwechslung einer Achtung für das Objekt, statt der für die Idee der Menschheit in unserem Subjekte)"[388] nicht dem Subjekt, sondern dem Objekt zu. Das Erhabene mache damit „uns die Überlegenheit der Vernunftbestimmung unserer Erkenntnisvermögen über das größte Vermögen der Sinnlichkeit gleichsam anschaulich"[389], d.h. darstellbar. Die Darstellung erfolgt somit nicht indirekt wie beim Schönen, sondern durch ihr Scheitern. Diesen Darstellungsbegriff nennt Kant „negative Darstellung"[390].

---

[385] Diese Unterscheidung zweier Darstellungsbegriffe ist nicht zu verwechseln mit der gängigen zwischen Beispiel, Symbol, Konstruktion und Schema als Formen der Darstellung. Diese erläutert ausführlich Beaufret 1973, S. 81ff.

[386] KdU, B 97.

[387] Es sei daran erinnert, dass Kant in der Analytik des Erhabenen zwischen zwei Handlungen der Einbildungskraft unterscheidet, der „*Auffassug (apprehensio)* und *Zusammenfassung (comprehensio aesthetica)*" (KdU, B 87.) Letztere ist eine Forderung der Vernunft an die Einbildungskraft, die ihrerseits nur urteilen kann, wenn sie das Gegebene immer schon als in einem Zusammenhang Befindliches beurteilt: „Nun aber hört das Gemüt in sich auf die Stimme der Vernunft, welche zu allen gegebenen Größen, selbst denen, die zwar niemals ganz aufgefaßt werden können, gleichwohl aber (in der sinnlichen Vorstellung) als ganz gegeben beurteilt werden, Totalität fordert, mithin Zusammenfassung in *eine* Anschauung und für alle jene Glieder einer fortschreitend-wachsenden Zahlreihe *Darstellung* verlangt, und selbst das Unendliche (Raum und verflossene Zeit) von dieser Forderung nicht ausnimmt, vielmehr es unvermeidlich macht, sich dasselbe (in dem Urteile der gemeinen Vernunft) als *ganz* (seiner Totalität nach) *gegeben* zu denken." (KdU, B 91f.)

[388] KdU, B 97.

[389] Ebd.

[390] KdU, B 124.

Schiller

Schiller bemüht sich in den *Kalliasbriefen* auf eine wie erwähnt Kant völlig fremde Weise, die von diesem beschriebene ästhetische Subjektivität zu objektivieren. Er ist sich der Schwierigkeit dieses Unternehmens bewusst.

> Die Schwürigkeit einen Begriff der Schönheit objectiv aufzustellen und ihn aus der Natur der Vernunft völlig a priori zu legitimiren [sic!] so daß die Erfahrung ihn zwar durchaus bestätigt, aber daß er diesen Ausspruch der Erfahrung zu seiner Gültigkeit gar nicht nöthig hat, diese Schwierigkeit ist fast unübersehbar. (NA 26, 175.)[391]

Dennoch glaubt er, eine Lösung gefunden zu haben. Seiner Argumentation liegen dabei erstens ein äußerst unkantischer Gegenstandsbegriff und zweitens ein anders geartetes Verständnis symbolischer Hypotypose zugrunde. Für den Objektbegriff spielt die Dichotomie von Stoff und Form eine wichtige Rolle, unter denen er Folgendes versteht: „Alle Vorstellungen sind ein Mannichfaltiges oder Stoff; die Verbindungsweise dieses Mannichfaltigen ist s*eine* Form." (NA 26, 178.) Der Stoffbegriff impliziert einen nicht mit Kant zu vereinbarenden Gegenstandsbegriff, der die transzendentalphilosophische Unterscheidung von Erscheinung und Ding an sich unterminiert; „Stoff" bezeichnet, zumindest an manchen Stellen der die Begrifflichkeit immer wieder variierenden Argumentation, nicht die anschauungs- und verstandesgemäß konstituierte Erscheinung, sondern eine vorkritische, subjektunabhängige Gegebenheit des Objekts.[392] Dieser Objektbegriff erlaubt es Schiller, den Begriff der Erscheinung nicht immer in kantischer Bedeutung zu verwenden.[393]

Auf der Grundlage dieses Objektbegriffs versucht er, das schöne Objekt als „die Form einer Form" (NA 26, 176.) zu definieren und als Symbol der subjektiven Freiheit auszuweisen. Er unterscheidet wie Kant zwi-

---

[391]   Kant hatte zum ästhetischen Objekt vermerkt: „Das *Schöne* erfordert dagegen die Vorstellung einer gewissen *Qualität* des Objekts, die sich auch verständlich machen und auf Begriffe bringen läßt (wiewohl sie im ästhetischen Urteile darauf nicht gebracht wird); und kultiviert, indem es zugleich auf Zweckmäßigkeit im Gefühle der Lust acht zu haben lehrt." (KdU, B 113f.)

[392]   Vgl.: „Bei *Betrachtung* der Erscheinungen verhalten wir uns *leidend*, indem wir ihre Eindrücke empfangen: *tätig*, indem wir diese Eindrücke unsern *Vernunftformen* unterwerfen (dieser Satz wird aus der Logik postuliert)." (NA 26,178.) Vgl. hierzu Baumanns 2007, S. 57.

[393]   Aus diesem Grund kann „Erscheinung" bereits sehr früh Epiphanie bzw. Scheinen konnotieren und prägt den späteren Scheinbegriff vor: „[…] kurz – da es hier bloß darauf ankommt, daß ein Gegenstand frey *erscheine* nicht wirklich *ist*, so ist diese Analogie eines Gegenstandes mit der Form der pr[aktischen] Vernunft nicht Freiheit in der That, sondern bloß *Freiheit in der Erscheinung. Autonomie in der Erscheinung*." (NA 26,182.) „Erscheinung" und „erscheinen" sind hier semantisch different. Zu dieser Doppeldeutigkeit von „Erscheinung" vgl. Robert 2007a, S. 166.

schen der theoretischen und der praktischen Vernunft, und über Kant hinaus zwischen zwei verschiedenen „Anwendungsformen" der jeweiligen Vernunft.[394] Einerseits könne die Vernunft die Gegenstände bestimmen; diese weisen dann „*Vernunftmäßigkeit*" (NA 26, 180.) auf und sind entweder Begriffe (theoretisch) oder sittliche Handlungen (praktisch). Die Vernunft könne den Gegenständen aber andererseits auch „regulatif" (Ebd.) „*Vernunftähnlichkeit*" (Ebd.) unterlegen. Bezüglich der theoretischen Vernunft denkt Schiller hier an die teleologische Beurteilung der Natur, bezüglich der praktischen Vernunft an die Beurteilung von nichtfreien Handlungen und Gegenständen, als ob sie frei, d. i. selbstbestimmt, wären. Diese Art der Beurteilung greife bei schönen Objekten. Anders als Kant sieht er die praktische Vernunft damit von vorne herein in die ästhetische Erfahrung[395] involviert. Kant hatte das Schöne als freies Spiel von Einbildungskraft und Verstand beschrieben, das als freies Spiel analog zur Freiheit des Vernunftvermögens zur subjektiven Selbstbestimmung erfahren werde. „Frei" können beide genannt werden, weil in beiden Fällen das jeweilige Erkenntnisvermögen sich autonom nach seinem eigenen Prinzip bestimmt.[396] Schiller dagegen, der an dieser Stelle eindeutig auf den §59 rekurriert, bildet die Analogie in eine zwischen der Form des Objekts (und nicht dem Urteil) und der Vernunftfreiheit um, die beide selbstbestimmt bzw. frei sein würden. Das Objekt ist dann „Freiheit in der Erscheinung" (NA 26, 182.), wobei „Erscheinung" nur aussagt, „daß ein Gegenstand frei *erscheine* nicht wirklich *ist*" (Ebd.). Da das Subjekt die „*Freiheitähnlichkeit*" (Ebd.) erkennt, handelt es sich allein um eine subjektive Begründung des Schönen.[397] Weil die praktische Vernunft nun konstitutiv für die ästhetische Erfahrung ist, wird die Kantische Unterscheidung von negativer (erhabener) Darstellung der Vernunftidee und deren symbolischer (schöner) Darstellung hinfällig, denn die Vernunftidee ist immer schon direkt in der ästhetischen Erfahrung mitgegeben. In Kantischer

---

394 Vgl. hierzu und zum Folgenden den Brief vom 8. Februar 1793 (NA 26, 177ff.) und die Erläuterungen bei Düsing 1984, S. 195ff. Muehlbeck-Müller 1989, S. 63ff. Zum Verhältnis von Schillers und Kants Symbolbegriff allgemein die ‚klassische' Studie Sørensen 1963, S. 96ff.

395 Ich verwende diesen Begriff, weil vor diesem Hintergrund von „Urteil" im Sinne Kants natürlich nicht mehr gesprochen werden kann.

396 Vgl. Recki 2008, S. 204.

397 Körner wendet im Antwortschreiben ein: „Dein Princip der Schönheit ist bloß subjektiv; es beruht auf der Avtonomie, welche zu der gegebenen Erscheinung *hinzugedacht* wird." (NA 34I, 228.) Woraufhin Schiller eingesteht, „daß mein Princip der Schönheit biß jezt freilich nur subjectiv ist, weil ich bißher ja nur aus der Vernunft selbst heraus argumentierte, und mich auf die Objekte gar nicht einließ." (NA 26, 190.)

Begrifflichkeit lässt sich auf dieser Basis keine „doppelte Ästhetik"[398] von Erhabenheit und Schönheit entwickeln.[399]

Da Schiller sich bewusst wird, dass auf eine solche Weise das Schöne nicht objektiv konzeptualisiert werden kann, versucht er an manchen Stellen des Briefwechsels den Nachweis zu erbringen, dass die Selbstbestimmung im ästhetischen Objekt unmittelbar evident gegeben sei und sich nicht durch eine Analogie erschließe. Dies kann ihm nur gelingen, wenn er die von Kant beschriebene praktische Selbstbestimmung und das ästhetisch freie Spiel der Erkenntnisvermögen, die er beide „Freiheit" nennt, als Unterarten eines dritten „Princip[s]" (NA 29, 191.) versteht, das er wiederum „Freiheit" nennt.[400] In diesem Fall würde das Schöne nicht subjektiv per Analogie erschlossen, vielmehr würde sich die für ästhetische wie praktische Autonomie konstitutive Selbstbestimmung als ein eigenständiges Prinzip am schönen Objekt offenbaren.[401]

Doch kehrt Schiller immer wieder zum Analogiemodell zurück. Letzten Endes kann er den Begriff „Selbstbestimmung" nicht plausibel vom Rezipienten trennen.[402] Es finden sich in der Argumentation somit zwei Stränge. Entweder hat der Betrachter keinen Anteil an der Konstitution des ästhetischen Objekts. Dieses erscheint dann als eine selbstbestimmte Form und Selbstbestimmung als der Oberbegriff, der die ästhetische und praktische Freiheit in sich enthält. Wie bei der Kantischen Hypotypose ist die Anschaulichkeit nicht Effekt der Analogie, sondern geht ihr voraus. Im Unterschied zu Kant ist diese Anschaulichkeit jedoch im Objekt gegeben. Oder aber der Betrachter hat durch den Akt der Rezeption sehr wohl Anteil an der Konstitution des ästhetischen Objekts. Das Schöne kann dann nicht als objektiv bezeichnet werden, sondern enthält einen subjektiven „Rest". Selbstbestimmung ist in diesem Fall kein Oberbegriff der

---

[398]   Der Begriff wurde geprägt durch Zelle 1995.

[399]   Vgl. Düsing 1984, S. 197 und 206. Vgl. Robert 2007a, S. 165. Vgl. hingegen Zelle 2007, S. 79f.

[400]   „Das höhere Princip das Du [d.i. Körner] verlangst ist gefunden und unwidersprechlich dargethan. Auch begreift es wie Du von demselben foderst Schoenheit und Sittlichkeit unter sich. Dieses Princip ist kein anderes als Existenz aus bloßer Form." (NA 26, 191.) Schiller versteht darunter „Selbstbestimmung" (Ebd.).

[401]   Vgl. auch Frank 1989, S. 112. Es sei an dieser Stelle bereits vermerkt, dass neben diese beiden Modelle der *Kalliasbriefe* in manchen späteren Schriften noch eine dritte, anders geartete Argumentation tritt. Vor allem in der *Matthisson*-Rezension wird das ästhetische Objekt nicht als Analogie oder Objektivierung der Freiheit der praktischen Vernunft verstanden, sondern als die Objektivierung einer Subjektivität, deren Vermögen harmonisch aufeinander abgestimmt sind. Vgl. Düsing 1984, S. 208. Auch in diesem Argumentationsstrang ist das Verhältnis von Subjekt und Objekt nur unzureichend geklärt.

[402]   Dies betont im Grunde auch Georg Mein, wenn er darauf verweist, dass das schöne Objekt sich nur dann als ein solches erweist, wenn der Rezipient es als solches betrachten *will* und somit schon vor der Betrachtung in einem ästhetischen Zustand sein müsste. Vgl. Mein 2000, S. 196.

ästhetischen und praktischen Freiheit. Wie in der rhetorischen Tradition schafft erst der Analogieschluss die Anschaulichkeit von Freiheit. Das Changieren zwischen den beiden Modellen, dem der rhetorischen und dem der symbolischen Hypotypose, destabilisiert nicht nur den objektiven Schönheitsbegriff, sondern betrifft auch den Subjektivitätsbegriff, denn im einen Fall wird Subjektivität als analog strukturiertes Vorbild des Schönen verstanden, das dieses nur veranschaulicht, im anderen jedoch wie auch das Schöne als Unterform eines gemeinsamen Prinzips, Selbstbestimmung.

Rahmende Betrachtung. Parergon, Ergon

Kant

Die symbolische Hypotypose zeichnet sich nicht nur durch ein neues Verständnis von Evidenz aus, das das Verhältnis von Metapher und Anschaulichkeit, dem „Vor-Augen" des Vor-Augen-Stellens, gegenüber dem der Rhetorik umkehrt, vielmehr übernimmt sie wie gesehen von dem rhetorischen Begriff auch das Konnotat der Totalität der Anschauung. Um Kants ästhetische Subjektivität objektivieren zu können, muss Schiller damit am ästhetischen Objekt auch eine Form ausmachen können, die dessen Ganzheit unmittelbar bezeugt. Nicht nur die Evidenz der symbolischen Hypotypose, sondern auch die durch sie garantierte Ganzheit muss am Objekt nachgewiesen werden können. In der *Kritik der Urteilskraft* konnte Schiller jedoch keine Theorie finden, mit der sich die Ganzheit des schönen Gegenstands beschreiben ließe, ja, wie sich zeigen wird, ist Kants Theorie der schönen Künste sogar maßgeblich durch das Fehlen einer solchen Theorie geprägt. Durch Schillers Versuch, das Schöne zu objektivieren, wird damit in seiner Ästhetik ein Desiderat der Kantischen Kunsttheorie wieder virulent und zwar das dort ungeklärte Verhältnis des Werks zu seinem Rahmen, in Kants Begrifflichkeit: des Ergon zum Parergon.

Kants dritte *Kritik* bezieht ihre Dynamik maßgeblich aus einer gespannten Grundanlage, die die Argumentation zwischen zwei Pole stellt: auf der einen Seite die Konzeptualisierung von ästhetischer Autonomie bzw. die Etablierung eines weiteren autonomen Gemütsvermögens, der Urteilskraft, auf der anderen die Bemühung um die Schließung des Gesamtsystems, die das ästhetische Urteil geradezu zwangsläufig dem Praktischen und Theoretischen wieder annähert.[403] Einerseits geht es Kant darum, die Autonomie des Schönen und damit auch der Kunst zu konzeptualisieren, andererseits, den durch die Epistemologie nicht er-

---

[403]   Diese Spannung prägt noch heutige Ästhetiken. Vgl. Kern 2000, S. 7f.

brachten und für Kants System zentralen Nachweis zu leisten, dass die Erkenntnisvermögen für die Erkenntnis der Welt angemessen sind. Das Ästhetisch-Autonome dient wie eingangs beschrieben auch der subjektiven Selbstvergewisserung.

Diese in sich gespannte Grundanlage der *Kritik der Urteilskraft* hinterlässt auch in der Theorie der schönen Künste ihre Spuren.[404] Kant stellt sich hier dem Problem, wie ästhetische Autonomie an Kunstwerken zu verstehen sei, obwohl gilt, dass „Kunst jederzeit eine bestimmte Absicht, etwas hervorzubringen"[405], hat. Dies impliziert nämlich im Gegensatz zum Naturschönen, dass, „weil Kunst immer einen Zweck in der Ursache (und deren Kausalität) voraussetzt, zuerst ein Begriff von dem zum Grunde gelegt werden [muss], was das Ding sein soll"[406]. Ästhetische Autonomie ist aber nur bei einem Wohlgefallen ohne Zweck, Absicht, Begriff bzw. Interesse gegeben.[407]

Kant löst dieses Problem auf eine zweifache Weise, einer werkaffirmativen und einer werkunterminierenden: Bei ersterer gibt Kunst vor, Natur zu sein. Wenn das Kunstwerk ein Naturprodukt zu sein scheint, wird es nicht zwangsläufig begrifflich beurteilt; die Zweckmäßigkeit muss „ob sie zwar absichtlich ist, doch nicht absichtlich scheinen"[408]. Wird das Kunstwerk auf diese Weise illusionistisch rezipiert, als ob es ein Naturprodukt wäre, bleibt das ästhetische Urteil ein begriffsautonomes.[409] „Werkaffirmativ" (oder auch „ergonal") kann diese Lösung heißen, weil sie den traditionellen Werkbegriff (*ergon*) nicht in Frage stellt. Bei letzterer, der „werkunterminierenden" (oder auch „parergonalen"), hingegen wird nach einer Möglichkeit gesucht, das Kunstschöne als rein-autonomes verstehen zu können, ohne seine Rezeption illusionistisch zu konzeptualisieren. Dies gelingt Kant aber nur durch eine Umgestaltung des traditionellen Werkbe-

---

[404] Die folgenden Darlegungen zum Verhältnis von Ergon und Parergon in Kants Kunsttheorie folgen ganz Menninghaus 1995, S. 105ff. Seine Darstellung überschneidet sich stellenweise mit Harries 1994.

[405] KdU, B 180.

[406] KdU, B 188.

[407] Vgl. folgenden Abschnitt aus §4: „Um etwas gut zu finden, muß ich jederzeit wissen, was der Gegenstand für ein Ding sein solle, d. i [sic!] einen Begriff von demselben haben. Um Schönheit woran zu finden habe ich das nicht nötig. Blumen, freie Zeichnungen ohne Absicht ineinander geschlungene Züge, unter dem Namen des Laubwerks, bedeuten nichts, hängen von keinem bestimmten Begriffe ab und gefallen doch." (KdU, B 10f.)

[408] KdU, B 180.

[409] Vgl. hierzu den §45 „Schöne Kunst ist eine Kunst, sofern sie zugleich Natur zu sein scheint". (KdU, B 179.) Kant unterfüttert dieses Konzept anschließend mit anthropologischen Annahmen zum Genie. „*Genie* ist die angeborene Gemütsanlage *(ingenium), durch welche* die Natur der Kunst die Regel gibt." (KdU, B 181.)

griffs. Er greift hierbei auf das bereits angesprochene Konzept freier Schönheit zurück:

> Es gibt zweierlei Arten von Schönheit: freie Schönheit (*pulchritudo vaga*), oder die bloß anhängende Schönheit (*pulchritudo adhaerens*). Die erstere setzt keinen Begriff von dem voraus, was der Gegenstand sein soll; die zweite setzt einen solchen und die Vollkommenheit des Gegenstandes nach demselben voraus. Die ersteren heißen (für sich bestehende) Schönheiten dieses oder jenes Dinges; die andere wird, als einem Begriffe anhängend (bedingte Schönheit), Objekten, die unter dem Begriffe eines besonderen Zwecks stehen, beigelegt.[410]

Der Mensch sei, da er wesentlich Selbstzweck sei, ein Beispiel für die anhängende Schönheit, ein Ornament dagegen ein Beispiel für die freie. „So bedeuten die Zeichnungen *à la grecque*, das Laubwerk zu Einfassungen oder auf Papiertapeten usw. für sich nichts; sie stellen nichts vor, kein Objekt unter einem bestimmten Begriffe, und sind freie Schönheiten.“[411] Auffallend ist nun, dass Kant die freie Schönheit vor allem in dem das Werk umgebenden Rahmen, den Zierraten, verortet:

> Selbst was man *Zieraten* (Parerga) nennt, d. i. dasjenige, was nicht in die ganze Vorstellung des Gegenstandes als Bestandstück innerlich, sondern nur äußerlich als Zutat gehört und das Wohlgefallen des Geschmacks vergrößert, tut dieses doch auch nur durch seine Form, wie Einfassungen der Gemälde oder Gewänder an Statuen, oder Säulengänge um Prachtgebäude.[412]

Das Parergon wäre demnach die reinste Form des Schönen, denn es ist nicht begriffsbezogen, sondern bestimmt sich allein als die Form, die das Verhältnis von Innen und Außen regelt und zwar, wie Kant hervorhebt, „nur durch seine Form“[413], durch die es auf dieses *verweist*, es jedoch *nicht darstellt*. Im einleitenden Kapitel zum Verhältnis von Autonomie und Theatralität wurde das Parergon bereits als ein dem Werk (*ergon*) Äußeres definiert, das dennoch mit diesem verbunden ist und durch dieses Verhältnis, dass es zugleich werkheteronom und doch werkimplizit ist, die Ermöglichung einer Abgrenzung des Werks von seiner Umgebung leistet.[414] Das Parergon zeichnet sich durch eine gewisse Unbestimmtheit aus. Unter den Begriff fallen nicht nur Rahmen, Gewänder, oder Säulen, sondern alle Formen, die auf das Verhältnis von Innen und Außen verweisen. Aufgrund ihrer Abstraktheit ist die Definition einerseits äußerst präzise, andererseits wird jedoch – auch dies ist ein Charakteristikum des Parergons – im konkreten Fall nicht recht klar, was unter welchen Kriterien ein Parer-

---

[410] KdU, B 48f
[411] KdU, B 49.
[412] KdU, B 43.
[413] Ebd.
[414] Siehe Kapitel III 1.1.

gon ist. Ist beispielsweise wirklich jedes Gewand parergonal und gehört nicht zum eigentlich Werk dazu?[415]

Das, was das eigentliche Werk nur umgibt, ist damit ästhetisch reiner als das Werk selbst. Das Parergon, das das Verhältnis von Innen und Außen, den Rahmen des Werks, regelt, bietet sich für die klare Abgrenzung des Ästhetischen von anderen Vernunftformen, die mit der Autonomieästhetik notwendig wird, besonders an. Winfried Menninghaus betont, dass Kant sich in diesem Kontext gar nicht mehr für die Rückwirkung auf das durch das Ornament Eingerahmte, das Werk, interessiere,[416] andererseits aber auch nicht das Ornament selbst zum Werk, dem abstrakt-modernen Kunstwerk, erhebe.[417] Somit ließen sich seine Ausführungen zum Parergon als eine Theorie der Arabeske verstehen und würden daher auch erst vor dem Hintergrund der zeitgenössischen Diskussion zur Arabeske verständlich.[418] Das „Para", das das Parergon neben das Ergon stellt, „ist nurmehr eine transzendentale Metonymie, meint nichts als die Parergonalität selbst – als die Bedingung der Möglichkeit eines reinen ästhetischen Urteils – und impliziert keine spezifische Beziehungen zwischen Ergon und Parergon."[419] Damit werde von Kant gerade die schlechthin unautonome Kunstgattung zu der Gattung erhoben, an der sich ästhetische Autonomie am reinsten erfahren lasse.

Nachdem Kant den Begriff einführt, wird er und zwar aufgrund der oben angesprochenen gespannten Grundanlage der dritten *Kritik* sehr schnell wieder marginalisiert. Durch das Ideal des Schönen, das auf die die subjektive Ganzheit garantierende symbolische Hypoytpose und damit auf den nicht-puristischen Strang der *Kritik* vorausweist, wird wie weiter oben beschrieben die freie Schönheit bereits in der Analytik wieder zurückgedrängt, denn nun – das Zitat sei noch einmal aufgegriffen – heißt es, das, notwendig begriffsgebundene, Ideal des Schönen sei „das höchste Muster

---

[415] Vgl. Derrida 1978, S. 66f.

[416] Nur an einer Stelle bestimmt Kant das Verhältnis etwas genauer und zwar durch Angemessenheit, das rhetorische *aptum*. „Man würde vieles unmittelbar in der Anschauung Gefallende an einem Gebäude anbringen können, wenn es nur nicht eine Kirche sein sollte; eine Gestalt mit allerlei Schnörkeln und leichten, doch regelmäßigen Zügen, wie die Neuseeländer mit ihrem Tätowieren tun, verschönern können, wenn es nur nicht ein Mensch wäre" (KdU, B 50.). Vgl. Dembeck 2007, S. 281.

[417] Diesem Aspekt widmet sich auch Harries 1994, insbesondere S. 94. In Kants Bemerkungen komme der epochale Umbruch zur modernen Kunst zum Ausdruck, ohne dass Kant sich dessen bewusst wäre.

[418] Vgl. Menninghaus 1995, S. 107f.

[419] Menninghaus 1995, S. 108. Damit korrigiert Menninghaus, ohne dies zu kennzeichnen und obwohl er sich auf sie beruft, Derridas Lesart des Passus. Dieser geht davon aus, dass „das Laubwerk zu Einfassungen" nicht parergonal, sondern vielmehr seinerseits als Werk zu betrachten sei. Vgl. Derrida 1978, S. 111.

[…], und wonach er [d.i. einjeder] *alles*, was Objekt des Geschmacks, was Beispiel der Beurteilung durch Geschmack sei, und selbst den Geschmack von jedermann beurteilen muß."[420] Die Begriffsgebundenheit des Kunstschönen wird also von Kant letztlich hingenommen, so dass er die Autonomie des Kunstschönen von vorneherein einschränkt.[421] Dieses Eingeständnis findet sich nicht allein in der Analytik, sondern auch in der Deduktion, in der er im §48 behauptet, es müsse beim Kunstschönen

> zuerst ein Begriff von dem zum Grunde gelegt werden, was das Ding sein soll; und da die Zusammenstimmung des Mannigfaltigen in einem Dinge zu einer inneren Bestimmung desselben als Zweck die Vollkommenheit des Dinges ist, so wird in der Beurteilung der Kunstschönheit zugleich die Vollkommenheit des Dings in Anschlag gebracht werden müssen, wonach in der Beurteilung einer Naturschönheit (als einer solchen) gar nicht die Frage ist.[422]

Auf diese Weise distanziert sich Kant vom puristischen Pol seiner Theorie der schönen Künste. Die widersprüchliche Grundstruktur der gesamten *Kritik der Urteilskraft* und die argumentative Doppelsträngigkeit innerhalb der Theorie der schönen Künste lassen sich daher miteinander korrelieren: „Die Theorie des Parergon markiert den puristisch-selbstreferentiellen Pol dieser gespannten Grundanlage der dritten *Kritik*, die des Ergon die Integrationsfunktion der Kunst."[423] Damit findet sich in Kants Theorie der schönen Künste für das Kunstwerk keine Theorie, die es als begriffsautonomes ausweisen könnte, ohne den Rezipienten wie in der Lösung, das Kunstwerk erscheine als ein Naturprodukt, zu täuschen. Außerdem fehlt in ihr eine Theorie, die das Verhältnis des Parergons zum Ergon beschreiben würde; über die Ganzheit des durch das Parergon eingerahmten Ergon schweigt Kant sich aus.[424]

---

[420] KdU, B 54 [Hervorhebung von mir, AP].

[421] Vgl. Menninghaus 1995, S. 105f.

[422] KdU, B 188.

[423] Menninghaus 1995, S. 109.

[424] Folgt man Till Dembeck, so ist im §49 zur ästhetischen Idee eine parergonale Struktur impliziert. Dembeck legt dar, dass das Verhältnis von Begriff und ästhetischer Idee mit dem von Ergon und Parergon vergleichbar sei. Vgl. Dembeck 2007, S. 282f. Auf die in diesem Kapitel skizzierte Problematik hat auch Jacques Derrida hingewiesen, der, dadurch den puristisch-parergonalen Strang sehr stark machend, nachgezeichnet hat, wie sich Kants Argumentation ständig gegen das einmal angesprochene Parergon stemmt. Seine Kritik fußt darauf, die ästhetische Form der Parergonalität auf den logischen Begründungszusammenhang der *Kritik der Urteilskraft* selbst zu projizieren, genauer: diesen nach jener zu beurteilen. (Vgl. Derrida 1978, S. 73.) Dann erscheint die Kategorientafel, die Kant aus der *Kritik der reinen Vernunft* übernimmt und damit, wie Derrida sehr richtig betont, das Begriffsautonom-Ästhetische begrifflich beschreibt, als ein unangemessener Rahmen. (Vgl. ebd., S. 81.) Und in der Tat muss Kant in dieser Hinsicht sehr häufig seine eigene Verlegenheit eingestehen oder herunterspielen, so begründet er zum Beispiel nicht, dass er die Reihenfolge der Kategorien Quantität und Qualität einfach umtauscht. (Vgl. ebd., S. 86. KdU, B 4 [Fußnote 1].)

Schiller

Zunächst sei betont, dass Schiller die wichtige Stellung der freien Schönheit und des Parergons in der Kantischen Kunsttheorie zwar aufgefallen ist und seine Ausführungen als Theorie der Arabeske identifiziert, sie jedoch ebenso kurz wie nachdrücklich verwirft:

> Kant will diesen Knoten[, dass es Schönheiten gibt, die unter einem Begriff stehen,] dadurch zerhauen, daß er eine pulchritudo vaga und fixa, eine freye und intellectuirte Schönheit annimmt, und er behauptet, etwas sonderbar, daß jede Schönheit, die unter dem Begriff eines Zweckes stehe, keine reine Schönheit sey; daß also eine arabeske und was ihr ähnlich ist, als Schönheit betrachtet, reiner sey, als die höchste Schönheit des Menschen. Ich finde, daß seine Bemerkung den großen Nutzen haben kann das logische von dem aesthetischen zu scheiden, aber eigentlich scheint sie mir doch den Begriff der Schönheit völlig zu verfehlen. (NA 26, 176.)

Schiller begründet seine Ablehnung des parergonalen Pols der Kantischen Ästhetik nicht weiter, sie wird aber verständlich, wenn man bedenkt, dass er mit seinem Werkbegriff ganz an deren anderen, den ergonalen Pol anzuschließen versucht. Für ihn zeichnet sich das autonome Werk wesentlich durch dessen Ganzheit aus. Dass Schiller damit auch die in der symbolischen Hypotypose implizierte Ganzheit des Gemüts zu objektivieren sich vornimmt und damit die Ganzheit der symbolischen Hypotypose mit der des Ergons gleichsetzt, macht er in den *Kalliasbriefen* zwar nicht explizit, in der späteren *Matthisson*-Rezension heißt es jedoch ausdrücklich, das Objekt sei

> ein natürliches Symbol der innern Übereinstimmung des Gemüts mit sich selbst und des sittlichen Zusammenhangs der Handlungen und Gefühle, und in der schönen Haltung eines pittoresken oder musikalischen Stücks malt sich die noch schönere einer sittlich gestimmten Seele. (NA 22, 273.)

Im Briefwechsel mit Körner ist hingegen ausschließlich davon die Rede, dass im Schönen die praktische Vernunft durch die anschauliche Darstellung ihres eigenen Prinzips, der Selbstbestimmung, in der Erscheinung überrascht würde. Doch Selbstbestimmung – und damit ist der Unterschied zur *Matthisson*-Rezension nicht so groß, wie man zunächst vermuten könnte –

Die Übernahme der Kategorientafel in die dritte *Kritik* rechtfertigt Kant in derselben Fußnote mehr schlecht als recht mit dem eingeklammerten Nebensatz „(denn im Geschmacksurteil ist immer noch eine Beziehung auf den Verstand enthalten)" (Ebd.). Als weiterer Kritikpunkt führt Derrida an, dass der Rahmen von Kants Ästhetik letztlich der Mensch sei, diese somit anthropozentrisch ausfalle, ohne einen solchen Anthropozentrismus begründen zu können. Derrida bespricht das Ideal der Schönheit (Vgl. Derrida 1978, S. 127.), die Hierarchisierung der Künste in Analogie zur menschlichen Sprache (Ebd. S. 133.) und den menschlichen Körper als Maßstab des Erhabenen (Ebd. S. 160.).

lässt sich laut Schiller nur durch die Ganzheit der Form des ästhetischen Objekts, durch dessen „Nichtvonaußenbestimmtseyn" (NA 26, 201.) veranschaulichen. Dessen Form müsse sich dem Rezipienten mit einer unmittelbaren Evidenz als eine in sich geschlossene darstellen, denn allein als solche sei sie selbstbestimmt; damit aber stimmt die von Schiller einge-forderte Ganzheit des Objekts wesentlich mit der durch die symbolische Hypotypose gegebenen, unmittelbar evidenten Totalität der ästhetischen Subjektivität überein. Somit entscheidet *allein* die Frage, ob etwas unmit-telbar als ganz, als in sich geschlossen erscheint, das sich gewissermaßen selbst seinen Rahmen gibt, über die Schönheit des Objekts. Die Innen-Außen-Differenz, die das Parergon prozessiert, wird mithin zum entschei-denden Schönheitskriterium.[425] Die schöne Form wäre dann eine, die die Innen-Außen-Differenz ausschließlich von innen her, vom *ergon*, bestimmt:

> Jede Bestimmung geschieht entweder von außen oder nicht von außen (von innen) was also nicht von außen bestimmt erscheint, und doch als bestimmt erscheint, muß als von innen bestimmt vorgestellt werden. „*Sobald also das Bestimmtseyn gedacht wird*, so ist das Nichtvonaussenbestimmtseyn indirecte zugleich die Vorstellung des Voninnenbestimmtseyns oder der Freiheit." (NA 26, 200f.)

Diese innere Rahmung des Werks solle in diesem selbst dargestellt werden:

> Wie wird nun dieses Nichtvonaußenbestimmtseyn selbst wieder vorgestellt? Hie-rauf beruht alles, denn wird dieses an einem Gegenstand nicht nothwendig vorge-stellt, so ist auch gar kein Grund da, das Von innen bestimtseyn oder die Freiheit vorzustellen. *Nothwendig* aber muß die Vorstellung des leztern seyn, weil unser Urtheil vom Schönen Nothwendigkeit enthält, und Jedermanns Beistimmung *fodert*. (NA 26, S. 201.)

Schiller liefert auf diese in der Tat entscheidende, da den Darstellungs- und damit den Evidenzbegriff wieder problematisierende Frage in den *Kallias-briefen* keine schlüssige Antwort. Er kann eine solche nicht geben, weil seine Argumentation auf die bereits beschriebene Weise versucht, den Anschau-lichkeitsbegriff der symbolischen Hypotypose auch auf das Objekt zu be-

---

[425] Damit nähert Schiller sich Moritz' Ästhetik. Laut der Mitschrift seiner Vorlesung aus dem Wintersemester 1792/93 soll Schiller über Moritz gesagt haben: „Nur das Ganze, was in die Sinne fällt oder mit der Einbildungskraft umfaßt werden kann, ist *schön*. – Bis hieher kann man M[oritz] Recht geben." (NA 21, 77.) Zum Verhältnis zu Moritz vgl. Schneider 1998. Dass die formale Schließung zur Totalität bei Moritz letzten Endes auf dem Paradox beruht, dass die Begrenzung zugleich im Prozess und schon abgeschlossen sein muss, be-tont Campe 2002, S. 231. Im Anschluss daran könnte man auch bei Schiller von einem „äs-thetischen Paradox" (Ebd.) sprechen. Der formalen Schließung im Prozess entspräche die analogisch verfahrende Projektion der Subjektivität auf das Objekt, der abgeschlossenen Totalität die objektivierte ästhetische Subjektivität. Das ästhetische Paradox wäre, dass *gleichermaßen* die rhetorische wie die symbolische Hypotypose gelten. Darauf, wie ein sol-ches Paradox zu verstehen ist, wird sogleich eingegangen.

ziehen, jedoch stets zu dem der Rhetorik zurückkehren muss, dem gemäß
die Anschaulichkeit sich erst durch eine Analogie einstellt. Im ersten Fall
wäre die Ganzheit eine im Objekt gegebene, selbstevidente *Geschlossenheit*
der Form des ästhetischen Objekts, im zweiten Fall wird die Totalität erst
durch den Rezeptionsakt als ästhetische erschlossen, statt von der Geschlossenheit müsste daher vielmehr von dem Prozess der *Schließung* der
Form des ästhetischen Objekts gesprochen werden. Im zweiten Fall partizipiert das Subjekt an der Konstitution des ästhetischen Objekts, im ersten
hingegen nicht. Da sich beide Ganzheitsmodelle widersprechen, versucht
Schiller in den *Kalliasbriefen*, ein Argument für das erste zu finden, kehrt
jedoch, weil es ihm nicht gelingt, immer wieder zum zweiten zurück. Wie
das weiter oben angeführte Zitat aus der *Matthisson*-Rezension exemplarisch
veranschaulicht, übergeht der rhetorisch versierte Schiller in vielen späteren
theoretischen Schriften das Problem und postuliert die Möglichkeit einer
selbstevidenten Ganzheit im ästhetischen Objekt, ohne sie zu begründen.[426]

    Wenn auch nur implizit hatte auch Kant mit dem Begriff des Parer-
gons die Ganzheit des Objekts thematisiert. „Nichtvonaußenbe-
stimmt" wäre in dieser Terminologie ein Objekt, das einen Rahmen, ein
Parergon aufweist, das von außen betrachtet dem Objekt angehört, aus
der Perspektive des Objekts diesem jedoch äußerlich ist. Weil das Parergon zugleich dem Objekt angehört und doch ihm äußerlich ist, garantiert
es die Ganzheit des Objekts, das es einrahmt. Mit dieser Struktur ist das
soeben beschriebene Verhältnis von Subjekt und Objekt identisch, wie es
die beiden Ganzheitsverständnisse der *Kalliasbriefe* umreißen. Die Struktur,
dass das Subjekt der Ganzheit des Objekts äußerlich ist, jedoch die Ganzheit erst evident werden lässt und damit in ihr impliziert ist, ist die des
Parergon. Indem Schiller durch seinen Objektivierungsversuch der Kantischen ästhetischen Subjektivität die Ganzheit des Ergon als die der symbolischen Hypotypose beschreibt, setzt er implizit den Rezipienten mit
dem Parergon des Werks gleich. Der Rezipient ist fortan der Rahmen[427]
des objektivierten Werks und als solcher nicht völlig aus ihm auszugrenzen. Das Oszillieren des Briefwechsels zwischen den beiden Ganzheits-
modellen lässt sich somit als eine parergonale Integration des Rezipienten
in das Werk beschreiben, denn wie das Parergon ist der Betrachter außerhalb des Objekts und von dem in sich *geschlossenen* Objekt getrennt, jedoch
dennoch in dessen Innerem und seiner Ganzheit impliziert, so dass er an

---

[426]   Zum Stellenwert der Rhetorik in Schillers theoretischen Schriften vgl. grundlegend Meyer
     1959. Aus der umfangreichen Forschung sei herausgegriffen Berghahn 1998. Ueding 1971.
     Wilkinson/Willoughby 1977.
[427]   Wenn hier von „Rahmen", „Rahmung" oder „rahmend" etc. gesprochen wird, handelt es
     sich stets um eine Metapher für Parergon, parergonal etc.

der *Schließung* der Form des Objekts partizipiert. Kants Gebrauch des Parergonalitätsbegriffs als „dasjenige, was nicht in die ganze Vorstellung des Gegenstandes als Bestandstück innerlich, sondern nur äußerlich als Zutat gehört"[428] und – wie Kant jedoch nicht explizit macht – dadurch das eingerahmte Werk von seiner Umgebung abhebt und ein Ganzes werden lässt, erlaubt es, auch den Rezipienten mit ihm zu bezeichnen, ohne dass dies einem metaphorischen Gebrauch gleichkommen würde. Mit und gegen Schiller kann man – wie dies im 20. Jahrhundert geschehen wird – dieses Changieren zwischen Inklusion und Exklusion, das das Verhältnis von Subjekt und Objekt destabilisiert, als Autonomie gegenüber Subjekt-Objekt-Bezügen ausweisen, wie sie bei anderen Vernunftformen auftreten. Schiller hat dies selbstverständlich in dieser Form nie getan, ja die *Kalliasbriefe* argumentieren wie gesagt gerade dagegen an, seine späten Dramen aber reflektieren – wie sich zeigen wird – dieses paradoxe Verhältnis von Subjekt und Objekt sehr wohl.

Bevor jedoch auf die Dramaturgie eingegangen wird, sei nachvollzogen, wie Schiller gegenüber Körner des Problems Herr zu werden versucht. In den *Kalliasbriefen* unternimmt er in dieser Hinsicht zwei Versuche: einen, der beansprucht sowohl für das Naturschöne als auch für das Kunstschöne zu gelten, und einen, der nur letzteres berücksichtigt. Operiert der zweite, der sich in der Briefbeilage *Das Schöne der Kunst* befindet, allein mit dem Darstellungsbegriff, so der erste, der im Brief vom 23. Februar 1793 unter dem Titel *Freiheit in der Erscheinung ist eins mit der Schönheit* entwickelt wird, mit der Unterscheidung zwischen Natur und Kunst. Der erste greift damit auf Kants Versuch zurück, die ästhetische Autonomie des Kunstschönen anstatt über parergonale Reinheit, über die Illusion zu begründen, beim Kunstwerk handle es sich um Natur.[429] Schiller argumentiert, das schöne Objekt könne, werde es als ein bestimmtes dargestellt, ohne das Bestimmende darzustellen, nur selbst als bestimmende Instanz gedacht werden und sei somit frei. Im schönen Objekt müsse eine Regel erkennbar sein, die es bestimmt, ihm aber nicht äußerlich sei.[430] Die

[428] KdU, B 43.
[429] In diesem Kontext verweist er explizit auf den einschlägigen §45 der *Kritik der Urteilskraft*. Vgl. NA 26, 209. Dort konnte Schiller lesen: „Also muß die Zweckmäßigkeit im Produkte der schönen Kunst, ob sie zwar absichtlich ist, doch nicht absichtlich scheinen; d. i. schöne Kunst muß als Natur *anzusehen* sein, ob man sich ihrer zwar als Kunst bewußt ist." (KdU, B 180.) Die Regel sei zwar erkennbar, jedoch ohne sich selbst zu präsentieren, „ohne daß die Schulform durchblickt". (KdU, B 180.) In §46: „*Genie* ist die angeborene Gemütsanlage *(ingenium), durch welche die Natur der Kunst die Regel gibt.*" (KdU, B 181.)
[430] „[…]und insofern also eine solche Form ein Bedürfniß erweckt, nach einem Grund der Bestimmung zu fragen, so führt hier die Negation des *Von außen bestimmtseyns* ganz notwendig auf die Vorstellung des *Von-Innenbestimmtseyns* oder der Freiheit." (NA 26, 202.)

Regelhaftigkeit nennt er auch die „Technik" und folgert: „Freiheit kann
also nur mit Hülfe der Technik sinnlich *dargestellt* werden". (NA 26, 202.)
Anschließend formuliert er den Gedanken noch einmal um: „Schönheit ist
Natur in der Kunstmäßigkeit." (NA 26, 203.) Er führt aus:

> Ehe ich aber von dieser Erklärung einen sichern und philosophischen Gebrauch
> machen kann, muß ich erst den Begriff *Natur* bestimmen, und vor jeder Mißdeu-
> tung sicher stellen. [...] Der Technik gegenüber gestellt ist *Natur*, was durch sich
> selbst ist, *Kunst* ist, was durch eine Regel ist. *Natur in der Kunstmäßigkeit*, was sich
> selber die Regel gibt – was durch seine eigene Regel ist. (Freiheit in der Regel,
> Regel in der Freiheit) (NA 26, 203.)

Von Kant unterscheidet sich Schiller grundlegend durch diesen Naturbegriff, den er völlig unkantisch – und dementsprechend widersprüchlich –
als aristotelische Entelechie versteht, die Natur eines Objekts sei „gleichsam die Person des Dings, wodurch es von allen andern Dingen, die nicht
seiner Art sind, unterschieden wird." (NA 26, 203.)[431] Damit ontologisiert
er die funktionale Innen-Außen-Differenz des Rahmens zu der von Sub-
stanz und Akzidenz.[432] Unter dieser Bedingung kann davon gesprochen
werden, die Form müsse „im eigentlichsten Sinn zugleich selbstbestim-
mend und selbstbestimmt seyn, nicht bloße Avtonomie sondern Heavtonomie muß da seyn." (NA 26, 207.) Schönheit ließe sich dann objektiv
verstehen.[433]

Doch angenommen selbst dieses Argument sei schlüssig, so kann
Schiller, wie er selbst eingesteht, auch mit ihm das Schöne letztlich nur
unzureichend objektivieren, denn es ist weiterhin die Vernunft, die die so
dargestellte Ganzheit in einem Analogieschluss als Veranschaulichung
ihres Prinzips erkennen muss:

> „Freilich wird der Begriff der Freiheit selbst, oder das *Positive*, von der Vernunft
> erst in das Objekt hinein gelegt, indem sie daßelbe unter der Form des Willens
> betrachtet, aber das *Negative* dieses Begriffs gibt die Vernunft dem Objekte nicht,
> sondern sie findet es in demselben schon vor. Der *Grund* der dem Objekte zuge-
> sprochenen Freiheit ligt also doch in *ihm* selbst, obgleich die *Freiheit* nur in der
> Vernunft ligt." (NA 26, 208.)

---

[431] Zu Schillers Aristotelismus und dessen Widersprüchlichkeit vgl. Frank 1989, S. 118.
       Baumanns 2007, S. 62.
[432] „Wenn ich sage: *die Natur des Dinges: das Ding folgt seiner Natur: es bestimmt sich durch seine*
       Natur: so setze ich darinn die Natur allem demjenigen entgegen was von dem Objekte ver-
       schieden ist, was bloß als zufällig an demselben betrachtet wird, und hinweggedacht wer-
       den kann, ohne zugleich sein Wesen aufzuheben." (NA 26, 203.)
[433] „Du wirst auch mit mir darüber einig seyn, daß diese Natur und diese Heavtonomie objek-
       tive Beschaffenheiten der Gegenstände sind, denen ich sie zuschreibe, denn sie bleiben
       ihnen, auch wenn das vorstellende Subjekt ganz hinweggedacht wird." (NA 26, 208.)

Der zweite Versuch, das Objekt als selbstbestimmt auszuweisen, blendet den Rezipienten bezeichnenderweise völlig aus den Überlegungen aus. In der Beilage zum letzten *Kalliasbrief* baut Schiller seine Ästhetik auf einer medienspezifischen, sich an die im 18. Jahrhundert entstandenen Theorien anlehnende Semiotik auf.[434] Bei Kunst sei die Darstellung, nicht das Dargestellte entscheidend.[435] Insofern der Künstler das Objekt in einem fremden Medium darstelle, seien dies, der Künstler und das Medium, die beiden heteronomen Momente, die es zu tilgen gelte. „Nun kommt also die fremde Natur des Stoffes *dazwischen*, und nicht diese allein, sondern auch die eben so fremde Natur des Künstlers, der diesem Stoff seine Form zu geben hat." (NA 26, 224.) Dass ein selbstbestimmtes, autonomes Werk nicht für den *Rezipienten* gemacht sein dürfte, erwähnt er dabei mit keinem Wort. Die heteronomen Momente seien ausschließlich die Abhängigkeit vom *Autor* und dem *Darstellungsmedium*.[436]

Ähnlich wie in Goethes Aufsatz *Einfache Nachahmung der Natur, Manier, Stil* nennt er diejenige Darstellung, bei der die subjektive Motivation des Künstlers erkennbar ist, „Manier" und das Gegenteil den „*Stil*, der nichts anders ist, als die höchste Unabhängigkeit der Darstellung von allen subjektiven und allen objektivzufälligen Bestimmungen." (NA 26, 225.)[437] Zudem solle nicht nur der Artefaktcharakter des Werks, sondern auch das Darstellungsmedium zugunsten des Dargestellten getilgt werden:

> Frey also wäre die Darstellung, wenn die Natur des Mediums durch die Natur des Nachgeahmten völlig vertilgt erscheint, wenn das *nachgeahmte* seine reine Persönlichkeit auch in seinem Repräsentanten behauptet, wenn das Repräsentirende, durch völlige Ablegung oder vielmehr *Verläugnung* seiner Natur, sich mit dem Repräsentirten vollkommen ausgetauscht zu haben scheint – kurz – wenn nichts durch den Stoff, sondern alles durch die Form ist. (NA 26, 225.)

Auf dieser Basis entwickelt Schiller im Anschluss eine Sprachkritik, laut der die „Natur" des Mediums Sprache in der „Tendenz zum Allgemeinen" (NA 26, 226.) liege, d.h. darin, dass die Sprache nicht Anschauungen, sondern Begriffe gibt.

---

[434] Zu diesem Rückbezug vgl. Robert 2007a, S. 167. Robert betont außerdem, der Wandel von einer Objekt- zu einer Medienästhetik stelle die Innovation Schillers gegenüber Kant dar. Vgl. ebd. Vgl. auch Jacob 2005, S. 179.

[435] „Es ist von zweierlei Art. a. Schönes der Wahl oder des Stoffes – Nachahmung des Naturschönen. b. Schönes der Darstellung oder der Form – Nachahmung der Natur. Ohne das lezte gibt es keinen Künstler. Beides vereinigt macht den großen Künstler." (NA 26, 222.)

[436] Zu den drei genannten Momenten vgl. Wild 2003, S. 387–419.

[437] Mit diesem Stil-, nicht jedoch dem Manierbegriff stimmt Schiller mit Goethes Künstlerverständnis überein. Vgl. Cassirer 1975, S. 288.

> Die Natur der Sprache (eben diese ihre Tendenz zum Allgemeinen) muß in der ihr gegebenen Form völlig untergehn, der Körper muß sich in der Idee, das Zeichen in dem Bezeichneten, die Wirklichkeit in der Erscheinung verlieren. Frey und siegend muß das Darzustellende aus dem Darstellenden hervorscheinen, und trotz allen Feßeln der Sprache in seiner ganzen Wahrheit, Lebendigkeit und Persönlichkeit vor der Einbildungskraft dastehen. (NA 26, 229.)[438]

Die autonome Selbstbestimmung soll – mit diesem Chiasmus lassen sich die Argumente der Briefbeilage zusammenfassen – nicht einfach unreflektiert dargestellt werden, sondern sich über eine selbstbestimmte Darstellung darstellen.[439] Allein so sei sie vom produzierenden Künstler und dem heteronomen Darstellungsmedium frei. Dass die Darstellung jedoch auch für einen ihr heteronomen Rezipienten gemacht ist, wird wie gesagt mit keinem Wort bedacht. So thematisiert beispielsweise auch der Schauspielervergleich, den Schiller zieht, den Zuschauer an keiner Stelle. Schauspieler sollten, so Schiller, ganz in ihren Rollen aufgehen, keinesfalls aber die Angewiesenheit des Kunstwerks, in diesem Fall: ihres Spiels, auf Autorschaft und mediale Vermittlung betonen. Schiller nennt Ekhof und Schröder, die das Ideal der „reine[n] Objektivität" (NA 26, 226.) verkörpern, d.h. nicht sich selbst, sondern nur ihre Rolle.[440] Vom Zuschauer heißt es lediglich: „weil alles an ihm [dem Schauspieler] bloß Form (bloß Hamlet) war, so sagt *man*, er spielte schön." (Ebd., Hervorhebung von mir, AP.) Schiller greift ausgerechnet auf die bekanntesten Schauspieler zurück, die einem der Dramaturgie der Vierten Wand entsprechenden Spiel des natürlichen Ausdrucks verpflichtet sind.[441] Ekhof und Schröder hatten ihre großen, Aufsehen erregenden, da innovativen, Auftritte jedoch in den 1760er und -70er Jahren und wollen sich damit nicht recht in das Schauspielermodell der von Schiller um 1800 auf der Basis der *Kalliasbriefe* projektierten antiillusionistischen Dramaturgie fügen, in dem vielmehr Iffland mit seinem klassizistischen Spielstil brillieren wird. Es wird noch darzulegen sein, wie dieses Modell auf der Charakterisierung des dem Publikum zugewandten Spiels des französischen Schauspielers François-Joseph Talma in Humboldts Aufsatz *Über die gegenwärtige französische tragische Bühne*

---

[438] Zu dieser Sprachtheorie liegt eine umfangreiche Forschung vor. Vgl. Oschmann 2007. Dort finden sich weitere Literaturangaben.

[439] Vgl. Wild 2003, S. 399.

[440] Mit einem vergleichbaren Argumente hatte Schiller bereits Bürgers Gedichte bewertet. „Alles, was der Dichter uns geben kann, ist seine *Individualität*. Diese muß es also wert sein, vor Welt und Nachwelt ausgestellt zu werden. Diese seine Individualität so sehr als möglich zu veredeln, zur reinsten herrlichsten Menschheit hinaufzuläutern, ist sein erstes und wichtigstes Geschäft, ehe er es unternehmen darf, die Vortrefflichen zu rühren." (NA 22, 246.) Eben dies sieht Schiller bei Bürger nicht gegeben.

[441] Vgl. Heeg 2000, S. 153. Zur Abgrenzung Ekhofs von Lessing vgl. ebd. S. 225f.

beruht, dessen Spiel sich laut Humboldt wesentlich von der durch Ekhof und Schröder verkörperten deutschen Tradition absetzen würde.

*

Kant beschreibt, so lässt sich zusammenfassen, in der *Kritik der Urteilskraft* die ästhetische Subjektivität mit dem Begriff der symbolischen Hypotypose, einer Selbstdarstellung des Subjekts, die dessen Ganzheit unmittelbar evident werden lässt. Schiller versucht die so verstandene ästhetische Subjektivität als den Gehalt des ästhetischen Objekts auszuweisen, dessen Totalität sich dem Rezipienten selbstevident darstellen würde. Indem er auf diese Weise die Ganzheit des Werks als die des Subjekts und damit als die der symbolischen Hypotypose beschreibt, wird ein Desiderat der Kantischen Kunsttheorie, die Bestimmung des Verhältnisses zwischen Parergon und Ergon, wieder virulent. Die Widersprüchlichkeit der Schillerschen Ästhetik, insbesondere die der *Kalliasbriefe*, lässt sich auch auf den impliziten Schritt zurückführen, die symbolische Hypotypose mit Kants Theorie des Parergons zu kontaminieren; er führt zu zwei unterschiedlichen Ganzheitsverständnissen, einem der selbstevidenten Geschlossenheit und einem der in der Rezeption sich einstellenden Schließung der Form des ästhetischen Objekts, deren wechselseitige Verwiesenheit aufeinander als die parergonale Integration des Rezipienten in das Werk begriffen werden kann.

1.3 Theatralität und Dramaturgie.
Die Weimarer Bühnenreform

Der Sachverhalt, dass die *Kalliasbriefe* sich an einer von ihnen nicht auf den Begriff gebrachten Struktur abarbeiten, die den Rezipienten parergonal in das Werk integriert, hat für die auf dieser Ästhetik beruhende Dramaturgie weitreichende Konsequenzen. Insofern die symbolische Hypotypose vom rhetorischen Begriff das Konnotat der tableauhaften Ganzheit, wie es beispielsweise Du Marsais ihm zuschreibt, übernimmt und Diderot die Ganzheit des Tableaus bereits in eine Analogie zu der des Subjekts stellt, kann mit einer wichtigen Einschränkung davon gesprochen werden, dass Schiller mit der Kantischen ästhetischen Subjektivität implizit auch das Diderotsche Tableau objektiviert. Statt wie Diderot das Tableau mit dem Subjekt nur zu vergleichen, setzt er es mit ihm gleich. Das Tableau ist nicht wie bei Diderot eine Analogmetapher für das Subjekt, vielmehr geht wie bei der symbolischen Hypotypose die Evidenz dieser Analogie voraus. Die angesprochene Einschränkung betrifft das Verhältnis des Tableaus zu seinem Rezipienten. Diderot begründet die Ganzheit des Tableaus durch den Rezeptionsakt. Sie beruht wesentlich darauf, dass der Betrachter in ihm fehlt. Damit steht – erinnert sei an Rousseaus negative Beschreibung des durch den *amour-propre* bestimmten Subjekts – auch der Akt des Betrachtens, die Struktur der Vierten Wand, in Analogie zur modernen Subjektivität. Schiller unternimmt in seiner Spätdramatik den letztlich paradoxen Versuch, mit dem Tableau auch diesen in ihm fehlenden Betrachter, ja den Akt des Betrachtens selbst, zu objektivieren, denn nur als solches wäre das Tableau ein in sich geschlossenes, objektiviertes Ganzes. Dabei kann dieser Subjektbezug nicht durch einen auf der Bühne dargestellten Betrachter markiert werden, denn in diesem Fall würde der bühnenexterne Betrachter nur einen in die Fiktion und damit in die Ganzheit des Tableaus integrierten Betrachter, nicht jedoch den Rezeptionsakt des Tableaus selbst rezipieren.[442] Schillers späte Dramen inszenieren vielmehr Situationen, in denen der Theaterzuschauer selbst ein Teil des Werks zu sein scheint, und damit nie nur in sich geschlossene, objektivierte Tableaus, sondern immer auch den den Betrachter umfassenden Prozess ihrer Schließung. Durch das Oszillieren zwischen beiden wird der bei Diderot durch die Vierte Wand ausgeblendete Subjektbezug des Tableaus in das Werk selbst eingetragen. Der Betrachter des Diderotschen Tableaus wird nicht dargestellt, sondern parergonal integriert.

Entsprechend ist für Schillers Spätdramatik ein Tableau paradigmatisch, das sich wie ein Vexierbild verhält, das sich auf der einen Seite als eine in sich geschlossene Ganzheit darstellt, an die der Betrachter von außen herantritt, auf der anderen Seite jedoch als eine Totalität erscheint, die exponiert, dass sie sich erst durch den Akt der Rezeption einstellt. Aus diesem Grund bestätigt Schillers Spätdramatik die autonomieästhetische (und ideologieaffine) Forderung nach einer objektivierten Form selbstevidenter Geschlossenheit, ergänzt sie jedoch durch genuin theatralische Elemente, die, wie nun nachzuvollziehen sein wird, den Prozess der Schließung dieser Form inszenieren. Aus diesem Grund schließen Werkautonomie und Theatralität einander nicht aus.[443]

Da nicht allein Schillers Spätdramatik durch eine solche ästhetisch motivierte Exponierung der Theatralität der Darstellung geprägt ist, wird

---

[442] Darin unterscheidet sich Schillers Spätdramatik wesentlich von den Bildern Caspar David Friedrichs, die aus einem vergleichbaren Grund einen dem Betrachter den Rücken zuwendenden und in das Bild blickenden Zuschauer enthalten. Zu Friedrich in Vergleich mit Diderots Tableaubegriff vgl. Fried 1980, S. 104.

[443] In diesem Sinne ist Schiller zwischen den im Kapitel III.1.1 vorgestellten Ästhetiken Rebentischs und Frieds zu verorten. Er stellt sich somit in der Tat einer Problematik, die noch die heutige Diskussion prägt.

auch auf weitere ihr nahestende Texte einzugehen sein. Auch Goethes Bühnenästhetik, wie er sie vor allem in den *Regeln für Schauspieler* skizziert, reflektiert an zentraler Stelle die Theatralität einer Dramenaufführung, insbesondere die Anwesenheit des Publikums. Und auch Humboldts Beschreibungen des Pariser Theaterlebens in der Abhandlung *Über die gegenwärtige französische tragische Bühne* thematisieren an zentraler Stelle die an die Aufführung gebundene Theatralität, namentlich ihre Körper- und Sinnlichkeit. Im Folgenden sei zunächst Schillers vor allem in der Vorrede zur *Braut von Messina* entwickelte, genuin theatralische Dramaturgie besprochen, bevor diese dann anschließend mit den beiden anderen Positionen konfrontiert wird.

Schiller – Theater der Autonomie.
Über den Gebrauch des Chors in der Tragödie *I*

Schiller stellt in der Vorrede zur *Braut von Messina* das Verhältnis von Dramentext und Theatralität nicht explizit als das von Ergon und Parergon dar. Dass er es dennoch so versteht, geht jedoch sowohl aus der verwendeten Begrifflichkeit als auch aus der herangezogenen Metaphorik hervor.[444] Das Werk bestimmt er hier wie schon in den *Kalliasbriefen* als ein wesentlich ganzes. Ein Ganzes sei es jedoch nur, wenn es nicht illusionistisch versuche, die Natur nachzuahmen, sondern in sich die ästhetische Distanz markiere. So heißt es, „daß der Künstler kein einziges Element aus der Wirklichkeit brauchen kann, wie er es findet, daß sein Werk in *allen* seinen Theilen ideell seyn muß, wenn es als ein Ganzes Realität haben und mit der Natur übereinstimmen soll." (NA 10, 10.) Beim Drama könne die ästhetische Distanz dadurch markiert werden, dass die Dramentexte selbst die in ihnen implizierte, ihnen jedoch heteronome Theatralität hervorheben. So kommt er kurz nach dem soeben Zitiertem auf die Theatralität einer Aufführung zu sprechen, die einer illusionistischen Darstellung von vorne herein zuwiderlaufen würde, und bestimmt sie als das „Äußere" des dramatischen Texts, das jedoch nicht von diesem getrennt werden könne:

> […] von der Poesie und von der dramatischen insbesondere verlangt man *Illusion*, die, wenn sie auch wirklich zu leisten wäre, immer nur ein armseliger Gauklerbetrug seyn würde. Alles äußere bei einer dramatischen Vorstellung steht diesem Begriff entgegen – alles ist nur ein Symbol des Wirklichen. Der Tag selbst auf dem Theater ist nur ein künstlicher, die Architectur ist nur eine symbolische, die metrische Sprache selbst ist ideal, aber die Handlung soll [laut der illusionistischen Dramaturgie, gegen die Schiller polemisiert,] nun einmal real seyn, und der Theil das Ganze zerstören. (NA 10, 10.)

---

444 Hierin folge ich Menke, B. 2007.

Der hier verwendete Symbolbegriff darf nicht mit dem verwechselt werden, dessen sich Schiller in anderen Kontexten, etwa dem der Kantrezpetion, bedient, er bezeichnet vielmehr allein das theatraler Darstellung eigentümliche Verhältnis von Dargestelltem und Darstellendem.[445] Der Versuch der illusionistischen Dramaturgien, das Darstellende aus der Darstellung auszugrenzen, gehe nicht auf. Vielmehr müsse die Theatralität von den Dramentexten selbst exponiert, als dramenimplizite, aber -heteronome ausgewiesen werden und somit als das „Äußere" im Inneren, dem Text, bereits eingetragen sein. Theatralität soll sich – so lässt sich damit sagen – zum Werk wie ein Parergon verhalten und im Werk als ein solches markiert werden. Die theatrale Darstellung ist in den Dramen dann immer schon als in ihnen implizierte exponiert. In diesem Sinne ist der bereits mehrfach zitierte Satz zu verstehen: „Aber das tragische Dichterwerk wird erst durch die theatralische Vorstellung zu einem Ganzen: nur die Worte giebt der Dichter, Musik und Tanz müssen hinzu kommen, sie zu beleben." (NA 10, 7.)

In Schillers Verständnis leistet dies der Chor. Er exponiert im Drama die Theatralität der Darstellung, insbesondere die Präsenz eines dramenexternen Publikums und deren irreduzible Körperlichkeit. Schiller definiert den Chor funktional; insofern stellt er eine Form dar, die wie das Parergon nicht selbständig auftreten kann. Als solche – so die These – macht er das Verhältnis von Parergon und Werk explizit, das Kant in seiner Ästhetik zwar angesprochen, aber noch nicht näher beschrieben hatte. Der Chor markiert im Inneren des Werks das diesem Äußere.[446]

Wie aber, muss dann gefragt werden, glaubt Schiller, durch den Chor die Anwesenheit des Theaterpublikums in das Drama eintragen zu können? Seinen Überlegungen liegt der Gedanke zugrunde, dass im Unterschied zu einem fiktiven individuellen Zuschauer ein dargestelltes Publikum immer auch die Anwesenheit des Theaterpublikums exponiert. Ein dargestelltes Kollektiv geht daher nie nur in seiner darstellenden Funktion auf, sondern vergegenwärtigt immer auch die Theatersituation. In einem Brief an Körner formuliert er, der Chor habe eine doppelte Funktion:

> Wegen des Chors bemerke ich noch, daß ich in ihm einen doppelten Charakter darzustellen hatte, einen allgemein menschlichen nehmlich, wenn er sich im Zustand der ruhigen Reflexion befindet, und einen specifischen wenn er in Leidenschaft geräth und zur handelnden Person wird. In der ersten Qualität ist er *gleich-*

---

445 Vgl. Ranke 1992, S. 236.

446 So spricht Schiller davon, der Chor würde, wenn das Drama nicht aufgeführt werde, „in der Oeconomie des Trauerspiels als ein *Aussending*, als ein fremdartiger Körper, und als ein Auffenthalt erscheinen, der nur den Gang der Handlung unterbricht, der die Täuschung stört, der den Zuschauer erkältet." (NA 10, 7, Hervorhebung von mir, AP.) Vgl. auch Menke, B. 2007, S. 75.

sam außer dem Stück und bezieht sich also mehr auf den Zuschauer. Er hat, als solcher, eine Ueberlegenheit über die handelnden Personen, aber bloß diejenige, welche der
ruhige über den paßionierten hat, er steht am sichern Ufer, wenn das Schiff mit
den Wellen kämpft. In der zweiten Qualität, als selbsthandelnde Person, soll er
die ganze Blindheit, Beschränktheit, dumpfe Leidenschaftlichkeit der Masse darstellen, und so hilft er die Hauptfiguren herausheben. (NA 32, 19f., Hervorhebung von mir, AP.)

Der Chor wird hier als ein Hybrid aus im Stück handelnder, dargestellter
Person und außer dem Stück sich befindendem Publikum verstanden.
Durch diese Zwischenstellung trägt er die Grenze zwischen Dargestelltem
und Theaterpublikum in das Dargestellte. Da die Notwendigkeit einer
solchen Grenze nur durch die theatrale Darstellung gegeben ist und sie
dennoch von einer drameninternen Instanz markiert wird, verhandelt er
auch das Verhältnis von Drama und Theater, dessen Klärung ein zentrales
Anliegen der Vorrede ist. Insofern Schiller im Chor einen „doppelten
Charakter" (NA 32, 19.) zu inszenieren versucht, der dadurch die Grenze
zwischen Publikum und Darstellung im Drama markieren soll, steht er
auch in einem doppelten Verhältnis zum Theaterpublikum. Genauer: Dieses doppelte Verhältnis markiert diese Grenze. Die auf der Bühne agierenden, drameninternen Massen stehen zum Theaterpublikum mal in
einem metaphorischen, mal in einem metonymischen Verhältnis.[447] Mal
scheinen sie ein Publikum im Drama nur metaphorisch darzustellen, mal
am Theaterpublikum metonymisch zu partizipieren. Der Chor gerät zu
einem Vexierbild, in dem Metonymie und Metapher gleichermaßen zur
Geltung kommen. Wenn der Chor gleichzeitig ein fiktionsinternes Publikum darstellt und doch auch das Theaterpublikum zu sein scheint, stellt
dies immer auch seinen darstellenden Charakter in Frage. Auf diese Weise
trägt er den Subjektbezug des Tableaus und damit die Rezeption als solche
in das Drama.[448]

---

[447] Dadurch unterscheidet sich Schillers Chor im Übrigen wesentlich von dem des Abbé
d'Aubignac, für den das bühneninterne Publikum zum bühnenexternen allein in einem
metaphorischen Verhältnis steht. Der Chor vertritt bei ihm in der Fiktion das Publikum allein, um die Regeln der Wahrscheinlichkeit der Handlung wahrscheinlich werden zu lassen.
Siehe Kapitel I.2.2.

[448] Dass Schiller durch den Chor das diffizile Verhältnis des aufgeführten dramatischen Werks
zum Theaterpublikum markiert und dieses als dessen parergonale Grenze ausweist, hat
maßgeblich Bettine Menke dargelegt, deren erhellender Analyse vorliegendes Kapitel viele
Anregungen verdankt (Vgl. Menke, B. 2007.). Auch sie beschreibt den Chor als parergonale Form. Indem sie den Fokus zu Recht sehr stark auf die dadurch gegebene Exponierung
der Theatralität setzt, verliert sie aber aus dem Blick, dass das Parergon, das sie ihrer Analyse zugrundelegt, schon bei Kant vor einem autonomieästhetischen Hintergrund konzipiert
wurde und Schiller hier, wenn auch auf letztlich paradoxe Weise, versucht, Theatralität und
Werkautonomie miteinander zu vereinbaren. Zur Zwischenstellung des Chors vgl. auch
Oellers 2005a, S. 284f.

In der Forschung wurde angenommen, dass durch den Chor ein gänzlicher Einschluss des Publikums in das dramatische Werk möglich sei und damit die objektivistische Forderung der theoretischen Schriften nach ästhetischer Autonomie eingelöst würde.[449] Man kann sich dabei vor allem auf folgenden Satz der Vorrede stützen: „Sie stehen gewissermassen schon auf einem natürlichen Theater, weil sie vor Zuschauern sprechen und handeln, und werden eben deßwegen desto tauglicher von dem Kunst-Theater zu einem Publikum zu reden." (NA 10, 14.) Mit diesem „sie" lässt Schiller es auf eine bezeichnende Verwechslung ankommen.[450] Müssen darunter zunächst die dramatischen Personen verstanden werden, so am Ende des Satzes die Schauspieler, die die jeweiligen dramatischen Personen verkörpern. Schiller setzt ein Sprechen zu einem bühneninternen und einem bühnenexternen Publikum gleich. Damit scheint er nicht zwischen dem nur dargestellten Publikum und dem der theatralen Medialität eigenen Theaterpublikum zu unterscheiden und suggeriert so im Unterschied zum oben zitierten Brief an Körner, der dem Werk heteronome Theaterzuschauer könne und müsse völlig in das Drama integriert werden. Abgesehen davon, dass er aufgrund dieser Widersprüchlichkeit gerade nicht als Beleg für eine hermetisch abgeschlossene Werkautonomie angeführt werden kann, muss der zitierte Satz aber nicht grundsätzlich Schillers in der Vorrede geäußerter Programmatik widersprechen. Vielmehr deutet Schiller hier an, dass auch das Theaterpublikum die Funktion des Chors übernehmen könne, zugleich Teil der Fiktion und doch ein fiktionsexternes Zuschauerkollektiv zu sein. Nicht allein der Chor kann in Schillers späten Dramen in der Fiktion die Präsenz des fiktionsexternen Publikums vergegenwärtigen, vielmehr kann auch das Theaterpublikum als solches in die Fiktion integriert werden. Scheint der Chor bei Schiller zuweilen auch das Theaterpublikum zu sein, so das Theaterpublikum in manchen Situationen ein in der Fiktion auftretendes Kollektiv. Dementsprechend finden sich in Schillers Spätdramatik Situationen, in denen das Theaterpublikum wie der Chor zugleich Bestandteil und Betrachter des Szenenbildes ist.[451] In beiden Fällen ist damit der Subjektbezug des Diderotschen Tableaus im Werk selbst enthalten, die Vierte Wand zugleich bestätigt wie unterminiert.

Schiller plädiert in der Vorrede jedoch nicht nur für eine parergonale Integration des Theaterpublikums in das Drama, sondern auch für eine solche der Körperlichkeit der theatralen Darstellung. Wird nämlich durch die Exponierung der Anwesenheit des Theaterpublikums die Dramenillu-

---

449   Vgl. Böhler 1982. Borchmeyer 1973, S. 152ff. Wild 2003, S. 414.
450   Darauf hat hingewiesen Menke, B. 2007, S. 82. Vgl. ihre Kritik an Wild (Ebd., S. 86.).
451   Siehe weiter unten Kapitel III.2.3 und III.3.3.

sion, der „Naturalism" (NA 10, 11.), gebrochen, kommt es zwangsläufig auch zu einer Betonung des zweiten in den Dramen implizierten, ihnen jedoch heteronomen Moments, der irreduziblen Sinnlichkeit theatraler Darstellung. Zwar bestimmt auch die Vorrede, darin ganz dem objektivistischen Argumentationsstrang der *Kalliasbriefe* folgend, das Ideal künstlerischer Darstellung als den „Indifferenzpunkt des Ideellen und Sinnlichen" (NA 10, 12.), doch konzediert Schiller nun: „wenn die zwey Elemente der Poesie das Ideale und Sinnliche nicht innig verbunden *zusammen* wirken, so müssen sie *neben einander* wirken, oder die Poesie ist aufgehoben." (NA 10, 13.) Damit ist der theatralen Sinnlichkeit gegenüber dem „Ideellen" ausdrücklich ein autonomer Stellenwert im Werk zugesprochen. Einige Absätze weiter fährt er fort:

> Der Chor *reinigt* also das tragische Gedicht, indem er die Reflexion von der Handlung absondert, und eben durch diese Absonderung sie selbst mit poetischer Kraft ausrüstet; eben so wie der bildende Künstler die gemeine Nothdurft der Bekleidung durch eine reiche Drapperie *in einen Reiz und in eine Schönheit* verwandelt. (NA 10, 13, die letzte Hervorhebung von mir, AP.)

Unter „Reiz" versteht Schiller je nach Kontext Anmut oder Sinnenreiz, wobei der vorliegende letztere Bedeutung nahelegt; in *Über Anmut und Würde* heißt es: „Bey dem *Reiz* (nicht dem Liebreiz, sondern dem Wollustreiz, stimulus,) wird dem Sinn ein sinnlicher Stoff vorgehalten, der ihm Entledigung von einem Bedürfniß, d.i. Lust verspricht." (NA 20, 303.)[452] Auch Kant verwendet bekanntlich den Begriff; ihm zufolge schließen sich Schönheit und Reiz zwar nicht einander aus, ein reines Geschmacksurteil, wie das bezüglich des Parergons, dürfe jedoch nicht unter Einfluss eines Reizes stehen.[453] Indem er Reiz und Schönheit nebeneinander stellt, geht Schiller also über Kants reines Geschmacksurteil hinaus und zwar vor allem, weil er dabei, wie sich noch zeigen wird, die Körper- und Sinnlichkeit theatraler Darstellung ausschließlich in den Parerga des Werks verortet. Im Kantischen Verständnis werden diese dadurch zu Schmuck, denn dieser hatte in der *Kritik der Urteilskraft* formuliert, das Parergon sei, wenn es mit Reiz verbunden sei, d.h. wenn es das eingerahmte Objekt durch seine einen sinnlichen Eigenwert entwickelnde Materialität hervorzuheben

---

[452] Kurz darauf präzisiert Schiller: „Es giebt eine *belebende* und eine *beruhigende* Grazie. Die erste grenzt an den Sinnenreiz, und das Wohlgefallen an derselben kann, wenn es nicht durch Würde zurückgehalten wird, leicht in Verlangen ausarten. Diese kann *Reiz* genannt werden." (NA 20, 305.)

[453] „Ein Geschmacksurteil, auf welches Reiz und Rührung keinen Einfluß haben (ob sie sich gleich mit dem Wohlgefallen am Schönen verbinden lassen), welches also bloß die Zweckmäßigkeit der Form zum Bestimmungsgrund hat, ist ein *reines Geschmacksurteil*." (KdU, B 38.)

versuche, nicht ästhetisch, sondern allein „Schmuck". Schmuck sei die pervertierte Form des Zierrats:

> Besteht aber der Zierat nicht selbst in der schönen Form, ist er, wie der goldene Rahmen, bloß, um durch seinen Reiz das Gemälde dem Beifall zu empfehlen, angebracht, so heißt er alsdann *Schmuck* und tut der echten Schönheit Abbruch.[454]

Indem Schiller in seinen Dramen die Körperlichkeit der Aufführung allein als Schmuck zu thematisieren versucht, glaubt er weiterhin an seinem Werkverständnis festhalten zu können, dem zufolge das Ideelle und Sinnliche an einen „Indifferenzpunkt" (NA 10, 12.) kommen müsse. Der Theaterautor der Chorrede weiß mithin um die irreduzible und daher gemäß diesem Schönheitsideal nicht ästhetisierbare Körperlichkeit theatraler Darstellung, versucht sie jedoch in das autonome Werk zu integrieren, indem dieses sie immer schon als Hinzukommendes, als in ihr impliziertes, aber ihr heteronomes „äußere[s]" (NA 10, 10.) ausweist. Aus diesem Grund kann der Chor seinen Reiz, die „sinnlich mächtige Masse" (NA 10, 13.), ausstellen, ist mithin nicht nur Parergon, sondern auch Schmuck, ohne das objektivistische Schönheitskonzept von vorne herein zu unterminieren.[455]

Die derart in das Werk parergonal eingeschlossene Sinnlichkeit betrifft jedoch nicht allein die theatrale Körperlichkeit, vielmehr gilt ein solcher Einschluss auch für die dramatische Rede:

> Aber eben so, wie der bildende Künstler die faltige Fülle der Gewänder um seine Figuren breitet, um die Räume seines Bildes reich und anmuthig auszufüllen, um die getrennten Parthien desselben in ruhigen Massen stetig zu verbinden, um der Farbe, die das Auge reizt und erquickt, einen Spielraum zu geben, um die menschlichen Formen zugleich geistreich zu verhüllen und sichtbar zu machen, eben so durchflicht und umgiebt der tragische Dichter seine streng abgemessene Handlung und die festen Umrisse seiner handelnden Figuren mit einem lyrischen Prachtgewebe, in welchem sich, als wie in einem weitgefalteten Purpurgewand, die handelnden Personen frei und edel mit einer gehaltenen Würde und hoher Ruhe bewegen. (NA 10, 12.)

Dies ist eine der Metaphern der Vorrede, die durch ihre Bildlichkeit implizit das Verhältnis von Ergon und Parergon thematisieren.[456] Die den Körper umrahmenden Gewänder gewinnen wie der Chor eine gewisse

---

[454] KdU, B 43. In Michaelis' Mitschrift zu Schillers ästhetischer Vorlesung von 1792/93 heißt es: „Der Werth der *Zierrathen* kann entweder blos auf ihrer *Form* beruhen, oder sie gefallen nur durch die *Materie*, als *Schmuck*, und können im leztern Fall der Schönheit oft Abbruch thun." (NA 21, 79.)

[455] Wie sich dies im Einzelnen gestaltet, wird weiter unten an Schillers *Maria Stuart* noch ausführlich zu erläutern sein. Siehe Kapitel III.3.2.

[456] Dies ist die These von Menke, B. 2007, S. 88ff. Menke behandelt außerdem die Metapher der „lebenden Mauer" und der Waage; alle drei würden die Parergonalität des Chors thematisieren.

Selbständigkeit. Die in ihnen ausgestellte Sinnlichkeit tritt jedoch allein neben die schönen Formen, die sie gleich einem Rahmen einzufassen scheint. Schiller versucht auch hier am Schönheitsideal der Zeit, wie es vor ihm bereits Mortiz und Winckelmann mit ihrem Konzept der statuesken menschlichen Gestalt vertreten, die in ihrer Nacktheit ihre autonome Form zur Geltung bringt,[457] festzuhalten und dennoch die Sinnlichkeit der Darstellung nicht zu unterschlagen. Mit der Metaphorik der schmückenden Gewänder bringt er seinen Willen zum Ausdruck, den Redeschmuck (*ornatus*), das „lyrische[…] Prachtgewebe" (NA 10, 12.) zu rehabilitieren. Der Sprachtheorie der *Kalliasbriefe* widersprechend kann sich die lyrische Sprache in Schillers Spätdramatik somit tendenziell zum autonomen Ornat verselbständigen, das den zu vermittelnden Sinn durch seine „Sinnlichkeit" zu überdecken scheint.[458] Eine solche Sinnlichkeit wird jedoch immer nur als das im Werk, hier: der dramatischen Rede und seiner Sinnhaftigkeit, Implizierte, ihm jedoch Äußere ausgestellt.

Das Verhältnis von Parergon und Ergon wird – so lassen sich diese Ausführungen zusammenfassen – durch den Chor explizit gemacht. Der Chor lässt sich nicht als Kunstorgan der hermetisch werkautonomen Geschlossenheit verstehen, vielmehr inszeniert und exponiert er immer auch die Schließung. Das Publikum ist durch ihn parergonal in das Werk einbezogen, kann jedoch, wie Schiller an einer Stelle andeutet, auch selbst parergonal in das Werk treten. Als handelnde Person tritt der Chor zudem in einer Sinnlichkeit auf, die sich wie bisweilen die lyrische Sprache vom zu vermittelnden Sinn lösen kann. Er ist mithin nicht nur Parergon, sondern auch Schmuck. Das Schmuckhafte der Parerga exponiert die in den Dramen implizierte, ihnen jedoch heteronome Körperlichkeit theatraler Verkörperung. Damit markieren die dramatischen Werke die Sinnlichkeit theatraler Darstellung als das ihnen Äußere, von ihnen und ihrer ergonalen Ganzheit jedoch nicht zu Trennende in ihrem Inneren.

*

Bevor nun unter Hinzuziehung der Bühnenästhetik Goethes und Humboldts weiter verfolgt werden soll, wie Schiller das Theaterpublikum und

---

[457] „Die Nacktheit selber, welche jeden Mangel aufdeckt, und jedes andre Thier entstellt, ist bey dem Menschen das höchste Siegel der Vollendung seiner Schönheit, die allein ihrer Blöße sich nicht schämen darf, sondern, wie die Wahrheit, *keinen edlern Schmuck, als sich selber kennt.* Denn die Nacktheit selbst entsteht ja aus der vollkommensten *Bestimmtheit* aller Theile, wodurch alles Zufällige von der vollendeten Bildung ausgeschlossen wird, und nur das Wesentliche auf der Oberfläche erscheint." (Moritz 1962, S. 96, Hervorhebung von mir, AP (*Die Signatur der Schönen*).) Vgl. Schneider 1998, S. 65.

[458] Zu diesem Sprachverständnis vgl. Heeg 2004, S. 139, zu dem der *Kalliasbriefe* siehe Kapitel III.1.2.

die theatrale Sinnlichkeit in das Drama zu integrieren versucht, sei geklärt, warum die, neben dem Schönen, zweite zentrale ästhetische Kategorie, das Erhabene, in vorliegender Argumentation einen geringeren Stellenwert einnimmt. Schillers zahlreiche Schriften zum Erhabenen können hier nicht ausführlich erläutert werden, so viel sei jedoch vermerkt: Die hier beschriebene ästhetische Problematik der parergonalen Rahmung des Werks ist diesem zweiten Strang der Schillerschen Ästhetik vorgelagert. Die Wirkungsästhetik des Pathetischerhabenen basiert auf einer klaren Trennung von Zuschauer und Objekt, ja diese ist gar deren *conditio sine qua non*. In signifikanter Abwandlung des Lessingschen Mitleidsbegriffs definiert Schiller Pathos als Leiden und dies wiederum als sympathetisches Mitleiden am dargestellten Leid, das aber keine direkte ethische oder intellektuelle Besserung bewirke. [459] Die Darstellung des Leidens sei jedoch kein Selbstzweck. „Der letzte Zweck der Kunst ist die Darstellung des Uebersinnlichen und die tragische Kunst insbesondere bewerkstelligt dieses dadurch, daß sie uns die moralische Independenz von Naturgesetzen im Zustand des Affekts versinnlicht." (NA 20, 196.) Daher müsse, so Schiller in *Vom Erhabenen*, auch die „Independenz" selbst dargestellt werden: „Aus diesem Grundsatz fließen die beiden Fundamentalgesetze aller tragischen Kunst. Diese sind *erstlich*: Darstellung der leidenden Natur; *zweytens*: Darstellung der moralischen Selbstständigkeit im Leiden." (NA 20, 195.) [460] Bedingung dafür, dass der Zuschauer sich über das dargestellte Leid erhaben fühle, sei, dass er wahrnehme, selbst von dem Leid nicht betroffen zu sein, d.h. dass er das im Werk dargestellte Leid und die ebenfalls dargestellte Independenz von diesem kontemplativ betrachten könne. [461] Das Pathe-

---

[459] In *Vom Erhabenen* heißt es zum Pathos: „*Pathos* ist also die erste und unnachlaßliche Foderung an den tragischen Künstler [...]. Er muß gleichsam seinem Helden oder seinem Leser die ganze volle Ladung des Leidens geben", (NA 20, 197.) und zum Mitleid: „Sobald wir also objektiv die Vorstellung eines Leidens erhalten, so muß, vermöge des unveränderlichen Naturgesetzes der Sympathie, in uns selbst ein Nachgefühl dieses Leidens erfolgen. Dadurch machen wir es gleichsam zu dem unsrigen. Wir *leiden mit*." (NA 20, 193.) Zum Verhältnis zu Lessing vgl. Schings 1980, S. 48f. und Port 2005, S. 167f. Schiller steht damit, wie Port formuliert, am Anfang einer neuen „epistemischen Konstellation" in der Tragödien- und Affektgeschichte, die extreme Affekte nicht in einem Grenzziehungs-, sondern einem Intelligibilisierungsmodell behandle. Zur Abgrenzung dieser Modelle vgl. ebd. S. 34. Zum Pathetischerhabenen allgemein vgl. die inzwischen ‚klassische' Studie Berghahn 1971.

[460] Paul Barone zeichnet detailliert nach, wie sich Schiller damit in Widersprüche verstrickt, denn zugleich versteht er das derart objektiv dargestellte Erhabene, das Heroisch-Erhabene, wirkungsästhetisch. Vgl. Barone 2004, S. 177f. Zu weiteren Widersprüchen vgl. insbesondere auch Greiner 2005. Greiner 2009.

[461] „Das erhabene Objekt muß also zwar furchtbar seyn, aber wirkliche Furcht darf es nicht erregen. Furcht ist ein Zustand des *Leidens* und der *Gewalt*; das Erhabene kann allein in der freyen Betrachtung und durch das Gefühl innrer Thätigkeit gefallen." (NA 20, 178 (*Vom Erhabenen*).)

tischerhabene fußt damit auf einer vergleichbar deutlichen Trennung von Werk und Rezipient wie der objektivistische Schönheitsbegriff.[462]

Auch in der Vorrede wird diese Wirkungsästhetik angesprochen. Die „wahre Kunst", so Schiller, mache den Menschen frei „und dieses dadurch, daß sie eine Kraft in ihm erweckt, übt und ausbildet, die sinnliche Welt, die sonst nur als ein roher Stoff auf uns lastet, als eine blinde Macht auf uns drückt, in eine objektive Ferne zu rücken, in ein freies Werk unsers Geistes zu verwandeln, und das Materielle durch Ideen zu beherrschen." (NA 10, 8f.) Auch der Vorrede zufolge soll also der Zuschauer das dargestellte Pathos kontemplativ betrachten.[463] Der Chor helfe bei einer solchen Distanznahme einerseits durch die Illusionsbrechung, andererseits dadurch, dass er selbst zuweilen eine kontemplativ-distanzierte Haltung einnehme.[464] Auch innerdramatisch bändige der Chor die „Leidenschaften" der Akteure und motiviere durch seine Präsenz „die Besonnenheit, mit der sie handeln, und die Würde, mit der sie reden." (NA 10, 14.)[465] Neben der Besonnenheit steigert jedoch der Chor durch seine körperliche Gegenwart auch die affektive Wirkung.[466]

Die Funktion des Chors ist aber wie gesehen eine doppelte: Einerseits exponiert er die Trennung von Werk und Rezipient, auf der das Erhabene beruht, andererseits unterminiert er sie jedoch als in das Werk getretenes Theaterpublikum. Er exponiert damit nicht nur die Trennung von Werk und Rezipient, sondern auch deren Möglichkeitsbedingung, ermöglicht somit nicht nur das Erhabene, sondern hinterfragt auch die Bedingung dieser Ermöglichung. Dies wiederum ist selbst ein ästhetisch-autonomer Akt.[467]

---

[462] Daher ist das Erhabene auch keine genuin theatralische Kategorie. Siehe unten Kapitel III.3.2.

[463] Andernfalls würden wir „uns mit dem Stoffe vermengen und nicht mehr über demselben schweben." (NA 10, 14.) Vgl. Port 2005, S. 181–186.

[464] „Der Chor verläßt den engen Kreis der Handlung, um sich über Vergangenes und Künftiges, über ferne Zeiten und Völker, über das Menschliche überhaupt zu verbreiten, um die großen Resultate des Lebens zu ziehen, und die Lehren der Weisheit auszusprechen." (NA 10, 13.)

[465] Schiller knüpft hier an die topische Komplementarität von Pathos und Besonnenheit an. Vgl. Port 2005, S. 39 und S. 182. Diese Antithetik lässt sich, wie Port darlegt, bis zu Aischylos' *Agamemnon* zurückverfolgen.

[466] Vgl. Borchmeyer 1973, S. 210ff. Er spricht auch von der „öffentliche[n] Resonanz des tragischen Leidens". (Ebd. S. 159.) Wie wichtig diese „psychagogische" Wirkung ist, hat schon sehr früh Staiger 1967 betont.

[467] Gegen den ideologieaffinen objektiven Schönheitsbegriff wurde in der Forschung das Erhabene ausgespielt, das der Schillerschen Ästhetik seinen ideologischen Charakter nehme. Vgl. Zelle 1995, 149ff. Zelle 2005. Das Schöne würde stets durch das Erhabene supplementiert und dadurch der Ästhetik ihren ideologischen Charakter genommen. Betrachtet man jedoch wie hier das Erhabene in Hinblick auf das Verhältnis Werk-Betrachter so scheint man auch diesem zumindest in manchen Schriften einen ästhetischen Objektivismus vorwerfen zu können.

Goethe – Tableau und Publikum. Regeln für Schauspieler

In dem frühen Drama *Die Verschwörung des Fiesko zu Genua* findet sich eine
Szene, die beispielhaft zwei Rezeptionsarten von Kunst vorführt, die
Schiller später beide gleichermaßen kritisieren und verwerfen wird.[468] Es
handelt sich um die Romano-Szene, in der die Verschworenen um Verrina
den einflussreichen Fiesko für ihre Verschwörung gewinnen, jedoch zuvor
dessen politische Gesinnung überprüfen wollen. Dazu zeigen sie ihm ein
Bild, das die von Verrina schon zuvor zitierte „Geschichte der Virgina,
und des Appius Klaudius" (NA 4, 60.) darstellt und den Moment zeigt,
wie der Vater seine Tochter zu töten sich anschickt.

Verrina, dessen Tochter Bertha wie Verginia von einem Tyrannen,
von Gianettino vergewaltigt wurde, identifiziert sich in dieser Szene mit
dem Vater, schlägt, während er *„in Begeisterung"* ausruft: „Sprüz zu eisgrau-
er Vater – Zukst du Tyrann? – Wie so bleich steht ihr Klöze Römer – Ihm
nach Römer – das Schlachtmesser blinkt – Mir nach Klöze Genueser –
Nieder mit Doria! Nieder! Nieder!" (NA 4, 60f.), gegen das Gemälde und
vergisst damit offenbar über der sehr realistischen Darstellung deren Darstellungscharakter. Fiesko hingegen identifiziert sich mit dem Blickwinkel
des die dargestellte Verginia begehrenden Tyrannen,[469] bewahrt ein Bewusstsein für die Künstlichkeit der Darstellung, glaubt jedoch dem
Kunstwerk keine Bedeutung beimessen zu müssen, sondern setzt an die
Stelle des ästhetischen Scheins die wirkliche Tat: „Deine Arbeit ist Gau-
kelwerk – der *Schein* weiche der *That* – *mit Größe, indem er das Tableau umwirft.*
Ich habe gethan, was du – nur mahltest." (NA 4, 61f.)

Es ist bezeichnend, dass Schiller in *Fiesko* keine dritte Rezeptionsform
des Bildes vorführt, eine Alternative zum Entweder-Oder der Romano-
Szene findet er vielmehr erst in den *Ästhetischen Briefen,* in denen er auf
die in der Szene dargestellte Problematik zurückkommt. Diese Alternative
ist ein Weder-noch: Ästhetischer Schein bestehe – heißt es nun in einer
ausschließlich negativen Definition – „nur, solange er [d.i. der Mensch]
sich im theoretischen gewissenhaft enthält, Existenz davon auszusagen"
(NA 20, 401.), d.h. solange er nicht wie Verrina das Dargestellte illusionistisch für das Wirkliche hält, und „solange er im praktischen darauf Ver-
zicht thut, Existenz dadurch zu ertheilen" (NA 20, 401.), d.h. solange er
nicht wie Fiesko fordert: „der *Schein* weiche der *Tat*" (NA 4, 61.). Schiller

---

[468]   In der Interpretation dieser Szene folge ich ganz Koschorke 2007, S. 305f.
[469]   „Diesen Römerkopf findest du bewundernswerth? Weg mit ihm. Hier das Mädchen blik
         an. Dieser Ausdruck wie weich? wie weiblich! Welche Anmuth auch aus den welkendne
         Lippen? Welche Wollust im verlöschenden Blik?" (NA 4, 61.)

drückt dies auch mit der Formel der „Aufrichtigkeit" und „Selbständigkeit" des ästhetischen Scheins aus:

> Nur soweit er *aufrichtig* ist, (sich von allem Anspruch auf Realität ausdrücklich lossagt) und nur soweit er *selbstständig* ist, (allen Beystand der Realität entbehrt) ist der Schein ästhetisch. Sobald er falsch ist und Realität heuchelt, und sobald er unrein und der Realität zu seiner Wirkung bedürftig ist, ist er nichts als ein niedriges Werkzeug zu materiellen Zwecken, und kann nichts als für die Freyheit des Geistes beweisen. (NA 20, 402.)

In der Vorrede zur *Braut von Messina* geht Schiller wie gesehen der Frage nach, wie im Drama die ästhetische Distanz exponiert werden könne, so dass die beiden in *Fiesko* vorgeführten und in den *Ästhetischen Briefen* kritisierten Rezeptionsformen unmöglich würden. Insofern gibt er hier eine positive Alternative zu den beiden Rezeptionsformen der Romano-Szene. Die dramatische Instanz, mit der Schiller dies erreichen zu können glaubt, ist der Chor:

> Die Einführung des Chors wäre der lezte, der entscheidende Schritt – und wenn derselbe auch nur dazu diente, dem Naturalism in der Kunst offen und ehrlich den Krieg zu erklären, so sollte er uns eine lebendige Mauer seyn, die die Tragödie um sich herumzieht, um sich von der wirklichen Welt rein abzuschließen, und sich ihren idealen Boden, ihre poetische Freiheit zu bewahren. (NA 10, 11.)

Der Chor bietet sich deshalb für die Markierung der ästhetischen Distanz besonders an, weil er als dramatische Instanz die sowohl Verrinas als auch Fieskos Reaktion zugrundeliegende Identifikation der Theaterzuschauer problematisiert. Der Chor, der in sich die beiden Funktionen vereint, eine handelnde Person der dramatischen Fiktion und doch auch das rezipierende Theaterpublikum zu sein, trägt den Akt der Rezeption selbst in das Tableau ein. Im Bild Romanos hingegen findet der Betrachter zwei implizite Rezipienten der dargestellten Verginia, mit denen er sich identifizieren kann, die Position des Vaters und die des Tyrannen. Er findet mithin allein eine im Bild selbst wieder *darstellbare* Rezeption, nicht jedoch seinen eigenen Rezeptionsakt. Wenn hingegen in das Bild, zu dem die Szene selbstredend auch beim späten Schiller noch werden soll,[470] die rezipierende Instanz selbst parergonal eingetragen und nicht einfach nur dargestellt ist, kann eine simple Identifikation mit einem darstellbaren, fiktionsinternen Beobachter, die den spezifisch ästhetischen Darstellungscharakter

---

[470] Neben den etlichen Bildmetaphern der Vorrede vgl. besonders: „Nur der Chor berechtigt den tragischen Dichter zu dieser Erhebung des Tons, die das Ohr ausfüllt, die den Geist anspannt, die das ganze Gemüth erweitert. Diese eine Riesengestalt in seinem *Bilde* nöthigt ihn, alle seine Figuren auf den Kothurn zu stellen, und seinem *Gemälde* dadurch die tragische Größe zu geben." (NA 10, 13, Hervorhebung von mir, AP.)

vergessen lassen würde, nicht mehr gelingen. Damit ist weder die naive Rezeption Verrinas, die das „unaufrichtig" Dargestellte für das Wirkliche hält, noch die Rezeption Fieskos möglich, die glaubt, die Wirklichkeit an die Stelle der künstlerischen Darstellung setzen zu können, die, indem sie dies zulässt, sich als „unselbständig" erweist. Der Chor steht gleichsam zwischen dem Dargestellten und der Wirklichkeit.

Den Ansatz, die ästhetische Distanz durch die Eintragung des Theaterpublikums in die dramatische Fiktion bzw. das szenische Tableau zu markieren und zu exponieren, teilt Schiller mit Goethe. Dies sei zunächst anhand des kurzen Essays *Über Wahrheit und Wahrscheinlichkeit der Kunstwerke. Ein Gespräch* belegt, bevor dann in einem zweiten Schritt geklärt werden soll, wie Goethe in den *Regeln für Schauspieler* die Rückwirkungen dieser Publikumsintegration auf das Tableau beschreibt.

Auch Goethes Bühnenästhetik und Dramaturgie der Jahre um 1800 ist wesentlich antiillusionistisch und verhandelt immer wieder ähnliche Probleme wie Schillers zur gleichen Zeit entstehende dramaturgische Schriften. In dem oben angesprochenen Essay *Über Wahrheit und Wahrscheinlichkeit der Kunstwerke. Ein Gespräch* verwickelt der sog. „Anwald des Künstlers" einen Zuschauer, der sich über die auf das Bühnenbild einer Theatervorstellung gemalten Zuschauer ereifert, in einen geradezu sokratischen Dialog über die theatrale Täuschung und beruft sich dabei zu großen Teilen auf Argumente, die später Schiller anführen wird oder bereits angeführt hat. Es sei dahingestellt, ob Goethe in diesem Anwalt des ungenannten Künstlers, hinter dem sich der Dramaturg Goethe verbergen könnte, Schiller porträtiert, diesen zu seinem eigenen Anwalt stilisiert.[471] Fest steht, dass der Anwalt wie Schiller die Oper als Vorbild einer Dramaturgie anführt, die über die Präsenz der Zuschauer im Theater nicht länger hinwegtäuscht. So schreibt Schiller an Goethe, der „neuere" Dichter bemühe sich im Gegensatz zum antiken darum, „der Wirklichkeit recht nahe zu kommen" (NA 29, 55f.). „Er möchte gern einen wirklichen Fall vollkommen nachahmen, und bedenkt nicht, daß eine poetische Darstellung mit der Wirklichkeit eben darum, weil sie absolut wahr ist, niemals coincidieren kann." (NA 29, 56.) Insofern könne, so Schiller in einem späteren Brief, die Oper Vorbild für eine neue, im Horizont seiner Autonomieästhetik stehende Dramaturgie sein:

---

[471] Der Aufsatz lässt sich offenbar auf einen Besuch von Antonio Salieris Oper *Palmira. Prinzessin von Persien* in Frankfurt und das dort verwandte Bühnenbild Giorgio Fuentes zurückführen. Vgl. Goethe 18, 1258. Goethe schickt ihn am 24.5.1798 an Schiller, um ihn anschließend mit ihm zu diskutieren. Vgl. NA 10, 343.

Ich hatte immer ein gewißes Vertrauen zur Oper, daß aus ihr wie aus den Chören des alten Bacchusfestes das Trauerspiel in einer edlern Gestalt [sich] loswickeln sollte. In der Oper erläßt man wirklich jene servile Naturnachahmung, und obgleich nur unter dem Nahmen von Indulgenz könnte sich auf diesem Wege das ideale auf das Theater stehlen. (NA 29, 179.)[472]

Auch das Wortspiel des Anwalts, das naturalistische Wahr-Erscheinen sei nur ein Schein des Wahren, wird Schiller in die Vorrede zur *Braut von Messina* übernehmen.[473] Und die Strategie, „daß Wortspiele dieser Art selbst ein Bedürfniß des Geistes anzeigen, der, da wir das, was in uns vorgeht, nicht geradezu ausdrücken können, durch Gegensätze zu operiren, die Frage von zwei Seiten zu beantworten und so gleichsam die Sache in die Mitte zu fassen sucht"[474], charakterisiert Schillers Denkstil ebenso gut wie seinen Umgang mit Goethe.

Auch in der dramaturgischen Praxis exponiert Goethe wie der Anwalt seines Dialogs die Theatralität der Aufführung, insbesondere ihre Bezogenheit auf das Publikum. Damit bricht er wie auch Schiller mit der von Diderot erarbeiteten und durch Lessing konsolidierten Dramaturgie der Vierten Wand, die antitheatralisch den Zuschauer aus der Bühnenfiktion ausgrenzt, im gleichen Zug jedoch die Schauspieler in ein sich dem dergestalt aus der Fiktion geblendeten Zuschauer darbietenden Tableau anordnet. Dies hat jedoch weder Goethe noch Schiller daran gehindert, in der Theaterpraxis ihre und fremde Stücke als Abfolge einzelner Tableaus zu inszenieren bzw. in ihren eigenen dramatischen Stücken tableauhafte Szenen zu verwenden, jedoch schließen diese szenischen Tableaus, wie dies bereits erläutert wurde, nicht an die Antitheatralität des Diderotschen Tableaus an. Das außerhalb des Tableaus liegende Konstruktionsprinzip, der Zuschauer, ist den Schauspielern wieder bewusst. Goethes *Regeln für Schauspieler*, die wenn Beispiele angeführt werden, immer wieder auf die *Braut von Messina* rekurrieren, sind ein regelrechtes Manifest einer solchen sich von Diderot absetzenden Tableau-Dramaturgie.[475] Die Szene bildet

---

[472] Inwiefern die Oper in der Tat schon sehr früh das Paradigma von Schillers Dramenschaffen ist, hat maßgeblich dargelegt Michelsen 1979.

[473] „Was werden Sie sagen, wenn ich Ihnen einwende, daß Ihnen alle theatralischen Darstellungen keinesweges wahr scheinen, daß sie vielmehr nur einen Schein des Wahren haben?" (Goethe 47, 259.) „Und eben darum, weil es hier nur auf eine vorübergehende Täuschung abgesehen ist, so ist auch nur ein Schein der Wahrheit, oder so die beliebte Wahrscheinlichkeit nöthig, die man so gern an die Stelle der Wahrheit sezt." (NA 10, 8.)

[474] Goethe 47, 259.

[475] Vgl. Heeg 2000, S. 416ff., insbesondere 420. Vgl. auch Heeg 2004. Zu Schillers und Goethes Bühnenreform vgl. auch Alt 2008, S. 13–34. Borchmeyer 1984. Borchmeyer 1994, S. 373–384. Port 2005, S. 217–227. Dort wird auch näher auf die Polemik gegen Goethes und Schillers Idealisierungstheater durch Carl Wilhelm Reinhold in dem 1808 erschienenen Aufsatz *Saat von Göthe gesäet dem Tage der Garben zu reifen* eingegangen.

weiterhin ein Tableau; so wird die Bewegungsfreiheit der Schauspieler eingeschränkt, da sich das einzelne Individuum in das szenische Gesamtbild einfügen solle und nur dessen Staffage darstelle:

> §83. Das Theater ist als ein figurloses Tableau anzusehen, worin der Schauspieler die Staffage macht. [...]

> §85. Eben so wenig trete man in's Proscenium. Dieß ist der größte Mißstand; denn die Figur tritt aus dem Raume heraus, innerhalb dessen sie mit dem Scenengemählde und den Mitspielenden ein Ganzes macht.[476]

Es geht dieser szenischen Malerei, der sich der einzelne Schauspieler unterzuordnen hat, nicht um den möglichst „natürlichen" Affektausdruck, sondern um die Erzeugung von Schönheit.[477] Das szenische Bild löst insofern die individuelle Handlung der dramatischen Personen auf. Die Schauspieler sind keine individuell Agierenden, sondern Teil einer „Bildhandlung". Die individuelle Gestik fügt sich in ein bildhaftes Ganzes, das sich durch geometrische Linienführung auf eine geradezu arabeske Weise organisiert; die Armbewegung setzt sich im Faltenwurf der Gewänder fort, die Figuren schließen sich in Gruppen zu geometrischen Blöcken zusammen.[478] Dennoch ist das Spiel auf das Publikum ausgerichtet; das Szenenbild soll sich zu einem schönen Ganzen runden, das sich dem Zuschauer frontal darbietet.[479]

> Da man auf der Bühne nicht nur alles wahr sondern auch schön dargestellt haben will, da das Auge des Zuschauers auch durch anmuthige Gruppirungen und Attitüden gereizt sein will, so soll der Schauspieler auch außer der Bühne trachten, selbe zu erhalten; er soll sich immer einen Platz von Zuschauern vor sich denken.[480]

Der Schauspieler müsse „stets bedenken, daß er um des Publicums willen da ist."[481] Er „muß sich immer zwischen zwei Gegenständen theilen: nämlich zwischen dem Gegenstande, mit dem er spricht, und zwischen seinen Zuhörern. Statt mit dem Kopfe sich gleich ganz umzuwenden, lasse man

---

476   Goethe 40, 166f. In §58 spricht er auch vom „vorzustellende[n] Bild". (Ebd. S. 160.)
477   Vgl. Heeg 2000, S. 418.
478   Vgl. hierzu die Analyse des Kupferstichs zur *Braut von Messina* von Johann Friedrich Matthäi bei ebd., S. 421.
479   So heißt es: „Wer auf der rechten Seite steht, agire mit der linken Hand, und umgekehrt, wer auf der linken Seite steht, mit der rechten, damit die Brust so wenig als möglich durch den Arm verdeckt werde." (Goethe 40, 160.) „[...] damit die Brust gegen den Zuschauer gekehrt sei, ist es vortheilhaft, daß derjenige, der auf der rechten Seite steht, den linken Fuß, der auf der linken den rechten vorsetze." (Ebd. S. 161.)
480   Goethe 40, 166.
481   Ebd., S. 154.

mehr die Augen spielen."[482] Ein solches publikumsorientiertes Spiel reha-
biliert den Halbkreis des französischen Deklamationstheaters.[483]

Da das Spiel somit trotz des Tableaucharakters der Szene stets auf die
Zuschauer ausgerichtet ist, kann Goethe sagen: „Die Bühne und der Saal,
die Schauspieler und die Zuschauer machen erst ein Ganzes."[484] Damit
widerspricht er offensichtlich dem oben zitierten §83, die Figur bilde „mit
dem Scenengemählde und den Mitspielenden ein Ganzes"[485]. *Über den
Gebrauch des Chors in der Tragödie* verhandelt dieses schon in den *Kalliasbriefen* thematisierte widersprüchliche Verständnis von Ganzheit, das Totalität einerseits als eine tableauhaft gegebene Geschlossenheit versteht, sie
andererseits jedoch nur als den Prozess der Schließung begreifen kann,
durch den das die szenische Ganzheit betrachtende Publikum in diese
integriert wird. Am Argumentationsverlauf der Vorrede wird ersichtlich,
dass das Publikum die szenische Ganzheit des Tableaus zugleich ermöglicht und unterminiert. Das Tableau der Goethischen Dramaturgie wird
hier von Schiller als ein Grenzphänomen beschrieben, das sich dann einstellt, wenn sich das Publikum als das Gegenüber der dargestellten Szene
versteht, sich jedoch wieder auflöst, wenn er seine von ihm im Theater-
raum selbst ausgespielte Theatralität erlebt. Das Theaterpublikum, das der
Chor in der Bühnenillusion nicht darstellt, auf das er aber durch seinen, wie
es im zitierten Brief an Körner hieß, „doppelten Charakter" (NA 32, 19.)
von betrachtendem Zuschauer und handelnder Person verweist, bildet
den Bezugspunkt des Goethischen Tableaus, der als dessen in ihm einge-
tragenes Äußeres Bedingung seiner Möglichkeit *und* Unmöglichkeit ist. So
wird man in Schillers Dramen denn auch keine stete Abfolge einzelner
Tableaus finden, sondern vielmehr einen dynamischen Wechsel von szenisch in sich geschlossenem Bild und theatralisch offenem Wechselspiel
zwischen Bühne und Zuschauerraum. In diesem Sinne ist der dort aus der
Darstellung noch ausgegrenzte Subjektbezug des Diderotschen Tableaus in
die von Schiller und Goethe inszenierten integriert. Durch das Oszillieren
zwischen tableauhaft-ergonaler Geschlossenheit und deren parergonaler
Schließung wird die theatrale Rezeption des Dramas in dieses eingetragen,
damit die ästhetische Distanz markiert und eine „falsch" verstandene,
nämlich unästhetische Rezeption verunmöglicht, wie sie Fiesko und Verrina in Schillers frühem, der Dramaturgie Diderots und Lessings noch
sehr nahe stehendem Drama exemplarisch vorführten.

---

[482] Goethe 40, 154.
[483] Vgl. Heeg 2000, S. 420.
[484] Goethe 40, 166.
[485] Ebd., S. 167.

Humboldt – Tableau und Sinnlichkeit.
Über die gegenwärtige französische tragische Bühne

Wilhelm von Humboldts 1800 in Goethes *Propyläen* veröffentlichter Aufsatz *Über die gegenwärtige französische tragische Bühne. Aus Briefen* trägt verglichen mit Goethes erst spät veröffentlichten *Regeln für Schauspieler* für die Weimarer Theaterästhetik einen noch ausgeprägteren Manifestcharakter.[486] Goethe schreibt am 28. Oktober 1799 an den Verfasser: „Dieser Aufsatz, welcher sehr zur rechten Zeit kam, hat auf mich und Schillern einen besondern Einfluß gehabt und unser Anschauen des französischen Theaters völlig ins Klare gebracht. Durch eine sonderbare Veranlassung übersetzte ich den Mohamet des Voltaire ins Deutsche. Ohne Ihren Brief wäre mir dieses Experiment nicht gelungen, ja ich hätte es nicht unternehmen mögen."[487] Und zu seiner *Mahomet*-Übersetzung notiert er: „Kein Freund des deutschen Theaters wird den Aufsatz *Über die gegenwärtige französische tragische Bühne* mit Aufmerksamkeit lesen, ohne zu wünschen, daß, unbeschadet des Originalgangs, den wir eingeschlagen haben, die Vorzüge des französischen Theaters auch auf das unsrige herüber geleitet werden möchten."[488]

Der Aufsatz ist in vorliegendem Kontext von Interesse, weil Humboldt in ihm einerseits Diderots Dramaturgie der Vierten Wand kritisiert und den Bezug zum Theaterpublikum neu zu fassen versucht, andererseits die irreduzible Körperlichkeit theatraler Darstellung in seine Bühnenästhetik integriert. In beiden Fällen nimmt er dadurch Aspekte der in der Vorrede zur *Braut von Messina* formulierten Dramaturgie vorweg.

> Ein sehr merklicher Unterschied zwischen dem deutschen und französischen Schauspieler ist noch, wie ich schon oben sagte, daß bei diesem letztern das Gefühl der Gegenwart des Publikums immer gleich lebhaft ist, da die erstern dieselbe wirklich manchmal zu vergessen scheinen. Sie erinnern sich vielleicht [sic!] daß Diderot vorgiebt seinen natürlichen Sohn gesehen zu haben, wie ihn die handelnden Personen, als die Wiederholung einer wirklichen Begebenheit, spielten. Er läßt deutlich merken [sic!] daß er nur da eigentlich Natur und Wahrheit gese-

---

[486]   Es handelt sich um eine Zusammenstellung aus Briefen an Goethe. Deren zentralen Stellenwert für die Weimarer Theaterreform hat nachdrücklich betont Heeg 2000, S. 411. Vgl. auch Borchmeyer 1977, S. 237. Damit sei allein eine sehr starke Affinität der von den drei hier behandelten Autoren vertretenen Bühnenästhetiken behauptet, nicht jedoch, deren Identität. Eine allgemeine Abgrenzung Humboldts von Goethe und Schiller unternimmt Kost 2004. Die Prämissen seiner Studie, die diese auch nachdrücklich prägen, sind freilich trotz der unternommenen methodischen Reflexion problematisch, da Kost mit einem „intuitiv" vorformulierten „Klassik"-Begriff die Werke Goethes und Schillers befragt und anschließend das so gewonnene Bild der „Klassiker" mit den Arbeiten Humboldts konfrontiert. Vgl. ebd. S. 21.

[487]   Goethe 14, 209.

[488]   Goethe 40, 67.

hen habe, daß da der Dichter und Schauspiler gleich viel hätten lernen können. Es mag eine erbauliche Sittenübung seyn eine interessante Scene des Lebens gleichsam theatralisch zu wiederholen, was das aber für ein Kunstwerk seyn könnte, das auf keinen Zuschauer berechnet wäre, begreife ich nicht und eben so wenig, was Diderot als Künstler, in seiner Ecke, in der er versteckt saß, daraus lernen konnte; er sah wenigstens gewiß weder Natur noch Kunst und ein drittes ist doch nun einmal nicht zu finden.[489]

Insbesondere die Deutschen, so Humboldt, würden dieses die Präsenz des Publikums ausblendende Spiel praktizieren. Die Franzosen hingegen akzentuierten in ihrem Spiel den Publikumsbezug zu stark, so dass letztlich beide fehlerhaft ausfielen. „Wie unsere Schriftsteller oft nur für sich schreiben, so spielen auch unsere Schauspieler oft nur für sich, und glücklich genug, wenn sie nur noch an die Personen denken [sic!] mit denen sie reden. Dies wird dem Franzosen nie begegnen; aber er verfällt in den entgegengesetzten Fehler, viel zu viel gegen das Publikum zu reden."[490] Humboldt plädiert mithin für eine Synthese aus beiden Extremen und fordert damit, darin Goethe und Schiller ähnelnd, eine Distanzierung von Diderots Dramaturgie einer klaren Ausblendung des Publikums aus dem szenischen Tableau.

Von dieser Kritik an Diderot bleibt jedoch wie bei Goethe und Schiller das Tableau selbst unberührt. Vom Spiel François-Joseph Talmas, des wohl berühmtesten französischen Schauspielers des ausgehenden Jahrhunderts, an dessen Spiel Humboldt seine Analysen orientiert, heißt es: „Wenn man bei andern Schauspielern wohl hie und da einzeln ein schönes Gemälde, wie man es hier nennt, bemerkt, so zeigt sein Spiel eine ununterbrochene Folge derselben"[491]. Später im Text kommt er dann auch auf die Ganzheit der szenischen Darstellung zu sprechen, die Diderot mit dem Tableaubegriff zu fassen versuchte:

Auf dem Theater besonders, wo das ganze Leben eines Menschen in wenige Stunden zusammengedrängt wird, muß alles bedeutend seyn, alles sich wechselseitig halten und tragen. Gerade wenn der Schauspieler auch nur einen einzigen Augenblick seine Natur sehen läßt, erinnert er daran daß der Ueberrest Kunst ist. Diese Bedeutung jedes, auch des kleinsten, einzelnen Theils, diese enge Verbindung aller, dieses genaue Zusammenschließen derselben in ein engbeschränktes Ganzes, giebt gerade das nothwendige und wesentliche Gepräge eines Kunstwerks, den feinen glänzenden Hauch, der es begleiten muß, wenn der feiner gebildete, denn der andere bemerkt ihn nicht, oder liebt ihn nicht einmal, einen ächt künstlerischen Genuß daran finden soll.[492]

---

[489] Humboldt 3, 169f.
[490] Ebd., S. 154.
[491] Ebd., S. 144.
[492] Ebd., S. 159f.

In diese bedeutungsschwangere Ganzheit – dies ist der zweite hier interes-
sierende Punkt – ist auch die irreduzible, an sich bedeutungslose Sinnlichkeit theatraler Darstellung integriert. Der Franzose, so Humboldt, könne
sehr viel gewandter als der Deutsche mit der Theatersemiotik und deren
Sinnlichkeit umgehen.

> Der deutsche Schauspieler, könnte man vielleicht sagen, setzt mehr, nur auf seine
> Weise, blos die Arbeit des Dichters fort, die Sache, die Empfindung, der Aus-
> druck sind ihm das erste, oft das einzige [sic!] worauf er sieht. Der französische
> verbindet mehr mit dem Werke des Dichters das Talent des Musikers und des
> Mahlers, darum ist er aber auch weniger stark in dem Charakterausdruck und
> macht eine weniger tiefe Wirkung.[493]

Zugespitzt formuliert projiziert Humboldt die Differenz von Drama und
Theater auf die nationale Differenz zwischen Deutschen und Franzosen;
die von ihm angestrebte Synthese beider wäre demnach eine von Drama
und Theater. Während der Deutsche die Sinnhaftigkeit des dramatischen
Texts inszeniere, beachte der Franzose zunächst die Sinnlichkeit der
theatralen Darstellung. Ersterer würde stets viel stärker auf die Unmittel-
barkeit des Ausdrucks abzielen und habe daher Schwierigkeiten, die rich-
tigen Zeichen für einen entsprechenden Gedanken zu finden. Er versuche vielmehr, wie Humboldt formuliert, die Zeichen zu „überspringen".
„Der Deutsche möchte unmittelbar mit seinem Geist und seiner Empfindung vernehmen, er möchte die Kluft überspringen, die Seyn von
Seyn und Kraft von Kraft so trennt, daß sie sich nur durch vermittelnde
Zeichen verständlich machen können. [...] Er hat in der That weniger
Sprache als andere Nationen, und doch, ich sage es frei, weil ich es
einmal nicht anders empfinden kann, hätte er sich so viel mehr und bessers zu sagen."[494] Das Dilemma des Deutschen sei es, das Wesentliche
sagen zu wollen, ohne es sagen zu können. Der Franzose hingegen kenne
„*die Nothwendigkeit der Zeichen*"[495] und verfüge daher bei jedem Gedanken
schon über einen passenden Ausdruck, den der Deutsche erst mühsam
finden müsse.

Daher komme es, dass die Sinnlichkeit theatraler Darstellung in
Deutschland nur unzureichend gewürdigt werde:

> Es geschieht bei unserer Tragödie überhaupt nicht genug für das Auge, nicht ge-
> nug in ästhetischer und noch weniger in sinnlicher Rücksicht. Und doch wäre
> wenigstens das erstere durchaus nothwendig. Wir verlangen ja von einer guten
> malerischen Composition, daß die verschiedenen Gruppen, auch nur als Massen

---

493   Humboldt 3, 158f.
494   Ebd., S. 161f.
495   Ebd., S. 160.

und Formen, und ohne Rücksicht auf den Sinn der Darstellung betrachtet, in angenehmen Verhältnissen stehen und gefällige Umrisse bilden sollen. [...] Es giebt mit einem Wort eine eigne Energie unserer Einbildungskraft, vermöge welcher sie bloß mit leeren Formen spielt und die bloßen Theile des Raumes und der Zeit in gefälligen Verhältnissen an einander zu reihen strebt, und dies reine ästhetische Bedürfnis unserer Phantasie fordert bei jedem Werke Befriedigung, das irgend einen Anspruch auf Kunst zu machen wagt.[496]

Schon zu Beginn seines Aufsatzes hatte Humboldt auf diese nichts bedeutenden, allein sinnlichen und daher „leeren Formen" verwiesen:

Da man in dem französischen Schauspiele zugleich den Maler, den Bildhauer und den pantomimischen Tänzer vereinigt sieht, da auch derjenige Theil seines Spiels, der an sich nicht bedeutend ist, künstlerische Harmonie und Schönheit besitzt; so glaubt man einen engern Bund aller Künste zu erblicken und ahndet eine, vielleicht minder große und tiefe, aber gewiß eine ästhetische Stimmung.[497]

Nicht zuletzt aufgrund dieser Beschreibungen wird Goethe die Theateraufführungen auf der Weimarer Bühne immer stärker als Gesamtkunstwerke verstehen.[498] Schiller hingegen versucht in der Folgezeit zu klären, wie die theatrale Körperlichkeit in das dramatische Werk als ein in sich geschlossenes Ganzes integriert werden kann. Das von Humboldt beschriebene „Malerische" und „Musikalische" soll nun in den Texten selbst markiert, derjenige „Theil seines Spiels, der an sich nicht bedeutend ist,"[499] in das bedeutungsschwangere Ganze des Tableaus eingelassen werden. Wie dargelegt wird er die Sinnlichkeit theatraler Darstellung in den die Ganzheit des Werks (des Texts, Tableaus, dargestellten Körpers etc.) umrahmenden Parerga verorten. Mit diesen teilt sie ihre Asignifikanz und Nicht-Repräsentativität, denn laut Kant ist ein Urteil angesichts von Parerga wie bereits erwähnt nicht mit einem Begriff verbunden, der Bedeutungsgehalt für das ästhetische Urteil daher unerheblich: „Blumen, freie Zeichnungen, ohne Absicht ineinander geschlungene Züge, unter dem Namen des Laubwerks, *bedeuten nichts*, hängen von keinem bestimmten Begriffe ab und gefallen doch."[500] Doch auch diesen Schritt nimmt Humboldt in seiner Darstellung der Pariser Theaterpraxis bereits vorweg, indem er, um das Schiller dann maßgeblich umtreibende Verhältnis von Drama und theatraler Darstellung zu beschreiben, eine Metapher verwendet, die dieses als das von Ergon und Parergon ausweist. Wie Schiller

---

[496]   Humboldt 3, 162f.
[497]   Ebd., S. 142.
[498]   Vgl. Heeg 2000, S. 411ff.
[499]   Humboldt 3, 142.
[500]   KdU, B 10f. [Hervorhebung von mir, AP.]. Vgl. auch die Erläuterungen bei Derrida 1978, S. 111.

in der Chorabhandlung so spricht auch Humboldt vom „Gewand" der Tragödie:

> Selbst den bloß sinnlichen Theil der Kunst sollte man weniger verachten. Decoration, Kostum und, wenn der Schauspielkunst eine eigne Erziehung gewidmet würde, vor allem die Bildung des Körpers selbst, sollte mit mehr Sorgfalt behandelt werden. Freilich müßten denn auch unsere Tragödien um eine Stufe höher steigen und sich in ein Gewand kleiden, das auch auf den bloßen Sinn einen größern Eindruck machte.[501]

---

[501] Humboldt 3, 163.

2 Theatralität und Öffentlichkeit

Schillers späte Dramaturgie ist nicht nur vor einem autonomieästhetischen Hintergrund formuliert, sondern setzt sich in Abgrenzung zum unpolitischen bürgerlichen Trauerspiel und den populären Dramen seiner Zeit zum Ziel, politische Themen wieder dramatisch darstellbar zu machen. Auch diese Restitution dramatischer Öffentlichkeit solle durch die Integration der Theatralität der Darstellung in das Drama gelingen. Bevor dieser Gedanke eingehend erläutert wird, sei jedoch zunächst geklärt, was Schiller unter „Öffentlichkeit" versteht. In seinen theoretischen Schriften lassen sich zwei Öffentlichkeitsbegriffe – im Folgenden werden sie performativ und ästhetisch genannt – unterscheiden, die Schiller in der Vorlesung *Die Gesetzgebung des Lykurgus und Solon* und in den *Ästhetischen Briefen* entwickelt. Der Chronologie folgend – die Vorlesung wurde im Revolutionsjahr 1789 gehalten und 1790 anonym in der *Thalia* veröffentlicht – wird zunächst auf den der historischen Schrift eingegangen, bevor dann der der ästhetischen beschrieben werden soll. Im Anschluss daran sei schließlich Schillers genuin dramaturgischer Öffentlichkeitsbegriff mit diesen konfrontiert.

2.1 Performative Öffentlichkeit.
Schiller und Rousseau

Die Vorlesung bietet einen historischen Vergleich der Gesetzgebungen des Atheners Solon und des Spartaners Lykurg und orientiert sich weitgehend an der 1777 erschienenen, von Gottlob Benedikt von Schirach besorgten Übersetzung des entsprechenden Bands der Plutarchschen *Biographien*. Wichtig ist sie daher nicht so sehr als historische Studie, sondern vielmehr, weil sich in ihr Parallelen zur zeitgenössischen politischen Situation, der Französischen Revolution, finden und sie damit Aufschluss über Schillers eigene politische Theorie gibt, insbesondere aber über einen zur Zeit der Abfassung überaus aktuellen Öffentlichkeitsbegriff. Über die Spartaner heißt es dort:

> Weil den Letztern [d.i. den freien Bürgern] alle Arbeiten durch die Heloten [d.i.
> den spartanischen Sklaven] abgenommen waren, so brachten sie ihr ganzes Leben
> müßig zu; die Jugend übte sich in kriegerischen Spielen und Geschicklichkeiten,
> und die Alten waren die Zuschauer und Richter bei diesen Uebungen. Einem
> Spartanischen Greis gereichte es zur Schande von dem Ort wegzubleiben, wo die
> Jugend erzogen wurde. Auf diese Art kam es, daß jeder Spartaner mit dem Staat
> lebte, alle Handlungen wurden dadurch *öffentliche* Handlungen. Unter den Augen
> der Nation reifte die Jugend heran, und verblühte das Alter. Unaufhörlich hatte
> der Spartaner Sparta vor Augen, und Sparta ihn. (NA 17, 421.)

Öffentlich ist in diesem Modell eine Handlung, wenn sie sichtbar ist,
wenn sie vor einem bewusst gehaltenen Zuschauerkollektiv vollzogen
wird. Doch nicht nur die Handlung selbst ist öffentlich, vielmehr ist laut
Schiller in der antiken Öffentlichkeit der Spartaner auch der Akt des
Zuschauens eine theatrale und damit öffentliche Handlung vor einem
Publikum. Die alten Zuschauer bezeugen die Handlungen der Jungen,
sind jedoch nie nur Subjekt des Bezeugens, sondern auch dessen Objekt;
ihr Zuschauen wird seinerseits durch die „Augen der Nation" bezeugt:
Der Spartaner „war Zeuge von allem, und alles war Zeuge seines Lebens." (NA 17, 421.) Eine so verstandene performative Öffentlichkeit
reduziert theatrale Darstellung fast nahezu völlig auf die Inszenierung der
durch die Zuschauer gegebenen Theatralität; inszeniert wird, wie Zuschauer Zuschauern zuschauen. Wichtiger als das „Heranreifen" der
Jugend und das „Verblühen" des Alters sind die „Augen der Nation", die
dies bezeugen. Dies wird mit dem Anspruch verbunden, dadurch den
abstrakten, nicht darstellbaren politischen Volkskörper, das „Vaterland",
affektiv erfahrbar machen zu können. Laut Schiller trage die öffentlich-
theatrale Struktur des spartanischen Lebens dazu bei, dass die einzelnen
Generationen vereinend und auf diese Weise, sieht man in ihr die zeitgleich zur Entstehung der Schrift ablaufenden Ereignisse in Paris gespiegelt, das genealogische Prinzip des *Ancien Régime* aushebelnd „die Idee *von*
Vaterland und *Vaterländischem Interesse* [...] mit dem innersten Leben aller
seiner Bürger [verwuchs]." (NA 17, 421.) Insbesondere in öffentlichen
Festen der Spartaner sei dies zur Geltung gekommen.

> Noch andre Gelegenheiten, diese Triebe zu entflammen, gaben die öffentlichen
> Feste, welche in dem müssigen Sparta sehr zahlreich waren. Kriegrische Volks-
> Lieder wurden dabei gesungen, welche den Ruhm der fürs Vaterland gefallenen
> Bürger oder Ermunterungen zur Tapferkeit zum gewöhnlichen Inhalt hatten.
> Sie erschienen an diesen Festen in drei Chören nach dem Alter eingetheilt. Das
> Chor der Alten fieng an zu singen: *In der Vorzeit waren wir Helden.* Das Chor der
> Männer antwortete: *Helden sind wir jetzt! Komme wer will, es zu erproben!* Das dritte
> Chor der Knaben fiel ein: *Helden werden wir einst, und euch durch Thaten verdunkeln.*
> (NA 17, 421.)

Im Unterschied zu seiner Vorlage, der Schirachschen Übersetzung, ersetzt Schiller die dortigen „tapferen Jünglinge" durch „Helden" und stellt damit den Passus in einen dramen- bzw. tragödientheoretischen Kontext.[502] Das von Schiller imaginierte Fest der Spartaner löst das Drama zugunsten einer ausschließlichen Inszenierung der eigenen Theatralität auf. Die Chöre singen einzig davon, dass sie zum Heldentum, d.h. der dramatischen Handlung vor einem Publikum, *fähig* sind. Die Spartaner, bei denen, wie Schiller mehrfach betont, die Künste aufgrund der Lykurgischen Verfassung sich nicht hätten entfalten können, kennen die Tragödie nur als Potentialität. Das spartanische Fest ist eines vor der sich bekanntlich aus dem Chor entwickelnden Tragödie. Die performative Öffentlichkeit der Spartaner liegt darin begründet, dass diese noch keine Tragödie, und damit noch nicht die Trennung von Handeln und Zuschauen, kennen, sondern nur drei Chöre, die singend bezeugen, dass sie zum Heldentum, d.h. zur theatralen Inszenierung individueller Handlungen, fähig waren, sind und sein werden. Insofern erweist sich die performative Öffentlichkeit zwar nicht als theater-, wohl aber als dramenfeindlich. Versteht man den Passus auch als eine dramaturgische Stellungnahme, so nimmt Schiller hier implizit an, eine politische Öffentlichkeit könne das Theater am besten entfalten, wenn es sich von seiner Grundstruktur emanzipiert, die Handelnde von Zuschauern trennt. Performative Öffentlichkeit kennt keine kontemplative Betrachtung, denn sie kennt keine ihr äußere Position. Daran, dass eine solche Öffentlichkeit in Konflikt mit der dramatischen Grundstruktur, der Trennung von Handelnden und Zuschauern, steht, mag es liegen, dass Schiller sie in der Folgezeit vor allem in der Lyrik – zu denken ist etwa an *Die Kraniche des Ibykus*[503] – thematisiert. Doch wird sie auch Schillers Spätdramatik prägen.

Eine so verstandene performative Öffentlichkeit ist identisch mit der Öffentlichkeitsform, wie sie Rousseau in der *Lettre à d'Alembert* dem republikanischen Fest zuschreibt.[504] Nachdem er in der *Lettre* ausführlich

---

[502] Bei Schirach lautet die Stelle: „Das Chor der Alten fieng an zu singen: / In der Vorzeit waren wir tapfere Jünglinge. / Das Chor der Männer antwortete: Wir sinds itzt: mache wer will, den Versuch. / Das dritte Chor der Knaben sang: / Wir sinds künftig: größer an Tapferkeit noch." (Zitiert nach FA 6, 886.)

[503] Vgl. Sprengel 1991, S. 34.

[504] Auf Rousseau verweist auch Otto Dann. (Vgl. FA 6, 886.) Die Rezeption der *Lettre à d'Alembert* in Deutschland zeichnet ausführlich, ohne freilich die *Gesetzgebung* anzusprechen, nach Primavesi 2008, S. 149ff. Die These, Schiller nehme bereits in der *Schaubühnenrede* die von Rousseau beschriebene und nun zu erläuternde Struktur, die die Differenz zwischen Zuschauern und Akteuren tendenziell aufhebt, wieder auf, teile ich freilich nicht. (Vgl. ebd. S. 186.) Die *Schaubühnenrede* begründet wie in Kapitel II. 2 dargelegt den theatralen Effekt, dass alle Zuschauer sich im sympathetischen Nachvollzug als Teil einer egalitären Gemeinschaft erfahren, gerade durch die von allen geteilte, gleichgeartete Differenz zur Fiktion.

das Theater gebrandmarkt hat, stellt er diesem am Schluss des Briefs das Fest als Gegenmodell entgegen. Über dem Fest steht dabei der Imperativ: „donnez les Spectateurs en Spectacle ; rendez-les acteurs eux-mêmes ; faites que chacun se voye et s'aime dans les autres, afin que tous en soient mieux unis."[505] Laut Rousseau würden die Bürger nur in einem öffentlichen Festtanz, in dem alle Bürger gleichermaßen handeln und sich handelnd zuschauen, ihre soziale Verbundenheit und Gemeinschaft empfinden. Das Fest ist, so die These Jean Starobinskis, für Rousseau das affektive Pendant zum theoretischen Konzept der *volonté générale* des *Contrat social*: „Dans l'ivresse de la joie publique, chacun est à la fois *acteur* et *spectateur* ; on reconnaît aisément la double condition du citoyen après la conclusion du contrat : il est à la fois ‚membre du souverain' et ‚membre de l'État', il est celui qui veut la loi et celui qui obéit à la loi."[506] In Rousseaus Fest wird nichts dargestellt als die Selbstdarstellung selbst; in ihm löst sich Repräsentation zugunsten einer Erfahrung reiner Gegenwärtigkeit auf. An einer solchen nur ihre eigene Theatralität inszenierenden Metadarstellung[507] partizipieren alle Glieder des „corps du Peuple"[508] gleichermaßen, genauer: dieser konstituiert sich allein durch sie und ist nicht mehr wie im *Ancien Régime* ontologisch begründet. Als Vorbild des Genfer Festes gibt auch Rousseau das von Plutarch beschriebene an:

> C'est à Sparte que dans une laborieuse oisiveté, tout étoit plaisir et spectacle. C'est là que les rudes travaux passoient pour des récréations, et que les moindres délassemens formoient une instruction publique. C'est là que les citoyens continuellement assemblés, consacroient la vie entière à des amusemens qui faisoient la grande affaire de l'Etat, et à des jeux dont on ne se délassoit qu'à la guerre.[509]

Rousseaus Genfer Tanzfest und Schillers spartanisches Chorfest teilen nicht nur den Rekurs auf die gleiche literaturgeschichtliche Autorität, über beiden steht derselbe Imperativ, die durch die Zuschauer gegebene Theatralität selbst zu inszenieren: „donnez les Spectateurs en Spectacle ; rendez-les acteurs eux-mêmes"[510], durch den performative Öffentlichkeit ermöglicht wird. Bei beiden entsteht diese ausschließlich durch die Theatralität der Darstellung. Im Unterschied zu Rousseau überführt Schiller das Theater

---

Von den Zuschauern sehen diese allein die in die Fiktion vertieften Augen, die trotz dieser Wechselblicke auf einen von den Zuschauern getrennten Raum der Darstellung ausgerichtet bleiben.

505   Rousseau 5, 115.
506   Starobinski 1971, S. 121.
507   Vgl. Derrida 1967, S. 433ff. Vgl. auch Vogl 2002, S. 29. Zum Themenkreis Theater und Fest in Anschluss an Derrida vgl. Haller 2002, hier S. 61.
508   Rousseau 5, 119f.
509   Ebd., S. 122. Kurz darauf erwähnt Rousseau auch Plutarchs Lykurg-Biographie. Vgl. ebd.
510   Ebd., S. 115.

jedoch nicht in den Tanz aller mit allen – der Tanz ist ihm, wie noch zu zeigen sein wird, Sinnbild der ästhetischen Öffentlichkeit –, sondern in einen Zustand, den es vor der Tragödie gehabt haben soll, und stellt damit performative Öffentlichkeit noch expliziter als Rousseaus theaterfeindliches Pamphlet in einen dramentheoretischen und -historischen Zusammenhang. Ein weiterer Unterschied besteht darin, dass Schiller das Fest als Historiker und dieses damit als vergangen, Rousseau es hingegen als utopisch zu erreichendes Ziel beschreibt; ein Ziel, das Rousseau freilich, völlig konträr zu Schiller, schon durch seinen geradezu halluzinatorischen Stil, der die Präsenz des Beschreibenden, also Rousseaus, aufs Allermöglichste zurückzunehmen versucht, im und durch den Schreibakt vor dem imaginativen Auge des Lesers präsent werden zu lassen versucht. Im Idealfall wäre bereits Rousseaus Leser Teil der be- bzw. erschriebenen Öffentlichkeit, davon aber kann bei Schiller nicht die Rede sein. Im Gegenteil unterstreicht letzterer damit, dass er die historische Distanz zu den Spartanern nachdrücklich betont, obwohl die bei ihnen realisierte performative Öffentlichkeit am Ende des 18. Jahrhunderts sehr aktuell ist, dass er sich von ihr distanziert.

Überaus aktuell ist diese Öffentlichkeitsform, über die Schiller 1789 in Jena liest, insofern auch die nahezu gleichzeitig ablaufenden Ereignisse in Paris grundlegend durch sie bestimmt werden. Es wurde in den vorangegangenen Kapiteln schon eingehend erläutert, dass in der europäischen Tradition die politische Gemeinschaft und der König, der diese nicht nur vertritt, sondern sie als dessen „Haupt" inkarniert, stets mit der Körpermetapher beschrieben wurde. Mit der Französischen Revolution, die an die Stelle des königlichen Körpers einen Verfassungs*text* setzt, ist die politische Macht jedoch nicht mehr durch einen Körper darstellbar.[511] Indem in der Revolution der König enthauptet wird, durch den der Staat inkarniert und dem Untertan vor Augen gestellt werden konnte, hinterlässt dieser eine Leerstelle, die zu füllen sich die Revolutionäre verweigern werden und an deren Stelle allein nicht anschaulich zu machende, rationale Prinzipien treten.[512] Doch auch die Revolutionäre kommen nicht ohne eine Veranschaulichung der abstrakten politischen Prinzipien und entsprechenden Inszenierungstechniken aus, mit denen die Bürger affektiv an den abstrakt gewordenen Staat gebunden werden können. Sie bedienen sich dazu der performativen Öffentlichkeit. Wenn Schiller diese in seinen

---

[511] Vgl. Koschorke 2007, S. 219ff. Vgl. auch die Studien Foucaults, insbesondere Foucault 1975.

[512] Schon Burke spricht in seinen *Reflections* von „eine[r] leere[n] Stelle in dem gesellschaftlichen Ganzen". Burke 1986, S. 265. Die Rede von einer strukturellen Leerstelle innerhalb der Gesellschaft wird sich bis in die heutige politische Theorie fortsetzen. Vgl. z.B. Lefort 1986, S. 265. Siehe auch Kapitel III.3.2.

theoretischen Schriften und seiner Dramaturgie thematisiert, geschieht dies somit immer schon vor einem politischen Hintergrund.

An die Stelle der absolutistischen Königsinszenierung treten in der Revolution die Revolutionsfeste, bei denen es sich um von prominenten Künstlern wie beispielsweise Jacques-Louis David gestaltete Aufmärsche, Prozessionen und Bühnenspiele handelt, die strukturell an das von Rousseau entworfene republikanische Fest und die dort beschriebene performative Öffentlichkeit anschließen.[513] Im Revolutionsfest setzen sich Bürger mit Bürgern vor anderen Bürgern und so den abstrakt gewordenen Staat und dessen Öffentlichkeit in Szene. Anders als beispielsweise in Deutschland, wo es angefangen mit Schiller allein zu utopischen Entwürfen kommt, ermöglichen die Revolutionsfeste, dass der mit dem alteuropäischen brechende Volkskörper des modernen Staats schon bei seinem ersten Aufkommen anschaulich in Szene gesetzt werden kann.[514] Die Rousseausche *volonté générale*, auf die sich die Revolutionäre berufen, kann, wie Rousseau vermerkt, von keinem einzelnen Individuum vertreten werden:

> La Souveraineté ne peut être représentée, par la même raison qu'elle ne peut être aliénée; elle consiste essentiellement dans la volonté générale, et la volonté ne se représente point [...].[515]

Da kein Individuum allein den politischen Körper zu vertreten vermag, kann dieser nur von dem gesamten Volkskörper selbst repräsentiert werden. Dies leistet bei Rousseau wie auch in der Revolution das Fest bzw. dessen performative Öffentlichkeit. Im Fest sind idealiter alle Bürger Zuschauer ihres eigenen Theaters; eine eindeutige Trennung zwischen einem Raum der Darstellung und einem der Rezeption gibt es nicht mehr.[516] Die Revolutionsfeste entwickeln bei einer solchen Inszenierung des Volkskörpers jedoch keine eigene Bildidiomatik, sondern stellen synkretistisch die überkommenen Bilder und ekklektizistisch die alten Rituale zusammen.[517]

---

[513]   Vgl. Baxmann 1989, S. 30.

[514]   Vgl. Matala de Mazza 1999, S. 122. Auf den hier angesprochenen utopischen Entwurf Schillers wird im nächsten Kapitel noch zurückzukommen sein.

[515]   Rousseau 3, 429 (*Du contract social*).

[516]   Vgl. Baxmann 1989, S. 39. Primavesi 2008, S. 214. Dies gilt auch für die Darstellungen der politischen Ereignisse wie den Sturm auf die Bastille in Augenzeugenberichten. Vgl. ebd., S. 206. Damit ist selbstverständlich nicht behauptet, die Revolutionäre würden keine Zuschauer ihrer politischen Taten dulden. Ausschlaggebend ist, dass der Zuschauer in Darstellungen des politischen Körpers wie den Festen idealiter als passive theatrale Instanz nicht mehr auftreten darf. Zum Verhältnis der Revolutionsfeste zum Theater vgl. auch Münz 1998, der besonders auch auf die karnevalesken Momente der Feste eingeht.

[517]   Zwei Aspekte, die neben der Inszenierung von Bildern der *Terreur* und revolutionären Opfertoden hervorgehoben werden bei Graevenitz 1989, S. 534. Zu den Revolutionsfesten vgl. auch Ozouf 1976.

Die Brüchigkeit eines solchen Synkretismus wird durch einen auffällig an die absolutistische Herrschaftsentfaltung erinnernden Glanz (*éclat*) dieser Inszenierungen überblendet.[518] Zentral ist bei allen Inszenierungen, dass die Ereignisse „in *ostentativer Sichtbarkeit* vor die Augen des Publikums"[519] gestellt werden; eines Publikums freilich, dem suggeriert wird, stets selbst an der Darstellung zu partizipieren. Wie das republikanische Fest der *Lettre à d'Alembert* ähnlich dem spartanischen der *Gesetzgebung* durch die performative Öffentlichkeit ein affektives Pendant zum Gesellschaftsvertrag darstellt, dienen auch die Revolutionsfeste nicht nur der performativen Vergegenwärtigung des neuen strukturell nicht-darstellbaren Staats, sondern ermöglichen es, durch diese Vergegenwärtigung den abstrakten Staat dem Bürger affektiv erfahrbar zu machen. Wie Mona Ozouf nachgezeichnet hat, kommt dem Revolutionsfest auch die Aufgabe zu, „[de] rendre manifeste, éternel, intangible, le lien social tout neuf."[520]

Das für die Zeit völlig neue Phänomen, dass der politische Körper nicht mehr auf traditionelle, d.h. auch nicht mehr auf theatrale Weise dargestellt werden kann, sondern nur noch durch die Theatralität selbst vergegenwärtigt wird, führt jedoch nicht, wie man zunächst vermuten könnte, das darstellende Theater an sein Ende. Im Gegenteil: Die Pariser Theater erfahren während der Revolution durch etliche Neugründungen und Neuaufführungen einen in diesem Ausmaß noch nicht gekannten Aufschwung. Politische Reden sind zudem maßgeblich durch Metaphern aus dem Bildfeld des Theaters geprägt.[521] Gerade weil die einzig legitime Instanz politischer Handlungen, die *volonté générale*, sich nicht darstellen lässt, erscheinen die Handlungen einzelner politischer Akteure schon während ihres Vollzugs als theatral inszeniert. Nur, wenn wie im Fest der politische Volkskörper selbst handelt, kommt es zu einer „eigentlichen", politisch legitimen Handlung; die einzelnen Individuen hingegen sind dazu verdammt, Theater zu spielen. Die Revolution „schreibt Theatergeschichte, indem sie, was geschieht, bereits im Moment des Geschehens als inszenierte Geschichte zur Schau stellt."[522]

---

[518] Vgl. Vogel 2002, S. 60.
[519] Ebd., S. 58.
[520] Ozouf 1976, S. 16.
[521] Vgl. die umfangreiche Zusammenstellung bei Leiteritz 1994, S. 23ff.
[522] Vogel 2002, S. 58.

2.2 Ästhetische Öffentlichkeit. Schiller und Kant

Schiller entwickelt in der Folgezeit vor allem in den *Ästhetischen Briefen* einen weiteren, völlig anders gearteten Öffentlichkeitsbegriff, mit dem er sich sowohl von der Französischen Revolution als auch von Kant abzugrenzen versucht. Von der Revolution hebt sich Schillers politisch-ästhetische Theorie ab, weil sie den Revolutionsbegriff durch eine evolutionäre Geschichtsphilosophie ersetzt, innerhalb derer der Ästhetik die Aufgabe zukommt, die Menschen, die durch den absolutistischen Staat entfremdet worden seien,[523] auf den Vernunftstaat vorzubereiten. Der Mensch müsse auf den endgültigen Übergang zum Vernunftstaat durch Ästhetik vorbereitet werden, „weil es die Schönheit ist, durch welche man zu der Freyheit wandert." (NA 20, 312.) Andernfalls käme es zu den Gewaltexzessen, über die Schiller seit Beginn der Revolution ausgiebig durch den *Moniteur* und konterrevolutionäre Schriften wie beispielsweise den weiter unten noch zu kommentierenden *Reflections on the Revolution in France* Edmund Burkes informiert wurde. Gegenüber dem Augustenburger führt er diese Exzesse auf eine Dialektik der Aufklärung zurück, die er wie folgt beschreibt:

> Wenn die Kultur ausartet, so geht sie in eine weit bösartigere Verderbniß über, als die Barbarey je erfahren kann. Der sinnliche Mensch kann nicht tiefer als zum Thier herabstürzen; fällt aber der aufgeklärte, so fällt er bis zum Teuflischen herab, und treibt sein ruchloses Spiel mit dem heiligsten der Menschheit. (NA 26, 263.)

Damit ist auch angesprochen, wie sich Schiller von Kants Aufklärungsoptimismus abzuheben versucht. Dieser hatte ja in seiner kurzen Schrift *Beantwortung der Frage: Was ist Aufklärung?* die bürgerliche Öffentlichkeit des 18. Jahrhunderts theoretisch auf den Begriff gebracht und Aufklärung als eine öffentliche, schriftliche Diskussion verstanden, an der jeder Bürger, wenn er sich als Gelehrter äußert, d.h. sich seiner Vernunft bedient, partizipieren könne.[524]

---

[523]   Schiller spricht nie explizit vom absolutistischen Staat, sondern entweder vom „Not-" oder „Naturstaat". Dass sich dahinter jedoch der absolutistische Staat verbirgt, wird an folgender Bemerkung deutlich: „Naturstaat (wie jeder politische Körper heissen kann, der seine Einrichtung ursprünglich von Kräften, nicht von Gesetzen ableitet)" (NA 20, 314.). Einen Staat absolutistisch-dezisionistischer Provenienz gelte es also durch Ästhetik in einen Rechtsstaat zu überführen.

[524]   Gelehrsamkeit wird insofern „als Funktion und nicht als Institution" (Fohrmann 1998, S. 18.) verstanden, die potentiell jeder Bürger ausüben könne. Zum Öffentlichkeitsbegriff vgl. nach wie vor einschlägig Habermas 1990, S. 178ff. Zum Aspekt der Schriftlichkeit vgl. auch Chartier 1990, S. 39f.

Welche Einschränkung aber ist der Aufklärung hinderlich, welche nicht, sondern ihr wohl gar beförderlich? – Ich antworte: Der *öffentliche* Gebrauch seiner Vernunft muß jederzeit frei sein, und der allein kann Aufklärung unter Menschen zustande bringen; der *Privatgebrauch* derselben aber darf öfters sehr enge eingeschränkt sein, ohne doch darum den Fortschritt der Aufklärung sonderlich zu hindern. Ich verstehe aber unter dem öffentlichen Gebrauche seiner eigenen Vernunft denjenigen, den jemand als *Gelehrter* von ihr vor dem ganzen Publikum der *Leserwelt* macht. Den Privatgebrauch nenne ich denjenigen, den er in einem gewissen ihm anvertrauten *bürgerlichen Posten* oder Amte von seiner Vernunft machen darf.[525]

Schiller behauptet nun in den *Ästhetischen Briefen*, die Aufklärung sei kein unabgeschlossener Prozess, sondern bereits vollzogen.[526] „Das Zeitalter ist aufgeklärt, das heißt die Kenntnisse sind gefunden und *öffentlich* preisgegeben, welche hinreichen würden, wenigstens unsre praktischen Grundsätze zu berichtigen." (NA 20, 331, Hervorhebung von mir, AP.) Kranken würde das Zeitalter vielmehr an einer Überbetonung der intelligiblen Seite des Menschen zuungunsten seiner sinnlichen. Die Entfremdung des Menschen lastet Schiller also nicht nur dem „Naturstaat" an, sondern auch der Philosophie der Aufklärung, die einseitig die geistige Seite des Menschen befördert hätte. Allein durch Ästhetik könne der Mensch wieder in einen harmonischen Zustand gebracht und mittels dieses Zustands auf die politische Freiheit vorbereitet werden.

Die Widersprüchlichkeiten, die sich aus seinem Ansatz ergeben, sind schon oft beschrieben worden.[527] In unserem Kontext interessiert allein das Konzept ästhetischer Öffentlichkeit, wie Schiller es vor allem in den letzten beiden Briefen zu umreißen beginnt. Ein regelrechtes Eingeständnis des utopischen Charakters seiner ästhetisch-politischen Theorie stellt der 27. Brief dar, in dem Schiller das dyadische Modell von Natur- und Vernunftstaat zugunsten eines triadischen von dynamischem, ästhetischem und ethischem Staat fallen lässt.

> Der dynamische Staat kann die Gesellschaft bloß möglich machen, indem er die Natur durch Natur bezähmt; der ethische Staat kann sie bloß (moralisch) nothwendig machen, indem er den einzelnen Willen dem allgemeinen unterwirft; der ästhetische Staat allein kann sie wirklich machen, weil er den Willen des Ganzen durch die Natur des Individuums vollzieht. (NA 20, 410.)

---

[525] Kant 4, S. 170f.
[526] Vgl. Mettler 1977, S. 64.
[527] Neben der Unstimmigkeit, auf die ich im Folgenden detaillierter eingehe, ist vor allem zu nennen, dass die Politisierung der Ästhetik allein durch eine Ästhetisierung der Moral gelingen kann, obwohl Moral weiterhin als das ästhetisch zu erreichende Ziel jenseits des Ästhetischen verstanden wird. Zudem ist die Argumentation Schillers alles andere als schlüssig; eine Problematik, die von der derzeit populären Deutung durch Jacques Rancière einfach übergangen wird. Vgl. z.B. Rancière 2004, S. 42ff. Zu einer Kritik vgl. Menke, Ch. 2006b, S. 64.

Die Ästhetik bildet nicht mehr das Medium zwischen Natur- und Vernunftstaat, sondern einen eigenständigen Staat, so dass an die Stelle der „Erziehung durch die Kunst" eine „Erziehung zur Kunst"[528] tritt. Hierin wurde oft ein kompensatorischer Zug der Schillerschen Ästhetik gesehen.[529] Statt politisch etwas zu ändern, flieht der unmündige Bürger in eine Welt des Ästhetischen, die jeglichen Bezug zur politischen Emanzipation verloren hat.

Diese Erinnerungen waren nötig, um Schillers Modell ästhetischer Öffentlichkeit nachvollziehen zu können. Im ästhetischen Staat ist das Gegenmodell zum Kantischen Publizitätskonzept realisiert. Der im 27. Brief zwar ungenannte, jedoch implizierte Begriff „Öffentlichkeit" bezeichnet das allen Menschen Gemeinsame, Nicht-Private:

> Alle andere Formen der Mittheilung trennen die Gesellschaft, weil sie sich ausschließend entweder auf die Privatempfänglichkeit, oder auf die Privatfertigkeit der einzelnen Glieder, also auf das Unterscheidende zwischen Menschen und Menschen beziehen; nur die schöne Mittheilung vereinigt die Gesellschaft, weil sie sich auf das Gemeinsame aller bezieht. (NA 20, 410f.)

Der Mensch sei aufgrund der Vernunft ein geselliges Wesen, jedoch könne „die Schönheit allein ihm einen *geselligen Charakter* ertheilen." (NA 20, 410.) Der ästhetische Staat zeichne sich durch den „schönen Umgang" (NA 20, 403.) zwischen den Individuen aus, wie beispielsweise die Höflichkeit, in dem der ästhetische Schein *„in der moralischen Welt"* (NA 20, 403.) auftrete.

> Bey welchem einzelnen Menschen oder ganzen Volk man den aufrichtigen und selbstständigen Schein findet, da darf man auf Geist und Geschmack und jede damit verwandte Trefflichkeit schließen – da wird man das Ideal das wirkliche Leben regieren, die Ehre über den Besitz, den Gedanken über den Genuß, den Traum der Unsterblichkeit über die Existenz triumphiren sehen. Da wird die *öffentliche Stimme* das einzig furchtbare seyn, und ein Olivenkranz höher als ein Purpurkleid ehren. (NA 20, 402, Hervorhebung von mir, AP.)

Schon die Metaphorik der öffentlichen Stimme markiert die Distanz zum genuin schriftlichen Öffentlichkeitsbegriff Kants. Eine so verstandene Öffentlichkeit konstituiert sich nicht durch das vernünftige Räsonnement der Gelehrten, sondern durch den funktionslosen, da ästhetisierten, geselligen Umgang der Bürger untereinander. Zudem ist sie, wie das Beispiel zeigt, normativ verfasst; dies wurde durch die anthropologisch-transzendentale Begründung der Schönheit möglich, die Menschsein als Ästhe-

---

[528]   Vgl. Gadamer 1986, S. 88.
[529]   Vgl. beispielsweise Marquard 1962, insbesondere S. 373. Eine Kritik dieser These findet sich bei Bräutigam 1990, der darauf aufmerksam macht, dass Schiller die Kompensationsthese in den *Briefen* bereits mitreflektiert. Zum aktuellen Diskussionsstand vgl. Matuschek 2009, S. 240ff.

tischsein definiert.[530] Zu Recht wurde in dem am Ende der *Ästhetischen Briefe* skizzierten Ideal des schönen Umgangs eine verbürgerlichte, ästhetisierte Form des höfischen *art de plaire* mit seinem Ideal der *honnêteté* gesehen.[531] Dass Schiller eine Ästhetisierung der sozialen Umgangsformen vor Augen schwebt, geht auch aus einem Brief an Christian Garve hervor, an den Schiller am 1. Oktober 1794 schreibt, er habe vor, „den Grundsatz der Schönheit auf die Gesellschaft anzuwenden, und den Umgang als ein Objekt der schönen Kunst zu betrachten." (NA 27, 57.)

Schiller nimmt ein Motiv der Kantischen Ästhetik auf, dass das Bedürfnis nach Schönheit sich erst in Geselligkeit einstelle und Geselligkeit den Umgang mit dem Ästhetischen „verfeinere", wendet dieses jedoch gegen den Kantischen Publizitätsbegriff. Im §41 der *Kritik der Urteilskraft* heißt es:

> Für sich allein würde ein verlassener Mensch auf einer wüsten Insel weder seine Hütte noch sich selbst ausputzen oder Blumen aufsuchen, noch weniger sie pflanzen, um sich damit auszuschmücken; sondern nur in Gesellschaft kommt es ihm ein, nicht bloß Mensch, sondern auch nach seiner Art ein *feiner Mensch* zu sein (der Anfang der Zivilisierung); denn als einen solchen beurteilt man denjenigen, welcher seine Lust anderen mitzuteilen geneigt und geschickt ist, und den ein Objekt nicht befriedigt, wenn er das Wohlgefallen an demselben nicht in Gemeinschaft mit andren fühlen kann.[532]

Möglich wird diese These unter anderem durch das kurz zuvor eingeführte Konzept des ästhetischen *sensus communis*. Anliegen der Kantischen Ästhetik ist es, den Nachweis zu erbringen, dass das ästhetische Urteil ein zwar subjektives, aber dennoch allgemeingültiges ist und damit von den „subjektiven Privatbedingungen"[533] eines Urteils abstrahiert.[534] Unter dem *sensus communis* müsse man „die Idee eines *gemeinschaftlichen* Sinnes, d.i. eines Beurteilungsvermögens verstehen, welches in seiner Reflexion auf die Vorstellungsart jedes andern in Gedanken (a priori) Rücksicht nimmt"[535]. Schon zuvor hieß es, der Geschmack fälle „vorgebliche gemeingültige (publike) [...] Urteile"[536]. Kant trennt den ästhetischen *sensus communis* in

---

530 Vgl. „Die Vernunft stellt aus transcendentalen Gründen die Foderung auf: es soll eine Gemeinschaft zwischen Formtrieb und Stofftrieb, das heißt, ein Spieltrieb seyn [...]. Sobald sie demnach den Ausspruch thut: es soll eine Menschheit existieren, so hat sie eben dadurch das Gesetz aufgestellt: es soll eine Schönheit seyn." (NA 20, 356.) Zur Normativität vgl. Hohendahl [u.a.] 2002, S. 598f.

531 Vgl. Borchmeyer 1973, S. 116ff. und S. 138ff., insbesondere S. 142. Osels 1986, S. 65ff.

532 KdU, B 163, Hervorhebung von mir, AP.

533 KdU, B 157.

534 Siehe ausführlich weiter oben Kapitel III.1.2.

535 KdU, B 157.

536 KdU, B 22.

der *Kritik der Urteilskraft* jedoch streng von der Öffentlichkeitsform, wie sie seinem Aufklärungsbegriff zugrunde liegt, indem er diesen als Maxime des Verstands, jenen als Maxime der Urteilskraft verstanden wissen will. Maxime des Verstands sei „Selbstdenken", die der Urteilskraft „An der Stelle jedes andern denken".[537]

Schillers ästhetische Geselligkeit bzw. Öffentlichkeit erinnert zwar an den Kantischen *sensus communis*,[538] ist jedoch mit diesem nicht identisch, da der ästhetischen Öffentlichkeit anders als beim Kantischen *sensus communis* ein objektiver Schönheitsbegriff zugrunde liegt. Das allen Gemeinsame geht bei Schiller nicht wie beim Kantischen *sensus communis* auf ein Urteil zurück, über das stets „aus einem *allgemeinen Standpunkte*"[539] reflektiert werden kann. Ästhetische Öffentlichkeit stellt sich vielmehr unter folgenden drei Bedingungen ein. Zunächst zeigt sich ein Subjekt einem anderen als ein ästhetisches. Schiller erläutert dies in der Phylogenese, die er im 27. Brief den Erörterungen zum ästhetischen Staat vorausschickt. Dort heißt es: „Bald ist er [d.i. der Mensch] nicht mehr damit zufrieden, daß ihm die Dinge gefallen; er will selbst gefallen, anfangs zwar nur durch das, was *sein* ist, endlich durch das, was *er* ist." (NA 20, 408.) Ermöglicht wird dies durch ein Verhalten, das Schiller auch als „edel" bezeichnet.

> Diese geistreiche und ästhetisch freye Behandlung gemeiner Wirklichkeit ist, wo man sie auch antrifft, das Kennzeichen einer *edeln* Seele. […] Edel heißt jede Form, welche dem, was seiner Natur nach bloß *dient* (bloßes Mittel ist), das Gepräge der Selbständigkeit aufdrückt. Ein edler Geist begnügt sich nicht damit, selbst frey zu seyn, er muß alles andre um sich her, auch das Leblose, in Freyheit setzen. Schönheit aber ist der einzig mögliche Ausdruck der Freyheit in der Erscheinung. (NA 20, 386.)

Auch in den *Kalliasbriefen* findet sich der Gedanke bereits ausformuliert. Dort schreibt Schiller am 23. Februar 1793 an Körner, es sei „die schöne Sinnenwelt das glücklichste Symbol, wie die moralische sein soll" (NA 26, 216.), und fährt fort:

> Es ist auffallend, wie sich der gute Ton (Schönheit des Umgangs) aus meinem Begriff der Schönheit entwickeln läßt. Das erste Gesetz des guten Tons ists: *Schone fremde Freiheit*. Das zweyte: *zeige selbst Freiheit*. Die pünktliche Erfüllung beider ist ein unendlich schweres Problem, aber der gute Ton fodert sie unerläßlich, und sie macht allein den vollendeten Weltmann. (NA 26, 219.)

---

[537] KdU, B 159. Zur Differenzierung der unterschiedlichen Öffentlichkeitsbegriffe Kants vgl. Liesegang 2004, S. 54f.

[538] In der Forschung wurde sie sogar auf diesen zurückgeführt. Vgl. Borchmeyer 1973, S. 140. Auf die breite Forschung zur Geselligkeitskultur des 18. Jahrhunderts kann hier nicht detailliert eingegangen werden, zum Konnex von Ästhetik und Geselligkeit bei Kant und Schiller vgl. aber Eagleton 1994, S. 73ff.

[539] KdU, B 159.

Das Subjekt zeigt sich einem Betrachter, einem Zuschauer als „Freiheit", d.h. als ein schöner Gegenstand, den dieser ästhetisch-kontemplativ betrachten kann. Öffentlichkeit stellt sich jedoch nur ein, wenn zweitens auch das betrachtende Subjekt sich dem anderen als ästhetisches präsentiert und beide durch ihr „edles" Verhalten, den „guten Ton", dazu beitragen, dies zu ermöglichen. Beide sind sich wechselseitig ästhetische Betrachter wie ästhetische Objekte. Schon dadurch unterscheidet sich die ästhetische Öffentlichkeit von der performativen grundlegend, denn in letzterer sind die einzelnen Individuen nur gegenseitige Zuschauer, die ihrem wechselseitigen Zuschauen zuschauen, nicht jedoch ästhetische Objekte, die kontemplativ betrachtet werden könnten. Ästhetisch ist die beschriebene Interaktion ästhetischer Öffentlichkeit aber erst, wenn sie sich drittens auch vor einem ihr äußeren Zuschauer als ästhetisch erweist, denn die schöne Interaktion darf nicht allein auf die beiden Interagierenden beschränkt bleiben, sondern muss, solange sie öffentlich sein will, alle anderen umfassen. Die ästhetische Interaktion muss ihrerseits selbst ästhetisiert werden, d.h. sich vor einem unbeteiligten Zuschauer als schönes Objekt erweisen. Die Aporie ästhetischer Öffentlichkeit besteht darin, dass sie um ästhetisch sein zu können, einen externen ästhetischen Betrachter impliziert, um öffentlich sein zu können, jedoch diesen strukturell nicht einholbaren Betrachter umfassen muss. Dass ästhetische Öffentlichkeit stets einen ihr externen Zuschauer impliziert, geht explizit nicht aus den *Ästhetischen Briefen* hervor, wohl aber aus einer Allegorie, mit der Schiller in den *Kalliasbriefen* die ästhetische Öffentlichkeit des schönen Umgangs bildlich darzustellen versucht.

> Ich weiß für das Ideal des schönen Umgangs kein paßenderes Bild als einen gut getanzten und aus vielen verwickelten Touren componierten englischen Tanz. Ein Zuschauer aus der Gallerie sieht unzählige Bewegungen, die sich aufs bunteste durchkreuzen, und ihre Richtung lebhaft und muthwillig verändern, und *doch niemals zusammenstoßen*. Alles ist so geordnet, daß der eine schon Platz gemacht hat, wenn der andere kommt, alles fügt sich so geschickt und doch wieder so kunstlos ineinander, daß jeder nur seinem eigenen Kopf zu folgen scheint, und doch nie dem andern in den Weg tritt. Es ist das treffendste Sinnbild der behaupteten eigenen Freiheit und der geschonten Freiheit des andern. (NA 26, 216f.)

Das Sinnbild, das Schiller hier wählt, ist für das Konzept ästhetischer Öffentlichkeit überaus aufschlussreich. In ihm gibt es zwei komplementär aufeinander bezogene, sich wechselseitig ausschließende Positionen, die der Tanzenden und die eines Zuschauers. Die Tanzenden befinden sich offensichtlich kollektiv in einem ästhetischen Zustand und bilden eine Öffentlichkeit, die ästhetisch verstanden werden kann. Jedoch haben sie während ihres Tanzes keinen Überblick über das Ganze, das sie bilden, und sehen nicht die schöne *linea serpentina*, die sie beschreiten,[540] ja sie verlieren den Überblick gerade, weil sie tanzen. Erst in einer dem Tanz äußeren Position wird die schöne Regelhaftigkeit, die die tanzenden Bürger verinnerlicht haben, sichtbar. Der Zuschauer, der die Tanzenden als bewegtes Bild wahrnimmt, befindet sich – so kann man mit Gabriele Brandstetter sagen – außerhalb der schönen Gesellschaft und erinnert damit an den Souverän, vor dem die verbürgerlichten Hofmänner sich gemeinsam als ein schönes Ganzes präsentieren.[541] Ästhetische Öffentlichkeit, deren Allegorie der Kontratanz ist, impliziert, weil sie auf einem objektivierenden Schönheitsbegriff beruht, stets eine ihr äußere Position, eine des unbeteiligten Zuschauers, der sie kontemplativ betrachtet. Das Dilemma ästhetischer Öffentlichkeit ist mithin, dass sie um ein ästhetisches Ganzes sein zu können, mindestens einen, den ästhetischen Betrachter, aus diesem Ganzen ausschließen muss. Dies widerspricht dem Anspruch des ästhetischen Staats, der allein die Gesellschaft nicht nur wie der dynamische und ethische möglich oder notwendig, sondern auch wirklich machen könne, „weil er den Willen des Ganzen durch die Natur des Individuums vollzieht." (NA 20, 410.) Wie das von Schiller gewählte Sinnbild zeigt, ist der „Wille des Ganzen", mit dem er stillschweigend Rousseaus *volonté générale* eindeutscht,[542] im Unterschied zu Rousseaus Konzeption dem bürgerlichen Individuum der ästhetischen Öffentlichkeit strukturell stets entzogen und zeigt sich allein einem einzigen Zuschauer, der außerhalb der Gemeinschaft steht. Nicht umsonst legt Schiller im selben, dem 27. Brief eine Affinität der ästhetischen Öffentlichkeit zur höfischen Repräsentation und nicht zum egalitären Volkskörper performativer Öffentlichkeit nahe:

> wenn es wahr ist, daß der schöne Ton in der Nähe des Thrones am frühesten und am vollkommensten reift, so müßte man auch hier die gütige Schickung erkennen, die den Menschen oft nur deswegen in der Wirklichkeit einzuschränken scheint, um ihn in eine idealische Welt zu treiben. (NA 20, 412.)

*

---

[540] Schrittmuster des hier beschriebenen Kontratanzes ist, wie Schiller bei Hogarth nachlesen konnte (Hogarth 1997.), die Schlangenlinie. Ich folge mit der Interpretation der Tanzallegorie Brandstetter 2006, S. 176ff.

[541] Vgl. ebd., S. 176ff.

[542] Im gleichen Satz spricht er auch wortwörtlich vom „allgemeinen" Willen. Vgl. Matuschek 2009, S. 220.

Die beiden Öffentlichkeitsformen, die sich in Schillers theoretischen Schriften dokumentieren lassen, teilen einen utopischen Charakter, könnten jedoch sonst nicht unterschiedlicher sein. Insbesondere unterscheiden sie sich in zwei schon im Kapitel zur Ästhetik thematisierten Hinsichten: durch ihr Verhältnis zur Theatralität der Darstellung einerseits, zum eng damit verbundenen Begriffspaar ergonal-parergonal andererseits. Während die performative Öffentlichkeit sich einzig durch die Theatralität der Darstellung einstellt und auf jegliche darstellende Funktion zugunsten einer nahezu ausschließlichen Inszenierung der Zuschauer verzichtet, beruht ästhetische Öffentlichkeit wesentlich auf Selbst*darstellung*, jedoch mit dem utopischen Ziel, über die Abhängigkeit von einem externen Zuschauer hinwegzutäuschen. Insofern ist jene genuin theatralisch, diese genuin antitheatralisch. Während ästhetische Öffentlichkeit wie Schillers objektiver Schönheitsbegriff eine anschauliche, d.h. unmittelbar evidente Ganzheit anstrebt und damit den von Schiller objektiv verstandenen, ergonalen Argumentationsstrang der *Kritik der Urteilskraft* verfolgt, verzichtet performative Öffentlichkeit auf die Darstellung (einer Ganzheit) und inszeniert performativ nur noch den ästhetischen Betrachter, folgt mithin ganz dem parergonalen Argumentationsstrang der dritten *Kritik*, wie ihn Schiller rezipieren wird. Wie sich Schillers späte Dramaturgie an diesen beiden Öffentlichkeitsutopien abarbeitet und eine dritte zu finden sucht, die sowohl die Theatralität und Anithetralität als auch die Ergonalität und Parergonalität der beiden anderen paradox in sich verschränkt, gilt es in den folgenden Kapiteln zu klären. Dabei sei zunächst noch einmal auf einen theoretischen Text eingegangen.

2.3 Theatrale Öffentlichkeit. *Über den Gebrauch des Chors in der Tragödie* II

Im Unterschied zu den beiden Öffentlichkeitsbegriffen der ästhetischen und der historischen Schrift versteht Schiller in seiner Dramaturgie Öffentlichkeit explizit als politische *und* als dramaturgische Kategorie. Dieser Öffentlichkeitsbegriff ist mit den anderen beiden vergleichbar, weil alle drei ein jeweils unterschiedlich geartetes Verhältnis zur Theatralität der Darstellung unterhalten. Theoretisch reflektiert Schiller eine durch das Theaterpublikum generierte und politisch verstandene Öffentlichkeit vor allem in dem im vorangegangenen Kapitel III.1.3 schon besprochenen Essay *Über den Gebrauch des Chors in der Tragödie*. Die theatrale Instanz, anhand derer Schiller die politisch-öffentliche Seite seiner späten Dramen reflektiert, ist dieselbe, mit der auch deren Ästhetik beschrieben werden konnte, der Chor.[543] Dabei sei an die These des vorherigen Kapitels erinnert, dass Schiller, indem er vom Chor spricht, stets auch den Theaterzuschauer mitthematisiert, dessen ambivalenten Status als Betrachter und Bestandteil des Werks er in ihm reflektiert. Das Verhältnis von Chor und Theaterpublikum zeichnet sich wesentlich durch die Unbestimmtheit aus, sowohl ein metaphorisches als auch ein metonymisches zu sein. Wenn Schiller in der Vorrede die szenische Öffentlichkeit mithilfe des Chors zu restituieren versucht, impliziert dies daher stets, dass eine solche Restitution auch durch eine bestimmte Funktionalisierung des Theaterpublikums während der Aufführung zu erreichen möglich ist.

Schiller formuliert seinen Versuch, die Öffentlichkeit der szenischen Darstellung zu rehabilitieren, sowohl vor einem literaturgeschichtlichen als auch vor einem historisch-politischen Hintergrund. Für den literaturgeschichtlichen wurde schon oft und zu Recht das bürgerliche Trauerspiel seiner Jugend, insbesondere aber Lessing namhaft gemacht.[544] Der eklatante Unterschied zur antitheatralischen Dramaturgie der Vierten Wand, die die Öffentlichkeit der Darstellung aus dieser auszugrenzen versucht und der damit der Chor notwendig fremd sein musste, fällt denn auch sofort ins Auge. So vermerkt Lessing:

> Alle Personen sprechen und unterhalten sich da [d.i. in der alten Tragödie] auf einem freien, öffentlichen Platze, in Gegenwart einer neugierigen Menge. [...] Aber wir Neuern, die wir den Chor abgeschafft, die wir unsere Personen größtenteils zwischen ihren vier Wänden lassen: was können wir für Ursache haben, sie dem ohngeachtet immer eine so geziemende, so ausgesuchte, so rhetorische Sprache führen zu lassen? Sie hört niemand, als dem sie es erlauben wollen, sie zu hören [...].[545]

Schiller wendet sich in der Dramaturgie seiner späten Dramen nicht nur gegen die illusionistischen und antitheatralischen Tendenzen dieser Dramaturgie, sondern auch gegen eine solche Restriktion der Themenwahl. Die Themen dürften nicht allein dem Bereich bürgerlicher Privatheit entnommen werden, sondern müssten auch und vor allem staatlich-öffentliche umfassen, selbst wenn – und damit wird der historisch-politische Hintergrund angesprochen – der Staat in der Moderne unanschaulich geworden sei.

---

[543] Zur durch den Chor gegebenen Öffentlichkeit vgl. vor allem Borchmeyer 1973 und Menke, B. 2008, S. 81. Letztere legt aufgrund dieser Öffentlichkeit auch eine Annäherung Schillers an die *tragédie classique* nahe (Vgl. ebd. S. 83.). Wie sich dies im Einzelnen gestaltet, wird noch ausführlich zu behandeln sein.

[544] Zur folgenden Kontrastierung von Lessing und Schiller vgl. Borchmeyer 1973, S. 155f.

[545] Lessing 6, 475f. (*Hamburgische Dramaturgie*).

> Der Pallast der Könige ist jetzt geschlossen, die Gerichte haben sich von den Thoren der Städte in das Innere der Häuser zurückgezogen, die Schrift hat das lebendige Wort verdrängt, das Volk selbst, die sinnlich lebende Masse, ist, wo sie nicht als rohe Gewalt wirkt, zum Staat, folglich zu einem abgezogenen Begriff geworden, die Götter sind in die Brust des Menschen zurückgekehrt. Der Dichter muß die Palläste wieder aufthun, er muß die Gerichte unter freien Himmel herausführen, er muß die Götter wieder aufstellen […]. (NA 10, 11f.)

Dies ist durchaus auch als eine Kritik an der Französischen Revolution zu verstehen, seit der wie bereits thematisiert der Staat nicht mehr anschaulich im Souverän verkörpert wird. Das Ideal, das es demgegenüber zu restituieren gelte, sieht Schiller in der antiken Tragödie realisiert. In ihr sei der Chor ein „natürliches" öffentliches Forum, vor dem die dramatischen Personen spielen würden, obgleich auch schon die Öffentlichkeit der griechischen Tragödie gegenüber „der einfachen Urzeit" – zu denken ist an die Feste der Spartaner – eine eingeschränkte Form von Öffentlichkeit darstelle.

> Die alte Tragödie, welche sich ursprünglich nur mit Göttern, Helden und Königen abgab, brauchte den Chor als eine nothwendige Begleitung, sie fand ihn in der Natur und brauchte ihn, weil sie ihn fand. Die Handlungen und Schicksale der Helden und Könige sind schon an sich selbst öffentlich, und waren es in der einfachen Urzeit noch mehr. Der Chor war folglich in der alten Tragödie mehr ein natürliches Organ, er folgte schon aus der poetischen Gestalt des wirklichen Lebens. (NA 10, 11.)

Daraus folgt als Konsequenz nicht, wie Bettine Menke sehr richtig anmerkt,[546] dass die politische Öffentlichkeit, wie Schiller hier nahelegt, eine ontologisch gegebene war, die nicht theatral verstanden wurde, sondern vielmehr dass sie selbst schon theatral strukturiert war. Mit seinem Argument kann Schiller die antike Öffentlichkeit allein als *theatrum mundi* verstehen. Damit ähnelt sie sehr viel stärker der Öffentlichkeit der Französischen Klassik, in der das Publikum nicht aus der Darstellung ausgeblendet und als ontologisches noch einmal reaktualisiert oder reinszeniert wird. Dass er die antike politische Öffentlichkeit explizit als eine theatrale versteht, wird wie gesehen sehr viel nachdrücklicher als in der Vorrede zur *Braut von Messina* in der Vorlesung zur *Gesetzgebung des Lykurgus und Solon* hervorgehoben. Über das Verhältnis der spartanischen Öffentlichkeit der „Urzeit" zur antiken Tragödie schweigt er sich allerdings bezeichnenderweise aus. Nur das Verhältnis der modernen, künstlich wiederhergestellten Öffentlichkeit zur antiken wird näher bestimmt. In Schillers Programmatik restituiert der moderne Chor die antike Öffentlichkeit durch deren Ästhetisierung:

---

546   Menke, B. 2007, S. 82.

> Der Chor leistet daher dem neuern Tragiker noch weit wesentlichere Dienste als dem alten Dichter, eben deßwegen, weil er die moderne gemeine Welt in die alte poetische verwandelt, weil er ihm alles das unbrauchbar macht, was der Poesie widerstrebt, und ihn auf die einfachsten ursprünglichsten und naivsten Motive hinauftreibt. (NA 10, 11.)

Wie eine solche Restituierung konkret ausfällt, wird von Schiller jedoch nicht weiter thematisiert und lässt sich nur an zwei kurzen Bemerkungen rekonstruieren. Diese sind insofern überaus wichtig, weil sie zwei möglichen Formen korrespondieren, wie die Theatralität des Theaterpublikums in die Dramenfiktion integriert werden kann: durch die Integration des Akts des Zuschauens einerseits, durch die der körperlichen Präsenz des zuschauenden Theaterpublikums andererseits. Die erste Bemerkung handelt daher nicht vom Publikum selbst, sondern vom Chor. Schiller geht gegen Ende des Essays auf die Doppelfunktion des Chors ein, wie er sie schon im Brief an Körner beschrieben hatte. Bei ihm sei der Chor wie in der Antike im Unterschied zu den modernen „opernhaften Chören" (NA 10, 15.) „eine einzige ideale Person" (Ebd.). Jedoch heißt es dann:

> Ich habe den Chor zwar in zwei Teile getrennt und im Streit mit sich selbst dargestellt; aber dies ist nur dann der Fall, wo er als wirkliche Person und als blinde Menge mithandelt. Als *Chor* und als ideale Person ist er immer eins mit sich selbst. (NA 10, 15.)

Damit nimmt Schiller seine zuvor formulierte Behauptung, er habe den Chor wie die Griechen allein als „ideale Person" und nicht „opernhaft" verwendet, sofort wieder zurück. Er definiert den Chor seines Stücks nun seiner Doppelfunktion entsprechend als in sich gespalten, als zugleich „wirkliche" und „ideale Person", wobei er jedoch letztere wiederum „Chor" im eigentlichen Sinne nennt. „Chor" meint einerseits „ideale Person", andererseits „ideale" *und* „wirkliche" Person. In Schillers Verständnis ist er anscheinend immer auch etwas anderes als er selbst, ist nie mit sich selbst identisch. Begründen lässt sich diese ihm offenbar notwendig erscheinende, definitorische Ungereimtheit dadurch, dass der Chor sobald er auf die Bühne tritt, etwas repräsentieren und damit stets auch eine „wirkliche", mithandelnde Person werden muss. Negativ ist damit gesagt, dass der Chor als „ideale Person" szenisch nur dann realisiert werden kann, wenn die Szene ihre repräsentative Funktion fallen lässt und nur noch die Theatralität des Chors, d.i. die des Publikums, in Szene setzt. Als „ideale Person" kann der Chor mithin nur durch die Inszenierung performativer Öffentlichkeit auf die Bühne gebracht werden. Da deren Realisierung jedoch im dramatischen Theater aus strukturellen Gründen nicht möglich ist, ist Schillers Chor nie nur eine „ideale", sondern immer auch eine „wirkliche Person".

Die zweite Bemerkung handelt vom Verhältnis der dramatischen Personen zum Chor:

> Die Gegenwart des Chors, der als ein richtender Zeuge sie vernimmt, und die ersten Ausbrüche ihrer Leidenschaft durch seine Dazwischenkunft bändigt, motiviert die Besonnenheit, mit der sie handeln, und die Würde, mit der sie reden. Sie stehen gewissermassen schon auf einem natürlichen Theater, weil sie vor Zuschauern sprechen und handeln, und werden eben deßwegen desto tauglicher von dem Kunst-Theater zu einem Publikum sprechen. (NA 10, 14.)

Der letzte Satz dieses Zitats ist wie oben bereits erläutert streng genommen nicht korrekt, weil nicht zwischen der dramatischen Person und dem diese verkörpernden Schauspieler unterschieden wird. Sinnvoll kann der Satz jedoch sein, wenn die körperliche Anwesenheit des Theaterpublikums in der Dramenfiktion selbst berücksichtigt wird, wenn auch das Publikum wie der Chor als ein ästhetisches Objekt der Szene verstanden wird. [547] Damit fällt dessen Öffentlichkeitscharakter konträr zur performativen Öffentlichkeit der ersten Bemerkung aus. Ein auf der Szene körperlich präsentes Publikum, das als deren Bestandteil selbst zu einem darstellenden, ästhetischen Objekt und als solches angesprochen wird, steht der ästhetischen Öffentlichkeit sehr viel näher. Wie diese zeigt sich das körperlich präsente Publikum den dramatischen Figuren als ein in sich geschlossenes Ganzes. Die dramatischen Personen adressieren nicht einen Teil des Publikums oder gar ein Individuum, sondern das Publikum als ein Ganzes.

Es sei daran erinnert, dass im Theater der Vierten Wand das Publikum seine Ganzheit nur virtuell durch die kollektive empathische Identifikation mit der Illusion finden konnte, d.h. durch den kollektiv vollzogenen Akt, von der eigenen körperlichen Gegenwart zu abstrahieren. Dass das Publikum durch seine körperliche Präsenz im Theater sich als ein Ganzes erfahren konnte, war dagegen dem höfischen Theater des 17. Jahrhunderts vorbehalten, in dem in bestimmten Momenten das Publikum als *corpus mysticum* reaktualisiert oder reinszeniert wurde. Indem, wie die zweite der beiden Bemerkungen nahelegt, die Figuren in Schillers Dramen das Publikum auf diese Weise, d.h. als eine durch seine körperliche Anwesenheit seine Ganzheit und Publizität verbürgende Instanz, ansprechen können, ästhetisiert Schillers Dramaturgie in bestimmten Momenten den höfischen Publikumskörper; genauer: Schiller reaktualisiert ästhetisch den Publikumskörper, wie es zuvor wirkungsstrategisch die Dramaturgien der höfi-

---

[547] Siehe weiter oben Kapitel III.1.3.

schen Bühne taten.[548] Als ein solches ist das Publikum freilich egalitär verfasst und verliert die im höfischen Kontext zentrale Eigenschaft, der sozialen Distinktion zu dienen. Der Akt des Zuschauens bleibt weiterhin ein genuin subjektiver. Zudem ist wie die performative Öffentlichkeit der ersten Bemerkung auch die ästhetische der zweiten nie gänzlich realisiert, denn das Publikum ist seiner parergonalen Struktur entsprechend nie völlig Objekt der Szene, sondern selbstredend immer auch deren Betrachter. Eine solche durch die parergonale Integration des Theaterpublikums in das Werk generierte Öffentlichkeitsform, die je nach Kontext eher der performativen oder der ästhetischen nahesteht, sei im Folgenden „theatrale Öffentlichkeit" genannt.

Vor diesem Hintergrund wird auch verständlich, warum Schillers Äußerungen zum Theaterpublikum in der Vorrede im Unterschied zu zahlreichen andernorts vorgebrachten überaus positiv sind. Vom Publikum heißt es:

> Es ist nicht wahr, was man gewöhnlich behaupten hört, daß das Publikum die Kunst herabzieht; der Künstler zieht das Publikum herab, und zu allen Zeiten, wo die Kunst verfiel, ist sie durch die Künstler gefallen. Das Publikum braucht nichts als Empfänglichkeit, und diese besizt es. Es tritt vor den Vorhang mit einem unbestimmten Verlangen, mit einem vielseitigen Vermögen. Zu dem Höchsten bringt es eine Fähigkeit mit, es erfreut sich an dem Verständigen und Rechten, und wenn es damit angefangen hat, sich mit dem Schlechten zu begnügen, so wird es zuverlässig damit aufhören, das Vortrefliche zu fodern, wenn man es ihm erst gegeben hat. (NA 10, 7.)

Dies mag verwundern, denn Schiller war in Hinblick auf das Publikum nicht immer so wohlwollend. Zu dem Gedicht *An Goethe*, das dessen *Mahomet*-Übersetzung vorangestellt wurde, schreibt Schiller beispielsweise Goethe, er mache den Versuch, „ob ich meine Stanzen fertig machen kann, damit wir das Publicum mit geladener Flinte bei dem Mahomet erwarten können." (NA 30, 136.) Solche herablassenden Aussagen, die Brecht bekanntlich als Teil einer „verschwörung gegen das publikum"[549] verstand, lassen sich zuhauf anführen. Möglich wurde dies durch die Beurteilung des Publikums an einer ästhetischen Norm, dies wiederum dadurch, dass Schiller in den *Ästhetischen Briefen* seine Ästhetik in ein

---

[548] Dies ist der entscheidende Unterschied zu Schillers Ideal, dem antiken Publikum, das noch der *Lykurg*-Schrift zum Trotz als ontologisch gegeben verstanden wird. Die Dramaturgie Schillers und die der französischen Tragödie teilen ein auch theoretisch formuliertes Problembewusstsein für das Publikum und das Bemühen, dieses ästhetisch (Schiller) oder wirkungsstrategisch (Corneille, Racine) zu funktionalisieren.

[549] Brecht 2, 807.

anthropologisches, geschichtsphilosophisches Erziehungsprogramm ein-
spannt.[550]

Man könnte die zitierte Stelle der Vorrede als *captatio benevolentiae* verstehen, der Kontext jedoch legt nahe, dass Schiller eine Art und Weise
gefunden zu haben glaubt, auf das ästhetische Verhalten des Zuschauers
selbst einzuwirken. Die Lessingsche und Diderotsche Dramaturgie der
Vierten Wand verlangt vom Publikum eine überaus große Disziplin und
stellt in dieser Hinsicht ein regelrechtes Erziehungsprogramm dar. Diese
Dramaturgie sichert jedem Zuschauer die Egalität der Sichtverhältnisse zu,
verlangt im Gegenzug von diesem jedoch, dass er gänzlich von seiner
Körperlichkeit abstrahiert und völlig im Blick in die fiktive Bühnenwelt
aufgeht. Der Zuschauer muss die Antitheatralität des bürgerlichen Trauerspiels auch in seinem Verhalten gegenüber den Mitzuschauern verinnerli-
chen. Im Unterschied zu einer solchen Dramaturgie der Zuschauerdis-
ziplinierung betont Schillers Dramaturgie wieder die körperliche Präsenz
der Zuschauer. Diese wird in seiner Spätdramatik parergonal zugleich
ausgeblendet und in das Werk integriert. Der Chor ist auf paradoxe Weise
zugleich Metapher wie Metonymie des Theaterpublikums, das der Tableau-Dramaturgie gemäß aus der Darstellung ausgeschlossen wird, zugleich aber als parergonaler Rahmen in die Vorstellung integriert ist.

In diesem Sinne wohnt seiner Dramaturgie ein viel geringerer Diszi-
plinierungseifer inne als der der Vierten Wand. Wie bereits erwähnt greift

---

[550] In den *Ästhetischen Briefen* geht es unter anderem auch darum, eine ästhetisch-autonome
Schönheit von anderen Schönheitsvorstellungen abzugrenzen. Es „müßte erst außer Zweifel gesetzt seyn, daß es dieselbe Schönheit ist, von der wir reden, und gegen welche jene
Beyspiele zeugen. Dieß scheint aber einen Begriff der Schönheit voraus zu setzen, der eine
andere Quelle hat, als die Erfahrung, weil durch denselben erkannt werden soll, ob das,
was in der Erfahrung schön heißt, mit Recht diesen Nahmen führe." (NA 20, 340.) Das
Schöne würde vom Betrachter zu oft ausschließlich mit den Sinnen oder dem Verstand rezipiert. „Seine [sic!] Interesse daran ist schlechterdings entweder moralisch oder physisch,
nur gerade, was es seyn soll, ästhetisch ist es nicht." (NA 20, 383.) In der Konsequenz
glaubt Schiller die eigentliche ästhetische Rezeptionsart nur für eine Elite faktisch möglich,
den „auserlesenen Zirkeln" (NA 20, 412.) des 27. Briefs. Vgl. Seiler 2001. Seilers Ein-
schätzung, dies würde sich mit Schillers Abwendung von der theoretischen Arbeit ändern
(Ebd. S. 340.), ist falsch. Das obige Zitat aus dem Briefwechsel mit Goethe fällt wie viele
andere in die Zeit des dramatischen Schaffens.
Mit dieser Normativität widerspricht sich Schiller im Übrigen selbst, denn seinem Verständnis nach entwickelt jeder Mensch „natürlicherweise" einen Hang zum Schönen. Fichte hält ihm, wenn er ihn auch nicht explizit nennt, im *System der Sittenlehre* daher vor, dass
jemand wie z.B. ein „Wilder" (Vgl. NA 20, 318: „Der Wilde verachtet die Kunst, und erkennt die Natur als seinen unumschränkten Gebieter".) nicht ästhetisch, sondern nur
ethisch zur ästhetischen Erziehung verpflichtet werden kann und macht damit auf den von
ihr verleugneten, nicht allein ästhetisch begründeten, normativen Grundzug der Schillerschen Ästhetik aufmerksam. Vgl. Fichte I5, 308f. Zur Fichterezeption vgl. Hogrebe 1984,
hier S. 284. Vgl. auch, wenn auch ohne Verweis auf Fichte, Brokoff 2006, S. 144.

Schiller, hierin ein absoluter Gegenspieler zu Lessing, auf die höfische Praxis des Theaterbesuchs zurück, die immer auch eine Selbstdarstellung des Publikums einschließt. Nicht zuletzt daher rührt seine Hochschätzung der Oper. Diese Integration höfisch-adliger Selbstrepräsentation stellt jedoch nicht dessen völlige Einverleibung in eine bürgerliche Dramaturgie dar, vielmehr ändert sich wie gesagt die Zuschauerpraxis dadurch grundlegend, dass die Selbstrepräsentation des Publikums im Theater nicht mehr der sozialen Distinktion der Zuschauer untereinander dient. Das Kollektiv bildet sich einerseits wie im bürgerlichen Trauerspiel durch Sympathie, andererseits jedoch dadurch, kollektiv über ihre physische Präsenz am Werk zu partizipieren. Hatte Schiller im *Schaubühnenaufsatz* den Blick der anderen Zuschauer bereits in die Rezeption integriert,[551] so ist in der Spätdramatik die Körperlichkeit des Publikums in all ihren Facetten nicht allein in die Rezeption, sondern parergonal auch in die Dramenfiktion integriert. In diesem Hybrid bürgerlicher und höfischer Theaterpraxis repräsentieren die Zuschauer sich, wie es vom Chor heißt, „durch eine sinnlich mächtige Masse, welche durch ihre ausfüllende Gegenwart den Sinnen imponiert." (NA 10, 13.) Schillers späte Dramaturgie ästhetisiert die höfische Praxis des Theaterbesuchs, so dass die Selbstdarstellung der Zuschauer ihrerseits zum ästhetisch-schönen Akt wird. Die körperliche Präsenz des Publikums und der Akt des Zuschauens sind Teil des Werks. Ästhetisch kann ein solcher Akt der sinnlichen Selbstdarstellung heißen, weil gemäß dem inzwischen schon mehrfach angetroffenen Argumentationsschema die Selbstdarstellung der Zuschauer im gleichen Zug wieder unterminiert wird. Die Ästhetizität des Theaterbesuchs beruht auf dem ästhetischen Paradox, dass der Zuschauer in das Werk zugleich ein- wie ausgeschlossen ist, dass von ihm verlangt wird, seine Theatralität gleichermaßen auszustellen wie zurückzunehmen. Weil es – erst recht im Theater – den ästhetischen Betrachter nur im Plural gibt, generiert dessen ästhetisch motivierte parergonale Integration in das Werk eine theatrale Öffentlichkeit, die Schillers späte Dramen zu genuin politischen werden lässt.

---

[551] Siehe Kapitel II.2.

3 Schillers Spätdramatik

Die bisher besprochenen theoretischen Schriften sind in sich widersprüchlich. Diese Widersprüchlichkeit konnte auf eine Problemstellung zurückgeführt werden, an der sie sich abarbeiten, die sie jedoch selbst nicht benennen. Schillers späte dramaturgische Schriften kreisen immer wieder darum, wie die Theatralität der Darstellung in die dramatischen Texte integriert wird, und wie durch diese Integration sowohl ästhetische Autonomie als auch eine durch das Medium generierte Form politischer Öffentlichkeit, eine theatrale Öffentlichkeit, gestiftet werden können. Die theoretischen Schriften finden auf diese Problemstellung keine eindeutige Antwort, sondern allein disparate, einander divergierende Lösungen. Dementsprechend nimmt es nicht wunder, dass auch Schillers späte Dramen auf unterschiedliche Weise zu einer theatralen Öffentlichkeit gelangen.

Auf poetologischer Ebene verhandeln die Dramen mit einer zunehmend ausgeprägten Sensibilität die parergonal in die Dramentexte integrierte Theatralität. Für letztere, so wurde gesagt, ist die Anwesenheit eines Publikums, die Körperlichkeit der Darstellung und eine durch die Verkörperung gegebene semiotische Ambivalenz charakteristisch. Alle drei Aspekte finden mit einer jeweils unterschiedlichen Gewichtung in den im Folgenden interpretierten Dramen Beachtung. *Wallenstein* thematisiert vor allem die An- bzw. Abwesenheit eines Publikums. Dies nimmt *Maria Stuart* kritisch auf, exponiert dann jedoch verstärkt die Körperlichkeit der theatralen Darstellung. *Demetrius* schließlich übernimmt die beiden Aspekte der vorherigen Dramen, stellt jedoch auch die semiotische Ambivalenz in den Fokus der poetologischen Reflexion. In allen drei Fällen wird die so thematisierte Theatralität sowohl ästhetisch als auch politisch funktionalisiert, in allen drei Fällen geschieht dies in Rekurs auf die Dramaturgie der *tragédie classique*.

3.1 Das Publikum als Politikum. *Wallenstein*

Mit der Dramaturgie des bürgerlichen Trauerspiels wird eine bestimmte, vor allem in der Französischen Klassik prominente Form politischer Dramatik unmöglich, die auf der Interaktion zwischen Szene und Publikum

beruht. Die sympathetische Identifikation mit dem mittleren Charakter
generiert fortan im Zuschauerraum ein Publikum, das sich nicht mehr
durch seine körperliche Präsenz, sondern durch den individuell, aber dennoch im Kollektiv vollzogenen Akt der Identifikation und Einfühlung in
die Illusion generiert. Dieser Wechsel von einer Vergemeinschaftung
durch Interaktion zu einer durch Kommunikation spiegelt einen grundlegenden sozialen Wandel wieder; ein solches Publikum lässt sich nicht
mehr als ein gegliederter Sozialkörper, wie er für die vormoderne Gesellschaft und deren Theater charakteristisch ist, verstehen, vielmehr handelt
es sich um ein im modernen Sinn abstraktes Publikum, zu dem sich letztlich jeder Mensch gleichermaßen zählen kann. Insbesondere in der *Schaubühnenrede*, der Vorrede zum *Fiesko* und der *Erinnerung an das Publikum*
reflektiert Schiller, dass ein solches Theater nur unzureichend politisiert
werden und auf die Politik nur auf indirekt politische Weise, nämlich
durch deren Moralisierung, wirken kann. Wird der Souverän wie beispielsweise in Schillers *Don Karlos* oder Rousseaus *Bérénice*-Interpretation
psychologisiert, läuft dies in letzter Konsequenz auf dessen dramaturgisch
vollzogene Entmachtung hinaus.[552]

Die Französische Revolution stellt in dieser Hinsicht eine einschnei-
dende Zäsur dar, die die soeben beschriebene, nicht allein auf thematischer, sondern auch auf dramaturgischer Ebene als genuin unpolitisch
verstandene und dadurch dennoch indirekt politische Dramenform zum
Anachronismus werden lässt. Durch die Revolution kommt es zu einer
grundlegenden Politisierung der oben angesprochenen modernen Gemeinschaft. Der Bürger, der im unpolitischen Theater der zweiten Hälfte
des 18. Jahrhunderts Abstrakta wie Menschheit oder Nation affektiv erfahren und sich in ihrem Zeichen zu einer Gemeinschaft zusammenschließen konnte, erlebt nun, dass auch im Namen dieser Abstrakta Politik
betrieben werden kann, ja dass das im Zeichen dieser Abstrakta sich bildende Kollektiv selbst zum politischen Akteur avanciert. Die innerhalb
der bürgerlichen Dramaturgie eine indirekt politische Stoßkraft entwickelnde Opposition von Moral und Politik wird damit zu einem gewissen
Grad hinfällig; mochte eine Psychologisierung des Souveräns noch gelingen, so ist die einer politisierten Masse aus strukturellen Gründen nicht
möglich. Und zwar nicht allein, weil es sich bei ihr um kein Individuum
handelt, sondern auch, weil sie – wie im Kapitel zur performativen Öffentlichkeit der Revolutionsfeste dargelegt – allein durch die selbstreflexive Inszenierung der der bürgerlichen Dramaturgie zugrundeliegenden

---

[552]   Vgl. ausführlich Teil II dieser Studie.

Beobachtungssituation, durch die Darstellung und Dargestelltes performativ in eins fallen, darstellbar wird.

Diesen Zusammenhang reflektiert Schiller in seiner *Wallenstein*-Trilogie. Hier greift er die unpolitische bürgerliche Dramatik auf und konfrontiert sie mit der politischen „Dramaturgie" der Französischen Revolution. *Wallenstein* vereint insofern mehrere heterogene Dramaturgietypen, die nicht miteinander zu vereinbaren sind. Die Trilogie nimmt in Schillers Werk eine eigentümliche Zwischenstellung ein, denn das Stück führt die Einfühlungsdramaturgie des bürgerlichen Trauerspiels an ihr Ende und lässt – jedoch nur partiell – die Dramaturgie beginnen, die Schiller in seinen späten theoretischen Äußerungen programmatisch einfordern wird.

Die folgende Interpretation setzt den Fokus ganz auf diesen Aspekt der Zwischenstellung, gewissermaßen steht nicht die Trilogie *Wallenstein* selbst im Zentrum des Interesses, sondern wie diese zu den Dramen vor und nach ihr steht. Aus diesem Grund soll primär nicht die Haupthandlung um Wallenstein, sondern es sollen allein deren „Ränder" kommentiert werden, an denen, wie sich zeigen wird, besonders deutlich die Differenzen zum restlichen Werk zu Tage treten. Zunächst sei darauf eingegangen, wie Schiller in *Wallensteins Lager* versucht, ein im beschriebenen Sinne modernes Kollektiv, das bisher nur Effekt der theatralen Darstellung war, selbst zu deren Objekt werden zu lassen. Daran anschließend sei dargelegt, wie die Nebenhandlung um Max und Thekla die Dramaturgie des bürgerlichen Trauerspiels und ihre Werte aufgreift, um durch die Konfrontation mit dem im ersten Teil der Trilogie dargestellten Kollektiv deren historische Überholtheit vorzuführen. In einem dritten Schritt soll schließlich nachvollzogen werden, wie Schiller sich nicht nur negativ von der Einfühlungsdramaturgie und, da diese für ihn vor *Wallenstein* noch sehr prägend war: von seinem Frühwerk abgrenzt, sondern wie er in der Trilogie auch positiv eine Alternative dazu zu finden sucht.

Wallensteins Lager *und die Französische Revolution*

Am 10. Februar 1799 schreibt Iffland, der in Berlin *Wallenstein* aufzuführen gedenkt, an Schiller, er habe sich zur Selbstzensur entschlossen und wolle das *Lager* auf der Berliner Bühne nicht geben.[553] Bei seinem Entschluss seien politische Bedenken ausschlaggebend gewesen:

---

[553] Erst 1803, dann jedoch mit großem Erfolg, wurde in Berlin auch der erste Teil der Trilogie aufgeführt. Vgl. hierzu Houben 1965 I, S. 548f.

Ich bin überzeugt, bei Ihrer großen Uebersicht von Dingen und Menschen, werden Sie *in meiner Stelle*, diese Vorsicht, wenn sie auch um etwas zu sorgsam sein sollte, dennoch gerecht finden, da alles was den Geist unserer Zeiten, in einer Volcksversammlung erregt, nicht bemeßen werden kann, was es, im Augenblicke, von der Gewalt des Genies vor eine leicht endzündbare Einbildungskrafft geführt, noch wie es würken wird.

Gewiß wünscht das Volck hier keine Revolution, aber die Gränze zwischen Civil und Militäir ist wohl iezt nirgend so berichtigt angenommen, daß eine laute Discußion darüber, nicht laute A[e]ußerungen veranlaßen müßte, die einem oder dem andern Theile Verlegenheiten zuziehen könnten. (NA 38, 35.)

Schillers Zeitgenossen haben die Trilogie offensichtlich keineswegs allein als ein Geschichtsdrama verstanden, das eine längst vergangene historische Epoche auf die Bühne zu bringen versucht, vielmehr drängten sich offenbar schon ihnen die Parallelen zwischen *Wallenstein* und *dem* historischen Ereignis um 1800 auf, der Revolution.[554] So hebt denn der Prolog zum Stück auch gleichermaßen den historischen Bezugspunkt[555] wie die zeitgenössische Situation hervor:

Und jetzt an des Jahrhunderts ernstem Ende,
Wo selbst die Wirklichkeit zur Dichtung wird,
Wo wir den Kampf gewaltiger Naturen
Um ein bedeutend Ziel vor Augen sehn,
Und um der Menschheit große Gegenstände,
Um Herrschaft und um Freiheit wird gerungen,
Jetzt darf die Kunst auf ihrer Schattenbühne
Auch höhern Flug versuchen, ja sie muß,
Soll nicht des Lebens Bühne sie beschämen. (PR 61–69)

Diese zwar recht vage gehaltenen Sätze konnten dennoch auch als Anspielung auf die Französische Revolution verstanden werden. Offenbar sind laut Schiller auch die historisch-politischen Ereignisse seiner Zeit, sind auch die historischen Begebenheiten theatral strukturiert; neben der „Schattenbühne" der Kunst findet sich „des Lebens Bühne". Nicht durch theatrale Darstellung, sondern durch ästhetische Distanz unterscheiden

---

554   Die wohl bekannteste zeitgenössische Interpretation, die *Wallenstein* auf die Zeitgeschichte bezieht, stammt von Goethe, der am 6. Juni 1797 über das Stück an Meyer schreibt: „Es ist in einer viel *pesantern,* und also für die Kunst bedeutendern Manier, die Geschichte von Dumouriez." (Goethe 12, 143.) Darauf, dass *Wallenstein* wie auch andere späte Dramen Schillers die Problematik der Usurpation aufwerfen, die mit Napoleons Aufstieg nach der Revolution aktuell wird, wurde mehrfach verwiesen. Vgl. zuletzt Müller-Seidel 2009, zum Zeitbezug *Wallensteins* ebd. S. 145. Auf Parallelen zur Französischen Revolution gehen besonders nachdrücklich ein: Koopmann 1989, S. 13–58. Kotte 1998. Pille 2005. Steinhagen 1990.

555   „In jenes Krieges Mitte stellt euch jetzt / Der Dichter." (PR 79f.)

sich beide.[556] Ein Bezug zur zeitgenössischen Situation besteht damit nicht nur auf inhaltlich-motivischer Ebene, sondern, wie der Prolog unterstreicht, auch auf der Ebene der theatralen Darstellung. Dementsprechend thematisiert *Wallensteins Lager* nicht allein auf motivischer Ebene eine mit der überkommenen Gesellschaftsordnung brechende Gemeinschaft, vielmehr fragt es auch darstellungstheoretisch nach den Repräsentationsmöglichkeiten eines solchen Kollektivs.

Das Lager kann als eine Allegorie der neuen postrevolutionären Gesellschaft verstanden werden.[557] Wallensteins Armee setzt sich, wie unter anderem aus einem Gespräch des höchsten Heerführers mit dem schwedischen Unterhändler Wrangel hervorgeht, aus Individuen unterschiedlichster nationaler und sozialer Herkunft zusammen: „Doch *dieses* Heer, das kaiserlich sich nennt, / Das hier in Böheim hauset, das hat keins [d.i. kein Vaterland]; / Das ist der Auswurf fremder Länder, ist / Der aufgegebne Teil des Volks, dem nichts / Gehört, als die allgemeine Sonne." (WT 308–312.) Im *Lager* fragt der Wachtmeister: „Nun! und wer merkt uns das nun an, / Daß wir aus Süden und aus Norden / Zusammengeschneit und geblasen worden?" (WL 797–799.) Die Ständeschranken sind, wie Buttlers Aufstieg vom einfachen Soldaten zum General veranschaulicht, aufgehoben. Neben diese soziale tritt eine ebenfalls überaus moderne räumliche Mobilität. Das Heer ist ein Kollektiv, das an keine fest umrissene soziale oder räumliche Ordnung gebunden ist. Im *Lager* thematisieren die Figuren auf Veranlassung des Wachtmeisters selbst die Frage nach dem sozialen Kitt, der die Individuen angesichts einer solch ausgeprägten Heterogenität zusammenhält. Es können drei konkurrierende Gemein-

---

[556] Das Wort „Schattenbühne" ist analog zu „Schattenbild" (PR 114) gebildet. Grimms Wörterbuch definiert letzteres mit Verweis auf *Wallenstein* wie folgt: „zur bezeichnung eines abbildes, von personen" Grimm 1854ff. VIII, Sp. 2252. Im Hintergrund steht das Gedicht *Das Reich der Schatten*, „Schatten" und seine Derivate bezeichnen hier eine künstlerische Darstellung, die die ästhetische Distanz exponiert. Antonym ist auch hier „Leben": „Fliehet aus dem engen dumpfen Leben / In der Schönheit Schattenreich!" (NA 1, 248.) Wohl um Missverständnisse auszuräumen, ändert Schiller übrigens später, nicht nur Teile des Gedichts, sondern auch den Titel. An die Stelle der „Schatten" treten die „Formen" (*Das Reich der Formen*). Schließlich wird das Antonym in den Titel genommen: *Das Ideal und das Leben*. Die gleiche Opposition findet sich auch im Gedicht *An Goethe*, das Goethes Voltaireübersetzung kommentierend ebenfalls die Wichtigkeit der ästhetischen Distanz hervorhebt. In diesem Kontext heißt es: „Doch leicht gezimmert nur ist Thespis Wagen, / Und er ist gleich dem acheront'schen Kahn, / Nur Schatten und Idole kann er tragen, / Und drängt das rohe Leben sich heran, / So droht das leichte Fahrzeug umzuschlagen". (NA 2, 405.) Die Opposition wird im Übrigen auch die Idyllentheorie prägen, wie sie Schiller in *Über naive und sentimentalische Dichtung* entwickelt.

[557] Die in *Wallenstein* dargestellte Auflösung der Ständegesellschaft wurde bereits mehrfach thematisiert. Vgl. beispielsweise Dwars 1991, S. 158. Wichtig ist Steinhagen 1990.

schaftsmodelle unterschieden werden, die auch die weitere Handlung der Trilogie bestimmen werden.

Das erste Modell beruht auf Wallensteins Charisma. Dieser erscheint als charismatischer Herrscher, der im Sinne Max Webers allein durch seine Persönlichkeit ein heterogenes Kollektiv zu einem Ganzen zu bündeln vermag.[558] Wallenstein, der gefolgt von großen Teilen des Heers seine Legitimität durch sein Charisma begründet, knüpft an den personalen Charakter des Souveräns der überkommenen politischen Ordnung an, bricht jedoch mit der genealogisch-dynastischen Legitimität. Im *Lager* thematisiert der Wachtmeister kurz nach der oben zitierten Frage dieses Modell: „Wer hat uns so zusammen geschmiedet, / Daß ihr uns nimmer unterschiedet? / Kein andrer sonst als der Wallenstein!" (WL 805–807.) Hatte er zuvor schon mit dem Bild der Hand eine organologische Metapher herangezogen,[559] so bemüht er kurz darauf auch die historisch so folgen- wie erfolgreiche Metapher des sozialen Körpers: „Und die alle sind um ihr Geld, / Wenn das Haupt, wenn der Herzog fällt." (WL 824f.)[560] Eine Metapher, auf die Wallenstein selbst, nachdem das Heer ihn verlassen hat, zurückgreifen wird: „Wenn Haupt und Glieder sich trennen, / Da wird sich zeigen, wo die Seele wohnte." (WT 1817f.) Unwillkürlich entlarvt er jedoch selbst, dass sein Herrschaftsanspruch mit der Körpermetaphorik letztlich nur bedingt zu fassen ist; um sich als genialisches Individuum begreifen zu können, das aus eigener Kraft ein Kollektiv wie das Heer aufzustellen vermag, sieht er sich dazu gezwungen, eine völlig anders geartete, die Evidenz der Körpermetapher zu einem gewissen Grad unterminierende Metaphorik zu verwenden: „Den Schmuck der Zweige habt ihr abgehauen, / Da steh' ich, ein entlaubter Stamm! Doch innen / Im Marke lebt die schaffende Gewalt, / Die sprossend eine Welt aus sich geboren." (WT 1791–1794.) Im ersten Fall ist Wallenstein als Haupt auf die durch ihn versammelte Gemeinschaft, den Körper, angewiesen, im zweiten Fall hingegen nicht. Die Diskrepanz zwischen beiden Metaphern

---

[558] Zur Lesart Wallensteins als Charismatiker im Sinne Max Webers vgl. Schmidt 2004, S. 455. Vgl. auch Höyng 2003, S. 213. Borchmeyer 1988, S. 164ff. Weber versteht unter charismatischer Herrschaft eine außeralltägliche, ursprünglich wohl auf magischen Praktiken beruhende, Herrschaftsform, die er aufgrund ihrer Außeralltäglichkeit den „Alltags-Formen der Herrschaft" (Weber 1972, S. 141.) entgegensetzt, seien sie bürokratisch oder traditional. Vgl. Weber 1972, S. 140f.

[559] Vgl. WL 757ff.

[560] Dass der Zusammenhalt durch die Körpermetapher nicht einfach beschrieben, sondern durch ihren Gebrauch performativ gestiftet bzw. gestärkt wird, geht aus der Reaktion des ersten Jägers auf die Äußerungen des Wachtmeisters hervor: „Das fiel mir mein Lebtag nimmer ein, / Daß wir so gut zusammen passen; / Hab mich immer nur gehen lassen." (WL 808–810)

markiert eine Brüchigkeit im charismatisch begründeten Gemeinschaftsmodell, die den Abfall der Armee von Wallenstein allererst ermöglicht.

Das zweite Modell des sozialen Zusammenhalts der Armee spricht der
erste Arkebusier mit den Worten an: „Der Herzog ist gewaltig und hoch-
verständig; / Aber er bleibt doch, schlecht und recht, / Wie wir alle, des
Kaisers Knecht." (WL 855–857.) Die Arkebusiere, die als einzige dem
Wachtmeister widersprechen und deswegen auch nicht am finalen Reiterlied teilnehmen dürfen, berufen sich auf die alte traditionale Herrschaftsform und Legitimität: „Wir aber stehn in des Kaisers Pflicht" (WL 880.).
Damit ist schon im *Lager* der spätere Konflikt zwischen Octavio bzw. dem
Kaiser und Wallenstein, zwischen einer traditionalen und einer charismati-
schen Herrschaft eröffnet. [561]

Zu diesen beiden Modellen tritt jedoch noch ein weiteres, das im vorherigen Kapitel bereits besprochene Modell performativer Öffentlichkeit.
Wallensteins Lager inszeniert nämlich von Beginn an, wie einzelne Figuren
nach und nach immer größere Gruppen bilden, bis sich am Ende alle
Figuren zu einem Halbkreis, einer Allegorie eines egalitären Gemein-
schaftmodells, zusammenschließen.[562] Der hier erstmals in Schillers dramatischem Werk in Erscheinung tretende Chor tritt mithin nicht als Chor
auf, sondern bildet sich erst auf der Bühne zu einem solchen und vergegenwärtigt damit szenisch den kollektiven Zusammenschluss.[563] Dieser
lässt sich nicht auf Wallenstein oder die alte politische Ordnung zurückführen, sondern allein auf die theatrale Darstellung selbst.

Am Ende des *Lagers*, wenn die sich inzwischen betrinkenden Soldaten
– wie erwähnt mit Ausnahme der kaisertreuen Arkebusiere – das von
Schiller auch gesondert unter diesem Titel im *Musen-Almanach* veröffent-
lichte *Reiterlied* anstimmen,[564] vereint die Soldaten performativ allein ihre
Bühnenpräsenz. Der Charismatiker Wallenstein, von dem es unmittelbar
zuvor noch hieß, er sei das „Haupt" der Armee und „ein Soldatenva-
ter" (WL 1034.), findet nunmehr bezeichnenderweise keine Erwähnung.

---

561 Auch in den beiden folgenden Stücken wird die Frage nach dem sozialen Zusammenhalt
     stets mitthematisiert. Schon im ersten Akt der *Piccolomini* kommt es zum Konflikt zwischen
     Buttler und dem vom Kaiser entsandten Kriegsrat Questenberg. Ersterer sagt über Wallen-
     stein: „Doch Alle führt an gleich gewaltgem Zügel / Ein Einziger, durch gleiche Lieb und
     Furcht / Zu Einem Volke sie zusammen bindend." (P 231–233.)
562 Vgl. Sergl 1998, S. 174.
563 An Meyer schreibt Goethe am 6. Juni 1797, Schiller habe den „guten Gedanken" gehabt,
     „daß er ein kleines Stück, die *Wallensteiner,* als Exposition vorausschickt, wo die Masse der
     Armee, gleichsam wie das Chor der Alten, sich mit Gewalt und Gewicht darstellt, weil am
     Ende des Hauptstückes doch alles darauf ankommt: daß die Masse nicht mehr bei ihm
     bleibt, sobald er die Formel des Diensts verändert." (Goethe 16, 209f.)
564 Nur die letzte Strophe findet sich allein in der Dramenfassung.

Thema des angestimmten Liedes ist vielmehr das einfache Soldatenleben. Dass es sich um eine derartige Selbstinszenierung handelt, die allein durch die Inszenierung das Kollektiv stiftet, legen auch die jeweiligen Anfangsverse der ersten und letzten Strophe nahe; in beiden suggeriert die Apostrophe „Kameraden" (WL 1052, WL 1100.), dass im *Reiterlied* der Adressat, Gegenstand und Sprecher des Liedes in eins fallen. Statt wie später in der *Braut von Messina* die Handlung zu kommentieren oder in sie einzugreifen, wiederholt zudem der Chor stets nur die letzten beiden Verse jeder Strophe und unterstreicht damit die Geltung der Aussage der jeweiligen Strophe für das gesamte Kollektiv.[565]

Die Soldaten feiern sich selbst und sie tun dies auf eine Art und Weise, wie sich wenige Jahre zuvor die Revolutionäre feierten. Die Darstellung reduziert sich auf die Darstellung der eigenen Selbstdarstellung.[566] Freilich handelt es sich – und darin unterscheidet sich das Ende des *Lagers* vom Öffentlichkeitsideal der Rousseauschen *Lettre* und der Schillerschen Vorlesung – weiterhin um eine theatrale Darstellung. Die Theaterzuschauer betrachten die Selbstfeier der Soldaten passiv, ohne in die Darstellung mit einbezogen zu sein. Diese Differenz zum performativen Öffentlichkeitsideal teilt das *Lager* jedoch mit den Revolutionsfesten, denn auch dort bleibt die von Rousseau so stark kritisierte Unterscheidung von Publikum und szenischer Darstellung faktisch bestehen. Letztlich beruht das Ende des *Lagers* auf einer Aporie, auf die der utopische Charakter einer im dramatischen Theater inszenierten performativen Öffentlichkeit zurückgeführt werden kann, der nämlich, dass die repräsentierte Öffentlichkeit

---

[565] Dass das Reiterlied performativ die Gemeinschaftsstiftung und den sozialen Zusammenhalt einer modernen postrevolutionären Gesellschaftsordnung vorführt, geht auch aus einer 8. Strophe hervor, die in Weimar ebenfalls aufgeführt wurde und wahrscheinlich von Schiller stammt, dessen Autorschaft jedoch nicht zweifelsfrei geklärt werden konnte. In der durch Karl Hoffmeister überlieferten Version heißt es: „Und bleibet nur wacker *zusammengefügt*, / Und zwinget das Glück und regieret." (NA, 8, 423, Hervorhebung von mir, AP.)

[566] Dass sowohl der Autor Schiller als auch der Theatermann Goethe das *Lager* nicht als Repräsentation einer Handlung verstanden, sondern viel stärker an der Inszenierung der Theatralität der Darstellung interessiert waren, geht aus brieflichen Äußerungen hervor. So schreibt ersterer an letzteren, Ziel sei es im *Lager*, „daß über der Menge der Figuren und einzelner Schilderungen dem Zuschauer unmöglich gemacht wird, einen Faden zu verfolgen und sich einen Begriff von der Handlung zu bilden, die darinn vorkommt." (NA 29, 276.) Dass den durch eine einheitliche Handlung geprägten letzten beiden Teilen der Trilogie ein Stück ohne feste Handlung, ein „hors d'œuvre", wie der zeitgenössische Kritiker Garlieb Merkel so abschätzig wie treffend formuliert (Merkel 1959, S. 328.), vorangestellt werden sollte, vermerkt in einem Brief vom 5. Oktober 1798 auch Goethe: „Das Anfangslied bring ich auch nicht zu Stande, habe aber etwas schickliches dafür zu substituiren, das kann alles bey den folgenden Repräsentationen nachgebracht werden, wie überhaupt das Stück fordert [sic!] daß immer etwas neues und veränderliches darinn vorkommt, damit bey folgenden Repräsentationen sich niemand orientiren könne." (NA 37, 361.)

nicht auf Repräsentation, sondern auf Performativität beruht. Über diese Aporie wird hinweggetäuscht, indem Schiller den Halbkreis, den der Chor mit den Figuren bildet, frontal auf das Publikum ausrichtet und damit auch dessen Anwesenheit im Theater exponiert. Die Selbstfeier der Soldaten ist auch und nicht zuletzt eine Feier des Theaters. Die Vergemeinschaftung wäre ganz abgeschlossen, wenn – dies ist die eingangs zitierte Befürchtung Ifflands – das Publikum mitsingen und den Halbkreis der Bühne schließen würde.[567] Dass dies nicht geschieht, wird mit der suggestiven Kraft der Abschlussszene eskamotiert, die in ihrer Theatralität dem Zuschauer wie in den Festen der Revolution suggeriert, selbst Teil der Darstellung zu sein.[568]

Wallensteins Lager zeigt als Theaterstück, wie sich ein Kollektiv durch seine theatrale Selbstinszenierung als solches gleichermaßen generiert und bestätigt. Dieses selbstreflexive Moment des *Lagers* exponiert auch der szenische Aufbau. Das erste Wort des Stücks ist bezeichnenderweise „Marketenderzelt"; das Zelt, das zu Beginn der Geschichte des griechischen Theaters im Hintergrund der Spielfläche stand und später durch den Bühnenbau ersetzt wurde, gab bekanntlich der Szene ihren Namen. σκηνή bedeutet zunächst allein Hütte, Zelt und bezeichnet erst später die eigentliche Theaterszene. Nicht allein die theatrale Selbstinszenierung der Armee am Ende des Stücks, sondern schon der szenische Aufbau an seinem Anfang markiert die im Stück vollzogene Selbstreflexion theatraler Darstellung.

Damit ist in *Wallensteins Lager* die durch das Theater generierte Öffentlichkeit nicht mehr wie in der der Empfindsamkeit nahestehenden Dramaturgie Effekt der Darstellung, sondern auch deren Objekt.[569] Die beiden

---

[567] Anton Sergl merkt zur Schlussszene des *Lagers* an: „Der Chor dient dem Handlungs- bzw. Spannungsaufbau und reflektiert den sittlichen Konflikt, wird aber zusätzlich zum Verfremdungsverfahren, da er den Zuschauer in den Prozeß der tragischen Mimesis miteinbezieht und damit die Rampe zwischen Original und Nachahmung löscht." (Sergl 1998, S. 174.) Dagegen ist einzuwenden, dass dem Theaterzuschauer nur suggeriert wird, er gleiche dem Zuschauerkollektiv der Szene, als Theaterzuschauer selbst ist er im *Lager* selbstredend nicht in die Darstellung integriert. Ein Beispiel für eine solche Integration wird weiter unten in Kapitel III.3.3 gegeben.

[568] Peter Hoyng hat eine Interpretation vorgelegt, die in der Szene des Reiterlieds ebenfalls eine Form der politischen Vergemeinschaftung vorgeführt sieht, die jedoch durch die ästhetische Vorführung als ideologisch kritisiert werde. Ideologisch sei vor allem die Betonung des Männlichen und Kriegerischen. Vgl. Höyng 2003, S. 203ff.

[569] Dass Schiller eine Darstellung eines solchen Kollektivs zunächst noch für unmöglich gehalten hat, geht aus einem frühen Brief an Körner vom 28. November 1796 hervor: „Es [d.i. das Stück *Wallenstein*] ist im Grund eine Staatsaction und hat, in Rücksicht auf den poetischen Gebrauch, alle Unarten an sich, die eine politische Handlung nur haben kann, ein unsichtbares abstractes Objekt, *kleine* und *viele* Mittel, zerstreute Handlungen, einen furchtsamen Schritt, eine (für den Vortheil des Poeten) viel zu kalte trockene Zweckmäßigkeit ohne

folgenden Stücke der Trilogie tragen auf der Ebene der Handlung die Diskrepanz aus, die zwischen den drei erwähnten Modellen besteht, auf dramaturgischer Ebene hingegen die Unstimmigkeit, die zwischen einem solchermaßen szenisch inszenierten Kollektiv und der zeitgenössischen Dramaturgie, wie sie auch Schillers Frühwerk prägt, herrscht. Bevor im nächsten Kapitel ausführlich auf letzteres eingegangen wird, sei zur Handlung der Trilogie kurz Folgendes vermerkt.

Die Handlung entfaltet in den *Piccolomini* und *Wallensteins Tod*, wie die konkurrierenden Vergemeinschaftungsformen, die auf einer traditionalen oder charismatischen Herrschaft beruhende und die szenisch-performative, einander konfligieren. Letztlich können die beiden ersteren sich gegenüber letzterer nicht behaupten. Thema von *Wallenstein* ist nicht zuletzt, dass ein politisches Handeln zwar noch als individuelles, nicht mehr aber als selbstbestimmtes möglich ist. Dies erfährt an erster Stelle Wallenstein selbst, dessen berühmter Monolog, „die Achse des Stücks"[570], ja fast ausschließlich darum kreist, wie die Handlungen sich gegen das handelnde Subjekt wenden.[571] Der späte Schiller glaubt nicht mehr an das geschichtsmächtige Subjekt[572] und damit weder an den Charismatiker noch an den traditionalen Herrscher. *Wallenstein* führt dementsprechend die Kontingenz historisch-politischen Handelns vor, das nicht durch den Willen eines Individuums, sondern durch den Zufall und die Massen bestimmt wird, das sich nicht zu einem sinnvollen Ganzen, einem „System", synthetisieren lässt. Dieser Geschichtspessimismus, mit dem Schiller die Geschichtsphilosophie seiner früheren historischen Schriften relativiert,[573]

---

doch diese biß zur Vollendung und dadurch zu einer poetischen Größe zu treiben; denn am Ende mislingt der Entwurf doch nur durch Ungeschicklichkeit. Die Base, worauf Wallenstein seine Unternehmung gründet, ist die Armee, mithin für mich eine unendliche Fläche, die ich nicht vors Auge und nur mit unsäglicher Kunst vor die Phantasie bringen kann: ich kann also, das Object worauf er ruht, nicht zeigen, und eben so wenig das, wodurch er fällt; das ist ebenfalls die Stimmung der Armee, der Hof, der Kaiser." (NA 29,17.)

570 Goethe 40, 57. (*Die Piccolomini. Wallensteins Erster Theil. Ein Schauspiel in fünf Aufzügen von Schiller*).

571 Diese Problematik ist derart zentral, dass Schiller auf ihr die ihn gegen Ende der 1790er Jahre nachhaltig beschäftigende Einheit der Handlung gründet. Zur Einheit der Handlung vgl. Dörr 2006, hier insbesondere S. 203. Noch immer ergiebig Prader 1954. Wichtig ist zudem Schings 1990. Zur Handlung vgl. auch Vogl 2007, S. 39ff.

572 Vgl. Borchmeyer 1988, S. 175.

573 Die Geschichtsphilosophie, die Schiller noch in seiner Antrittsvorlesung *Was heißt und zu welchem Ende studiert man Universalgeschichte? Eine akademische Antrittsrede* vertrat, ging davon aus, dass die historischen Einzelereignisse potentiell immer schon in einem teleologischen Zusammenhang stehen: „Jezt also kommt ihr der philosophische Verstand zu Hülfe, und, indem er diese Bruchstücke [die einzelnen historischen Ereignisse] durch künstliche Bindungsglieder verkettet, erhebt er das Aggregat zum System, zu einem vernunftmäßig zusammenhängenden Ganzen." (NA 17, 373.)

findet sich bekanntlich auch in dem kurz nach der Trilogie erscheinenden Aufsatz *Ueber das Erhabene*.[574] Der ehemalige Historiker spricht hier von der „Unbegreiflichkeit" (NA 21, 50.) der Geschichte:

> Nähert man sich nur der Geschichte mit großen Erwartungen von Licht und Er-
> kenntniß – wie sehr findet man sich da getäuscht! Alle wohlgemeynte Versuche
> der Philosophie, das, was die moralische Welt *fodert*, mit dem, was die wirkliche
> *leistet*, in Uebereinstimmung zu bringen, werden durch die Aussagen der Erfah-
> rungen widerlegt [...]. (NA 21, 49.)

Das heroische Ende des bürgerlichen Trauerspiels

Im vierten Akt von *Wallensteins Tod* berichtet ein Schwedischer Hauptmann Thekla, wie ihr Geliebter Max Piccolomini mitsamt seines Regiments, den Pappenheimern, heroisch zu Tode gekommen sei. Detailliert
schildert der Hauptmann, wie Max in der Schlacht mit den Schweden
nach einem Sturz von den Pferden seines Regiments überrannt wurde.
Dieser Tod ist die Allegorie der an ihr Ende geführten, bürgerlichen Einfühlungsdramaturgie des 18. Jahrhunderts, der individuelle Heldentod der
Tod einer durch die Revolution historisch überholten Dramaturgie. Der
moralisch positiv gezeichnete empfindsame Held wird von den im *Lager*
dargestellten Massen überrannt, die mit der Französischen Revolution die
politische Bühne betreten. Mit Max trägt Schiller nicht nur den empfindsamen Helden, sondern auch die mit diesem verbundene Dramaturgie
seines Frühwerks zu Grabe. Max ist der letzte Held in Schillers Werk, mit
dem Autor und Zuschauer emphatisch sympathisieren können.[575]

Thekla selbst ist es, die in einem Monolog den Tod ihres Geliebten
zur Allegorie ihres, des bürgerlichen Begriffs von Schönheit erklärt:

> – Da kommt das Schicksal – Roh und kalt
> Faßt es des Freundes zärtliche Gestalt
> Und wirft ihn unter den Hufschlag seiner Pferde –
> – Das ist das Los des Schönen auf der Erde! (WT 3177–3180.)

Dass die Handlung um Max und Thekla als eine solche poetologische Reflexion der empfindsamen Dramatik verstanden werden kann, legen nicht

---

[574] Die Begriffe „Geschichtspessimismus" oder „realistische Wende" (vgl. den einschlägigen
Artikel Gumbel 1932/33.) sind freilich mit Vorsicht zu verwenden, denn, indem Schiller
die „Unbegreiflichkeit" der Geschichte zum Anlass eines erhabenen und damit ästhetischen Gefühls werden lässt, dient sie ihm weiterhin der Beglaubigung der menschlichen
Vernunft. Vgl. Lämmert 2006, S. 29.

[575] An Körner schreibt Schiller am 28. November 1796: „Zwey Figuren ausgenommen, an die
mich Neigung fesselt, behandle ich alle übrigen, und vorzüglich den Hauptcharacter, bloß
mit der reinen Liebe des Künstlers, und ich verspreche Dir, daß sie dadurch um nichts
schlechter ausfallen sollen." (NA 29, 18.)

allein der Botenbericht und Theklas anschließender Monolog nahe, sondern die gesamte Nebenhandlung, die um die Liebe Max' und Theklas kreist.[576] Geradezu plakativ insistieren die beiden Liebenden das gesamte Stück über auf den Werten des empfindsamen Bürgertums des 18. Jahrhunderts. Insbesondere auf die Topoi des empfindsamen Liebescodes rekurrieren sie unablässig.[577] So stilisiert Max beispielsweise die Liebe in Kontrast zur politischen Öffentlichkeit zum Ort „reiner Menschlichkeit" hoch: „Betrug ist überall und Heuchelschein, / […] Der einzig reine Ort ist unsre Liebe, / Der unentweihte in der Menschlichkeit." (WT 1218–1221.) Entgegen Wallensteins Willen, Thekla gemäß seiner politischen Anliegen zu verheiraten, pochen die beiden Liebenden auf eine Liebesehe und setzen damit ihr subjektives Gefühl über anderweitige soziale Bindungen. Den anderen zu lieben, gerät zur subjektiven Selbstbegründung; der eine ist des anderen Geschöpf. Thekla: „Der Zug des Herzens ist des Schicksals Stimme. / Ich bin die Seine. Sein Geschenk allein / Ist dieses neue Leben, das ich lebe. / Er hat ein Recht an sein Geschöpf. Was war ich, / Eh seine schöne Liebe mich beseelte?" (P 1840–1844.) Auch mit der Insistenz, mit der sie die Aufrichtigkeit ihrer Handlungen betonen, versuchen beide sich von der politischen Öffentlichkeit abzuheben. So sind Theklas Worte, als die beiden erstmals alleine die Bühne betreten, bezeichnenderweise: „Trau ihnen nicht. Sie meinen's falsch. MAX: Sie könnten – / THEKLA: Trau niemand hier als mir. Ich sah es gleich, / Sie haben einen Zweck." (P 1684–1686) Im Gespräch mit Octavio bringt schließlich Max die für das Bürgertum des 18. Jahrhunderts so charakteristische Opposition von Moral und Politik prägnant zur Sprache: „Kein Kaiser hat dem Herzen vorzuschreiben." (WT 1230.)[578]

---

[576] Darauf, dass *Wallenstein* die bürgerlichen Werte, insbesondere aber das bürgerliche Liebesideal, als utopisch problematisiert, wurde bereits öfter verwiesen. Vgl. etwa Greis 1990, insbesondere S. 124f. Schmidt 2001, S. 51ff. Zur Diskussion, die in Max den Idealismus problematisiert sieht, vgl. zusammenfassend Oellers 2005b, S. 148.

[577] Zum Liebescode des empfindsamen Dramas vgl. insbesondere Greis 1991. Saße 1996. Wie der mediale Wandel des 18. Jahrhunderts den Code prägt vgl. grundlegend, wenn auch nicht explizit zum Drama, Koschorke 1999. Vgl. auch Luhmann1982 und die schon ältere, aber materialreiche Studie Kluckhohn 1966.

[578] Schiller selbst erwähnt in einem Brief an Goethe diese Opposition: „Ich bin seit gestern endlich an den poetisch-wichtigsten bis jetzt immer aufgesparten Theil des Wallensteins gegangen, der der Liebe gewidmet ist, und sich seiner freymenschlichen Natur nach von dem geschäftigen Wesen der übrigen Staatsaction völlig trennt, ja demselben, dem Geist nach, entgegensetzt." (NA 30,2.) Sie prägt bekanntermaßen die bürgerliche politische Theorie der Zeit maßgeblich. Zu *Wallenstein* und Kants politische Schriften, insbesondere *Zum ewigen Frieden* und *Über den Gemeinspruch* vor diesem Hintergrund vgl. Borchmeyer 1988. Brokoff 2010, S. 318ff.

Nun spielt die Liebe auch in Schillers Frühwerk eine entscheidende Rolle. In der *Theosophie des Julius* erfährt sie eine letzte, bereits selbstkritische Apologie und zwar als Modell einer „sympathetischen Soziabilität".[579] In Anschluss an Fergusons „Gesetz der Geselligkeit" erhebt Schiller die Liebe hier zum Medium gesellschaftlicher Vergemeinschaftung. Sie stifte eine nicht im Zeichen der Politik, sondern der Moral stehende universelle Gemeinschaft. Dieses Modell, auf das auch seine frühe Lyrik immer wieder rekurriert, wendet Schiller in der *Schaubühnenrede* dramaturgisch und überträgt es damit auf das Theater, das – wie es nun heißt – die Menschen „durch eine allwebende Sympathie verbrüder[t]" (NA 20, 100.).[580] Max' und Theklas Liebe deckt sich selbstredend nicht in all ihren Facetten mit dem Sympathiebegriff der *Theosophie des Julius*. Wirkungsästhetisch aber folgt die Liebeshandlung ganz der Dramaturgie, die auf dem Sympathiebegriff, wie ihn auch die *Philosophischen Briefe* entwickeln, beruht und die die Zuschauer als unbeobachtete Beobachter mit den beiden Liebenden sympathisieren lässt. Sie steht mit einer wichtigen, noch zu kommentierenden Ausnahme gänzlich im Rahmen der antitheatralischen Dramaturgie des bürgerlichen Trauerspiels.[581]

Dass dem so ist, geht unter anderem daraus hervor, wie Max von Thekla Abschied zu nehmen gedenkt. Unverhohlen spricht er nämlich selbst aus, dass er den Abschied als eine tränenselige Sympathie heischende Selbstinszenierung nach dem soeben angesprochenen dramaturgischen Modell versteht: „Sie soll mein Leiden sehen, meinen Schmerz, / Die Klagen hören der zerrißnen Seele, / Und Tränen um mich weinen" (WT 1237–1239.). Als Max dann tatsächlich auf Thekla trifft, macht er unmissverständlich klar, dass er dieses „mein Leiden sehen" als sympathetisches Mit-Leiden

---

579   Schings 1980/1981, S. 88.

580   Vgl. ausführlich Kapitel II.2 dieser Studie.

581   Dass die Nebenhandlung somit – sieht man von besagter Ausnahme ab – noch jenseits der in der Vorrede zur *Braut von Messina* so prägnant formulierten Programmatik steht, die Aufführung in das dramatische Werk zu integrieren, zeigt sich an einem Brief Schillers an Goethe vom 12. Dezember 1797: „Da ich in diesen Tagen die Liebesscenen im 2ten Akt des Wallensteins vor mir habe, so kann ich nicht ohne Herzensbeklemmung an die Schaubühne und an die theatralische Bestimmung des Stückes denken. Denn die Einrichtung des Ganzen erforderte es, daß sich die Liebe nicht sowohl durch Handlung als vielmehr durch ihr ruhiges Bestehen auf sich und ihre Freiheit von allen Zwecken der übrigen Handlung, welche ein unruhiges planvolles Streben nach einem Zwecke ist, entgegensetzt und dadurch einen gewißen menschlichen Kreis vollendet. Aber in dieser Eigenschaft ist sie nicht theatralisch, wenigstens nicht in demjenigen Sinne, der bei unsern Darstellungsmitteln und bei unserm Publicum sich ausführen läßt. Ich muss also, um die poetische Freiheit zu behalten, solange jeden Gedanken an die Aufführung verbannen." (NA 29, 166.) Dass daher auch die in der späteren Vorrede zur *Braut* formulierte Forderung, im Theater Öffentlichkeit zu restituieren, in *Wallenstein* nur eingeschränkt, und zwar fast ausschließlich in *Wallensteins Lager*, eingelöst wird, betont auch Borchmeyer 1988, S. 245f.

verstanden wissen will; Sympathie allein beglaubigt dem Liebenden die Liebe des anderen: „Nur einen Blick des Mitleids gönne mir, / Sag, daß du mich nicht hassest. Sag mirs, Thekla. [...] Sag, Thekla, daß du Mitleid mit mir hast, / Dich selber überzeugst, ich kann nicht anders." (WT 2060f., 2064f.)

Seine Selbstinszenierung vor der Geliebten fällt nun jedoch gerade nicht als empfindsames Drama aus, vielmehr kippt sie an einer zentralen Stelle in einen heroischen, an die Dramen Corneilles gemahnenden Entscheidungsmonolog um. Von Beginn an findet der Abschied der beiden Liebenden nicht in bürgerlicher Intimität und Privatheit statt, vielmehr ist Wallenstein mit seinen ihm verbliebenen Generälen anwesend. Politisch-öffentlich wird die Szene dann jedoch vor allem dadurch, dass die Pappenheimer auf die Bühne strömen – ein zweites und letztes Mal, dass in der Trilogie ein Kollektiv dargestellt wird – und von Wallenstein, der Max zunächst zurückhält, dessen Herausgabe fordern. Der empfindsame Abschied gerät zum politischen Konflikt. Max entscheidet sich in diesem Dilemma zwischen seiner Liebe bzw. seinen moralisch-ästhetischen Werten und seiner politischen Verpflichtung[582] dafür, in den Tod zu gehen, sagt sich damit nicht nur von Thekla los, sondern auch von der beabsichtigen Selbstdarstellung. An die Stelle von Sympathie tritt heroische Größe.

Die auf der Bühne dargestellte Selbstinszenierung des jungen Piccolomini wirkt daher wirkungsästhetisch gesehen nicht durch sympathetische Identifikation, sondern durch distanzierte Bewunderung. Mit dem sich zu heroischer Größe aufschwingenden Max können die Theaterzuschauer sich nicht mehr empathisch identifizieren. Freilich handelt es sich im Unterschied zu den Dramen Corneilles oder Racines allein um eine *dargestellte* Bewunderung. Max spricht zu dem bühneninternen Publikum der Pappenheimer wie ein Held Corneilles zum Theaterpublikum. Damit ist der Wirkungsaffekt der Bewunderung nur bedingt wiederhergestellt. Bewunderung beruht in der *tragédie classique* auf einem Affekttransfer, der durch die körperliche Präsenz eines dadurch seinen ontologischen Status ästhetisch reaktualisierenden Publikums stimuliert wird.[583] In der vorliegenden Szene ist sich das Theaterpublikum jedoch zunächst nicht körperlich präsent, vielmehr bleibt für den Zuschauer vorerst die Vierte Wand und damit die individuelle, von der Präsenz weiterer Zuschauer abstrahierende Rezeption bestehen. Die Theaterzuschauer identifizieren sich mit den auch moralisch positiv gezeichneten Pappenheimern und bewundern *wie* diese; dies impliziert jedoch auch, dass sie wie diese die Präsenz eines

---

[582] Achim Geisenhanslüke macht darauf aufmerksam, dass der in dieser Szene verhandelte Konflikt zwischen *devoir* und *passion* der französischen Tragödie entlehnt sei. Vgl. Geisenhanslüke 2006, S. 77f.

[583] Siehe Kapitel I.2.3 dieser Studie.

bewundernden Publikums wahrnehmen. Es handelt sich mithin auf Seiten der Theaterzuschauer weiterhin um eine individuelle Rezeptionsform, die jedoch jederzeit in einen kollektiven, auf der körperlichen Präsenz der anderen Zuschauer beruhenden Rezeptionsakt umzuschlagen *scheint*. Im ersten Fall ist der Bezug des Publikums zu den Pappenheimern ein metaphorischer – es bewundert wie diese –, im zweiten ein metonymischer.[584]

Somit dient die Anwesenheit des bühneninternen Kollektivs nicht allein der Affektverstärkung, sondern ist auch die Bedingung der Möglichkeit des Affekts.[585] Bei diesem handelt es sich aber dennoch weiterhin um einen im Sinne Lessings allein im zuschauenden Subjekt generierten. Die Pappenheimer erfüllen in dieser Szene die Funktion, die Schiller in der Vorrede zur *Braut von Messina* dem Chor zuschreiben wird. Sie sind ein Hybrid aus im Drama als Kollektiv handelnder Person und zuschauendem Theaterpublikum. Max' heroische Größe liegt jenseits einer Dramaturgie der Einfühlung. Dargestellt werden kann sie allein, wenn das bewundernde Kollektiv selbst dar- und als ästhetisches Objekt der Szene ausgestellt wird. Wirken kann sie nur, wenn das Theaterpublikum wie das bühneninterne bewundern kann, mithin als Publikum (und nicht als individueller Zuschauer) in die Darstellung, genauer: durch das dargestellte Publikum in diese parergonal eingetragen ist.

Die Pappenheimer konfrontieren als Teil der im *Lager* szenisch vergegenwärtigten Armee den empfindsamen Helden Max mit der Masse als politischem Akteur. Der empfindsame Held trifft hier auf das zum Politikum gewordene Publikum, das bisher als genuin unpolitisches nur der Effekt seiner Darstellung sein konnte. Aus dieser szenisch ausgestellten Diskrepanz heraus lässt sich begründen, warum Max seine Selbstinszenierung im Zeichen der Einfühlungsdramaturgie und warum mit ihm auch die Trilogie diese fallen lässt. Gerade weil sie das bürgerliche Trauerspiel in dieser kritisch-selbstreflexiven Form noch einmal inszeniert, verabschiedet sie es umso nachdrücklicher.

---

[584] Humboldt thematisiert diesen hybriden Charakter der Szene, indem er vom „Menschlich-Großen" spricht. Für Max, der hier stellvertretend für die empfindsame Dramaturgie spricht, schließen sich beide Begriffe noch aus: „Nicht / Das Große, nur das Menschliche geschehe." (WT 2327f.) In einem undatierten Brief schreibt Humboldt Anfang 1800 an Schiller: „Eine ganze Masse von Menschen, und zwar als einen einzelnen Charakter, in einem Stück aufzuführen, wie Sie in den Pappenheimern gethan haben, ist unläugbar neu, aber von der größten Wirkung. Es ist das einzige Menschlich-Große, was sich aus der wilden Masse des Heers hervorhebt, es giebt dem Entschluß Maxens ein entscidenderes Gewicht, vermehrt den Drang und das Schauderhafte seines Abtretens, und die Treue dieser Menschen gegen ihren Führer schließt sich wunderbar schön an die Treue der Liebe in Thekla an." (NA 38, 328.)

[585] Als Affektverstärker im Sinne eines „Resonators" werden der Chor bzw. chorähnliche Kollektive zumeist beschrieben. Vgl. insbesondere Borchmeyer 1973, S. 156ff.

Dass die nun einsetzende Dramaturgie sich sehr viel stärker an der der *tragédie classique* orientiert, wird anschließend vom eingangs angesprochenen Botenbericht des Schwedischen Hauptmanns unterstrichen. Dieser lässt sich als ein regelrechtes Racinezitat ausweisen, denn er nimmt ganz offensichtlich Anleihen an Théramènes Botenbericht in Racines *Phèdre*. So wie Hippolyte durch seine eigenen Pferde umkommt, stirbt auch Max unter den Hufen der Pferde seines Regiments. Wird Hippolyte von seinem Vater verflucht, so Max von der Vaterfigur Wallenstein verstoßen.[586] Neben diesen rein motivischen Parallelen greift Schiller, indem er den Schwedischen Hauptmann auftreten lässt, jedoch vor allem die in *Phèdre* sehr prominente Form des Botenberichts auf.[587] Thekla beginnt dabei das Gespräch bezeichnenderweise mit den Worten: „Sie haben mich in meinem Schmerz gesehn, / Ein unglücksvoller Zufall machte Sie / Aus einem Fremdling schnell mir zum Vertrauten." (WT 3006–3008) Damit ist der Hauptmann nicht nur im psychologischen Sinne der Sympathiedramaturgie als Vertrauter benannt, vielmehr schwingt noch die dramaturgische Funktion des *confident* der zitierten, literarischen Vorlage nach.

Ein wesentlicher Unterschied zu dieser besteht jedoch darin, dass bei Racine die Rezeption des Berichts öffentlich ist, während sie bei Schiller ins Private verlegt wird. Der *confident* ist immer auch Vertrauter im bürgerlichen intim-psychologischen Sinne; die Szenen unmittelbar vor dem Botenbericht kreisen ausführlich darum, ob Thekla den Schweden allein anhören dürfe. So sagt Thekla zum Schluss denn auch, der Hauptmann habe ihr „ein menschlich Herz gezeigt" (WT 3084.). Insofern ist trotz der Distanz, die der Schwedische Hauptmann durch seinen ausführlichen Bericht der heroisch-singulären Taten Maxens zu diesem aufbaut und die eine psychologische Identifikation mit dessen Handlungen unmöglich werden lässt, Bewunderung im Sinne der *tragédie classique* nicht möglich. Dennoch handelt es sich auch nicht um eine genuin empfindsame Szene, denn Thekla geht es in erster Linie darum, sich in der Achtung des Schweden wiederherzustellen.[588] Die Szene präsentiert also ähnlich wie die

---

586 Einen detaillierten thematischen Vergleich liefert Geisenhanslüke 2006, S. 77–79. Vgl. auch Schweitzer 1992, S. 201–203.

587 Laut Ludwig von Wolzogen soll Schiller ihm auf einen Vorschlag zu dieser Szene entgegnet haben: „Wie können Sie nur verlangen, daß ich eine Szene, welche den höchsten tragischen Eindruck auf die Zuschauer zu machen berechtigt ist, mit so viel Knall und Dampf anfüllen soll?! *Max* kann nicht durch eine Kugel enden; auch muß sein Tod nur erzählt, nicht dargestellt werden, ähnlich wie Theramen in der Phädra *Hippolyts* Ende berichtet!" (NA 42, 245.) Vgl. auch Haas 2007, S. 144f.

588 „Ich sank in seine Arme – das beschämt mich. / Herstellen muß ich mich in seiner Achtung, / Und sprechen muß ich ihn, notwendig, daß / Der fremde Mann nicht ungleich von mir denke." (WT 2962–2965.)

Abschiedsszene eine Selbstinszenierung, in diesem Fall von Thekla. Ihre zu Beginn und am Ende des Treffens gesprochenen Worte „Sie haben mich in meinem Schmerz gesehn" (WT 3006, 3083.), die den Botenbericht einfassen, sind eine offensichtliche Anspielung auf Maxens dramaturgisch fehlgeschlagene Selbstinszenierung im Zeichen des Mitleids und dessen Worte: „Sie soll mein Leiden sehen, meinen Schmerz" (WT 1237.). Doch beglaubigt das im Falle Theklas gelingende ästhetische Bild ihres Schmerzes nicht mehr wie in der empfindsamen Dramatik Theklas Humanität (bzw. die des sympathisierenden Publikums), sondern allein Maxens im Botenbericht ästhetisch dargestellte Größe, an der sie durch ihre Beherrschtheit partizipiert.[589]

Darin, dass sie an Maxens Größe jedoch nur partizipieren darf, kommt eine Asymmetrie zwischen den beiden Liebenden zum Ausdruck, die noch einmal deutlich werden lässt, dass *Wallenstein* zu einem Teil der durch Max' Tod verabschiedeten Dramatik verhaftet bleibt. Auch Thekla will sich opfern und ihrem Geliebten nachsterben. Ihr Freitod ist jedoch durch allein private Beweggründe motiviert, da sie nicht wie Max mit einem ganzen Regiment stirbt, kein öffentlicher und wird überdies dem Zuschauer vorenthalten, weder szenisch dargestellt noch wie bei Max durch einen Botenbericht nacherzählt. *Wallenstein* bleibt dem Zuschauer eine Verklärung der toten Thekla, wie dies Max erfährt, schuldig.[590] Erst nach *Wallenstein* greift der Bruch mit dem bürgerlichen Trauerspiel auch auf die Frauenfiguren über, die nun viel stärker an die Frauen der *tragédie classique* erinnern. Erst hier, in *Maria Stuart*, findet sich denn auch eine das gesamte Stück prägende Rezeption der französischen Tragödie.

---

[589] Darin folge ich den erhellenden Darlegungen bei Haas 2007, S. 144f. Wallenstein sagt unmittelbar vor der Szene: „Es ist mein starkes Mädchen, nicht als Weib, / Als Heldin will ich sie behandeln sehn." (WT 2977f.)

[590] Dass dies von den Zeitgenossen als Inkohärenz wahrgenommen wurde, zeigt sich daran, dass Schiller sich offenbar gezwungen sah in einem Gedicht, *Thekla. Eine Geisterstimme*, eine ästhetische Verklärung nachzutragen. Im Gedicht gibt Thekla Antwort auf die Frage, die sich offensichtlich nach der Veröffentlichung der Trilogie dem Publikum aufdrängte: „Wo ich sei, und wo mich hingewendet, / Als mein flücht'ger Schatte dir entschwebt?" (NA 2 I, 198.) Das Gedicht ist insofern bemerkenswert, als es die heroische Distanz des Rezipienten zu Max wieder einebnet: „Dorten wirst auch du uns wieder finden, / Wenn dein Lieben unserm Lieben gleicht" (Ebd.), damit das in *Wallenstein* problematisierte Liebesmodell wiederaufgreift und so das dramaturgische Novum der Trilogie zurücknimmt.

3.2 Kunstkönigin. *Maria Stuart*

Mächtig seyd ihr, ihr seyds durch der Gegenwart ruhigen Zauber,
Was die stille nicht wirkt, wirket die rauschende nie.
Kraft erwart' ich vom Mann, des Gesetzes Würde behaupt' er,
Aber durch Anmuth allein herrschet und herrsche das Weib.
Manche zwar haben geherrscht durch des Geistes Macht und der Thaten,
Aber dann haben sie dich, höchste der Kronen, entbehrt.
Wahre Königinn ist nur des Weibes weibliche Schönheit,
Wo sie sich zeige, sie herrscht, herrschet bloß weil sie sich zeigt. (NA 1, 286.)

In diesem *Macht des Weibes* betitelten, wohl 1796 verfassten Gedicht greift
Schiller nicht nur den Geschlechtercode seiner ästhetischen Schriften auf,
der die Anmut der Frau und die Würde dem Mann zuordnet,[591] vielmehr
reformuliert er ihn vor einem explizit politischen Hintergrund. Die Legitimität einer „wahren" Königin ergebe sich nicht aus ihren Handlungen,
sondern der Evidenz ihres ästhetisch-anmutigen Erscheinens. In der ästhetisierten Königin sind Herrschaft und ästhetische Evidenz ununterscheidbar chiastisch verschränkt.

In einem anderen, sehr viel bekannteren Gedicht, dem *Lied von der
Glocke*, wird in ähnlicher Weise der zeitgenössische Geschlechtercode aufgegriffen, nun jedoch die während der Französischen Revolution tatsächlich handelnden Frauen zeichnend: „Freiheit und Gleichheit! hört man
schallen, / Der ruh'ge Bürger greift zur Wehr, / Die Straßen füllen sich,
die Hallen, / Und Würgerbanden ziehn umher, / Da werden Weiber zu
Hyänen / Und treiben mit Entsetzen Scherz, / Noch zuckend, mit des
Panthers Zähnen, / Zerreissen sie des Feindes Herz. / Nichts Heiliges ist
mehr, es lösen / Sich alle Bande frommer Scheu, / Der Gute räumt den

---

[591]   Vgl. die einschlägige Stelle in *Über Anmut und Würde*: „Auch der Beytrag, den die Seele zu
der Grazie geben muß, kann bey dem Weibe leichter als bey dem Manne erfüllt werden.
Selten wird sich der weibliche Charakter zu der höchsten Idee sittlicher Reinheit erheben,
und es selten weiter als zu *affektionirten* Handlungen bringen. Er wird der Sinnlichkeit oft
mit heroischer Stärke, aber nur *durch* die Sinnlichkeit widerstehen. Weil nun die Sittlichkeit
des Weibes gewöhnlich auf Seiten der Neigung ist, so wird es sich in der Erscheinung eben
so ausnehmen, als wenn die Neigung auf Seiten der Sittlichkeit wäre. Anmuth wird also
der Ausdruck der weiblichen Tugend seyn, der sehr oft der männlichen fehlen dürfte."
(NA 20, 289.) Der Geschlechtercode der Schillerschen Schriften wurde bereits mehrfach
und ausführlich beschrieben, der politische Hintergrund jedoch zumeist außer Acht gelas-
sen (Vgl. jedoch zur *Jungfrau in Orléans* insbesondere Marwyck 2010, S. 124ff. Wild 2003,
S. 359ff.) Dabei stieß vor allem die Diskrepanz zwischen dem in der Lyrik und den theoretischen Schriften formulierten Frauenbild und den dramatischen Frauengestalten auf Interesse. Vgl. Fuhrmann 1981, der eine biographische Erklärung bietet (Ebd. S. 351ff.). Vgl.
außerdem Bovenschen 1979, S. 244ff.

Platz dem Bösen, / Und alle Laster walten frei." (NA 2, 237.)[592] Der Kontrast könnte kaum stärker sein: Dem furiosen Gewaltexzess tatsächlich politisch handelnder Frauen steht im Falle politischer Inaktivität deren ästhetische Überhöhung entgegen, dem politischen Hass die ästhetische Herrschaft. Dieser Kontrast ist durchaus Programm und prägt nachhaltig nicht allein Schillers Lyrik, sondern auch das zum Thema Königinnentum und Legitimität wohl einschlägigste seiner Dramen, *Maria Stuart*.

Die in den beiden Gedichten vorgebrachten Ansichten sind im ausgehenden 18. Jahrhundert jedoch durchaus nicht originell, vielmehr bestimmen sie sowohl die zeitgenössische Geschlechterpolitik der Französischen Revolution als auch das konterrevolutionäre Gegenprogramm. Tatsächlich politisch aktive Frauen werden auch hier und im Verlauf der Revolution immer stärker als Furien gebrandmarkt. Dem faktischen Ausschluss steht zudem der ästhetische Einschluss in die politische Ikonographie gegenüber. Im konterrevolutionären Schrifttum der Zeit übernimmt die Königin ziemlich genau die Rolle, die in der Geschlechterpolitik der Revolution den zahlreichen weiblich kodierten, politischen Allegorien übertragen wird, die nämlich, den abstrakt gewordenen Staat wieder anschaulich werden zu lassen.

Vor diesem noch detailliert zu erörternden Hintergrund ist Schillers um 1800 verstärkt auftretendes Interesse an der Königin, wie es seinen Niederschlag insbesondere in *Maria Stuart* gefunden hat, zu verstehen. In einem ersten Schritt soll nun anhand von Edmund Burkes *Reflections on the Revolution in France* dem soeben skizzierten Sachverhalt vertieft nachgegangen werden. Auch hier findet sich die Gegenüberstellung von weiblichem Furor und der ästhetischen Evidenz einer „wahren" Königin. Burkes Schrift zeichnet sich darüber hinaus dadurch aus, dass sie den theatralen Charakter der Revolution herausarbeitet und ein antitheatrales, aber dennoch dem Drama verpflichtetes ästhetisches Gegenprogramm entwirft. In einem zweiten Schritt soll daran anschließend nachvollzogen werden, wie Schiller sowohl die Gegenüberstellung als auch das ästhetische Gegenprogramm in zwei herausgehobenen Szenen seiner *Maria Stuart* aufgreift, jedoch letzteres in ein genuin theatrales umschreibt. Die Theatralität der Darstellung dient nicht nur der Inszenierung der Königin als Furie, sondern auch deren ästhetischer Rehabilitierung. Die These ist, dass Schiller ersteres nur im

---

592   Verglichen mit den Gerüchten, die nach der Revolution über die Pariser Frauen kursierten, ist der Passus noch recht moderat. Im November 1789 schreibt Charlotte von Lengefeld beispielsweise an Schiller: „von den Pariser Frauens erzählt er [d.i. Beulwitz] schöne Geschichten die hoffe ich, nicht so sein sollen, es hätten sich einige bei einen [sic!] erschlagnen Garde du Corps versammelt, sein Herz heraus gerißen, und sich das Blut in Pokalen zu getrunken. Es wäre weit gekommen, wenn sie so sehr ihre Weiblichkeit vergeßen könnten." (NA 33, 410.)

Rekurs auf Corneilles Dramaturgie, wie sie insbesondere *Rodogune* prägt, gelingen konnte. Die Öffentlichkeit der Darstellung wird in *Maria Stuart* durch die spezifische Medialität der theatralen Darstellung problematisiert, jedoch nur bedingt restituiert. Allein im ästhetisierten Königinnenkörper soll sie zu einer unmittelbaren Evidenz und Anschaulichkeit gelangen.

Burke – Die Königin und die Revolution
(Reflections on the Revolution in France)

Für Schillers Umgang mit den durch die Revolution vollzogenen Brüchen im politischen Imaginären und der durch sie entfachten politischen Theatralität stellen Edmund Burkes *Reflections on the Revolution in France*, die in den 1790er Jahren wohl prominenteste konterrevolutionäre Schrift, eine maßgebliche Autorität dar. Burkes Schrift war in Deutschland äußerst erfolgreich und ist vor allem zu thematisieren, weil sie im Vergleich zu den anderen der zahlreichen Schriften über die Französische Revolution wie beispielsweise den beiden zeitgleich mit ihr erschienenen Abhandlungen, Joachim Heinrich Campes *Briefe aus Paris zur Zeit der Revolution geschrieben* und Friedrich Schulzes *Geschichte der großen Revolution in Frankreich*, wohl am nachdrücklichsten die theatralen Strukturen der Revolution offen legt und überdies ein ästhetisches Gegenprogramm entwirft.

> Die Nationalversammlung, die nichts weiter als das letzte Sprachrohr dieser Gesellschaften [d.i. der Clubs der Revolution] ist, treibt das Possenspiel ihrer Debatten mit ebensowenig Anstand [decency] als Freiheit. Sie spielen wie Jahrmarktsgaukler vor einem ausgelassenen Pöbel unter der tumultuarischen Mitwirkung einer vermischten Horde von tollen Patrioten und schamlosen Weibern, die nach den Eingebungen ihrer ungebändigten Launen Befehle geben, Stillschweigen gebieten, auszischen und Beifall zurufen, zuweilen sich unter die Schauspieler mischen und ihre Plätze mit ihnen teilen [sometimes mix and take their seats amongst them] und in ihrer seltsamen Oberherrschaft den Mutwillen der Sklaven mit dem Übermut der Tyrannen vereinigen. So wie sie die Ordnung in allen Stücken verkehrt haben, so ist auch bei ihnen die Galerie das, was das Haus sein sollte. Diese Versammlung, die Könige und Königreiche über den Haufen wirft, hat nicht einmal die Form und das äußere Ansehen einer gesetzgebenden Versammlung (*Nec color imperii, nec frons erat ulla senatus*). Sie hat, wie ein böses Urprinzip in der Natur, bloß die Macht umzustürzen und zu zerstören, aber keine Macht etwas zu bauen, es müßten denn Maschinen zum ferneren Umsturz und zur ferneren Zerstörung sein.[593]

---

[593] Burke 1986, S. 148f. Zitiert wird nach der Übersetzung von Friedrich Gentz, die in mehr als einer Hinsicht keine Übersetzung, sondern eine überaus freie Umarbeitung darstellt, jedoch im vorliegenden Kontext von größerem Interesse ist als das Original, da sie in einer heute kaum noch nachzuvollziehenden Intensität auf die deutsche Öffentlichkeit des aus

In diesem kurzen Auszug aus der 1790 erschienenen Streitschrift, die immer wieder auf die Theatralität der Revolution zurückkommt,[594] macht Edmund Burke unmissverständlich klar, dass die Revolutionäre mit ihrem seiner Ansicht nach falsch verstandenen Theaterverständnis und den von ihnen unternommenen politischen Handlungen – beides lässt sich streng genommen nicht voneinander trennen, denn Burkes Ansicht nach sind die politischen Aktivitäten der Revolutionäre immer auch theatralische – das traditionelle Theater unmöglich machen. Nicht allein, dass laut Burke die Revolutionäre mit ihrem politischen „Theater" gegen die Dezenz (*decency*) des klassizistisch-traditionellen verstoßen und die Infragestellung des Königs und Adels der höchsten Theatergattung, der Tragödie, ihr Personal nimmt, so dass mit deren bald rollenden Köpfen auch die *dramatis personae* der Tragödie zum Anachronismus werden,[595] seine Beschreibung setzt vielmehr noch fundamentaler an, denn der obigen Charakterisierung der Nationalversammlung zufolge greifen die Revolutionäre die Struktur des Theaters schlechthin an. Sie verlegen das traditionelle repräsentative Herrschaftstheater des absolutistischen Königs, der sich vor dem politisch entmündigten Volk als der Staat in Person inszenieren konnte, auf den Jahrmarkt, der dem traditionellen Staatstheater zwei essentielle Eigenschaften vorenthält: Zum einen handeln keine herausgehobenen Individuen und zum anderen ist wie bei der von Rousseau und Schiller beschriebenen performativen Öffentlichkeit die Trennung von Bühne und Zuschauer aufgehoben. Das revolutionäre Kollektiv, die Nationalversammlung, repräsentiere sich, so Burke, nicht *vor* dem Volk, sondern *mit* dem „Pöbel". Dieser kann sich unter die „Schauspieler", die politisch Agierenden, mischen und in deren Handlungen eingreifen. Zwar saßen auch im absolutistisch geprägten Theater Zuschauer auf der Bühne und inszenierten sich vor den anderen Zuschauern, jedoch blieben sie Zuschauer und griffen nicht in den Handlungszusammenhang ein. Die Nationalversammlung hat, so lässt sich damit Burke paraphrasieren, „nicht einmal die Form und das äußere Ansehen einer gesetzgebenden Versammlung", weil sie nicht die Form eines Theaters, sondern die eines Jahrmarktspiels hat. Anstatt dass der Monarch sich vor dem Publikum,

---

gehenden 18. Jahrhunderts wirkte. Zur Rezeption in Deutschland vgl. Braune 1917. Zur allgemeinen Wirkung auf den Konservatismus, insbesondere auch in Deutschland vgl. Mannheim 1984, S. 154ff. Auch in Weimar wurde die Schrift rezipiert. Zu Goethe vgl. Reschke 2006. Zu Schiller Borchmeyer 1983. Subramaniam 2007.

[594] Die umfangreiche Forschung hierzu ist gut aufgearbeitet bei Samet 2003. Einschlägig ist Melvin 1975. Vgl. auch Buckley 2006, insbesondere S. 71–77.

[595] So schafft die Revolution „die *Bedingungen der künftigen Unmöglichkeit* für Tragödien", wie Ethel Matala de Mazza einen Aufsatz Frans de Bruyns prägnant auf den Punkt bringt (Matala de Mazza 2006, S. 204.).

dem Volk, als Herrschender inszeniert, handeln laut Burke Publikum und Revolutionäre gemeinsam und zwar auf eine Art und Weise, die Tyrann und Pöbel ununterscheidbar werden lasse. Burke macht mithin darauf aufmerksam, dass die Revolution nicht nur in der europäischen Geschichte und der politischen Theorie, sondern auch in der der Theaterästhetik eine, wenn nicht die Zäsur schlechthin darstellt. Die Revolution nimmt nicht nur dem *Ancien Régime*, sondern auch dem absolutistischen Theater die Daseinsberechtigung wie -möglichkeit.

Auch an anderen Stellen hebt·Burke die beiden angesprochenen Aspekte, dass in der Revolution keine einzelnen Personen handeln und die Zuschauer selbst zu handelnden Personen werden, hervor. Später im Text heißt es: „Nach den Prinzipien dieser mechanischen Staatsweisheit können bürgerliche Verfassungen nie verkörpert, nie lebendig, nie in Personen dargestellt werden, so daß sie Liebe, Verehrung, Bewunderung, Zutrauen in uns [den Zuschauern (!)] zu erwecken fähig würden.“[596] Damit spricht er den wichtigen, weiter oben schon erläuterten Punkt an, dass mit der Revolution der Staat nicht mehr durch ein herausgehobenes Individuum verkörpert wird, dass die Absetzung des Königs eine strukturell bedingte Leerstelle hinterlässt: „Ich sehe nicht gern, wenn irgend etwas zerstört, irgendwo eine leere Stelle in dem gesellschaftlichen Ganzen hervorgebracht, irgendwo die Oberfläche des Staats mit Ruinen bedeckt werden muß.“[597]

Burke begegnet der desaströsen Lage für das politische Theater, indem er versucht, die Revolutionäre mit ihren eigenen Mitteln zu schlagen und ihr „Jahrmarktstheater“ gegen sie selbst auszuspielen.[598] Dies hat schon sehr früh, 1791, ein Jahr nach Veröffentlichung der *Reflections*, Burkes berühmter Gegenspieler Thomas Paine gesehen:

> I can consider Mr. Burke's book in scarcely any other light than a dramatic performance; and he must, I think, have considered it in the same light himself, by the poetical liberties he has taken of omitting some facts, distorting others, and making the whole machinery bend to produce a stage effect.[599]

Jedoch darf dabei nicht übersehen werden, dass Burke bei dem nun *ästhetisch* ausgefochtenen Kampf mit den Revolutionären – mit Schiller könnte man auch von einer „ästhetischen Erziehung“ der Leser des Pamphlets sprechen[600] – allein über die Schrift verfügt, mithin nur einen Text liefern

---

[596] Burke 1986, S. 162.
[597] Ebd., S. 265. Vgl. Matala de Mazza 2006, S. 207. Siehe Kapitel III 2.1.
[598] Vgl. Melvin 1975, S. 467. Matala de Mazza 2006, S. 202ff.
[599] Paine 1, 267f. (*Rights of man*).
[600] Ein Begriff, den in diesem Kontext auch Matala de Mazza heranzieht. Vgl. Matala de Mazza 2006, S. 213.

kann, nicht jedoch eine Theateraufführung. Darin unterscheidet sich Burke ganz wesentlich von der Methode der Revolutionäre, der Unanschaulichkeit moderner, revolutionärer Staatlichkeit durch die wesentlich theatral strukturierten Revolutionsfeste Herr zu werden. Burke tut die neue, im Verlauf der Revolution immer stärker werdende Festkultur denn auch als „Taschenspielerkünste" ab. Er habe „nachgeforscht, ob die Gesetzgeber irgendeinen künstlichen Kitt, aus fremdartigen Materialien gebildet, ersannen, um diesen Zusammenhang [d.i. den zwischen den einzelnen französischen Freistaaten bzw. Departments] hervorzubringen. Ihre Bundesfeste, ihre Aufzüge, ihre Bürgermahle, ihre Apotheosen verdienen keine Erwähnung. Dies sind nichtsbedeutende Taschenspielerkünste"[601]. Für das neue Paradigma des politischen Fests, das jegliche Repräsentation zugunsten einer ausschließlichen Inszenierung von Theatralität ablehnt, konnte Burke kein Verständnis aufbringen, denn seine Strategie, mit der er der Revolution in den *Reflections* ästhetisch beikommen möchte, läuft gerade auf eine Rehabilitierung politischer Repräsentation hinaus. Durch die *Reflections* versucht Burke, die Gattung Tragödie zu restituieren.[602] Es handelt sich jedoch um eine die herkömmliche Gattung mehr entstellende denn wiederbelebende Tragödie, die einzig darin besteht, dem Leser des Pamphlets zwei Szenen vor Augen zu führen. Eine Tragödie, die laut Burke die Revolutionäre mit dem König und besonders der Königin trotz der Bemerkungen zum Jahrmarktscharakter der Nationalversammlung nun doch spielen,[603] kann dieses Erzählspektakel heißen, weil es mit ihr die kathartische Wirkung teilt.

Burke beschreibt die Ereignisse vom 5. und 6. Oktober 1789, als die Poissarden den König und die Königin nach Paris bringen, sehr frei[604], aber ausführlich und mit einer auffallend großen Lust am Erzählen. Detailreich wird berichtet, die Königin sei von einer Rotte Revolutionäre „almost nacked"[605] überfallen und ihr Bett mit ihren Bajonetten durchstoßen worden.[606] Es folgt die Schilderung des Zugs nach Paris. Die königlichen Leibgarden seien enthauptet worden.

---

[601]   Burke 1986, S. 345.
[602]   Vgl. Matala de Mazza 2006, S. 205ff.
[603]   Vgl. Burke 1986, S. 213: „Warum aber sollen wir gegen die Tyrannen unserer Tage, die noch weit ärgere Tragödien als jene unter unseren Augen spielen, glimpflicher und zärtlicher verfahren?"
[604]   Die oben zitierte Kritik Thomas Paines geht weiter: „Of this kind is his account of the expedition to Versailles. He begins this account by omitting the only facts, which, as causes, are known to be true; everything beyond these is conjecture, even in Paris; and he then works up a tale accommodated to his own passions and prejudices." Paine 1, 268 (*Rights of man*).
[605]   Burke 1987, S. 62. Ein Detail, das Gentz in seiner Übersetzung unterschlägt.
[606]   Womit der politische Akt als ödipale Regression präsentiert wird. Vgl. Paulson 1983.

> Ihre Köpfe, auf Spieße gesteckt, eröffneten den Zug, und die königlichen Gefangenen, die ihnen folgten, wurden langsam dahergezogen, mitten unter dem schmetternden Gejauchze und dem gellenden Zetergeschrei und den scheußlichen Tänzen und den niedrigsten Schmähworten und den wütendsten Verwünschungen höllischer Furien, die die lügenhafte Gestalt der verworfensten Weiber angenommen hatten.[607]

Anschließend sei das Königspaar in Paris eingesperrt worden. Dann schwenkt der Fokus wieder nach England:

> Ist dies ein Triumph, den man am Altare feiert, den man mit Jubelliedern begrüßt, wofür man dem Gott der Liebe heiße Gebete und enthusiastische Entzückungen darbringt? Nein! Diese thebanischen und thrakischen Bacchanalien, in Frankreich aufgeführt und nur in der Old Jewry gepriesen [acted in France and applauded only in the Old Jewry], entzünden gewiß in wenig Bewohnern dieses Reichs jene unbegreifliche Begeisterung.[608]

Nachdem Burke so in der Imagination des Lesers antike Bacchanalien in Frankreich aufgeführt hat, mit denen Burkes Leser sich nicht identifizieren kann bzw. soll[609], folgt als Gegenszene der Auftritt Marie-Antoinettes, die „die ganze Last ihres gehäuften Elends mit heiterer Geduld"[610] ertragen habe, woran sich das berühmte Portrait Marie-Antoinettes anschließt, das nachdrücklich herausstellt, Burke habe die Königin *gesehen*:

> Es ist jetzt 16 oder 17 Jahre her, als ich die Königin von Frankreich, damals noch als des Dauphins Gemahlin, zu Versailles *sah*: und nie hat wohl diesen Erdkreis, den die leichte Göttergestalt kaum zu berühren, eine holdere *Erscheinung* [a more delightful vision] begrüßt. Ich *sah* sie, nur so eben über den Horizont aufgegangen, den Schmuck und die Wonne der erhabenen Sphäre, in der sie jetzt zu wandeln begann – *funkelnd, wie der Morgenstern*, voll von Leben und Schönheit und Hoffnung. – Oh, welch eine Verwandlung [what a revolution]! Und welch ein Herz müßte ich haben, um in schnöder Unempfindlichkeit eine solche Erhebung und einen solchen Fall *anzusehen*![611]

Wie in Schillers Lyrik steht den männermordenden Furien eine Kunstkönigin entgegen, deren einzige Unternehmung es ist, sichtbar, eine „delightful vision" zu sein. Die „Erscheinung" Marie-Antoinette macht nichts Weiteres als zu erscheinen. Die Evidenz ihrer Erscheinung, und dies impliziert: die durch Burkes Rhetorik entstandene Evidenz, verbürgt die Evidenz der politischen Ordnung des Ancien Régime. Offenbar allein in

---

[607] Burke 1986, S. 153.
[608] Ebd., S. 154.
[609] Burkes Darstellungen folgen hier vielmehr seiner frühen Erhabenheitsästhetik aus dem *Philosophical Enquiry into the Origin of Our Ideas of the Sublime and Beautiful*. Vgl. hierzu Paulson 1983.
[610] Burke 1986, S. 157.
[611] Ebd., S. 158 (Hervorhebungen von mir, AP.).

Form einer ästhetisierten Königin kann deren Evidenz fortbestehen. Weil Burke die Königin und weil durch die hypotypotische Rede Burkes, des „Kirchenvater[s] der Beredsamkeit"[612], sie auch der Leser in der Imagination (!) gesehen hat, kann das von Burke vor dem Leser ausgebreitete Spektakel sowohl auf seinen Verfasser Burke als auch den anonymen Rezipienten kathartisch wirken.

> Warum wirken die Auftritte dieser Tage so ganz anders auf mich als sie auf den Dr. Price und seine Zuhörer wirkten? – Aus dieser einfachen Ursache: weil die Natur mir gebietet, daß sie so wirken sollen; weil der Mensch so gebildet ist, daß Schauspiele wie diese ihn mit einer melancholischen Unruhe über die trostlose Flüchtigkeit jedes sterblichen Glücks und über die furchtbare Hinfälligkeit aller menschlichen Größe erfüllen; weil in diesem natürlichen Empfindungen eine Schule tiefer Weisheit liegt; weil unter solchen erschütternden Szenen selbst unsere Leidenschaften unsere Vernunft belehren [...]. Aufgerissen aus dem Schlaf der Gedankenlosigkeit, werden wir ins Nachdenken gefordert: unsere Seelen werden (wie schon die Alten bemerkten) durch Schrecken und Mitleid geläutert und geheiligt [purified by terror and pity], unser blinder und ohnmächtiger Stolz demütigt sich unter die geheimnisvolle Hand einer unbegreiflichen Weisheit. – Ich würde Tränen vergießen, wenn ein solches Schauspiel auf der Bühne dargestellt würde: und ich sollte frohlocken, da ich es im wirklichen Leben erblicke? Mit einem so verkehrten Herzen würde ich es nie mehr wagen, mein Angesicht bei einem Trauerspiel zu zeigen. Ich würde fürchten, daß man die Tränen, die vormals Garrik und noch vor kurzem die Siddons mir entlockte, für Tränen eines Heuchlers hielte: ich würde sie selbst für Tränen eines Toren erklären.[613]

Damit geben die *Reflections* dem Leser gleich auch die Theorie ihrer idealen Rezeption an die Hand. Diese ist die eines bürgerlichen Trauerspiels, dessen Leser sympathetisch die Handlung nachvollzieht und mit seinen Tränen das von Burke beschriebene Schicksal einer Königin beweint.[614] Burkes „Theater" ist, um eine Formulierung Schillers zu bemühen, eine moralische Anstalt.[615] Seine gegen die Revolution gerichtete Ästhetik restituiert mit der Tragödie vor allem auch die seiner Ansicht nach eine wesentliche Grundbedingung von Menschlichkeit darstellende Sympathie. Diese hätten die Revolutionäre durch die Abstraktheit ihres Staates zugrunde gerichtet; Burkes Haupteinwand gegen die Revolution ist in der gesamten Schrift, die Revolutionäre hätten den cartesischen Rationalismus auf die Politik übertragen und gestalteten den Staat nach abstrakten, rationalen Grundsätzen:

---

612 So nennt ihn Friedrich Gentz. Vgl. Burke 1986, S. 438.
613 Ebd., S. 167f.
614 Zum Konnex von Träne und Sympathie vgl. Koschorke 1999, insbesondere S. 87ff.
615 „Wahrlich, das Theater ist eine bessere Schule der Moralität als Kirchen, wo man die Gefühle der Menschheit so schreiend beleidigt." (Burke 1986, S. 168.)

Diese Leute sind so voll von ihren Theorien über die *Rechte* des Menschen, daß sie seine *Natur* gänzlich vergessen haben. Ohne dem Verstande eine einzige neue Bahn zu eröffnen, haben sie alle die Zugänge verstopft, welche zum Herzen führten. Sie haben in sich selbst und in denen, welche ihren Lehren folgen, alle wohlgeordneten sympathetischen Neigungen des Gemüts [all the well-placed sympathies of the human breast] umgekehrt und ausgerottet.[616]

Sympathie wird in Burkes Narrativ nicht durch Politik, sondern allein durch das Narrativ selbst wiederhergestellt.[617] Thomas Paine hat auch dies nicht übersehen. In den *Rights of man* macht er geltend, dass Burke sich nicht nur ein Erzähldrama erschreibt, sondern dass er durch dieses auch die Politik der Revolution wie die des Ancien Régime zu ästhetisieren versucht. Der berühmte, oft zitierte Passus lautet:

> He [Mr. Burke] is not affected by the reality of distress touching his heart, but by the showy resemblage of it striking his imagination. He pities the plumage, but forgets the dying bird. Accustomed to kiss the aristocratical hand that hath purloined him from himself, he degenerates into a composition of art, and the genuine soul of nature forsakes him. His hero or his heroine must be a tragedy-victim expiring in show, and not the real prisoner of mystery, sinking into death in the silence of a dungeon.[618]

Doch eines darf nicht übersehen werden: Burkes Ästhetisierung der Geschichte und deren Umschreibung in eine Tragödie mag zwar durch seine Rhetorik eine kathartische, tränenerregende Wirkung entfalten, eines ist sie jedoch, darüber können auch noch so viele Theatermetaphern nicht hinwegtäuschen, auf keinen Fall: Theater. Burkes Ästhetisierung der Königin nimmt dem Theater seine Theaterhaftigkeit; sie ist als ein Erzähldrama genuin antitheatral. Der theatrale Charakter aber ist sowohl für das Herrschaftstheater des Absolutismus als auch für das reale „Theater" der Revolution wesentlich. Auf die Theatralität ihrer Handlungen verweisen am Nachdrücklichsten ausgerechnet die Revolutionäre.[619] Die *opsis*, die Burke somit in Abgrenzung von den Revolutionären und dem verteidigten *Ancien Régime* aus der Darstellung ausgrenzt, ist dabei noch radikaler als in der Aristotelischen Tradition in den Hintergrund gestellt, denn im Grunde ist für das Theater Burkes die Aufführung nicht nur redundant; seine Ästhetik beruht vielmehr wesentlich darauf, die theatral strukturierte Ge-

---

[616] Burke 1986, S. 141. Vgl. auch ebd. S. 162: „Das Schlimmste ist, daß diese tyrannische Vernunft, welche die Neigungen [affections] verbannt, durchaus nicht imstande ist, sie zu ersetzen."

[617] Vgl. Samet 2003.

[618] Paine 1, 260. Der Vollständigkeit halber sei vermerkt, dass dies ein geschickter rhetorischer Zug seitens Paine ist, denn auch dessen Schrift ästhetisiert die Revolution, erschreibt ihr jedoch einen komödienhaften Ausgang. Vgl. Blakemore 1997, S. 96.

[619] Vgl. hierzu mit einem Vergleich zu Burke Melvin 1975, S. 450f.

schichte in ein *Erzähl*drama zu überführen. Von den in Frankreich zele-
brierten Bacchanalien wird ausschließlich berichtet.[620] Und auch Marie-
Antoinettes Erscheinung beruht einzig auf Burkes Rhetorik, keineswegs
aber auf einer theatralen Verkörperung. Das eingangs beschriebene Problem, dass die Revolution zumindest bei der Repräsentation von Öffentlichkeit das herkömmliche Theater als solches in Frage stellt und entsprechend umgestaltet, löst Burkes politische Ästhetik keinesfalls. Die Frage,
wie eine Tragödie aufgeführt werden soll, in der Volksmassen an der Stelle
herausgehobener Personen und in der die (Pariser) Zuschauer mit den
Akteuren gemeinsam handeln, umgeht Burke in den *Reflections*.

Auffällig ist außerdem, dass Burkes konterrevolutionäre Ästhetik das
Ancien Régime nur partiell restituiert; nämlich wie beschrieben allein seinen
weiblichen Teil. Ästhetisiert wird ausschließlich die Königin, der König
hingegen darf in Burkes Tragödie zunächst nur eine Nebenrolle übernehmen, bevor er dann mit der Eloge auf Marie-Antoinette ganz von der
Erzählbühne abtritt. Dieser Zug der Burkeschen Schrift ist insofern bemerkenswert, weil sie damit der Geschlechterpolitik der Revolutionäre,
gegen die sie sich richtet, sehr nahe kommt. Die Französische Revolution
zeichnet sich wie schon kurz erwähnt dadurch aus, dass Frauen zunächst
aktiv an den Ereignissen partizipieren, dann jedoch, ab etwa 1792/93, aus
der Öffentlichkeit verdrängt werden. Zu Beginn – man denke an den von
Burke beschriebenen Zug der Fischweiber – nehmen nicht nur einzelne
Frauen an den Ereignissen der Revolution Teil. Revolutionärinnen wie
etwa Olympe de Gouges oder Théroigne de Méricourt können zudem
auch individuell zu politischem Einfluss gelangen. Im Verlauf der Revolution setzt sich jedoch immer stärker das bürgerliche Frauenbild durch, wie
es paradigmatisch in Rousseaus *Lettre à d'Alembert* ausformuliert wurde
und das die Frau dem privaten, familiären Bereich und den Mann der
öffentlich-politischen Sphäre zuordnet.[621] Ab dem 30. Oktober 1793 dürfen Frauen sich nicht mehr in Gesellschaften versammeln, 1795 wird

---

[620] Vgl. Burke 1986, S. 154. Darin ähnelt Burke übrigens auffällig Kant, der ja insbesondere in
seiner Schrift *Der Streit der Fakultäten* behaupten wird, die Revolution würde auf den unbeteiligten „Zuschauer" der Revolution (bei dem es sich nicht um einen Theaterzuschauer
handeln kann) eine kathartische Wirkung haben. „[…] diese Revolution, sage ich, findet
doch in den Gemütern aller Zuschauer (die nicht selbst in diesem Spiele mit verwickelt
sind) eine *Teilnehmung* dem Wunsche nach, die nahe an Enthusiasm grenzt, und deren Äußerung selbst mit Gefahr verbunden war, die also keine andere als eine moralische Anlage
im Menschengeschlecht zur Ursache haben kann." (Kant 7, 398.) Aufgrund des Enthu-
siasmus der Handelnden komme es zu einer „Exaltation", „mit welcher […] das äußere,
zuschauende Publikum dann ohne die mindeste Absicht der Mitwirkung sympathisierte."
(Ebd. S. 99.)

[621] Siehe Kapitel II.1.

ihnen das Petitionsrecht abgesprochen und auch die passive Teilnahme an politischen Versammlungen untersagt.[622]

Wie die misogynen Züge der bürgerlichen Geschlechterideologie für politische Zwecke instrumentalisiert wurden, wird jedoch am Umgang der Revolutionäre mit Marie-Antoinette noch deutlicher. Zirkulierten zwar schon vor der Revolution pornographische Darstellungen der Königin, so nimmt während der Revolution deren Verbreitung und politische Indienstnahme ein derartiges Ausmaß an, dass von einer regelrechten Pornographiekampagne gegen die Monarchie gesprochen werden kann.[623] Auffällig ist in diesem Kontext, dass sich die Darstellungen zumeist auf die Königin konzentrieren, die sich promiskuitiv Männern aller Stände hingebe, inzestuös mit ihrem Sohn verkehre, zudem aber auch ihrem angeblichen Hang zur Homosexualität nachgehe. Der König wird in den Pornographien sehr viel seltener abgebildet, dann meist im Kontrast zu den Revolutionären als impotent. Dieser starke Fokus auf die Königin lässt sich einerseits durch das bereits angesprochene bürgerliche Frauenbild begründen, dem zufolge die Frau in der Öffentlichkeit „unnatürlich" wirke. Andererseits nehmen die Revolutionäre auch die Geschlechterrollen des *Ancien Régime* auf, wenden sie jedoch gegen dieses. Die Königin nimmt im Absolutismus französischer Prägung bei der Verkörperung des Staats nur eine sehr marginale Rolle ein. Da das Salische Recht eine weibliche Thronfolgerin ausschließt, kann sie den Staat nie verkörpern, ist jedoch, weil sie einen männlichen Thronfolger zeugt, zugleich Bedingung für den Erhalt des dynastisch geprägten Königtums. Diese ambivalente Rolle machen sich die Revolutionäre zunutze, indem sie suggerieren, die Königin verunmögliche eine klare königliche Genealogie, da sie potentiell mit jedem, ja letztlich allein schon durch den Rezeptionsakt mit jedem Betrachter der Pornographien verkehre. Die von Burke beschriebene Szene, wie Marie-Antoinette von den Revolutionären auch sexuell bedroht wird, ist eine offensichtliche Anspielung auf diese Pornographien.[624]

Die Revolutionäre grenzen die Frau jedoch nicht nur aus der Politik aus, sondern integrieren sie im gleichen Zug in die politische Ikonographie. Die Allegorien für den Staat, die Republik, die Nation oder politische Werte wie etwa die republikanische Freiheit sind fast ausschließlich weibliche Figuren. So kann beispielsweise ausgerechnet die weibliche Gestalt

---

[622]　Vgl. Koschorke 2006, S. 253. Vgl. auch mit einzelnen Dokumenten Petersen 1987, S. 209ff.

[623]　Vgl. insbesondere Hunt 1993.

[624]　Vgl. Matala de Mazza 2006, S. 209.

Marianne zur prominentesten Allegorie der Republik avancieren.[625] Die
Funktion dieser weiblichen Allegorien ist eine doppelte, denn einerseits
legen sie nahe, die Frau könne nur *als* Allegorie, *als* ästhetisches Bild an
der politischen Öffentlichkeit partizipieren, so dass sich der ikonographi-
sche Einschluss und faktische Ausschluss aus der Öffentlichkeit gegenseitig stützen. Andererseits verdrängen die weiblichen Allegorien, mit denen
der Staat dargestellt wird, auch auf symbolischer Ebene den das Königtum
inkarnierenden König des *Ancien Régime*. Ist einmal die Repräsentation der
Republik weiblich kodiert, kann sich kein Mann mehr zum Usurpator
aufschwingen. Die Allegorien brechen mithin auch auf der Ebene des
Geschlechtercodes mit dem Salischen Recht.[626]

Wenn Burke mit seiner Streitschrift allein die Königin ästhetisiert, die
als solche das *Ancien Régime* repräsentiert, löst er das Problem, dem er sich
stellt, daher im Grunde nicht. Ob die Königin sexuell degradiert oder
ästhetisch erhöht wird, ist gegenüber der Fokusverlagerung vom König
auf die Königin nachrangig.[627] Burkes politische Ästhetik versucht somit
nicht, auf naive Weise die von den Revolutionären zerstörte Ordnung zu
restituieren, sondern erkennt die Irreversibilität der Revolution durchaus
an. Die Ästhetik, mit der Burke das *Ancien Régime* zu retten versucht, steht
in vielen Zügen der Revolution näher als dem zu rettenden Königtum.
Insbesondere die beiden hier skizzierten Probleme, dass der neue Staat
nicht von Individuen, sondern nur vom Volkskörper selbst verkörpert
und von weiblichen Allegorien repräsentiert werden kann, übernimmt
Burke in seine politische Ästhetik. Novalis hat diesen Sachverhalt im 104.
Blüthenstaubfragment prägnant auf den Punkt gebracht: „Es sind viele anti-
revoluzionäre Bücher für die Revoluzion geschrieben worden. Burke hat
aber ein revoluzionäres Buch gegen die Revoluzion geschrieben."[628]

Corneille – Hass und Herrschaft (Rodogune)

Wie weiter unten noch eingehend zu erläutern sein wird, knüpft Schiller
nicht nur mit seiner Lyrik, sondern auch mit *Maria Stuart* an die Burkesche
Revolutionsschrift an und setzt bestimmte Teile davon szenisch um. Auch
hier folgt auf eine Szene der versuchten Vergewaltigung der Königin eine

---

625   Wie die mütterlich gezeichnete Marianne als positives Gegenbild die pornographisch
      gebrankmarkte Marie-Antoinette ablöst vgl. Sennett 1997, S. 356ff.
626   Auf diese doppelte Funktion macht aufmerksam Koschorke 2006, S. 257. Die zweite
      Funktion übernimmt er von Hunt 1992, S. 80ff. Zur erstgenannten Funktion vgl. Stephan
      2004, S. 124.
627   Darauf verweist Matala de Mazza 2006, S. 210.
628   Novalis 2, 225–285, hier S. 279 (*Blüthenstaub-Fragmente*). Vgl. Matala de Mazza 2006, S. 213.

der ästhetischen Verklärung. Die Dramaturgie, derer sich Schiller bedient, weicht jedoch auf überaus signifikante Weise von der Burkeschen Schrift ab. Während Burkes Narrativ auf die Topoi des bürgerlichen Trauerspiels zurückgreift, zitiert das Schillersche Drama, das durchaus als Problematisierung der revolutionären wie konterrevolutionären Bildidiomatik verstanden werden kann, eine ältere Dramentradition, die *tragédie classique*. Insbesondere die zentrale Begegnung der Königinnen im dritten Akt weicht stark von Burkes *Reflections* ab; weiblicher Furor ergreift nicht Massen von Revolutionärinnen, sondern zwei individuelle Königinnen.

Zwischen *Wallenstein* und *Maria Stuart* beschäftigt sich Schiller das erste Mal, wenn auch nur für kurze Zeit, intensiver mit der Tragödie der Französischen Klassik. So schreibt er in einem Brief vom 31. Mai 1799 an Goethe: „Ich habe Corneillens Rodogune, Pompée und Polyeucte gelesen und bin über die wirklich enorme Fehlerhaftigkeit dieser Werke, die ich seit 20 Jahren rühmen hörte, in Erstaunen geraten." (NA 30, 51.) Trotz der Kritik lässt der Titel *Rodogune* aufhören, denn das Stück handelt bekanntlich wie auch *Maria Stuart* von zwei feindlichen Königinnen, deren eine Gefangene der anderen ist. Im vorliegenden Kontext ist Corneilles *Rodogune* jedoch nicht allein aufgrund dieser thematischen Parallelen von Interesse. Corneille geht in diesem Stück vielmehr auch dem spannungsgeladenen Verhältnis von Öffentlichkeit und Weiblichkeit nach und zwar unter zwei Gesichtspunkten: dem der Legitimität der Regentin einerseits und dem des furiosen Auftritts der Frau in der Öffentlichkeit andererseits.[629]

Corneilles 1644 uraufgeführtes Stück greift auf einen Abschnitt der *Römischen Geschichte* Appianos' zurück und stellt mit einigen Abweichungen zur historischen Vorlage den Tod der syrischen Königin Cléopâtre dar. Aufgrund der Komplexität der Handlung seien bei der folgenden Interpretation stets auch deren wichtigste Stationen noch einmal in Erinnerung gerufen. Syrien führt im 2. Jahrhundert vor Christus mit den Parthern über längere Zeit hinweg Krieg, in dessen Verlauf der einstige Syrerkönig und Ehemann Cléopâtres Nicanor (d.i. Demetrios II. Theos Nikator Philadelphos) von den Parthern gefangen genommen wird. Um der anschließenden Gefangenschaft zu entkommen und sich, wie Laonice im ersten Akt vermutet, an Cléopâtre zu rächen, die Nicanor für tot gehalten und dessen, inzwischen jedoch schon verstorbenen Bruder Antiochus geheiratet hatte, beabsichtigt er nun die Partherprinzessin Rodogune vor den

---

[629] Vgl. neben der im Folgenden nachgewiesenen Literatur auch besonders: Sweeters 1985. Prigent 1986, S. 219ff. Zu Rodogune im Kontext anderer Dramen, die das Erstgeburtsrecht behandeln vgl. Goodkin 2000, S. 99ff. Zur Regentin im Frankreich des 17. Jahrhunderts vgl. Bösch 2004, S. 146ff.

Augen der Syrerkönigin zu heiraten. Cléopâtre beschließt daraufhin von Furor ergriffen ihren Mann zu töten.[630] Kurz vor Beginn des Dramas hat die nun alleinherrschende Cléopâtre einen Friedensvertrag mit den Parthern geschlossen, der vorsieht, dass der Erstgeborene ihrer beiden aus dem ägyptischen Exil zurückgeholten Zwillingssöhne, Séleucus und Antiochus, der nicht mit seinem gleichnamigen Onkel verwechselt werden darf, die Parthern Rodogune heiraten soll. Das Syrien des zweiten vorchristlichen Jahrhunderts, in dem die Handlung spielt, kennt offensichtlich ein dem Salischen Recht des französischen Absolutismus vergleichbares Thronfolgegesetz; hier wie dort ist der erstgeborene männliche Nachkomme legitimer Thronfolger. So drängt denn das Volk im Stück auch explizit darauf, einen männlichen König zu erhalten.[631]

Cléopâtre, die allein an Machterhalt und Rache interessiert ist, jedoch als einzige weiß, wer der beiden Söhne der legitime Nachfolger ist, gibt ihr Wissen jedoch nicht preis, sondern verspricht ihren Söhnen, denjenigen für den Erstgeborenen zu erklären, der Rodogune ermordet, und verwandelt damit das biologisch fundierte Thronfolgegesetz in ein dezisionistisches.[632] Cléopâtre erklärt Laonice: „J'en ai le choix en main avec le droit d'aînesse / […] J'userai bien du droit que j'ai de le nommer." (R 495, R 498.) Sie verstößt mit diesem Schachzug nicht direkt gegen das Salische Recht, vielmehr deckt sie eine Schwachstelle auf, die in diesem bereits angelegt ist, den Fall nämlich, wenn der Erstgeborene nicht öffentlich bekannt ist.[633] Von der absolutistischen Arkanpolitik unterscheidet sich diese Strategie dadurch, dass Cléopâtre, um ihre Macht zu stärken, mit ihr nicht allein die politische Entscheidungsfindung, sondern auch die politische Legitimität schlechthin zum *arcanum imperii* werden lässt. Cléopâtre repräsentiert den Staat, weil sie ihr Wissen um denjenigen, der ihn inkarniert, nicht öffentlich macht und selbst ihrer Vertrauten, ja sogar dem Theaterpublikum vorenthält.

Die beiden Brüder, die beide leidenschaftlich Rodogune lieben, zwischen denen jedoch ein inniges Band der Freundschaft besteht, beschließen, in dieser Lage solle Rodogune zwischen ihnen wählen, den einen zum König erwählen, den anderen zu ihrem Gemahl. Diese Passivität der

---

[630] „Elle abandonne tout à sa juste fureur. / Elle-même leur dresse une embûche au passage, / Se mêle dans les coups, porte partout sa rage, / En pousse jusqu' au bout les furieux effets." (R 258–261.)

[631] „Le peuple épouvanté, qui déjà dans son âme / Ne suivait qu'à regret les ordres d'une femme, / Voulut forcer la reine à choisir un époux." (R 47–49.) Später berichtet Cléopâtre selbst: „Le peuple mutiné voulut avoir un maître" (R 535.)

[632] Vgl. Merlin-Kajman 2000, S. 46.

[633] Vgl. Chihaia 2002, S. 99ff. Merlin-Kajman 2000, S. 42ff.

Männer ist durchaus charakteristisch für die gesamte, gänzlich von den beiden Königinnen dominierte Handlung. So eröffnen sie der Prinzessin:

> Réglez notre destin qu'ont mal réglé les dieux ;
> Notre seul droit d'aînesse est de plaire à vos yeux,
> L'ardeur qu'allume en nous une flamme si pure
> Préfère votre choix au choix de la nature [...]. (R 913–916.)[634]

Ganz offensichtlich sind die beiden Söhne machtlos gegenüber der mütterlichen Strategie, mit der diese das Thronfolgegesetz unterhöhlt. Angesichts der Todesdrohung erinnert sich Rodogune nun jedoch ihres Ehrenkodexes, dem zufolge sie Rache an den durch die Syrerkönigin Getöteten fordern muss, und verspricht daher den Zwillingen, den Mörder Cléopâtrens zu heiraten. Damit ist die Handlung vollends symmetrisch um die beiden Königinnen organisiert – eine Symmetrie, die auf formaler Ebene dadurch verstärkt wird, dass sich der zweite Akt gänzlich Cléopâtre, der dritte Rodogune und der fünfte der Konfrontation beider widmet. Zudem enthält der zweite Akt einen zentralen Monolog der syrischen Königin, der dritte hingegen einen der Partherprinzessin. Trotz ihrer Forderung, die Gegnerin zu töten, wird Rodogune eindeutig als positive, Cléopâtre als negative Heldin gezeichnet.[635] So gesteht Rodogune Antiochus denn auch sehr bald ihre Liebe, ohne dass dieser seine Mutter hätte töten müssen, und auch ihr Zorn auf ihre Gegenspielerin ist nur von kurzer Dauer. Im letzten Akt ist sie bereit, in Cléopâtrens Anwesenheit Antiochus zu heiraten.

Als literarische Vorlage, die *Maria Stuart* zitiert, kommt *Rodogune* jedoch nicht nur in Frage, weil beide Stücke die Legitimität der Regentin in einer partriarchalen Gesellschaft behandeln, sondern auch und vor allem weil Corneille Cléopâtre als eine von furiosem Hass Getriebene zeichnet. Das Stück kennt drei zentrale Affekte, die stets auch einen moralischen Wert darstellen: die Freundschaft zwischen den beiden Brüdern, die Liebe der Brüder zur gefangenen Rodogune und schließlich Cléopâtrens Hass.[636] Hass und Herrschaft sind für Cléopâtre unmittelbar miteinander verknüpft und zwar erstens, weil sich ihr individueller Hass aus der Rivalität mit Rodogune nährt. Auslöser ist dabei nicht – wie spätere bürgerliche

---

[634] Zum Begriff *nature* und den Verwandtschaftsverhältnissen im Stück vgl. Baby 1998, S. 145ff.

[635] Die Figurenkonstellation zweier gleichgeschlechtlicher Kontrahenten ist charakteristisch für die drei Dramen *Rodogune*, *Théodore* und *Héraclius*, die sogenannte „trilogie des monstres" (Couton 1958, S. 112ff.) der mittleren Schaffensperiode Corneilles. Vgl. Chihaia 2002, S. 76. Auch Michel Prigent unterscheidet die Dramen ab *Rodogune* vom Frühwerk, denn mit Rodogune würden politische Werte, für die sich der Held opfern könnte, hinfällig. Vgl. Prigent 1986, S. 228.

[636] Zu den einzelnen Affekten vgl. Baby 1998.

Interpretationen nahelegten[637] – die Eifersucht der Königin auf die Rivalin, sondern allein die Tatsache, dass Rodogune Cléopâtre als Herrscherin ersetzen sollte.[638] Zugleich versteht Cléopâtre zweitens den königlichen Hass aber auch als eine Herrschertugend:[639]

> Et vous qu'avec tant d'art cette feinte a voilée,
> Recours des impuissants, haine dissimulée,
> Digne vertu des Rois, noble secret de Cour,
> Éclatez, il est temps, et voici notre jour.
> Montrons-nous toutes deux, non plus comme Sujettes,
> Mais telle que je suis, et telle que vous êtes [...]. (R 403–408.)

Dementsprechend sind ihre Handlungen durchaus rational geplant und orientieren sich an dem politischen „Wert", den für Cléopâtre ihr Hass darstellt. Schließlich ist der Hass auch und nicht zuletzt als ein Wirkungsprinzip zu verstehen, als ein ästhetisches Mittel der Selbsterhöhung: „Laissons d'illustres marques / En quittant, s'il le faut, ce haut rang des Monarques, / Faisons-en avec gloire un départ éclatant, / Et rendons-le funeste à celle qui l'attend." (R 411–414.) Corneille knüpft denn auch mit Cléopâtres Eingangsmonolog an seine von moralischen Werten gelöste Bewunderungsdramaturgie an.[640] Dass Cléopâtre ihren Hass schließlich

---

[637] Für die deutsche Rezeption ist die *Hamburgische Dramaturgie* paradigmatisch, in der Lessing das Stück vor dem Hintergrund des bürgerlichen Frauenbildes liest. Dann kann Cléopâtres Verhalten nur als ein durch Eifersucht motiviertes verstanden werden: „Wenigstens läßt es sich mit Wahrscheinlichkeit annehmen, daß die einzige Eifersucht ein wütendes Eheweib zu einer ebenso wütenden Mutter machte." (Lessing 6, 328.) Zur Rezeption des Stücks durch Lessing vgl. die in diesem Kontext wichtige Studie Matt 2006, S. 362ff. Matt legt dar, wie Lessing ganz bewusst seine Corneille-Kritik an *Rodogune*, dem von Corneille am meisten geschätzten seiner Stücke, exemplarisch durchexerziert und damit das Stück nachhaltig aus dem deutschen Kanon ausschließt. Vgl. auch Valentin 2007.

[638] Cléopâtre sagt im Eröffnungsmonolog des 2. Akts: „C'est encor, c'est encor cette même ennemie / Qui cherchait ses honneurs dedans mon infamie, / Dont la haine à son tour croit me faire la loi, / Et régner par mon ordre, et sur vous, et sur moi." (R 415–418.)

[639] Vgl. Miernowski 2003, S. 795 und S. 810. Diese Studie widmet sich eingehend dem Hass in *Rodogune*. Der Verfasser kann nachweisen, dass der Hass im Stück gleichermaßen ein politisches Prinzip, ein ethischer Habitus und ein ästhetisches Wirkungsprinzip darstellt. Im vorliegenden Kontext dürfte der Verweis auf die politische Theorie Justus Lipsius' von Interesse sein. Dort findet sich die von Corneille unternommene Verbindung von Hass und Königtum bereits vorgeprägt. In den *Politicorum libri* heißt es in der französischen Übersetzung von 1597: „Dieu qui a fait le monde, a mis la Royauté et la haine ensemble, et les a accouplees." (Zitiert nach ebd., S. 806.) Im Unterschied zu Lipsius verbindet Corneille den Hass jedoch nicht mit dem König, sondern mit der Regentin.

[640] „Cléopâtre dans *Rodogune* est très méchante, il n'y a point de parricide qui lui fasse horreur, pourvu qu'il la puisse conserver sur un trône qu'elle préfère à toutes choses, tant son attachement à la domination est violent ; mais tous ses crimes sont accompagnés d'une grandeur d'âme, qui a quelque chose de si haut, qu'en même temps qu'on déteste ses actions, on admire la source dont elles partent." (Corneille III, S. 129 (*Trois Discours*).)

nicht nur als Affekt, Wirkungsprinzip und als politische Handlungsmaxi-
me versteht, sondern durch ihn auch die für sie als Frau strukturell nicht
erreichbare Legitimität zu erlangen glaubt, wird von ihr im fünften Akt
nahegelegt. Nachdem sie merkt, dass sie angesichts der Freundschaft der
beiden Brüder diese nicht gegeneinander ausspielen kann, beschließt sie,
ihre Söhne zu töten, um sich an Rodogune rächen und auf diese Weise
Herrscherin bleiben zu können. Sie glaubt nun, allein legitime Regentin
sein zu können, wenn sie alle potentiellen Nachfolger beseitigt. In diesem
Zusammenhang verwendet sie bezeichnenderweise die Metapher der
Krönung ihres Hasses: „Qui se venge à demi court lui-même à sa peine, /
Il faut, ou condamner, ou couronner sa haine." (R 1523f.)[641] Die Krönung
ihres Hasses, die letztlich als Vergiftung des Ehepaars Antiochus und
Rodogune ausfallen sollte, misslingt jedoch, weil das Gift, das auch die
beiden Liebenden trinken sollen, zu schnell wirkt. Ein letztes Mal spricht
sie an dieser Stelle von ihrem Hass:

> Ma haine est trop fidèle, et m'a trop bien servie,
> Elle a paru trop tôt pour te [Antiochus] perdre avec moi,
> C'est le seul déplaisir qu'en mourant je reçois ;
> Mais j'ai cette douceur dedans cette disgrâce
> De ne voir point régner ma rivale en ma place. (R 1812–1816.)

Der Unterschied zu den eingangs zitierten Schillergedichten, *Macht des
Weibes* und dem *Lied von der Glocke*, könnte nicht größer sein. Bei Corneille
schließen sich Hass und Herrschaft nicht einander aus, sondern stützen
sich gegenseitig; statt durch anmutig-ästhetisches Erscheinen glaubt Cléopâtre ihre Legitimität durch ein ästhetisches Wirkungsprinzip, den Bewunderung heischenden Furor, zu erlangen. In Schillers Lyrik hingegen ist
Furor Symptom der „Perversion", die für ihn ein politisch aktives Frauen-
kollektiv darstellt. Bei allen Differenzen gibt es dabei dennoch eine entscheidende Gemeinsamkeit: In beiden Fällen wird die Königin ästhetisch
legitimiert bzw. versucht sich ästhetisch zu legitimieren.

Schiller – Kunst und Furor

Nachdem Goethe am 11. Oktober 1799 seine weiter oben schon angesprochene, von Carl August angeregte Übersetzung des Voltaireschen
Mahomet abgeschlossen hatte, ließ er das Manuskript Schiller zur Durch-

---

[641] Aufgrund der Erbfolgethematik ist die Krone im gesamten Stück ein prominentes Motiv.
Zu Beginn heißt es, Cléopâtre höre, da sie den Erstgeborenen bekannt geben wolle, nun
auf, „de […] tenir la Couronne incertaine". (R 8.) Als Cléopâtre Antiochus den Thron in
Aussicht stellt, sagt sie ihm: „Oui, je veux couronner une flamme si belle." (R 1367.)

sicht in Jena. In einem Brief vom 15. Oktober kommt dieser auf die Übersetzung zurück und sieht für eventuelle weitere Übersetzungen französischer Stücke folgende Schwierigkeit:

> Die Eigenschaft des Alexandriners sich in zwey gleiche Hälften zu trennen, und
> die Natur des Reims, aus zwey Alexandrinern ein Couplet zu machen, bestimmen
> nicht bloß die ganze Sprache, sie bestimmen auch den ganzen innern Geist dieser
> Stücke, die Charactere, die Gesinnungen, das Betragen der Personen. Alles stellt
> sich dadurch unter die Regel des Gegensatzes und wie die Geige des Musicanten
> die Bewegungen der Tänzer leitet, so auch die zweyschenkligte Natur des Ale-
> xandriners die Bewegungen des Gemüths und die Gedanken. Der Verstand wird
> ununterbrochen aufgefodert, und jedes Gefühl jeder Gedanke in diese Form, wie
> in das Bette des Procrustes gezwängt. Da nun in der Uebersetzung, mit Aufhe-
> bung des Alexandrinischen Reims, die ganze Basis weggenommen wird, worauf
> diese Stücke erbaut wurden, so können nur Trümmer übrig bleiben. Man begreift
> die Wirkung nicht mehr, da die Ursache weggefallen ist. Ich fürchte also, wir
> werden in dieser Quelle wenig Neues für unsre deutsche Bühne schöpfen kön-
> nen, wenn es nicht etwa die bloßen Stoffe sind. (NA 30, 106f.)

In der Dramentradition der *tragédie classique* gibt es wohl kein Stück, auf das
diese Charakterisierung besser zutrifft als auf *Rodogune*, in der Corneille das
von Schiller beschriebene antagonistische Strukturprinzip bis aufs Äußerste
ausreizt. Sowohl die Charaktere der beiden Königinnen als auch der Handlungsverlauf und die Akteinteilung folgen dem Prinzip einer symmetrischen
Gegenüberstellung. Auffällig ist jedoch auch, dass *Maria Stuart* nicht vom
Vers her, wohl aber im formalen Aufbau und der Figurenkonstellation dieser Charakterisierung folgt.[642] Die beiden Königinnen bilden psychologisch,
politisch wie konfessionell die beiden Antipoden des Stücks, zwischen
denen nicht zwei Söhne, wohl aber die beiden Männer Leicester und Mortimer stehen. Bei Schiller stützt nicht der Alexandriner mit seiner „zwey-
schenkligte[n] Natur", sondern der formale Aktaufbau diese Grundstruktur. Der erste und fünfte Akt sind Maria, der zweite und vierte Elisabeth
vorbehalten; im dritten schließlich treffen beide aufeinander.

Ähnlich wie in *Rodogune* ist auch in *Maria Stuart* die strittige Legitimität
der regierenden Königin Auslöser des Konflikts. Maria Stuart steht gegen-

---

[642] Auf diese Gemeinsamkeit zwischen *Rodogune* und *Maria Stuart* verweist Matt 2006, S. 349ff.
Peter von Matts Studie bildet in der Forschung eine der wenigen Ausnahmen, die einer
Kontinuität zwischen der *tragédie classique* und der Schillerschen Dramatik eine über kurze
Bemerkungen hinausgehende Darlegung widmen. Matt geht nicht nur den formalen Ähn-
lichkeiten nach, sondern beschreibt auch die Gemeinsamkeiten der beiden Stücke in Hinsicht auf den im vorliegenden Kontext interessierenden, weiblichen Furor. Im Unterschied
zu Matt, der davon ausgeht, dass ein politischer Furor im dritten Akt der *Maria Stuart* un-
eingeschränkt reinszeniert werden kann (Vgl.ebd. S. 377f.), werde ich im Folgenden jedoch
argumentieren, dass das Stück inszeniert, wie der politische Furor in einen psychologisier-
ten umschlägt.

über Elisabeth in einer vergleichbaren Rivalität wie Rodogune gegenüber Cléopâtre, jedoch mit dem Unterschied, dass Maria Stuart anders als die Partherkönigin aufgrund ihrer Geburt Anspruch auf den Thron stellt. Bei Schiller wird dieser Konflikt durch einen zweiten, wichtigeren überlagert. Maria Stuart stellt nicht allein Elisabeths dynastische Legitimität, sondern durch ihr charismatisches Auftreten, und somit nicht allein wie Cléopâtre durch ihren Hass, das Prinzip dynastischer Legitimität als solches in Frage.[643] Unterschwellig schwelt zudem ein dritter Konflikt, dass nämlich beide Königinnen Frauen sind.[644] Zwar gibt es im England des 16. Jahrhunderts kein Gesetz, das wie das Salische Recht die Frau von der Herrschaft grundsätzlich ausschließen würde, da das Stück jedoch auch den Geschlechterdiskurs um 1800 aufgreift, ist – vor allem auf dramaturgischer und darstellungstheoretischer Ebene – auch dieser Konflikt im Stück präsent. Auf überaus unterschiedliche Weise wird das Königinnentum an zwei herausragenden Stellen des Dramas inszeniert und durch die In-Szene-Setzung problematisiert: der Begegnungsszene der beiden Königinnen (III 4) einerseits und dem verklärenden Auftritt Marias im fünften Akt kurz vor ihrer Hinrichtung andererseits.

Königlicher Furor. Die Begegnung der beiden Königinnen

Bevor die beiden Königinnen im dritten Akt aufeinandertreffen, bringt Burleigh im Thronrat den Einwand vor: „Das Urteil kann nicht mehr vollzogen werden, / Wenn sich die Königin ihr [Maria Stuart] genahet hat, / Denn Gnade bringt die königliche Nähe" (MS 1525–1527). Dass das vom ungehörten Burleigh Befürchtete im dritten Akt nicht eintrifft, dass es also trotz der körperlichen Nähe nicht zu einer Gnadenszene kommt, ist – dies soll aus den folgenden Ausführungen hervorgehen – nicht allein durch den furiosen Streit, der zwischen den beiden Königinnen entbrennt, zu begründen. Zwar ist es richtig, dass sich das Scheitern auf psychologischer Ebene durch die Verletzungen begründen lässt, die Maria Elisabeth mit ihren hasserfüllten Vorwürfen zufügt. Das Scheitern der Gnadenszene lässt sich jedoch auf eine noch viel grundlegendere Problematik zurückführen. Diese ist dramaturgischer Art.

Furor – dies hat Juliane Vogel detailliert belegen können – beherrscht von Beginn an die Szene.[645] Schon als Maria von Elisabeths Kommen erfährt, regt sich in ihr ein derart intensiver Hass, den sie offenbar nur in

643 Zu den einzelnen Legitimitätsmodellen und politischen Theorien, die im Drama verhandelt werden, vgl. Laudin 2004. van Ingen 1988.
644 Vgl. hierzu insbesondere Sautermeister 1992.
645 Vgl. Vogel 2002, S. 211ff.

Rekurs auf die in der Französischen Revolution im Übrigen sehr prominenten Medusenikonographie beschreiben kann:[646] „In blut'gen Haß gewendet wider sie / Ist mir das Herz, es fliehen alle guten / Gedanken, und
die Schlangenhaare schüttelnd / Umstehen mich die finstern Höllengeis-
ter." (MS 2184–2187) Auf Shrewsburys Rat hin versucht Maria zunächst,
ihren Hass zu unterdrücken und sich demütig zu zeigen. Doch ordnet sie
sich nicht im eigentlichen Sinne unter, sondern stellt sich allein auf die
ebenbürtige Stufe einer „Schwester" (MS 2250). Elisabeths Legitimität
zweifelt sie weiterhin an: „Gekrönt vom Sieg ist euer glücklich Haupt, /
Die *Gottheit* bet' ich an, die euch erhöhte!" (MS 2251f.) Auch den Hass
zwischen den beiden Königinnen verleugnet Maria nicht, sondern nimmt
ihr und Elisabeth allein die Verantwortung für diesen: „Ein böser Geist
stieg aus dem Abgrund auf, / Den Haß in unsern Herzen zu entzünden, /
Der unsre zarte Jugend schon entzweit." (MS 2309–2311) Als Elisabeth
jedoch an Leicester gerichtet, den eigentlichen Grund des Treffens verrät,
dass sich Elisabeth vor diesem mit der Attraktivität Marias messen möchte,
und der schottischen Königin Promiskuität vorwirft, kann Maria ihren
Hass nicht mehr beherrschen und hält ihrer Kontrahentin vor, sie würde
die „wilde Glut verstohlner Lüste" (MS 2429) nur mit einem „Ehrenman-
tel" (MS 2428) bedecken. Hier greift sie auf die Rhetorik zurück, derer
sich auch Cléopâtre bedient:

> Fahr hin, lammherzige Gelassenheit,
> Zum Himmel fliehe, leidende Geduld,
> Spreng endlich deine Bande, tritt hervor
> Aus deiner Höhle, langverhaltner Groll (MS 2437–2440)

Bei Marias Hasstirade handelt es sich ganz offensichtlich um ein Zitat der
Hassdramaturgie Cléopâtres.[647] Bei beiden Königinnen ist zudem der Furor
– dadurch unterscheiden sich beide Stücke von den meisten Medeendramen

---

[646] Die Verwendung dieser Ikonographie kommt einem indirekten Verweis auf Burkes Revolutionsschrift gleich. In der die Schrift illustrierenden Abbildung *The Contrast* (siehe Abbildung 3.) wird die französische Freiheit in Kontrast zur friedfertigen englischen allegorisch
durch eine männermordende Medusa dargestellt. Zur Medusenikonographie in der Revolution vgl. Hertz 2001, S. 202ff. Die in *The Contrast* dargestellte Allegorie der französischen
Freiheit greift Haltung und Gestik von Cellinis *Perseo* auf, kehrt jedoch das Verhältnis von
Perseus und der Medusa um. Vgl. ebd. S. 203f. Maria beschreibt im Übrigen Elisabeth als
eine zweite Medusa: „Wenn ihr mich anschaut mit dem Eisesblick, / Schließt sich das Herz
mir schaudernd zu" (MS 2275f.). Vgl. Mücke 1991, S. 215.

[647] Vgl. Matt 2006, S. 349ff. Bis ins Wörtliche greift Maria Cléopâtres Rhetorik auf. Es sei an
die Verse der *Rodogune* erinnert: „Et vous qu'avec tant d'art cette feinte a voilée, / Recours
des impuissants, haine dissimulée, / Digne vertu des Rois, noble secret de Cour, / Éclatez,
il est temps, et voici notre jour." (R 403–406.)

der Tradition[648] – an die Frage der Legitimität gebunden. Indem Maria die Inszenierungstechniken des absolutistischen Stücks reinszeniert, glaubt sie hier und jetzt auf der Bühne noch einmal Königin sein zu können. Der Furor wird zum Mittel der Selbststeigerung, mit dem Maria performativ zur Bühnenkönigin zu werden glaubt. So lautet Marias finale Invektive: „Regierte Recht, so läget Ihr vor mir / Im Staube jetzt, denn ich bin euer König." (MS 2450f.)

Jedoch bleibt Marias Furor letztlich Zitat, eine Reinszenierung eines politisch kodierten Furors scheitert. In *Rodogune* kann Cléopâtres Hasstirade nur wirken, weil der Rezeptionsakt selbst öffentlich ist, weil sich der individuelle Zuschauer in einer vom zuschauenden Kollektiv geteilten und bezeugten Distanz zur dramatischen Person befindet. Dies gilt nicht nur für Cléopâtres Eingangsmonolog, sondern auch für die zentrale Szene des fünften Akts, in der Cléopâtre vor Antiochus und Rodogune ihrem Hass freien Lauf lässt. Maria hingegen inszeniert sich, wie im Übrigen auch Elisabeth, vor dem individuellen Blick Leicesters, nicht jedoch vor einem Publikum.[649] „Vor Leicesters Augen hab ich sie erniedrigt! / Er sah es, er bezeugte meinen Sieg! / Wie ich sie niederschlug von ihrer Höhe, / Er stand dabei, mich stärkte seine Nähe!" (MS 2464–2467) Ihr Hass kann damit vom Zuschauer nicht politisch, sondern allein individualpsychologisch verstanden werden. Maria wird zu einer bürgerlichen Frau, deren Hass sich allein aus Eifersucht nährt und zu der Lessing vor Schiller schon in der *Hamburgischen Dramaturgie* Cléopâtre hat werden lassen. Diese Rezeptionshaltung wird in der auf die Begegnung folgenden Szene auf die Bühne geholt. Mortimer, der als unbeobachteter Beobachter, also hinter der Vierten Wand, die Handlung verfolgt hat, bewundert Maria nicht, sondern identifiziert sich mit ihr. Er kann Marias königlichen Furor nicht politisch verstehen, vielmehr schürt dieser sein Begehren. „Mortimer *mit glühenden Blicken sie betrachtend* Wie dich der edle königliche Zorn / Umglänzte, deine Reize mir verklärte! / Du bist das schönste Weib auf dieser Erde!" (MS 2476–2478) Der Effekt der zitierten Furordramaturgie hat sich – allein aus dramaturgischen Gründen – in sein Gegenteil verkehrt; während Cléopâtre durch den Furor ihre Position stärkt, verliert Maria sie durch ihn. So sagt Mortimer kurz vor dem Vergewaltigungsversuch zu Maria: „Die Krone ist von deinem Haupt gefallen, / Du hast nichts mehr

---

[648] Natürlich mit der wichtigen Ausnahme der Corneilleschen *Médée*. In die Tradition Medeas und der Lady Macbeth stellt Juliane Vogel *Maria Stuart* und die stark durch diese geprägte Furordramaturgie des 19. Jahrhunderts vgl. Vogel 2002, S. 158ff.

[649] Shrewsbury hat zu Beginn der Szene auf Geheiß Elisabeths das Gefolge entfernt. (Vgl. MS 2226) Auf der Bühne sind neben den beiden Königinnen allein Leicester, Shrewsbury, Paulet und Kennedy anwesend.

von irdscher Majestät, [...] Nichts blieb dir als die rührende Gestalt, / Der hohen Schönheit göttliche Gewalt" (MS 2567–2572). Weiblicher Furor kann um 1800 nur politisch verstanden werden, wenn er – wie in Burkes *Reflections* oder Schillers *Glocke* – ein Kollektiv betrifft. Im individuellen Fall wird er psychologisiert, zum Vorläufer der Hysterie.[650]

Daher sind die beiden Affekte Hass und Liebe auch nicht wie bei Corneille auf die beiden Antagonistinnen verteilt, sondern stellen zwei sich wechselseitig beeinflussende psychologische Züge beider Königinnen dar. So gilt das soeben Ausgeführte, auch wenn Elisabeth nach der Begegnung zunächst nicht im Handlungsfokus steht, selbstredend auch für sie; das, auch gegenüber *Rodogune*, Originäre der Szene besteht darin, dass mit Schillers Stück erstmals der individuelle Furor zum „Doppelfuror"[651] wird. Elisabeths Worte, „Das sind also die Reizungen, Lord Leicester, / Die ungestraft kein Mann erblickt, daneben / Kein andres Weib sich wagen darf zu stellen!" (MS 2413–2415), degradieren die englische Königin vor dem Männerblick ebenso wie die schottische.[652] Unter diesen Bedingungen kann die Begegnung nicht als Gnadenszene ausfallen.

Königlicher Schmuck. Die ästhetisierte Königin

In mehrerer Hinsicht stellt der fünfte Akt der *Maria Stuart* einen Neueinsatz dar. Die von ihren Leidenschaften getriebene Maria Stuart inszeniert sich nunmehr als eine moralisch Geläuterte, die mit ihrer moralischen auch ihre königliche Würde wiedererlangt zu haben glaubt.[653] In der Beichte sagt sie sich explizit von den beiden Affekten, die ihr Handeln

---

650   Zur Genese der Hysterie aus der Furordramatik des 19. Jahrhunderts vgl. Vogel 2002.

651   Ebd., S. 211. Corneille zeichnet seine Rodogune hingegen als Gegenmodell zu Cléopâtre. Die Partherprinzessin verfällt nur für einen kurzen Moment in Hass, der sich jedoch nie klimatisch zu Furor steigern würde. So behält sie insbesondere auch bei der finalen Begegnung mit Cléopâtre stets ihre Fassung.

652   Der Vorwurf der Promiskuität der Königin kann als Anspielung auf die schon angesprochene Pornographiekampagne gegen Marie-Antoinette verstanden werden. Vgl. Alt 2008, S. 145. Pleschka 2010. Nicht umsonst wird von Goethe die Aussage kolportiert: „Mich soll nur wundern, was das Publicum sagen wird, wenn die beiden Huren zusammenkommen und sich ihre Aventuren vorwerfen." (Goethe 1889 X, S. 32.) Nymphomanie wurde im medizinischen Diskurs der Zeit bezeichnenderweise als eine sexuelle Form des Furors verstanden. Der medizinische Begriff lautet denn auch ‚nymphomanie' oder ‚fureur utérine'. Vgl. besonders den Enzyklopädieeintrag ‚Nymphomanie'. Einschlägig ist auch die Schrift *Nymphomanie ou traité de la fureur utérine* des Arztes de Bienville (De Bienville 1789.). In der Kampagne gegen Marie-Antoinette findet sich eine pornographische Darstellung mit dem Titel *Les Fureurs utérines de Marie Antoinette, femme de Louix XVI*. Eine Reproduktion findet sich bei Baecque 1993, zwischen S. 212 und 213.

653   „Die Krone fühl ich wieder auf dem Haupt, / Den würdgen Stolz in meiner edeln Seele!" (MS 3493f.)

zuvor, insbesondere aber in der vierten Szene des dritten Akts bestimmten, los: „Von neidschem Hasse war mein Herz erfüllt, / Und Rachgedanken tobten in dem Busen. [...] Ach, nicht durch *Haß* allein, durch sündge *Liebe* / Noch mehr hab ich das höchste Gut beleidigt." (MS 3676f., 3684f.) Doch auch in dramaturgischer und ästhetischer Hinsicht bricht der Schlussakt mit den ersten vier, denn die Inszenierung der moralischen Läuterung greift auf ästhetische Mittel zurück, die zuvor nicht eingesetzt wurden. Das Stück beginnt bekanntlich damit, dass Maria ihr Schmuck genommen wird,[654] dieser wird im fünften Akt auf die Bühne getragen und füllt deren Hintergrund aus.[655] In diesen breit ausgeschmückten Raum tritt Maria Stuart ihrerseits prunkvoll geschmückt.[656] Die Figuren und Requisiten bilden immer wieder aufs Neue Tableaus; am markantesten wohl, wenn Maria die Bühne betritt: „Bei ihrem Eintritt weichen die Anwesenden zu beiden Seiten zurück, und drücken den heftigsten Schmerz aus." (MS vor 3480) Ziel dieser Ausschmückung ist Marias Ästhetisierung. Darin folgt Schiller dem Narrativ Burkes; die degradierte Königin wird in beiden Fällen ästhetisch rehabilitiert. Beide Autoren reagieren auf die Französische Revolution, indem sie eine Königin ästhetisieren. Dennoch besteht zwischen der Ästhetisierung Marie-Antoinettes und der Maria Stuarts ein wesentlicher Unterschied; während Burke dem Leser die Königin durch seine Rhetorik hypotypotisch vor Augen stellt, bringt sie der Theaterautor Schiller körperlich auf die Bühne. Damit sieht dieser sich einer Problematik konfrontiert, der sich Burkes antitheatrale Ästhetik nicht stellen musste; wie nämlich lässt sich eine ästhetisierte Königin schauspielerisch darstellen, wie kann sie theatral verkörpert werden?

Die Ästhetik, die Marias Ästhetisierung im fünften Akt zugrunde liegt, deckt sich mit der in den vorangegangenen Kapiteln bereits ausführlich beschriebenen Ästhetik der Vorrede zur *Braut von Messina*. Dort, so sei in Erinnerung gerufen, ist Ziel der Darstellung einerseits, „alles künstliche Machwerk *an* dem Menschen und *um* denselben, das die Erscheinung seiner innern Natur und seines ursprünglichen Charakters hindert, wie der

---

[654]   Paulet dringt in der ersten Szene erbost mit den Worten „Wo kam der Schmuck her?" (MS 2), mit dem ihm zufolge der Gärtner hätte bestochen werden sollen, in Marias Zimmer und konfisziert ihr „Geschmeide" (MS vor 18).

[655]   „[...] ihnen folgen viele Bediente, welche goldne und silberne Gefäße, Spiegel, Gemälde und andere Kostbarkeiten tragen, und den Hintergrund des Zimmers damit anfüllen. Paulet überliefert der Amme ein Schmuckkästchen nebst einem Papier, und bedeutet ihr durch Zeichen, daß es ein Verzeichnis der gebrachten Dinge enthalte." (MS vor 3349)

[656]   „Sie ist weiß und festlich gekleidet, am Halse trägt sie an einer Kette von kleinen Kugeln ein Agnus Dei, ein Rosenkranz hängt am Gürtel herab, sie hat ein Kruzifix in der Hand, und ein Diadem in den Haaren, ihr großer schwarzer Schleier ist zurück geschlagen." (MS vor 3480)

Bildhauer die modernen Gewänder, ab[zu]werfen, und von allen äussern Umgebungen desselben nichts auf[zu]nehmen, als was die Höchste der Formen, die menschliche, sichtbar macht." (NA 10,12.) Andererseits weiß der Theaterautor Schiller, dass dies nur gelingen kann, wenn das Ergon, die menschliche Gestalt, denn doch durch Parerga, in der Metaphorik der Vorrede: durch Gewänder, supplementiert wird: „wenn die zwey Elemente der Poesie das Ideale und Sinnliche nicht innig verbunden *zusammen* wirken, so müssen sie *neben einander* wirken, oder die Poesie ist aufgehoben." (NA 10,13.) Der dem antitheatralischen Schönheitsbegriff verpflichtete Körper wird mithin bei einer theatralen Darstellung immer durch die Theatralität der Darstellung exponierende Parerga ergänzt.

In *Maria Stuart* leistet dies Marias Schmuck. Weiter oben, in Kapitel III.1.3, wurde bereits dargelegt, wie Schiller durch den Schmuck die theatrale Körperlichkeit exponiert und damit in das dramatische Werk integriert. Hatte Kant „Schmuck" als ein Parergon definiert, das aufgrund seiner Materialität und Sinnlichkeit gefällt, und ihm dementsprechend einen ästhetischen Wert abgesprochen,[657] so geht Schiller insbesondere in der Vorrede zur *Braut von Messina* über Kant und seine eigenen theoretischen Schriften der 1790er Jahre hinaus, indem er dem sinnlichen „Reiz" theatraler Darstellung einen eigenständigen ästhetischen Wert zuschreibt und ihn in das Drama integriert wissen will. Er legt dies in der Vorrede nicht allein durch die dort verwendete Begrifflichkeit, sondern auch durch die herangezogene Metaphorik nahe. Vor diesem Hintergrund nimmt es nicht wunder, dass der Passus der Vorrede, in dem Schiller davon spricht, dass

> der bildende Künstler die faltige Fülle der Gewänder um seine Figuren breitet, um die Räume seines Bildes reich und anmuthig auszufüllen, um die getrennten Parthien desselben in ruhigen Massen stetig zu verbinden, um der Farbe, die das Auge reizt und erquickt, einen Spielraum zu geben, um die menschlichen Formen zugleich geistreich zu verhüllen und sichtbar zu machen, (NA 10,12.)

sich wie eine nachgetragene Regieanweisung zu den Tableaus des Schlussakts der *Maria Stuart* liest. Neben Marias Schmuck exponieren im fünften Akt auch der katholische Ritus und die entsprechenden Gegenstände die Sinnlichkeit theatraler Darstellung.[658]

---

657 Erinnert sei an den bereits zitierten und kommentierten Passus: „Besteht aber der Zierat nicht selbst in der schönen Form, ist er, wie der goldene Rahmen, bloß, um durch seinen Reiz das Gemälde dem Beifall zu empfehlen, angebracht, so heißt er alsdann *Schmuck* und tut der echten Schönheit Abbruch." (KdU, B. 43.)

658 Dass auch die Zeitgenossen die Inszenierung katholischer Riten als eine Akzentverlagerung vom Drama zum Theater verstanden, geht aus einem Brief von Carl August an Goethe hervor. Am 10. Juni 1800 schreibt dieser eine Anpassung der Abendmahlszene an die Konven-

Marias Ästhetisierung ist im fünften Akt immer auch eine theatralische. Aus diesem Grund erscheint der in der Forschung breit diskutierte Ansatz problematisch, ihre Ästhetisierung an den genuin antitheatralischen Kategorien der früheren ästhetischen Schriften zu messen.[659] Sowohl Anmut bzw., als Habitus gefasst, die schöne Seele als auch Erhabenheit disqualifizieren sich vor dem Hintergrund der durch den Schmuck ganz dezidiert exponierten Sinnlichkeit und Theatralität. In seiner Allegorese des griechischen Mythos vom Gürtel der Venus in *Über Anmut und Würde* grenzt Schiller Anmut explizit vom Schmuck ab:

> Dieser Gürtel, als das Symbol der beweglichen Schönheit, hat aber das ganz besondere, daß er der Person, die damit geschmückt wird, die objektive Eigenschaft der Anmuth verleyht; und unterscheidet sich dadurch von jedem andern Schmuck, der nicht die Person selbst, sondern bloß den Eindruck derselben, subjektiv, in der Vorstellung eines Andern, verändert. Es ist der ausdrückliche Sinn des griechischen Mythus, daß sich die Anmuth in eine Eigenschaft der Person verwandle, und daß die Trägerinn des Gürtels wirklich liebenswürdig *sey*, nicht bloß so *scheine*.
>
> Ein Gürtel, der nicht mehr ist als ein zufälliger äußerlicher Schmuck, scheint allerdings kein ganz passendes Bild zu seyn, die *persönliche* Eigenschaft der Anmuth zu bezeichnen; aber eine persönliche Eigenschaft, die zugleich als zertrennbar von dem Subjekte gedacht wird, konnte nicht wohl anders, als durch eine zufällige Zierde versinnlicht werden, die sich unbeschadet der Person von ihr trennen läßt. (NA 20, 252f.)

Anmut erweise sich vielmehr durch die Bewegungen des Körpers, an denen die Harmonie von sittlicher und sinnlicher Motivation unmittelbar (!) evident werde. Der Schmuck ist mithin nur ein allegorischer Behelf, mit dem – so Schillers Mythostheorie – der ästhetisch komplexe Sachverhalt der Anmut bei den Griechen unbegrifflich zur Darstellung gebracht werden konnte.[660] Von der früheren Körpertheorie Schillers ist die katholi-

---

tionen des Jesuitentheaters nahelegend: „So ein braver Mann er [d.i. Schiller] sonsten ist, so ist doch leider die göttliche Unverschämtheit oder die unverschämte Göttlichkeit, nach Schlegelscher Terminologie, dergestalt zum Tone geworden, daß man sich mancherlei poetische Auswüchse erwarten kann, wenn es bei neuern Dichtungen darauf ankommt, einen *Effekt*, wenigstens *einen sogenannten*, hervorzubringen, und der Gedanke oder der poetische Schwung nicht zureichen wollte, um durch Worte und Gedanken das Herz des Zuhörers zu rühren." (Goethe 1915 I, S. 289.) Vgl. auch Port 2002, S. 156. Carl August versteht Theatralität mithin in gut protestantischer Manier allein als Effekthascherei.

659 Zu ersterem vgl. beispielsweise Sautermeister 1992, zu letzterem z.B. Lange 1993, S. 115.
660 Vgl. Sørensen 1963, S. 99. Sørensen legt auch dar, wie Schiller diese noch sehr der Aufklärung verpflichtete Mythostheorie in *Über naive und sentimentalische Dichtung* aufgeben wird (Ebd. S. 102.). Die antike „Götterlehre" wird dort als „die Eingebung eines naiven Gefühls, die Geburt einer fröhlichen Einbildungskraft, nicht der grübelnden Vernunft, wie der Kirchenglaube der neuern Nationen" (NA 20, 431.) verstanden.

sche Bildlichkeit *Maria Stuarts* damit grundverschieden. Zwar handelt es sich bei beiden um ein Verkörperungskonzept, das dazu dient, etwas an sich Undarstellbares anschaulich werden zu lassen, sei es das anthropologische Ideal Schillers oder das „hohe Himmlische" (MS 3603) der katholischen Religion.[661] Wäre Maria eine schöne Seele im Sinne Schillers und damit eine Verkörperung seines anthropologischen Ideals, würde sie jedoch des theatralischen Schmucks bzw. der katholischen Riten gerade nicht bedürfen. Die dadurch ausgespielte Theatralität unterminiert vielmehr das antitheatralische Konzept der Anmut von vorne herein.

Ähnlich verhält es sich mit der Kategorie der Erhabenheit.[662] Im Unterschied zum Erhabenen, dessen Pathos zwar laut der Schrift *Über das Pathetische* ähnlich wie beim Christentum in der „*Hinweisung* auf *das Uebersinnliche*" (NA 20, 205.) begründet liegt, handelt es sich bei der christlichen Bildlichkeit, auf die Maria rekurriert, um keine *negative* Darstellung eines Undarstellbaren. Laut der christlich-katholischen Repräsentationstheorie ist das Übersinnliche vielmehr positiv im Sinnlichen präsent. Damit erweist sich, wie Ulrich Port treffend formuliert, das „katholische" Pathos der letzten Szenen *Maria Stuarts* „gegenüber Schillers eigenem, gleichsam ‚protestantisch'-gesinnungszentrierten Konzept des Erhabenen als heterolog"[663].

Die eine Ästhetizität im Sinne der Chorabhandlung ausbildende Ambivalenz, die auf der immer wieder ausgespielten und durch die ständig erneuerte Ästhetisierung doch wieder zurückgenommenen Sinnlichkeit beruht, schürt auf der Figurenebene das Begehren der Männer. Schon vor dem letzten Akt ist Marias Schönheit ambivalent und, wie das Beispiel

---

[661] Maria Stuart nennt die katholische Sinnlichkeit ein „irdisch Pfand" (MS 3602), das das Göttliche evident werden lasse. „Drum ward der Gott zum Menschen, und verschloß / Die unsichtbaren himmlischen Geschenke / Geheimnisvoll in einem sichtbarn Leib." (MS 3604–3606) Dem Schiller der ästhetischen Schriften zufolge dient das Schöne dem Menschen, wie es im dritten *Ästhetischen Brief* heißt, „zu einem sinnlichen Pfand der unsichtbaren Sittlichkeit" (NA 20, 315.). Am 17. August 1795 schreibt Schiller an Goethe, das Christentum sei eine „*aesthetische* Religion" (NA 28,28.), „weil es in seiner reinen Form Darstellung *schöner* Sittlichkeit oder der Menschwerdung des heiligen" (Ebd.) sei. Vgl. auch Mortimers Charakterisierung des Katholizismus: „Ich hatte nie der Künste Macht gefühlt, / Es haßt die Kirche, die mich auferzog, / Der Sinne Reiz, kein Abbild duldet sie, / Allein das körperlose Wort verehrend. / Wie wurde mir, als ich ins Innre nun / Der Kirchen trat, und die Musik der Himmel / Herunterstieg, und der Gestalten Fülle / Verschwenderisch aus Wand und Decke quoll, / Das Herrlichste und Höchste, gegenwärtig, / Vor den entzückten Sinnen sich bewegte" (MS 430–439).

[662] Auf die Differenz, die zwischen dem Pathos der katholischen Bildrhetorik und dem des Pathetisch-Erhabenen besteht, hat aufmerksam gemacht Port 2002, insbesondere S. 151 und S. 155.

[663] Port 2002, S. 151.

Mortimer zeigt,[664] immer auch Projektionsfläche männlicher Phantasmen; sie wird nie nur als ästhetische wahrgenommen, sondern immer auch als körperliche Attraktivität bzw. in der Begrifflichkeit Schillers als „*architektonische Schönheit*" (NA 20, 255.).[665] Die theatrale Darstellung erregt – wie dies vor Schiller Rousseau in der *Lettre à d'Alembert* beschrieben hatte[666] – im bürgerlichen Theater allein aufgrund des Darstellungsdispositivs das männliche Begehren. Im Stück wird diese Ambivalenz bis zum Schluss aufrecht erhalten. Die geläuterte Maria, die keinen „Rückfall" (MS 3761) mehr in die Sinnlichkeit befürchtet, fällt bezeichnenderweise vor ihrer Enthauptung nicht, wie sie beabsichtigt, in die Arme Christi, sondern in die ihres Geliebten Leicester.[667]

Bei der eigentlichen Hinrichtung wird Maria jedoch ihr Schmuck, den sie zuvor unter ihren Dienern aufgeteilt hat, genommen; der größte Teil verbleibt auf der Szene, unmittelbar vor der Enthauptung wird sie, wie der Zuschauer aus Leicesters Monolog erfährt, entkleidet.[668] Die, dadurch im Übrigen das klassizistische Gebot der *bienséance* einlösende, hinter die Bühne verlegte Enthauptung ist mithin nicht einfach als ein Entzug der szenischen Sinnlichkeit zu verstehen, vielmehr werden an dieser Stelle die Parerga vom Ergon szenisch getrennt. Der schöne weibliche Körper, das *ergon*, tritt hinter die Bühne, hinterlässt jedoch den Schmuck, der ihn parergonal einkleidete. Diese Parerga rahmen nun eine Leere, die szenisch nicht mehr gefüllt wird. Die Szene V 10 bildet mithin ein Tableau, das nur noch seine parergonale Rahmung, nicht mehr jedoch seinen ergonalen Gehalt ausstellt. Politisch gewendet inszeniert sie die Leerstelle, die die

---

[664] Mortimers Verhältnis zu Maria ist überaus ambivalent; seine Konversion zum Katholizismus scheint zunächst als eine Art „ästhetische Erziehung" auszufallen, die jedoch spätestens mit dem Vergewaltigungsversuch scheitert. (Vgl. Mücke 1991, S. 211. Ayrault 1959.) Von Beginn an überlagern sich bei ihm kantisch gesprochen sinnliches Interesse und interesseloses Wohlgefallen. Nicht umsonst bindet Maria beide Männer, Mortimer und Leicester, ausgerechnet durch Bilder an sich.

[665] Im Hintergrund steht folgender Passus der *Ästhetischen Briefe*: „Eine lebende weibliche Schönheit wird uns freylich eben so gut und noch ein wenig besser als eine eben so schöne, bloß gemahlte, gefallen; aber insoweit sie uns besser gefällt als die letztere gefällt sie nicht mehr als selbstständiger Schein, gefällt sie nicht mehr dem reinen ästhetischen Gefühl, diesem darf auch das Lebendige nur als Erscheinung, auch das Wirkliche nur als Idee gefallen; aber freylich erfodert es noch einen ungleich höheren Grad der schönen Kultur, in dem Lebendigen selbst nur den reinen Schein zu empfinden, als das Leben an dem Schein zu entbehren." (NA 20, 402.)

[666] Siehe Kapitel II.1 dieser Studie.

[667] Vgl. MS 3818ff.: Maria an Christus gerichtet: „Wie du am Kreuz die Arme ausgespannt, / So breite sie jetzt aus, mich zum empfangen. [...] *Bei diesem Anblick* [Leicesters] *zittert Maria, die Knie versagen ihr, sie ist im Begriff hinzusinken, da ergreift sie Graf Leicester, und empfängt sie in seinen Armen.*" Vgl. auch Guthke 1998.

[668] Vgl. MS 3874. Zum selbstreflexiven, metatheatralen Moment dieser Szene vgl. Niefanger 2006.

Französische Revolution den Analysen Burkes zufolge nach der Entwür-
digung der Königin aufgerissen hat; um mit Burke zu sprechen, vergegenwärtigt sie gerade durch ihre prachtvolle Fülle die „leere Stelle in dem
gesellschaftlichen Ganzen"[669].

Eine Figur jedoch bleibt auf dieser prunkvoll die von Maria hinterlas-
sene Leere ausschmückenden Bühne. Leicester beschreibt in einer Art
auditiven Mauerschau die Hinrichtung, die die Theaterzuschauer nur hören, und steht somit zwischen Marias Schmuck, dem leeren szenischen
Bild, und dem allein gehörten, hinter die Bühne verlegten Spektakel um
den schönen Königinnenkörper. Damit tritt an die Stelle der körperlich
präsenten Königin die imaginierte, genauer: die spiritualisierte, an die Stelle des szenischen Theaters ein Kopftheater, wie es schon Burke zelebrierte.
Dabei befindet sich Leicester, indem er durch seine Rede die Königin
gänzlich von ihrem Schmuck trennt und ästhetisiert,[670] nicht allein in der
Position Burkes, sondern präsentiert szenisch auch die von diesem angestrebte Wirkung seiner Ästhetik, die Sympathie mit der Königin.[671] Die
Szene überblendet jedoch nicht nur diese beiden Momente. Indem sie
gleichzeitig den die szenische Leere rahmenden Schmuck und den die
Königin ästhetisierenden Mann, Leicester, zeigt, der an dieser Stelle in
gewisser Weise Burke vertritt, vergegenwärtigt sie außerdem im gleichen
Augenblick das Ende der alten politischen Ordnung und den ästhetischen
Neueinsatz.

*

Theatralität dient in *Maria Stuart* – darin weicht das Stück von der Programmatik des späteren Choraufsatzes ab – nicht der medialen Restituierung einer szenischen Öffentlichkeit, die vielmehr hinter die Szene verla-
gert wird.[672] Wie ein Vergleich mit Corneilles *Rodogune* belegen konnte,
exponiert es in der ersten ‚großen' Szene, der Begegnung der beiden Königinnen, das Fehlen einer theatralen Öffentlichkeit, das einen furiosen
Auftritt der Königin zum psychologischen wie dramaturgischen Desaster
werden lässt. Dies ist das prognostische Moment des Stücks.

---

[669] Burke 1986, S. 265.

[670] Ihm ist Maria bezeichnenderweise eine „Perle" (MS 3843), mithin ein sich selbst genügen-
des Schmuckstück.

[671] Wenn Leicester sagt: „Verstumme Mitleid, Augen, werdet Stein, / Ich seh sie fallen, ich
will Zeuge sein " (MS 3859f.), ist dies ein eindeutiger Rückverweis auf die Szene III4, in der
Maria mehrfach auf die Medusa anspielt (vgl. MS 2186). Zur Rolle der Medusa in III4 und
V10 vgl. Mücke 1991, S. 228.

[672] „Voll Menschen war / Der Saal, die um das Mordgerüst sich drängten, / Und heiße Blut-
gier in dem Blick, das Opfer / Erwarteten." (MS 3475–3478.)

Theatralität dient jedoch – darin weicht das Drama von der antitheatralischen Ästhetik der nachkantischen Schriften ab und bestätigt die Programmatik des Choraufsatzes wie die der Schrift Humboldts – der im
Theater vollzogenen Ästhetisierung der Königin, in der wie in Burkes
konterrevolutionärer Schrift die postrevolutionäre Öffentlichkeit ästhetisch evident werden soll. Die ästhetisierte Königin ist zwar in Schillers
Theater im Grunde wie bei Burke nicht theatral darstellbar – das Schöne
liegt letztlich jenseits der Bühne und ihrer Körperlichkeit –, die Ästhetisierung selbst hingegen schon. So wie Schillers Spätdramatik nie nur in sich
geschlossene Tableaus präsentieren, sondern immer auch deren „Schließung", inszeniert *Maria Stuart* ebenfalls nicht einfach eine ästhetisierte
Königin, sondern stets auch deren Ästhetisierung.

3.3 Machttheater und Theatermacht. *Demetrius*

Während in *Maria Stuart* der Auftritt der Titelheldin vor Elisabeth fehl-
schlägt, weil sich die beiden Königinnen vor dem individuellen Blick Leicesters profilieren und sich keinem öffentlichen Publikum präsentieren,
Maria jedoch im letzten Akt eine ästhetische Verklärung erfährt und sich
damit zur ästhetisierten Kunst- und Bühnenkönigin steigert, verhält es
sich bei *Demetrius* genau umgekehrt. Der anfängliche Auftritt vor dem
Reichstag lässt den namenlosen Mönch zum fast allseits anerkannten
Thronprätendenten werden und zwar gerade, weil – wie noch auszuführen
sein wird – ein Publikum szenisch präsent ist. Im Anschluss stellt sich
jedoch dann der neue Zar als unfreiwilliger Usurpator, als ein betrogener
Betrüger heraus. Statt am Ende wie Maria an Überzeugungskraft zu gewinnen, verliert Demetrius im Verlauf des Stücks diese und mit ihr sein
Charisma nahezu völlig. Der schöne Schein entpuppt sich als bloße Täuschung. Damit geraten die ästhetischen Werte nicht wie in *Wallenstein* in
Konflikt mit der historischen Wirklichkeit, sondern werden vielmehr
selbst zum Auslöser des Konflikts und so noch weit nachdrücklicher als in
der Trilogie in Frage gestellt.[673] Beide Momente, die szenische Publizität
und das sich selbst zersetzende Charisma, sind im Stück miteinander verknüpft, ihnen soll hier jedoch zunächst getrennt in je einem Kapitel nachgegangen werden.

---

[673]   Die Dialektik, dass aus dem ästhetischen Ideal selbst der tragische Konflikt erwächst, hat
Peter Szondi in seiner bekannten *Demetrius*-Interpretation detailliert belegen können. Vgl.
Szondi 1978a. Schiller schaffe damit in *Demetrius* ein neues Tragödienmodell, das mit dieser
Dialektik die Grundstruktur der dann vor allem von Schelling begründeten Philosophie des
Tragischen vorwegnehme. Vgl. auch Szondi 1978b.

Rahmungen. *Publikum und Tableau*

In Bernard Connors *Beschreibung des Königreichs Polen und Groß-Hertzogthums Litthauen* findet sich neben einer detaillierten Schilderung des polnischen Reichstags auch eine Illustration desselben.[674] An diesen Stich hat sich Schiller offenbar bei der Gestaltung der Krakauer Reichstagsszene gehalten, mit der er, nachdem er sich dazu entschlossen hatte, die den Titelhelden zunächst „im Privatstand" (NA 11, 253.) zeigenden Samborszenen fallenzulassen, *Demetrius* eröffnet. Dass die Szene ursprünglich von einem Bild her konzipiert wurde, ist im vorliegenden Kontext von zentraler Bedeutung. Der Stich in Connors historischer Abhandlung wie die Szene in Schillers Dramenfragment sind zentralperspektivisch auf den polnischen König ausgerichtet. Damit ahmt die Reichstagsszene das Bild aus Connors historischer Schrift nicht nur auf motivischer Ebene nach, sie ist vielmehr selbst wesentlich bildhaft:

> Wenn der Vorhang aufgeht, sieht man die polnische Reichsversammlung in dem grossen Senatssaale sitzen. Die hinterste Tiefe des Theaters ist eine drey Stuffen hohe Estrade, mit rothem Teppich belegt, worauf der königliche Thron mit einem Himmel bedeckt; zu beiden Seiten hängen die Wappen von Pohlen und Litthauen. Der *König* sizt auf dem Thron, zu seiner rechten und linken auf der Estrade stehen die zehen *Kronbeamten*. Unter der Estrade zu beiden Seiten des Theaters sitzen die *Bischöffe*, *Palatinen*, und *Kastellanen* mit bedecktem Haupt; hinter diesen stehen mit unbedecktem Haupt die *Landboten* in zwey Reihen alle bewaffnet. Der Erzbischoff von *Gnesen* als der Primas des Reichs sizt dem Proscenium am nächsten, hinter ihm hält sein Kaplan ein goldenes Kreutz. (NA 11, 7.)

Schiller fügt jedoch, damit den Bildcharakter der Szene unterlaufend, die entscheidende Neuerung ein, dass angenommen wird, das Theaterpublikum würde mit im Reichstag sitzen. Als Demetrius den Saal betritt, richtet er sich, nachdem er sich vor den Anwesenden verbeugt hat, so, „daß er einen großen Theil der Versammlung und des Publikums, von welchem angenommen wird [sic!] daß es im Reichstag mit sitze, im Auge behält und dem königlichen Thron nur nicht den Rücken wendet" (NA 11, 8.). In der Eingangsszene von Schillers letztem Fragment findet sich damit auf eine in dieser Deutlichkeit zuvor nicht erreichte Weise die in der Vorrede zur *Braut von Messina* eingeforderte Dramaturgie einer theatralen Öffentlichkeit umgesetzt, die das Theaterpublikum parergonal in das Drama integriert.[675]

---

674 Siehe Abbildung 4. Zur Beschreibung vgl. Connor 1700, S. 521.
675 Ein vergleichbarer Einschluss des Theaterpublikums in Szenen von politisch weitreichender Bedeutung findet sich, wenn auch nicht in dieser Eindeutigkeit, bereits vorher. Vgl. folgende Beobachtung Raymond C. Ockendens zur Rütliszene des *Tells*: „At the centre of the Rütli group there is no monarch, but the fire by which the confederates have kindled themselves. […] Discussion is open to all, as are the votes by which decisions are taken.

Das Publikum befindet sich in der paradoxen Situation, zugleich Betrachter und Bestandteil der Szene zu sein. Deren Ganzheit stellt sich erst durch den Einschluss des ihr zwar heteronomen, aber in ihr implizierten Theaterpublikums ein. Der Zuschauer ist nicht wie in *Maria Stuart* unbeobachteter Voyeur, sondern partizipiert durch sein Zuschauen aktiv an der theatralen Darstellung und stiftet damit eine medial generierte Form der Öffentlichkeit, die nicht mit der performativen der Schrift zur *Gesetzgebung* oder der ästhetischen der *Ästhetischen Briefe* zu verwechseln ist. In der Reichstagsszene fallen die dargestellte Öffentlichkeit und die Öffentlichkeit der Darstellung auf paradoxe Weise in eins. Im Unterschied zum Auftritt der Pappenheimer in *Wallenstein* übernimmt das Theaterpublikum selbst die Funktion, die Schiller in der Vorrede zur *Braut von Messina* dem Chor zuschreibt. Auf der Bühne wird nicht mehr wie in der *Wallenstein*-Trilogie ein Kollektiv gezeigt, das als ein Vexierbild ein bühneninternes Publikum darstellt und doch das bühnenexterne Publikum zu sein scheint, mithin zu letzterem sowohl in einem metaphorischen als auch in einem metonymischen Verhältnis steht, das Theaterpublikum ist vielmehr selbst dieses Vexierbild.

Die Trennung von Bühne und Publikum – dadurch unterscheidet sich die Öffentlichkeitsform der Reichstagsszene von der performativen Öffentlichkeit – wird jedoch nicht aufgehoben. Die parergonale Form des Publikumseinschlusses impliziert vielmehr, dass die Szene Bild bleibt. Als Leo Sapieha, der als polnischer Abgesandter mit Boris Godunow Frieden geschlossen hat,[676] gegen Demetrius' Anerkennung opponiert, wird er von den anwesenden Reichstagsmitgliedern körperlich bedroht. In den Entwürfen zur zweiten Fassung der Szene beschreibt Schiller dies ganz in der Begrifflichkeit der Diderotschen Tableaudramaturgie: „allgemeines Aufstehen, auch der König steigt vom Thron, die Landboten greifen zu den Säbeln *(1)*+ *(2)*, und zücken sie *(1)* zu+ *(2)* rechts und links auf Sapieha. Bischöffe treten *(1)* li*nks*+ *(2)* rechts und links dazwischen und so bildet sich ein Tableau, welches einige Pausen lang daßelbe bleibt" (NA 11, 272.). An dieser Stelle zeigt sich, wie labil die Inklusion des Publikums ausfällt. Die Ästhetizität der Szene stellt sich hier offensichtlich durch deren Bildwerdung ein. Der Theaterzuschauer betrachtet kontemplativ die im szeni-

---

The men stand in what is evidently a semi-circle, since the stage direction (after 1149) allots centre, right and left positions to the three cantons. But the formation is repeatedly referred to in stage directions as ‚ring' – implying not that there are actors with their backs to us, but rather that the full circle is made up by the audience, under-stood as participants in the discussions. Rösselmann's claim: ‚Wir können gelten für ein ganzes Volk' (1110) thus has dramaturgical as well as political implications." (Ockenden1989/1990, S. 30f)

676 Vgl. Schillers Exzerpte diverser historischer Schriften NA 11, 81.

schen Tableau stillgestellte Handlung. Statt Bestandteil des szenischen Bildes zu sein, tritt er von außen an dieses heran. In der Reichstagsszene oszilliert Schiller zwischen einem Ein- und Ausschluss des Publikums.

Dieses Oszillieren ist homolog zu dem weiter oben für Maria Stuarts Körperlichkeit geltend gemachten. In beiden Fällen exponiert es die Theatralität der Darstellung, in *Maria Stuart* deren körperlich-sinnlichen Charakter, in *Demetrius* den durch die Anwesenheit eines zuschauenden Publikums gegebenen. Die Ästhetizität stellt sich in beiden Fällen aufgrund der durch das Oszillieren gegebenen Ambivalenz ein. Sie ist paradox: Ästhetisch ist die Szene einerseits, wenn sie ein Ganzheitsversprechen gibt, im Falle *Maria Stuarts* einen unmittelbar evidenten schönen Königinnenkörper darstellt, im Falle *Demetrius'* sich zum in sich geschlossenen Bild rundet. Ästhetisch wird die Szene jedoch andererseits nur, wenn diese Ganzheit parergonal unterminiert wird, im Falle *Maria Stuarts* durch den Einschluss der Körperlichkeit der Schauspielerin wie der der szenischen Requisiten, im Falle *Demetrius* durch den der Anwesenheit eines zuschauenden Publikums.[677]

Aufgrund dieses Oszillierens fällt auch die medial restituierte, theatrale Öffentlichkeit als in sich gebrochene aus. Genauer: Die politische Öffentlichkeit des Reichstags wird stets auch als ästhetisch restituierte ausgewiesen. Sie wird durch die ästhetische Inklusion der Theaterzuschauer nicht nur hergestellt, vielmehr wird durch das Oszillieren zwischen Ein- und Ausschluss immer auch der ästhetische Charakter des Einbezugs, damit der Restitution und damit der restituierten Öffentlichkeit exponiert. Die theatrale Öffentlichkeit der ästhetischen Darstellung ermöglicht eine politische Öffentlichkeit nur, weil diese Öffentlichkeit von Beginn an als eine ästhetische und damit nicht mehr allein politisch-reale markiert wird.

Mit der beschriebenen paradoxen Inszenierung des Theaterpublikums, die eine politische Öffentlichkeit zugleich ermöglicht wie untergräbt, hat die Rezeption der Dramaturgie der *tragédie classique* durch Schiller eine neue Qualität erreicht. Es wird weder wie zuvor in *Maria Stuart* ein klassizistisches Formmodell partiell, da eklektizistisch, übernommen,[678] noch wird die Corneillesche Bewunderungsdramaturgie durch bestimmte Handlungsmotive zitiert, um sie in eine bürgerlich psychologisierte Furordramaturgie zu überführen, vielmehr wird die kollektive Rezeptionsform, auf der

---

677 Dass Schiller im Übrigen auch in *Demetrius* der Aspekt der Körperlichkeit wichtig war, geht unter anderem aus folgendem kurzen Vermerk hervor, für das Stück spreche, „[d]aß es Viel für die Augen hat." (NA 11, 179.)

678 Dem klassizistischen Formideal folgt *Demetrius* keinesfalls. Vielmehr sollte das Drama eine lose Folge unterschiedlicher, in sich geschlossener Handlungen darstellen: „Jeder Moment aber, wo die Handlung verweilt, ist ein bestimmtes, ausgeführtes Gemählde, hat seine eigene vollständige Exposition und ist ein für sich vollendetes Ganze" (NA 11, 178.). Vgl. Martini 1979, S. 320.

die Dramaturgien aller Theaterautoren im Frankreich des 17. Jahrhunderts beruhen, in die ästhetische Darstellung integriert und dadurch restituiert. Insofern lässt sich die Szene wirkungsästhetisch auch viel genauer in Begriffen einer Dramaturgie der Bewunderung, als der einer Identifikation beschreiben. So wie Bewunderung allein durch die wirkungsästhetisch vollzogene Reaktualisierung des ontologischen Publikumskörpers wirken kann, wirkt auch die Reichstagsszene allein durch die Integration des Publikums als Ganzes in das dramatische Werk, eine Integration, die, da das Publikum durch sie zu einem ästhetischen Bestandteil der dargestellten Szene wird, einer Ästhetisierung desselben gleichkommt. So wie das Publikum von Racines Zeitgenossen „une autre scène"[679] genannt werden konnte, stellt es sich in der Eingangsszene des *Demetrius* als ein durch seine körperliche Präsenz verbürgtes, schönes Ganzes dar.

Semiosis. Charis und Charisma

In seinen Vorarbeiten zu *Demetrius* erwähnt Schiller mehrfach, der Titelheld müsse zunächst als junger, anmutiger Mann gezeigt werden; so heißt es zu seinem Auftreten in den Samborszenen lapidar, er „[z]eigt Anmuth und Edelsinn" (NA 11, 116.) und weiterhin:

> Demetrius wird soweit von seinem ersten Anfang verschlagen, daß dieser am Ende der Handlung ferne hinter ihm liegt – darum ist nöthig, daß sich ein lebhaftes und anmuthiges Bild davon in die Seele drücke, welches sich nachher auf eine rührende Art in der Erinnerung auffrischt, wenn ein so ganz anderer Mensch aus ihm geworden. (NA 11, 172.)

Ob Schiller auch das Auftreten auf dem Reichstag als ein anmutiges verstanden wissen wollte, lässt sich nicht dokumentieren. Im zeitgleich zu *Demetrius* entstandenen und dieselbe Problematik verhandelnden *Warbeck*-Fragment hebt er jedoch explizit hervor, dass die Zuschauer von Warbeck durch dessen Charis eingenommen werden:

> Er [d.i. Warbeck] muß wirklich das Entzücken aller Zuschauer seyn wenn er kommt; er ist wie der wiedergefundene Sohn des Hauses, der verloren war, seine Popularität macht ihn liebenswürdig, sein[e] Schicksal spricht zu allen Herzen indem sein Anstand, seine hohe *(1)* Grazie *(2)* Graziosität Ehrfurcht gebietet. Ein gewißer Zauber ist in seinem Betragen, der ihn unwiderstehlich macht. (NA 12, 178.)[680]

---

679   Robinet/Laurent 1993, S. 151.

680   Auch dem Begriff „Zauber" liegt, wie er hier verwendet wird, das Konzept der Grazie zugrunde. In *Über Anmut und Würde* hatte Schiller definiert: „Der höchste Grad der Anmuth ist das *Bezaubernde*; der höchste Grad der Würde die *Majestät*. Bey dem Bezaubernden

Das charismatische Auftreten Demetrius' auf dem polnischen Reichstag lässt sich sicher nicht gänzlich auf ein anmutiges reduzieren, ihm liegt jedoch dasselbe Zuschauerverständnis und dieselbe semiotische Problematik zugrunde, derer sich Schiller in der früheren ästhetischen Schrift zur Anmut gestellt sah.[681] In der zwölf Jahre vor dem Dramenfragment veröffentlichten Abhandlung *Über Anmut und Würde* geht Schiller bekanntlich davon aus, dass bei einer graziösen Bewegung auch die unwillkürlichen, mithin auf Sinnlichkeit beruhenden Bewegungen mit der menschlichen Sittlichkeit harmonieren würden. Die gegen Kants deontologische Ethik gerichtete Pointe des Essays ist es, dass dadurch Pflicht und Neigung in Einklang geraten würden und die anmutige Bewegung somit das Schillersche Humanitätsideal anschaulich werden lasse.

Ein wesentliches Problem dieses Anmutsbegriffs spricht Schiller in der Abhandlung zwar an, kann es jedoch nur unzureichend lösen.[682] Bei den die menschliche Sittlichkeit verbürgenden unwillkürlichen Bewegungen könnte es sich nämlich, so erwägt Schiller, auch um allein gespielte handeln:

---

verlieren wir uns gleichsam selbst, und fließen hinüber in den Gegenstand. Der höchste Genuß der Freyheit gränzt an den völligen Verlust derselben, und die Trunkenheit des Geistes an den Taumel der Sinnenlust." (NA 20, 305f.)

[681] Demetrius wurde bereits mehrfach als Charismatiker im Sinne von Max Webers Konzept charismatischer Herrschaft gedeutet. (Vgl. insbesondere Schmidt 2004, S. 456ff. Robert 2007b, S. 126f.) Als Beispiel eines charismatischen Herrschers führt Weber im Übrigen Napoleon an (Vgl. Weber 1972, S. 141.), mit dem Demetrius schon des Öfteren verglichen wurde. Zum Verhältnis Schillers zu Napoleon vgl. Müller-Seidel 2009.
Bezüglich der semiotischen Problematik folge ich dem noch unveröffentlichten Manuskript Lüdemann, Susanne: Beautiful soul – beautiful state? On charis and charisma in Schiller's *Demetrius*. Eckart Goebel vertritt in seiner Studie *Charis und Charisma* die These, dass seit der Französischen Revolution und deren Bruch mit einer theologisch begründeten politischen Ordnung eine Affinität zwischen dem von Max Weber beschriebenen politischen Charisma und der ästhetischen Kategorie der Anmut bestehe. Seit Schiller würden literarische und philosophische Texte diese Affinität reflektieren. Auf *Demetrius* geht Goebel jedoch nicht ein. Vgl. Goebel 2006, S. 54ff.
Zu beachten ist, das Schiller den Begriff „Charisma" in seinen Schriften nicht verwendet, der Anmut aber wie beispielsweise im Zitat der vorangegangen Fußnote eine charismatisch-einnehmende Wirkung zuschreibt. Ob Schiller – wie hier für Demetrius' Auftreten vorgeschlagen – seinem Anmutsbegriff eine politische Dimension abgewinnen wollte, lässt sich anhand seiner theoretischen Schriften nicht dokumentieren, sondern allein aus dem Dramentext rekonstruieren. Der markanteste Unterschied zwischen Demetrius' Charisma und dem Schillerschen Anmutsbegriff besteht darin, dass letzterer entgegen der Etymologie (gratia) als persönliches Verdienst, ersterer hingegen als Gnadengabe verstanden wird: „Demetrius erscheint zuerst in einem unschuldigen schönen Zustand als der liebenswürdigste und herrlichste Jüngling *(1).+ (2)*, der die Gnade Gottes hat und der Menschen." (NA 11, 93.) In *Über Anmut und Würde* heißt es hingegen: „Die architektonische Schönheit macht dem Urheber der Natur, Anmuth und Grazie machen ihrem Besitzer Ehre. Jene ist ein *Talent*, diese ein *persönliches Verdienst.*" (NA 20, 264.) Vgl. hierzu Lüdemann: Beautiful Soul, S. 12.

[682] Vgl. Goebel 2006, S. 49ff.

> Nun mag zwar ein Mensch durch Kunst und Studium es zuletzt wirklich dahin
> bringen, daß er auch die begleitenden Bewegungen seinem Willen unterwirft, und
> gleich einem geschickten Taschenspieler, welche Gestalt er will, auf den mimi-
> schen Spiegel seiner Seele fallen lassen kann. Aber an einem solchen Menschen
> ist dann auch alles Lüge, und alle Natur wird von der Kunst verschlungen. Grazie
> hingegen muß jederzeit Natur, d. i. unwillkührlich seyn (wenigstens so scheinen),
> und das Subjekt selbst darf nie so aussehen, als wenn es *um seine Anmuth wüßte*.
> (NA 20, 269.)

Damit sind zwei Merkmale von Schillers Anmutsbegriff angesprochen.
Erstens impliziert die Forderung, das anmutige Subjekt dürfe nicht zeigen,
dass es sich seiner Anmut bewusst ist, dass diese allein von einem Zuschauer wahrgenommen werden kann und somit notwendig theatral ist,
die Darstellung jedoch gleichzeitig über dieses theatrale Setting hinwegtäuscht. Der Schillersche Anmutsbegriff ist mithin noch wesentlich dem
Paradigma antitheatralischer Darstellung verpflichtet, wie es die Dramaturgie des bürgerlichen Trauerspiels prägt.[683] Zweitens kann Schiller Anmut als antitheatralische nur begründen, indem er in seine Argumentation
die nicht weiter hinterfragte Existenz natürlicher Zeichen einführt, die im
Unterschied zu konventionellen die Authentizität jeder unwillkürlichen
Bewegung verbürgen.[684] Zwei wesentliche Aspekte von Theatralität, die
Anwesenheit von Zuschauern und die semiotische Ambivalenz der Verkörperung, müssen somit aus der dennoch notwendig theatralen Darstellung ausgegrenzt werden. Daher kann Schiller in seiner Abhandlung zwar
behaupten, dass wir ein gespieltes anmutiges Verhalten von einem authen-
tischen immer unterscheiden könnten,[685] begründen kann er es – und
zwar aus strukturellen Gründen – nicht.[686]

Beide Aspekte, die Schillers Anmutsbegriff aus der Darstellung aus-
schließt, werden in seinem letzten Dramenfragment kritisch reflektiert.
Zunächst zu letzterem, dem semiotischen Moment: Demetrius ist der von
Schillers Anmutsästhetik perhorreszierte perfekte, da unschuldige und

---

[683] Vgl. Wild 2003, S. 375f.

[684] Vgl. Lüdemann: Beautiful State, S. 5. Sprachtheoretisch argumentiert in diesem Kontext
Robert 2007b, S. 132f.

[685] Zuweilen könne die gespielte beziehungsweise „theatralische" (NA 20, 269.) Anmut selbst
den Kenner täuschen. „Aber aus irgend einem Zuge blickt endlich doch der Zwang und
die Absicht hervor, und dann ist Gleichgültigkeit, wo nicht gar Verachtung und Ekel, die
unvermeidliche Folge." (NA 20, 270.)

[686] An derselben Problematik scheitert auch Schillers Vorschlag, der Schauspieler müsse eine
ästhetische Erziehung absolvieren, um Anmut darstellen zu können. „Was werde ich aber
nun dem mimischen Künstler antworten, der gern wissen möchte, wie er, da er sie nicht *er-
lernen* darf, zu der Grazie kommen soll? Er soll, ist meine Meinung, zuerst dafür sorgen,
daß die Menschheit in ihm selbst zur Zeitigung komme, und dann soll er hingehen und
(wenn es sonst sein Beruf ist) sie auf der Schaubühne repräsentiren." (NA 20, 269.) Auch
hier kann Schiller keine Kriterien für die Authentizität der Darstellung geben.

unwissende, Lügner. Seine gesamte Überzeugungskraft schöpft er – dies hebt Schiller in seinen Notizen mehrfach hervor[687] – daraus, dass er von sich selbst und seiner Identität als Zar überzeugt ist. Entsprechend verliert er sein Charisma, sobald der so genannte „Fabricator doli" ihn über seine wahre Identität aufklärt.

> Der f.[alsche] Demetrius glaubt an sich selbst bis auf den Augenblick wo er in Moskau soll einziehen. Hier wird er an sich irre, einer entdeckt ihm seine wahre Geburt und dieß bringt eine schnelle unglückselige Veränderung im Charackter des Betrogenen hervor. Der Entdecker wird das erste Opfer derselben. Von jetzt an ist Demetrius Tyrann, Betrüger, Schelm. (NA 11, 96.)

Alle Zeichen, mittels derer Demetrius seine Identität als Zar unter Beweis zu stellen versucht, wie das kostbare Kreuz, das er seit langem trägt, der kürzer gewachsene rechte Arm und der Psalter, in dem er als Zarensohn ausgewiesen wird, sind keine natürlichen und können angezweifelt werden. Auch die „Eideshelfer" (NA 11, 15.), auf die der Thronprätendent sich beruft, können mögliche Zweifel, wie sie Sapieha schließlich geltend macht, nicht grundsätzlich ausräumen. Demetrius überzeugt vielmehr allein durch sein selbstsicheres Auftreten. Dass die Zeichen, an denen er dem Erzbischof zufolge erkannt werden können soll,[688] grundsätzlich „betrüglich" sein können, gibt Demetrius selbst offen zu, als er von seiner eigenen Anagnorisis erzählt: „Nicht bloß an Zeichen, die betrüglich sind, / In tiefster Brust, an meines Herzens Schlägen, / Fühlt ich […]" (NA 11, 15.). Letztlich beruhen sowohl Schillers Anmutsbegriff als auch Demetrius' Legitimierung vor dem Reichstag auf einer Semiotik, die zuverlässige, da natürliche, Zeichen postuliert, deren Geltungsanspruch jedoch nicht begründen kann.

Doch nicht allein die Schillers antitheatralischer Anmutsästhetik zugrunde liegende Semiotik wird von *Demetrius* kritisch hinterfragt.[689] Vielmehr ist auch die zweite Bedingung eines anmutigen Auftretens durch den Aufbau der Reichstagsszene nur bedingt gegeben. Indem das Theaterpublikum in die dennoch als Tableau konzipierte Szene parergonal integriert

---

687 „Der Effekt des Glaubens an sich selbst und des Glaubens anderer. Demetrius hält sich für den Czar und dadurch wird ers." (NA 11, 109.) „Das Benehmen des Demetrius auf dem Reichstag gewinnt ihm alle Stimmen. Weil er selbst an sich glaubt, so hat seine Sprache die volle Kraft der Wahrheit, er ist kein Redner, er handelt aus Gewalt der Natur". (NA 11, 253.) „Er ist selbst die Düpe des Betrugs und hat einen begeisterten Glauben an sich selbst, der sich allen mittheilt." (NA 11, 258f.) Marina sagt Odowalsky: „Er glaub an sich, so glaubt ihm auch die Welt." (NA 11, 29.) Zur Verbindung von Politik und Psychologie vgl. Alt 2000 II, S. 604.

688 „An welchen Zeichen soll man euch erkennen?" (NA 11, 11.)

689 „Hinterfragen" meint nicht, dass Schiller seine Anmutsästhetik völlig verwerfen würde. So nennt er beispielsweise Romanow explizit „eine schöne Seele" (NA 11, 100.)

ist, wird von vorne herein die für ein anmutiges Auftreten notwendige Antitheatralität unterminiert. Ein sich an das *Theater*publikum richtendes Spiel einer *dramatischen* Person exponiert immer auch den von Schillers Anmutsbegriff perhorreszierten Spielcharakter. Das Oszillieren zwischen einem Publikumseinschluss und dessen Ausschluss dient somit nicht allein der die Ästhetik von Schillers Spätwerk bestätigenden Herstellung einer theatralen Öffentlichkeit, vielmehr ermöglicht es, wenn das Publikum hinter die Vierte Wand tritt, Demetrius' anmutig-charismatisches Auftreten und, wenn es durch diese hindurchscheint, dessen kritische Hinterfragung. Genauer: Das Oszillieren ist diese Kritik am Anmutsbegriff der früheren theoretischen Schrift und dessen antitheatralischem Grundzug.

*

In *Demetrius* findet sich ein weiterer Entwurf für eine Szene, in der der Titelheld sich – nun nicht mehr vor dem polnischen, sondern dem russischen Volk – als rechtmäßiger Zar zu legitimieren versucht. Zwar weit weniger ausgearbeitet als die Reichstagsszene finden sich aber auch hier bereits Elemente, die, wenn auch weniger explizit, eine Verbindung zwischen dem Akt der Legitimation und der theatralen Darstellung herstellen. Es handelt sich um die von Demetrius, der inzwischen vom so genannten „Fabricator doli" über seine wahre Identität aufgeklärt wurde, erzwungene Legitimation durch seine Mutter Marfa. Im Szenar findet sich eine erste Skizze der Szene, die hier *in extenso* zitiert sei:

> Czarin Marfa unter einem köstlich verzierten purpurnen Zelt ihren Sohn erwartend⌈, aber über die kriegerische [sic!] Umgebungen befremdet. Einsilbigkeit⌉.
>
> Demetrius heißt alles hinausgehen und tritt herein, seine Knie vor ihr beugend.
>
> Ihr Herz sagt ihr nichts.
>
> Nun erklärt er sich aufrichtig mit ihr und fodert dass sie ihn öffentlich für ihren Sohn erkennen soll.
>
> Am Schluß dieser Scene läßt er das Zelt fallen und zeigt der Versam[m]lung seine Mutter. (NA 11, 183.)

Etwas später entwickelt Schiller erste Grundzüge des Gesprächs, das sich zwischen Demetrius und seiner vorgeblichen Mutter entspinnen sollte. Ersterer verlangt von letzterer zunächst nicht, ihm oder anderen gegenüber Muttergefühle zu heucheln, die sich allein in natürlichen Zeichen ausdrücken würden und deren Authentizität daher zunächst weder Demetrius noch Schiller anzweifeln:[690] „Die Stimme der Natur ist heilig

---

[690] „Der kleine Rest der Hofnung in Marfas Herzen schwindet ganz beim Anblick des Demetrius. Ein unbekanntes tritt zwischen beide *(1)*.+ *(2)*, die Natur spricht nicht *(1)*.+ *(2)*, sie sind ewig geschieden." (NA 11, 217.)

und frei, ich will sie weder zwingen noch erlügen." (NA 11, 217.) Indem Demetrius durch seine Rede Marfa zum Weinen bringt, das Zelt plötzlich nach hinten hin öffnet und dem dort anwesenden Volk seine weinende Mutter präsentiert, hält dieses die Tränen für die natürlichen Zeichen Marfas Mutterliebe. Damit wird nicht nur die wesentlich auf Sympathie beruhende Dramaturgie der zu Schillers Zeiten noch immer populären empfindsamen Rührstücke, in der die Träne die Authentizität der dargestellten Empfindung bezeugt, und damit letztlich auch Sympathie als solche diskreditiert, sondern auch die anfängliche, dort freilich bereits durch den parergonalen Publikumseinbezug problematisierte Legitimation auf dem Reichstag und die auch dort von Demetrius verwendete, schon *Über Anmut und Würde* prägende Semiotik natürlicher Zeichen. Der Zuschauer sieht in der Öffentlichkeit auf der Bühne, dem durch Demetrius getäuschten Volk, die eigene Manipulierbarkeit gespiegelt.[691] Damit wird spätestens an der Zeltszene ersichtlich, dass Demetrius' Usurpation auf einer theatralen Inszenierung beruht, die durch einen Publikumsbezug und eine Semiotik über ihren Spielcharakter und damit ihre Theatralität hinwegzutäuschen versucht, die dem in der Vorrede zur *Braut von Messina* so nachdrücklich kritisierten illusionistischen Theater von Schillers Zeitgenossen zugrundeliegt. Der Tatsache, dass sich auf diese Weise wie schon in *Wallenstein* und *Maria Stuart* die dargestellten historischen Begebenheiten als genuin theatrale erweisen, begegnet Schiller damit, die Theatralität der Darstellung selbst zu inszenieren und so beim Rezipienten die ästhetische Distanz bewusst zu halten.[692]

Es ist kein Zufall, dass Schiller für diese Reflexion über die Theatermacht im Machttheater ausgerechnet Demetrius' Umgang mit dem Zelt des Zaren verwendet. Das Zelt ist hier wie schon in *Wallensteins Lager* Symbol der Szene, ja theatraler Darstellung schlechthin. Auch in ihrem Symbolgehalt stellt die Szene damit nachdrücklich die ästhetisch und politisch motivierte Tendenz der Schillerschen Spätdramatik aus, die theatrale Darstellung in ihren drei Facetten, der Anwesenheit eines zuschauenden Publikums, der Körperlichkeit der Darstellung und deren semiotischer Ambivalenz, in das dramatische Werk zu integrieren.

---

691 Vgl. Utz 1990, S. 83.
692 Zu *Demetrius* in diesem Kontext vgl. Robert 2007b, S. 139f.

Schluss

Auf je unterschiedliche Weise arbeiten sich Schillers Dramen und seine theoretischen Schriften des Spätwerks an dem gespannten Verhältnis von Drama und Theater ab. Sowohl die von diesen Texten implizit oder explizit verhandelte Ästhetik als auch die durch sie erzeugte Öffentlichkeit beruhen auf einer gleich gearteten Beziehung zwischen dem Dramentext und seiner in ihm implizierten Theateraufführung. Weil Schiller das Diderotsche Tableau als objektiviertes verstehen will, es jedoch nicht als gänzlich objektiviertes verstehen kann, integriert er den Betrachter wie implizit bereits in den *Kalliasbriefen* parergonal in das dadurch zum Vexierbild geratende Tableau und ermöglicht so eine Restituierung der durch das Theaterpublikum gegebenen Öffentlichkeit, wie sie die Tragödie der Französischen Klassik prägt. Insbesondere an seiner Dramatik wird ersichtlich, wie er sich an den französischen Dramen und dem an kollektive Rezeption gebundenen Wirkungsaffekt der Bewunderung abarbeitet.

Mit diesem dramaturgischen Öffentlichkeitskonzept rückt er einerseits auf Distanz zur „performativen" Öffentlichkeit, wie sie die zeitgenössischen Ereignisse der Revolution prägt, andererseits distanziert er sich mit ihm auch vom „ästhetischen" Öffentlichkeitsmodell, wie er es in den *Ästhetischen Briefen* zunächst als Alternative zur Französischen Revolution entworfen hatte. Die ästhetisch motivierte parergonale Integration des Theaterpublikums in das Szenentableau ermöglicht ihm, im Theater eine zwar in sich paradoxe, nicht jedoch wie im Modell der *Ästhetischen Briefe* aporetische Öffentlichkeit gegenwärtig werden zu lassen, die als ästhetische Alternative zur zeitgenössischen politischen Öffentlichkeit verstanden wird. Schillers Spätdramatik fällt damit zum einen als eine Kritik an der eigenen objektivistischen Ästhetik aus, die zwar nicht völlig verworfen, aber auch nicht gänzlich bestätigt wird, zum anderen als eine solche an den zeitgenössischen Inszenierungsmechanismen politischer Öffentlichkeit, deren theatrale Prämissen in den Dramen differenziert herausgearbeitet werden.

Weil Schiller auf diese Weise das Werk zwischen Drama und Theater verortet, nimmt auch literaturgeschichtlich sein Spätwerk eine Zwischenstellung ein. Abschließend sei dies in einem kurzen Abriss veranschaulicht. Sowohl das textzentrierte Literaturtheater des 19. als auch das sich vom Dramentext emanzipierende „postdramatische" Theater des 20. Jahrhunderts können sich auf Teile der Dramaturgie des Schillerschen Spätwerks berufen. Grillparzer beispielsweise versteht den Chor ebenfalls als eine genuin theatralische Instanz: „Der Chor war allerdings ein wesentliches Stück der alten Tragödie, aber nur in theatralischer, nicht auch in dramatischer Hinsicht."[693] Im Unterschied zu Schiller sieht er aber bezeichnenderweise gerade keinen Grund dafür, ihn als solchen in das Drama einzuführen; so heißt es in seinen Fragment gebliebenen Reflexionen über den Chor in Anspielung auf die Vorrede zur *Braut von Messina*:

> Ob er eine Scheidemauer gegen die Wirklichkeit war? Ich sehe keinen Grund, warum der Begriff des Chores auch den Begriff des Ideals involvieren soll. Denn das will man doch sagen, wenn man von einer Scheidemauer gegen die Wirklichkeit redet.[694]

Nietzsche hingegen betont das Theatralisch-Musikalische des Chors in der *Geburt der Tragödie* gegenüber dem Dramatischen, das aus ihm erwachse, noch sehr viel stärker als Schiller und stützt die Begründung des Dramas aus dem Musikalischen nicht allein durch den Rekurs auf die Vorrede zur *Braut von Messina*, sondern auch durch einen Verweis auf Schillers Produktionsweise.[695] Und Hofmannsthal schreibt ausgerechnet unter dem Eindruck des Theaters Max Reinhardts in dem diesem gewidmeten Essay:

> der dramatische Text ist etwas Inkomplettes und zwar um so inkompletter, je größer der dramatische Dichter ist. Schiller, auf der Höhe seines Lebens, schreibt einmal hin: er sehe ein, daß der wahre Dramatiker sehr viel arbeiten, aber immer nur Skizzen verfertigen sollte, – aber er traue sich nicht genug Talent zu, um in dieser Weise zu arbeiten. [...] Aber der Dramatiker hätte sein Spiel schon verloren, wenn es ihm nicht gelänge, die Zuschauer ebenso wie die Schauspieler zu seinem mittätigen Werkzeug zu machen; nicht umsonst sind die Zuschauer eines Schauspieles Nachkommen des ursprünglichsten Chores, einer tanzenden und singenden Schar, die den Protagonisten, den geopferten Heros, umgab, mit ihm litt und jubelte; ja die Zuschauer sind niemals etwas anderes als dieser erweiterte Chor, also Mitspieler und Halluzinierte.[696]

Wagner schließlich nimmt wohl am entschiedensten Schillers Öffentlichkeitsdramaturgie auf und integriert sie in seine Dramaturgie des Musiktheaters, so vor allem, wenn auch Schiller ungenannt bleibt, in *Die Kunst*

---

[693] Grillparzer 1987, S. 258.

[694] Ebd., S. 259. Damit missversteht er freilich Schiller, der nur den modernen, restituierten Chor als „Scheidemauer" verstand. Im Übrigen spricht sich Grillparzer auch gegen die durch den Chor gegebene Öffentlichkeit aus. Vgl. ebd. S. 258.

[695] „Ueber den Prozess seines Dichtens hat uns *Schiller* durch eine ihm selbst unerklärliche, doch nicht bedenklich scheinende psychologische Beobachtung Licht gebracht; er gesteht nämlich als den vorbereitenden Zustand vor dem Actus des Dichtens nicht etwa eine Reihe von Bildern, mit geordneter Causalität der Gedanken, vor sich und in sich gehabt zu haben, sondern vielmehr eine *musikalische Stimmung*" (Nietzsche III1, S. 39.). Zur Schiller-Rezeption Nietzsches vgl. diesbezüglich Borchmeyer 1982, S. 171.

[696] Hofmannsthal 15, 328f.

und die Revolution: „Was er [der Dramatiker] schafft, wird zum Kunstwerke wirklich erst dadurch, daß es vor der Öffentlichkeit in das Leben tritt, und ein dramatisches Kunstwerk tritt nur durch das Theater in das Leben."[697] Noch viel dezidierter als bei Schiller ist das Drama hier „Gesamtkunstwerk"[698] und damit wesentlich an seine Aufführung und das rezipierende Publikum gebunden. Die dadurch entstehende „schöne[…] Öffentlichkeit"[699] sei ein Ideal, das es laut Wagner revolutionär zu erreichen gelte, das jedoch, ähnlich wie schon Schiller formulierte, in der Antike bereits realisiert wurde, als „das ganze Volk"[700] der Aufführung nicht nur beiwohnte, sondern an ihr partizipierte: „So war der Grieche selbst Darsteller, Sänger und Tänzer, seine Mitwirkung bei der Aufführung einer Tragödie war ihm höchster Genuß an dem Kunstwerke selbst […]"[701]. Wie Schiller polemisiert auch Wagner in diesem Zusammenhang gegen die *tragédie classique*. Die Franzosen hätten,

> die den Griechen abgelernten Künste in ihren Sold [genommen]: die ‚freie' Kunst diente den vornehmen Herren, und man weiß bei genauer Betrachtung nicht genau anzugeben, wer mehr Heuchler war, ob Ludwig XIV., als er sich an seiner Hofbühne in gewandten Versen griechischen Tyrannenhaß vorrezitiren [sic!] ließ, oder Corneille und Racine, als sie gegen die Gunstbezeugungen ihres Herren die Freiheitsgluth und politische Tugend des alten Griechenlands und Roms ihren Theaterhelden in den Mund legten.[702]

Das Intrikate dieser Polemik liegt darin, dass Wagner im selben Text das hier vorgebrachte Argument auch gegen die Griechen wendet, bei denen das Ideal erreicht worden sei, damit aber der Polemik ihre Schärfe nimmt. Die „schöne Öffentlichkeit" der Griechen hätte nämlich im Unterschied zur von Wagner anvisierten auf dem Sklaventum beruht:

> Der Sklave hat, durch sein bloßes, als nothwendig erachtetes Dasein als Sklave, die Nichtigkeit und Flüchtigkeit aller Schönheit und Stärke des griechischen Sondermenschenthums aufgedeckt, und für alle Zeiten nachgewiesen, *daß Schönheit und Stärke, als Grundzüge des öffentlichen Lebens, nur dann beglückende Dauer haben können, wenn sie allen Menschen zu eigen sind.*[703]

---

697 Wagner 3, 37. Zur Kontinuität zu Schiller vgl. Borchmeyer 1982, S. 63ff, insbesondere S. 65. Zu Auswirkungen der Schillerschen Öffentlichkeitsdramaturgie auf das deutsche Festspiel insbesondere im 19. Jahrhundert vgl. Sprengel 1991, S. 32ff.

698 Wagner 3, 29.

699 Ebd., S. 29.

700 Ebd., S. 24.

701 Ebd., S. 24.

702 Ebd., S. 18. Zum Vergleich: In *An Goethe* schreibt Schiller: „Denn dort, wo Sklaven knien, / Despoten walten, / Wo sich die eitle Aftergröße bläht, / Da kann die Kunst das Edle nicht gestalten, / Von keinem Ludwig wird es ausgesät" (NA 2I, 404.).

703 Wagner 3, 26.

Wagners Polemik ist hier eindeutig der im 18. Jahrhundert topisch gewor-
denen verpflichtet. Vor diesem Hintergrund kann er Schillers Dramaturgie
nur schwer mit der der französischen Tragödie in Verbindung bringen.[704]
Dennoch gibt es auch Gegenstimmen: Grillparzer etwa lässt Friedrich den
Großen in einem im Elysium stattfindenden Gespräch mit Lessing sagen,
Schiller sei der „deutsche Racine"[705], und Nietzsche schreibt in *Menschliches,
Allzumenschliches*: „Schiller verdankt die ungefähre Sicherheit seiner Form
dem unwillkürlich verehrten, wenn auch verleugneten Vorbilde der französischen Tragödie und hielt sich ziemlich unabhängig von Lessing."[706] Beide
Autoren beziehen sich auf die formale Strenge von Schillers späten Stücken. Deren „Unabhängigkeit" von Lessing und Nähe zur französischen
Tragödie lässt sich darauf jedoch nicht reduzieren. Schillers späte Dramen
rekurrieren auf die *tragédie classique* vielmehr vor allem dadurch, dass sie auf
vergleichbare Weise Öffentlichkeit durch Theatralität begründen.

---

[704] In *Oper und Drama* heißt es jedoch bezüglich der *Braut von Messina*: „Schiller suchte aus
dieser Form [d.i. der griechischen] selbst den Stoff des Drama's zu gestalten. Hierin näher-
te er sich dem Verfahren der französischen Tragödiendichter; nur unterschied er sich von
ihnen wesentlich dadurch, daß er die griechische Form vollständiger herstellte, als sie diesen mitgetheilt worden war, und daß er den Geist dieser Form, von dem diese gar nichts
wußten, zu beleben und dem Stoffe selbst einzuprägen suchte." (Wagner 4, 26.)
[705] Grillparzer 13, 138.
[706] Nietzsche 2, 181.

Abbildungen

Indontable Taureau, Dragon impetueux,
Sa croupe se recourbe en replis tortueux.

Abbildung 1: V. 1519f. der Erstausgabe *Phèdre & Hippolyte.*
Tragédie par Mr Racine. Paris 1677.

Abbildung 2: Frontispiz von Charles Le Brun zur Erstausgabe
Phèdre & Hippolyte. Tragédie par Mr Racine. Paris 1677.

Abbildung 3: *The Contrast* 1792.

Abbildung 4: Polnischer Reichstag. In: Connor 1700,
zwischen Seite 520 und 521.

Zitierte Literatur

Zitiert wird mit Autornamen und Erscheinungsjahr der zitierten Edition, bei der es sich oft nicht um die der Erstveröffentlichung handelt, falls nötig der Bandnummer in lateinischen Ziffern und der anschließenden Seitenzahl. Handelt es sich um Werkausgaben, folgt auf den Autornamen die Nummer des zitierten Bands und anschließend die Seitenzahl. Um dies besser von erstgenannter Zitierweise abzugrenzen, fehlt hier der Vermerk „S.". Dies gilt auch, wenn Siglen verwendet werden (s.u.). Steht die Sigle für ein Drama, handelt es sich bei der folgenden Zahl um die Verszahl, andernfalls um die Seitenzahl.

Siglen

Ausgaben

FA = Schiller, Friedrich (1988ff.): Werke und Briefe in zwölf Bänden. Dann, Otto; Ingenkamp, Heinz Gerd Janz Rolf-Peter; Kluge, Gerhard, et al. (Hg.). Frankfurt am Main: Deutscher Klassiker Verlag.

KdU = Kant, Immanuel (2001): Kritik der Urteilskraft. Klemme, Heiner F. (Hg.). Hamburg: Meiner.

NA = Schiller, Johann Christoph Friedrich von (1943ff.): Schillers Werke. Nationalausgabe. Petersen, Julius; Blumenthal, Lieselotte; Wiese, Benno von, et al. (Hg.). Weimar: Hermann Böhlaus Nachfolger.

Dramen

MS = Schiller, Friedrich: *Maria Stuart*

Œ = Corneille, Pierre: *Œdipe*

P = Schiller, Friedrich: *Piccolomini*

Ph = Racine, Jean: *Phèdre*

PR = Schiller, Friedrich: *Prolog (Wallenstein)*

R = Corneille, Pierre: *Rodogune*

WL = Schiller, Friedrich: *Wallensteins Lager*

WT = Schiller, Friedrich: *Wallensteins Tod*

Quellen

Aristoteles (1994): Poetik. Griechisch/deutsch. Bibliogr. erg. Ausg. Fuhrmann, Manfred (Hg.). Stuttgart: Reclam.

Aubignac, François-Hédelin d' (1642): La Pucelle d'Orléans. Tragédie en prose selon la vérité de l'histoire et les rigueurs du théâtre. Paris: F. Targa.

Aubignac, François-Hédelin d' (1995): Dissertations contre Corneille. Hammond, Nicholas; Hawcroft, Michael (Hg.). Exeter: University of Exeter Press.

Aubignac, François-Hédelin d' (2001): La pratique du théâtre. Baby, Hélène (Hg.). Paris: Champion.

Bibel (2005). Stuttgarter Erklärungsbibel mit Apokryphen. Die heilige Schrift nach der Übersetzung Martin Luthers. Mit Einführungen und Erklärungen. Stuttgart: Deutsche Bibelgesellschaft.

Brecht, Bertolt (1973): Arbeitsjournal. 2 Bände. Hecht, Werner (Hg.). Frankfurt am Main: Suhrkamp.

Bürger, Gottfried August (1894): G. A. Bürger's Werke. Mit einer biographischen Einleitung und bibliographischem Anhang. 5. vermehrte und verbesserte Auflage. Grisebach, Eduard (Hg.). Berlin: G. Grote'sche Verlagsbuchhandlung.

Burke, Edmund (1986): Betrachtungen über die Französische Revolution. Aus dem Englischen übertagen von Friedrich Gentz. Gedanken über die französischen Angelegenheiten. Aus dem Englischen übertragen von Rosa Schnabel. Frank-Planitz, Ulrich (Hg.). Zürich: Manesse.

Burke, Edmund (1987): Reflections on the Revolution in France. Pocock, J. G. A. (Hg.). Indianapolis/Cambridge: Hackett Publishing Company.

Chapelain, Jean (2007): Lettre sur la règle des vingt-quatre heures. In: Ders.: Opuscules critiques. Herausgegeben von Alfred C. Hunter und Anne Duprat. Genf: Droz (Textes littéraires français, 590), S. 222–234.

Connor, Bernard (1700): Beschreibung des Königreichs Polen und Groß-Herzogthums Litthauen. Aus dem Englischen übersetzt. Leipzig: Thomas Fritsch.

Corneille, Pierre (1980): Œuvres complètes. Couton, Georges (Hg.). Paris: Gallimard.

De Bienville, J. D. T. (1789): La nymphomanie ou traité de la fureur utérine. Nouvelle édition. London.

Diderot, Denis; d'Alembert [le Rond], Jean-Baptiste (Hg.) (1751ff.): Encyclopédie ou Dictionnaire raisonné des sciences, des arts et des métiers. Par une société de gens de lettres. 35 Bände. Paris.

Diderot, Denis (1875): Oeuvres complètes. Comprenant tout ce qui a été publié a diverses époques et tous les manuscrits inédits conservés à la bibilothèque de l'ermitage. Assézat, J. (Hg.). Paris: Garnier Frères.

Diderot, Denis (1965): Oeuvres esthétiques. Vernière, Paul (Hg.). Paris: Éditions Garnier frères.

Dufresny, Charles Rivière (1992): Amusements sérieux et comiques (1699). In: Lafond, Jean (Hg.): Moralistes du XVIIᵉ siècle. De Pibrac à Dufresny. Paris: Robert Laffont, S. 977–1050.

Du Marsais [César Chesneau] (1977): Traité des Tropes. Suivi de Jean Paulhaun: Traité des Figures. Paris: Le Nouveau Commerce.

Fichte, Johann Gottlieb (1962): Gesamtausgabe der Bayerischen Akademie der Wissenschaften. Lauth, Reinhard; Jacob, Hans (Hg.). Stuttgart-Bad Cannstatt: Frommann-Holzboog Verlag.

Gasté, Armand (Hg.) (1898): La Querelle du Cid. Pièces et pamphlets. Publiés d'après les originaux avec une introduction. Paris: Welter.

Goethe, Johann Wolfgang von (1889): Gespräche. 10 Bände. Biedermann, Woldemar Freiherr von (Hg.). Leipzig: F. W. v. Biedermann.

Goethe, Johann Wolfgang von; Carl August (1915ff.): Briefwechsel des Herzogs-Großherzogs Carl August mit Goethe. Wahl, Hans (Hg.). Berlin: Ernst Siegfried Mittler und Sohn.

Goethe, Johann Wolfgang von (1987): Goethes Werke. Fotomechanischer Nachdruck der Weimarer Ausgabe. 143 Bände. München: Deutscher Taschenbuch Verlag.

Grillparzer, Franz (1909ff.): Sämtliche Werke. Sauer, August; Backmann, Reinhold (Hg.). Wien: Anton Schroll & Co.

Grillparzer, Franz (1987): Über die Bedeutung des Chors in der alten Tragödie (1817–47). In: Hammer, Klaus (Hg.): Dramaturgische Schriften des 19. Jahrhunderts. 2 Bände. Berlin: Henschelverlag Kunst und Gesellschaft, Bd. 1, S. 257–29.

Herder, Johann Gottfried (1985ff.): Werke. In zehn Bänden. Arnold, Günter; Bollacher, Martin; Brummack, Jürgen [et al.] (Hg.). Frankfurt am Main: Deutscher Klassiker Verlag.

Hofmannsthal, Hugo von (1959): Gesammelte Werke in Einzelausgaben. Steiner, Herbert (Hg.). Franfurt am Main: Fischer.

Hogarth, William (1997): The analysis of beauty. Paulson, Ronald (Hg.). New Haven, London: Yale University Press.

Humboldt, Wilhelm von (1841): Wilhelm von Humboldt's gesammelte Werke. 7 Bände. Berlin: Reimer.

Kant, Immanuel (1912ff.): Immanuel Kant's Werke. 11 Bände. Cassirer, Ernst (Hg.). Berlin: Bruno Cassirer.

La Bruyère, Jean de (1951): Oeuvres complètes. Benda, Julien (Hg.). Paris: Gallimard.

La Fontaine, Jean de (1991): Les amours de Psyché et de Cupidon. Paris: Librairie Générale Française.

La Mesnadière, Hippolyte Jules Pilet de (1972): La Poëtique. Genf: Slatkine Reprints.

Lessing, Gotthold Ephraim (1985ff.): Werke und Briefe in zwölf Bänden. Barner, Wilfried; Bohnen, Klaus; Grimm, Gunter E. [et al.] (Hg.). Frankfurt am Main: Deutscher Klassiker Verlag.

Merkel, Garlieb (1959): Freimütiges aus den Schriften Garlieb Merkels. Adameck, Horst (Hg.). Berlin: Rütten & Loening.

Moritz, Karl Philipp (1962): Schriften zur Ästhetik und Poetik. Schrimpf, Hans Joachim (Hg.). Tübingen: Max Niemeyer Verlag.

Nicole, Pierre (1998): Traité de la comédie et autres pièces d'un procès du théâtre. Thirouin, Laurent (Hg.). Paris: Honoré Champion.

Nicot, Jean (1960): Thresor de la langue françoise tant ancienne que moderne. Paris: Éditions A. et J. Picard et Cie.

Nietzsche, Friedrich (1967ff.): Kritische Gesamtausgabe. Begründet von Giorgio Colli und Mazzino Montinare. Weitergeführt von Wolfgang Müller-Lauter und Karl Pestalozzi. Berlin, New York: Walter de Gruyter.

Novalis (1978): Werke, Tagebücher und Briefe. 3 Bände. Samuel, Richard; Mähl, Hans-Joachim (Hg.). München, Wien: Hanser.

Paine, Thomas (1945): The complete writings of Thomas Paine. 2 Bände. Foner, Philip S. (Hg.). New York: The Citadel Press.

Platon (1957): Sämtliche Werke. In der Übersetzung von Friedrich Schleiermacher mit
    der Stephanus-Numerierung. 6 Bände. Grassi, Ernesto; Otto, Walter F.; Plam-
    böck, Gert (Hg.). Hamburg: Rowohlt.
Racine, Jean (1951): Principes de la tragédie en marge de la poétique d'Aristote. Texte
    établi et commenté par Eugène Vinaver. Manchester, Paris: Editions de l'univer-
    sité de Manchester/Nizet.
Racine, Jean (1999): Œuvre complètes. Forestier, Georges (Hg.). Paris: Gallimard.
Rapin, René (1970): Les réflexions sur la poétique de ce temps et sur les ouvrages des
    poètes anciens et modernes. Dubois, E. T. (Hg.). Paris: Droz.
Robinet, Charles; Laurent, Jacques (1993): Le théâtre et l'opéra vus par les gazetiers
    Robinet et Laurent. Brooks, William (Hg.). Paris, Seattle, Tübingen: Gunter Narr.
Rousseau, Jean-Jacques (1959): Oeuvres complètes. 5 Bände. Gagnebin, Bernard;
    Raymond, Marcel (Hg.). Paris: Gallimard.
Seneca (1999): Tragédies. 2 Bände. Chaumartin, François-Régis (Hg.). Paris: Les Belles
    Lettres.
Voltaire (1830ff.): Oeuvres de Voltaire. Beuchot, Adrien Jean Quentin (Hg.). Paris:
    Lefèvre Libraire.
Wagner, Richard (1907): Gesammelte Schriften und Dichtungen. 4. Aufl. Leipzig:
    G.F.W. Siegel's Musikalienhandlungen.
Zedler, Johann Heinrich (Hg.) (1993): Großes vollständiges Universal-Lexikon. 2. vollst.
    photomechan. Nachdr. Graz: Akademische Druck- und Verlagsanstalt.

Weitere Literatur

Adorno, Theodor W. (1973): Spätstil Beethovens. In: Adorno, Theodor W.: Gesam-
    melte Schriften. Franfurt am Main: Suhrkamp, Bd. 17, S. 13–17.
Agamben, Giorgio (2002): Homo sacer. Die Souveränität der Macht und das nackte
    Leben. Frankfurt am Main: Suhrkamp.
Alewyn, Richard (1959): Das große Welttheater. Die Epoche der höfischen Feste.
    Hamburg: Rowohlt.
Alt, Peter André (2000): Schiller. Leben – Werk – Zeit. München: C.H. Beck.
Alt, Peter-André (2008): Klassische Endspiele. Das Theater Goethes und Schillers.
    München: Beck.
Anderson, Benedict (1996): Die Erfindung der Nation. Zur Karriere eines folgenrei-
    chen Konzepts. Erw. Neuausg. Frankfurt am Main: Campus-Verlag.
Apostolidès, Jean-Marie (1981): Le roi-machine. Spectacle et politique au temps de
    Louis XIV. Paris: Minuit.
Apostolidès, Jean-Marie (1985): Le prince sacrifié. Théâtre et politique au temps de
    Louis XIV. Paris: Minuit.
Arnold, Markus (2003): Die harmonische Stimmung aufgeklärter Bürger. Zum Ver-
    hältnis von Politik und Ästhetik in Immanuel Kants „Kritik der Urteilskraft". In:
    Kant Studien, Jg. 94, H. 1, S. 24–50.
Auerbach, Erich (1951): La cour et la ville. In: Ders.: Vier Untersuchungen zur Ge-
    schichte der französischen Bildung. Bern: Francke, S. 12–50.
Ayrault, Roger (1959): La figure de Mortimer dans „Marie Stuart" et la conception du
    drame historique chez Schiller. In: Études germaniques, Jg. 14, H. 4, S. 313–324.

Baby, Hélène (1998): De la nature et du sensible dans l'oeuvre de Pierre Corneille: les exemples „Cinna", „Rodogune" et „Nicomède". In: Littératures classiques, Jg. 32, S. 135–158.

Baby, Hélène (2001): Observations sur „La Pratique du théâtre". In: Aubignac, François-Hédelin d': La pratique du théâtre. Herausgegeben von Hélène Baby. Paris: Champion, S. 493–758.

Backès, Jean-Louis (1981): Racine. Paris: Seuil.

Baecque, Antoine de (1993): Le corps de l'histoire. Métaphores et politique (1770–1800). Paris: Calmann-Lévy.

Balke, Friedrich (2009): Figuren der Souveränität. München, Paderborn: Wilhelm Fink.

Barone, Paul (2004): Schiller und die Tradition des Erhabenen. Berlin: Erich Schmidt Verlag.

Barthes, Roland (1963): Sur Racine. Paris: Édition du Seuil.

Barthes, Roland (2002): Diderot, Brecht, Eisenstein. In: Ders.: Écrits sur le théâtre. Paris: Éditions du Seuil, S. 332–339.

Baumanns, Peter (2007): Die Seele-Staat-Analogie im Blick auf Platon, Kant und Schiller. Würzburg: Königshausen & Neumann.

Baxmann, Inge (1989): Die Feste der Französischen Revolution. Inszenierung von Gesellschaft als Natur. Weinheim, Basel: Beltz.

Bayne, Sheila Page (1981): Tears and Weeping. An Aspect of Emotional Climate Reflected in Seventeenth-Century French Literature. Tübingen: Gunter Narr.

Beaufret, Jean (1973): Kant et la notion de ‚Darstellung'. In: Beaufret, Jean: Dialogue avec Heidegger. Paris: Éditions de Minuit, Bd. 2, S. 77–109.

Behrens, Rudolf (1982): Problematische Rhetorik. Studien zur französischen Theoriebildung der Affektrhetorik zwischen Cartesianismus und Frühaufklärung. München: Wilhelm Fink.

Bénichou, Paul (1948): Morales du grand siècle. Paris: Gallimard.

Benjamin, Walter (1974): Gesammelte Schriften. Tiedemann, Rolf; Schweppenhäuser, Hermann (Hg.). Frankfurt am Main: Suhrkamp.

Berghahn, Klaus L. (1971): „Das Pathetischerhabene". Schillers Dramentheorie. In: Grimm, Reinhold (Hg.): Deutsche Dramentheorien. Beiträge zu einer historischen Poetik des Dramas in Deutschland. 2 Bände. Frankfurt am Main: Athenäum Verlag, Bd. 1, S. 214–244.

Berghahn, Klaus L. (1998): Schillers philosophischer Stil. In: Koopmann, Helmut (Hg.): Schiller-Handbuch. Stuttgart: Kröner, S. 289–302.

Biet, Christian (1994): Œdipe en monarchie. Tragédie et théorie juridique à l'âge classique. Paris: Klincksieck.

Biet, Christian (1996): Racine. Paris: Hachette Supérieur (Collection Portraits littéraires).

Biet, Christian (2002): „C'est un scélérat qui parle": Lire, écrire, publier, représenter, interpréter le théâtre au XVIIᵉ siècle. In: Norman, Larry F.; Desan, Philippe; Strier, Richard (Hg.): Du spectateur au lecteur. Imprimer la scène aux XVIᵉ et XVIIᵉ siècles. Fasano: Schena, S. 55–83.

Blakemore, Steven (1997): Intertextual war. Edmund Burke and the French Revolution in the Writings of Mary Wollstonecraft, Thomas Paine, and James Mackintosh. Madison/Teaneck: Fairleigh Dickinson University Press.

Bloch, Marc (1961): Les rois thaumaturges. Étude sur le caractère surnaturel attribué à la puissance royale particulièrement en France et en Angleterre. Paris: Armand Colin.

Bloch, Peter André (1968): Schiller und die französische klassische Tragödie. Versuch eines Vergleichs. Düsseldorf: Pädagogischer Verlag Schwann.

Blumenberg, Hans (1998): Paradigmen zu einer Metaphorologie. Frankfurt am Main: Suhrkamp.

Böhler, Michael (1982): Die Zuschauerrolle in Schillers Dramaturgie. Zwischen Außendruck und Innenlenkung. Der Chor in der „Braut von Messina" und die Darstellungsform des Erhabenen. In: Wittkowski, Wolfgang (Hg.): Friedrich Schiller. Kunst, Humanität und Politik in der späten Aufklärung. Ein Symposium. Tübingen: Max Niemeyer Verlag, S. 273–294.

Böhme, Gernot (1999): Kants „Kritik der Urteilskraft" in neuer Sicht. Frankfurt am Main: Suhrkamp.

Borchmeyer, Dieter (1973): Tragödie und Öffentlichkeit. Schillers Dramaturgie im Zusammenhang seiner ästhetisch-politischen Theorie und die rhetorische Tradition. München: Wilhelm Fink.

Borchmeyer, Dieter (1977): Höfische Gesellschaft und französische Revolution bei Goethe. Adliges und bürgerliches Wertsystem im Urteil der Weimarer Klassik. Kronberg/Ts.: Athenäum Verlag.

Borchmeyer, Dieter (1982): Das Theater Richard Wagners. Idee – Dichtung – Wirkung. Stuttgart: Reclam.

Borchmeyer, Dieter (1983): Rhetorische und ästhetische Revolutionskritik: Edmund Burke und Schiller. In: Richter, Karl; Schönert, Jörg (Hg.): Klassik und Moderne. Die Weimarer Klassik als historisches Ereignis und Herausforderung im kulturgeschichtlichen Prozeß. Walter Müller-Seidel zum 65. Geburtstag. Stuttgart: J.B. Metzler, S. 56–79.

Borchmeyer, Dieter (1984): „…dem Naturalism in der Kunst offen und ehrlich den Krieg zu erklären…" Zu Goethes und Schillers Bühnenreform. In: Barner, Wilfried; Lämmert, Eberhard; Oellers, Norbert (Hg.): Unser Commercium. Goethes und Schillers Literaturpolitik. Stuttgart: Cotta, S. 351–370.

Borchmeyer, Dieter (1988): Macht und Melancholie. Schillers Wallenstein. Frankfurt am Main: Athenäum Verlag.

Borchmeyer, Dieter (1994): Weimarer Klassik. Portrait einer Epoche. Weinheim: Beltz Athenäum.

Borchmeyer, Dieter (2004): Aufstieg und Fall der Zentralperspektive. In: Brandstetter, Gabriele; Neumann, Gerhard (Hg.): Romantische Wissenspoetik. Die Künste und die Wissenschaften um 1800. Würzburg: Königshausen & Neumann, S. 287–310.

Bösch, Judith (2004): Schwert und Feder. Autorin, Regentin und Amazone als Figuren hybrider Geschlechtsidentität im Frankreich des 17. Jahrhunderts. Wien: Turia + Kant.

Bosse, Anke (2008): Theatralität als literaturwissenschaftliche Kategorie. In: Germanistische Mitteilungen. Zeitschrift für deutsche Sprache, Literatur und Kultur, Jg. 67, S. 17–32.

Bovenschen, Silvia (1979): Die imaginierte Weiblichkeit. Exemplarische Untersuchungen zu kulturgeschichtlichen und literarischen Präsentationsformen des Weiblichen. Frankfurt am Main: Suhrkamp.

Brandstetter, Gabriele (2006): Schillers Spielbein: Bewegung und Tanz. Zu einer Ästhetik im Zeichen von „movere". In: Ensslin, Felix (Hg.): Spieltrieb. Was bringt die Klassik auf die Bühne? Schillers Ästhetik heute. Berlin: Theater der Zeit, S. 165–181.

Braune, Frieda (1917): Edmund Burke in Deutschland. Ein Beitrag zur Geschichte des historisch-politischen Denkens. Heidelberg: Winter.

Bräutigam, Bernd (1990): Konstitution und Destruktion ästhetischer Autonomie im Zeichen des Kompensationsverdachts. In: Wittkowski, Wolfgang (Hg.): Revolution und Autonomie. Deutsche Autonomieästhetik im Zeitalter der Französischen Revolution. Tübingen: Max Niemeyer Verlag, S. 244–263.

Bray, René (1966): La formation de la doctrine classique en France. 2. Aufl. Paris: Nizet.

Brokoff, Jürgen (2006): Die Unvereinbarkeit von Erziehung und ästhetischer Erziehung. In: Jahrbuch der Deutschen Schillergesellschaft, Jg. 50, S. 134–149.

Brokoff, Jürgen (2010): Geschichte der reinen Poesie. Von der Weimarer Klassik bis zur historischen Avantgarde. Göttingen: Wallstein.

Buckley, Matthew S. (2006): Tragedy walks the streets. The French Revolution in the making of modern drama. Baltimore: The Johns Hopkins University Press.

Bürger, Peter (1964): Racine und der Anstand. Zur Aufnahme Racines in Deutschland. In: Neue Deutsche Hefte, H. 100 der Gesamtfolge, S. 58–77.

Bürger, Peter (1971): Die frühen Komödien Pierre Corneilles und das französische Theater um 1630. Eine wirkungsästhetische Analyse. Frankfurt am Main: Athenäum Verlag.

Campe, Rüdiger (1997): Vor Augen Stellen. Über den Rahmen rhetorischer Bildgebung. In: Neumann, Gerhard (Hg.): Poststrukturalismus. Herausforderung an die Literaturwissenschaft. Stuttgart, Weimar: J.B. Metzler, S. 208–225.

Campe, Rüdiger (2001): Bella Evidentia. Begriff und Figur der Evidenz in Baumgartens Ästhetik. In: Deutsche Zeitschrift für Philosophie, Jg. 49, S. 243–255.

Campe, Rüdiger (2002): Zeugen und Fortzeugen in Karl Philipp Moritz' „Über die bildende Nachahmung des Schönen". In: Begemann, Christian; Wellbery, David E. (Hg.): Kunst – Zeugung – Geburt. Theorien und Metaphern ästhetischer Produktion in der Neuzeit. Freiburg im Breisgau: Rombach, S. 225–249.

Caplan, Jay (1985): Framed Narratives. Diderot's Genealogy of the Beholder. Minneapolis: University of Minnesota Press.

Cassirer, Ernst (1975): Freiheit und Form. Studien zur deutschen Geistesgeschichte. 4. Aufl. Darmstadt: Wissenschaftliche Buchgesellschaft.

Chaouche, Sabine (2001): L'art du comédien. Déclamation et jeu scénique en France à l'âge classique (1629–1680). Paris: Honoré Champion.

Chartier, Roger (1990): Les origines culturelles de la Révolution française. Paris: Éditions du Seuil.

Chartier, Roger (1994): Pouvoirs et limites de la représentation. Sur l'oeuvre de Louis Marin. In: Annales, Jg. 49, H. 2, S. 407–418.

Chihaia, Matei (2002): Institution und Transgression. Inszenierte Opfer in Tragödien Corneilles und Racines. Tübingen: Narr.

Couton, Georges (1958): Corneille. Paris: Hatier.

Couton, Georges (1984): Corneille et la tragédie politique. Paris: Presses Universitaires de France.

Cunningham, Kathleen (1930): Schiller und die französische Klassik. Bonn: Kurt Schroeder.

Dach, Charlotte von (1941): Racine in der deutschen Literatur des 18. Jahrhunderts. Bern, Leipzig: Haupt.

Delmas, Christian (1985): Mythologie et Mythe dans le théâtre français (1650–1676). Genf: Droz.

De Man, Paul (1996): Aesthetic Ideology. Warminski, Andrzej (Hg.). Minneapolis: University of Minnesota Press (Theory and History of Literature, 65).

Dembeck, Till (2007): Texte rahmen. Grenzregionen literarischer Werke im 18. Jahrhundert (Gottsched, Wieland, Moritz, Jean Paul). Berlin, New York: Walter de Gruyter (Quellen und Forschungen zur Literatur- und Kulturgeschichte, 46 (280)).

Derrida, Jacques (1967): De la grammatologie. Paris: Éditions de Minuit.

Derrida, Jacques (1978): La vérité en peinture. Paris: Flammarion.

Derrida, Jacques (1992): Die Wahrheit in der Malerei. Wien: Passagen Verlag.

Dörr, Volker C. (2006): „Ein Ganzes ist, was Anfang, Mitte und Ende hat." – Schillers Dramen zwischen historischer und philosophischer Wahrheit. In: Hofmann, Michael; Rüsen, Jörn; Springer, Mirjam (Hg.): Schiller und die Geschichte. München: Wilhelm Fink, S. 195–208.

Dörr, Volker C. (2007): Weimarer Klassik. München, Paderborn: Wilhelm Fink.

Doubrovsky, Serge (1963): Corneille et la dialectique du héros. Paris: Gallimard.

Dressler, Roland (1993): Von der Schaubühne zur Sittenschule. Das Theaterpublikum vor der vierten Wand. Berlin: Henschel.

Düsing, Wolfgang (1984): Ästhetische Form als Darstellung der Subjektivität. Zur Rezeption Kantischer Begriffe in Schillers Ästhetik. In: Bolten, Jürgen (Hg.): Schillers Briefe über die ästhetische Erziehung. Frankfurt am Main: Suhrkamp, S. 185–228.

Düttmann, Alexander García (2008): Kommen und Gehen. Über den Begriff des Spätstils. In: Neue Rundschau, Jg. 119, H. 2, S. 109–125.

Dwars, Jens-Fietje (1991): Dichtung im Epochenumbruch. Schillers „Wallenstein" im Wandel von Alltag und Öffentlichkeit. In: Jahrbuch der Deutschen Schillergesellschaft, Jg. 35, S. 150–179.

Eagleton, Terry (1994): Ästhetik. Die Geschichte ihrer Ideologie. Stuttgart, Weimar: J.B. Metzler.

Elias, Norbert (1978): Über den Prozess der Zivilisation. Soziogenetische und psychogenetische Untersuchung. 2 Bände. Frankfurt am Main: Suhrkamp.

Elias, Norbert (1992): Die höfische Gesellschaft. Untersuchungen zur Soziologie des Königtums und der höfischen Aristokratie. Mit einer Einleitung: Soziologie und Geschichtswissenschaft. 6. Aufl. Frankfurt am Main: Suhrkamp.

Fischer-Lichte, Erika (1983): Semiotik des Theaters. Eine Einführung. Bd. 2. Vom „künstlichen" zum „natürlichen" Zeichen. Theater des Barock und der Aufklärung. Tübingen: Narr.

Fischer-Lichte, Erika (2004): Ästhetik des Performativen. Frankfurt am Main: Suhrkamp.

Fohrmann, Jürgen (1989): Das Projekt der deutschen Literaturgeschichte. Entstehung und Scheitern einer nationalen Poesiegeschichtsschreibung zwischen Humanismus und Deutschem Kaiserreich. Stuttgart: J.B. Metzler.

Fohrmann, Jürgen (1998): Schiffbruch mit Strandrecht. Der ästhetische Imperativ in der „Kunstperiode". München: Wilhelm Fink.

Fohrmann, Jürgen (2005): Die Tragödie der Empfindsamkeit und die Rettung der Souveränität (am Beispiel von Lessings „Emilia Galotti"). In: Garber, Klaus (Hg.): Das Projekt Empfindsamkeit und der Ursprung der Moderne. Richard Alewyns Sentimentalismusforschungen und ihr epochaler Kontext. München: Wilhelm Fink, S. 115–128.

Forestier, Georges (1996): Essai de génétique théâtrale. Corneille à l'oeuvre. Paris: Klincksieck.

Forestier, Georges (1999): D'une poétique politique : „La Pratique du théâtre" de l'abbé d'Aubignac ou la rationalité absolue de la représentation classique. In: Inventaire, lecture, invention. Mélanges de critique et d'histoire littéraires offerts à Bernard Beugnot. Montréal: Editions Paragraphes, S. 229–246.

Forestier, Georges (2003): Passions tragiques et règles classiques. Essai sur la tragédie française. Paris: Presses Universitaires de France (Perspectives littéraires).

Forestier, Georges (2006): Jean Racine. Paris: Gallimard.

Foucault, Michel (1966): Les mots et les choses. Une archéologie des sciences humaines. Paris: Gallimard.

Foucault, Michel (1975): Surveiller et punir. Naissance de la prison. Paris: Gallimard.

Frank, Manfred (1989): Einführung in die frühromantische Ästhetik. Vorlesungen. Frankfurt am Main: Suhrkamp.

Frank, Manfred (2007): Lust am Schönen. Schillers Ästhetik zwischen Kant und Schelling. In: Bürger, Jan (Hg.): Friedrich Schiller. Dichter, Denker, Vor- und Gegenbild. Göttingen: Wallstein, S. 136–157.

Frantz, Pierre (1993): Du spectateur au comédien : Le „Paradoxe" comme nouveau point de vue. In: Revue d'histoire littéraire de la France, Jg. 93, H. 5, S. 685–701.

Frantz, Pierre (1998): L'esthétique de tableau dans le théâtre du XVIIIe siècle. Paris: Presses Universitaires de France (Perspectives littéraires).

Fried, Michael (1980): Absorption and theatricality. Painting and beholder in the age of Diderot. Berkeley: University of California Press.

Fried, Michael (1995): Kunst und Objekthaftigkeit. In: Stemmrich, Gregor (Hg.): Minimal Art. Eine kritische Retrospektive. Dresden, Basel: Verlag der Kunst, S. 334–374.

Fried, Michael (1998): An Introduction to My Art Cirticism. In: Fried, Michael: Art and Objecthood. Essays and Reviews. Chicago, London: University of Chicago Press, S. 1–74.

Früchtl, Josef (2005): Ästhetische Subjektivität und gespaltene Moderne. In: Braungart, Georg; Greiner, Bernhard (Hg.): Schillers Natur. Leben, Denken und literarisches Schaffen. Hamburg: Meiner, S. 3–14.

Fuhrmann, Helmut (1981): Revision des Parisurteils. ‚Bild' und ‚Gestalt' der Frau im Werk Friedrich Schillers. In: Jahrbuch der Deutschen Schillergesellschaft, Jg. 25, S. 316–366.

Fumaroli, Marc (1990): Héros et orateurs. Rhétorique et dramaturgie cornéliennes. Genf: Droz.

Gadamer, Hans-Georg (1986): Hermeneutik I. Wahrheit und Methode. Grundzüge einer philosophischen Hermeneutik. In: Gadamer, Hans-Georg: Gesammelte Werke. Tübingen: J.C.B. Morh (Paul Siebeck), Bd. 1.

Galle, Roland (1979): Die Replik des deutschen Idealismus auf die Aporie der Voltaireschen Tragödien. In: Brockmeier, Peter; Desné, Roland; Voss, Jürgen (Hg.): Voltaire und Deutschland. Stuttgart: J.B. Metzler, S. 439–453.

Gasché, Rodolphe (1994): Überlegungen zum Begriff der Hypotypose bei Kant. In: Hart Nibbrig, Christiaan L. (Hg.): Was heißt „Darstellen"? Frankfurt am Main: Suhrkamp, S. 152–174.

Geisenhanslüke, Achim (2002): „Drum sind auch alle französischen Trauerspiele Parodien von sich selbst". Racine und die Rezeption der klassischen französischen Tragödie bei Schiller und Goethe. In: Komparatistik. Jahrbuch der Deutschen Gesellschaft für Allgemeine und Vergleichende Literaturwissenschaft, Jg. 2002/2003, S. 9–32.

Geisenhanslüke, Achim (2006): Masken des Selbst. Aufrichtigkeit und Verstellung in der europäischen Literatur. Darmstadt: Wissenschaftliche Buchgesellschaft.

Genette, Gérard (1968): Vraisemblable et motivation. In: Communications, Jg. 11, H. 1, S. 5–21.

Genette, Gérard (1987): Seuils. Paris: Éditions du Seuil.

Geulen, Eva (2009): Schillernde Eide – Bindende Flüche. Die Verschwörung des Verrina zu Genua. In: Friedrich, Peter; Schneider, Manfred (Hg.): Fatale Sprachen. Eid und Fluch in Literatur- und Rechtsgeschichte. München: Wilhelm Fink, S. 253–270.

Goebel, Eckart (2006): Charis und Charisma. Grazie und Gewalt von Winckelmann bis Heidegger. Berlin: Kulturverlag Kadmos.

Goldmann, Lucien (1959): Le Dieu caché. Étude sur la vision tragique dans les Pensées de Pascal et dans le théâtre de Racine. Paris: Gallimard (Bibliothèque des idées).

Goodkin, Richard E. (2000): Birth Marks. The Tragedy of Primogeniture in Pierre Corneillle, Thomas Corneille and Jean Racine. Philadelphia: University of Pennsylvania Press.

Graczyk, Annette (2004): Das literarische Tableau zwischen Kunst und Wissenschaft. München, Paderborn: Wilhelm Fink.

Graevenitz, Gerhart von (1989): Mythologie des Festes – Bilder des Todes. Bildformen der Französischen Revolution und ihre literarische Umsetzung (Gustave Flaubert und Gottfried Keller). In: Haug, Walter; Warning, Rainer (Hg.): Das Fest. München: Wilhelm Fink, S. 526–559.

Graf, Ruedi (1992): Das Theater im Literaturstaat. Literarisches Theater auf dem Weg zur Bildungsmacht. Tübingen: Max Niemeyer Verlag.

Greiner, Bernhard (2005): Negative Ästhetik: Schillers Tragisierung der Kunst und Romantisierung der Tragödie („Maria Stuart" und „Die Jungfrau von Orleans"). In: Text + Kritik. Sonderband, S. 53–70.

Greiner, Bernhard (2009): Tragödie als Negativ des ‚ästhetischen Zustands'. Schillers Tragödienentwurf jenseits des ‚Pathetischerhabenen' in „Maria Stuart". In: Luserke-Jaqui, Matthias (Hg.): Friedrich Schiller. Dramen. Darmstadt: Wissenschaftliche Buchgesellschaft (Neue Wege der Forschung), S. 135–156.

Greis, Jutta (1990): Poetische Bilanz eines dramatischen Jahrhunderts: Schillers „Wallenstein". In: Zeitschrift für deutsche Philologie, Jg. 109, Sonderheft, S. 117–133.

Greis, Jutta (1991): Drama Liebe. Zur Entstehungsgeschichte der modernen Liebe im Drama des 18. Jahrhunderts. Stuttgart: J.B. Metzler.

Grimm, Jacob; Grimm, Wilhelm (Hg.) (1854ff.): Deutsches Wörterbuch. Leipzig: S. Hirzel.

Gros de Gasquet, Julia (2006): En disant l'alexandrin. L'acteur tragique et son art. XVIIᵉ–XXᵉ siècle. Paris: Champion.

Gumbel, Hermann (1932/33): Die realistische Wendung des späten Schiller. In: Jahrbuch des freien deutschen Hochstifts, S. 131–162.

Guthke, Karl S. (1998): Maria Stuart. In: Koopmann, Helmut (Hg.): Schiller-Handbuch. Stuttgart: Kröner, S. 415–441.

Guyot, Sylvaine; Thouret, Clotilde (2009): Des émotions en chaîne : représentation théâtrale et circulation publique des affects au XVIIe siècle. In: Littératures classiques, Jg. 68, S. 225–241.

Haas, Claude (2007): Indianer weinen (nicht). Zu Poetik und Dramaturgie der Träne bei Corneille, Schiller und Racine. In: Krings, Marcel; Luckscheiter, Roman (Hg.): Deutsch-französische Literaturbeziehungen. Stationen und Aspekte dichterischer Nachbarschaft vom Mittelalter bis zur Gegenwart. Mit einem Geleitwort von Bernhard Böschenstein. Würzburg: Königshausen & Neumann, S. 131–145.

Haas, Claude (2010): „Nur wer euch ähnlich ist, versteht und fühlt." Überlegungen zur Repräsentation von Heroismus und Souveränität. In: Calhoon, Kenneth S.; Geulen, Eva; Haas, Claude; Reschke, Nils (Hg.): „Es trübt mein Auge sich in Glück und Licht". Über den Blick in der Literatur. Berlin: Erich Schmidt Verlag, S. 49–69.

Habermas, Jürgen (1990): Strukturwandel der Öffentlichkeit. Untersuchungen zu einer Kategorie der bürgerlichen Gesellschaft. Mit einem Vorwort zur Neuauflage 1990. Frankfurt am Main: Suhrkamp.

Haller, Miriam (2002): Das Fest der Zeichen. Schreibweisen des Fests im modernen Drama. Köln, Weimar, Wien: Böhlau.

Harries, Karsten (1994): Laubwerk auf Tapeten. In: Gawoll, Hans-Jürgen; Jamme, Christoph (Hg.): Idealismus mit Folgen. Die Epochenschwelle um 1800 in Kunst und Geisteswissenschaften. Festschrift zum 65. Geburtstag von Otto Pöggeler. München: Wilhelm Fink, S. 87–96.

Haß, Ulrike (2005): Das Drama des Sehens. Auge, Blick und Bühnenform. München: Wilhelm Fink.

Haverkamp, Anselm (2007): Metapher. Die Ästhetik in der Rhetorik. Bilanz eines exemplarischen Begriffs. München, Paderborn: Wilhelm Fink.

Hebekus, Uwe (2009): Ästhetische Ermächtigung. Zum politischen Ort der Literatur im Zeitraum der klassischen Moderne. München, Paderborn: Wilhelm Fink.

Heckmann, Hannelore (1986): Theaterkritik als Unterhaltung: Die Vorreden und Vorspiele der Neuberin. In: Lessing Yearbook, Jg. 18, S. 111–127.

Heeg, Günther (2000): Das Phantasma der natürlichen Gestalt. Körper, Sprache und Bild im Theater des 18. Jahrhunderts. Frankfurt am Main: Stroemfeld.

Heeg, Günther (2004): Unheimlich edel. Skulptur, (Sprach)Musik und Tableau im Theater des Klassizismus um 1800. In: Heeg, Günther; Mungen, Anno (Hg.): Stillstand und Bewegung. Intermediale Studien zur Theatralität von Text, Bild und Musik. München: ePodium, S. 129–143.

Hénin, Emmanuelle (2003): Ut pictura theatrum. Théâtre et peinture de la Renaissance italienne au classicisme français. Genf: Droz.

Hénin, Emmanuelle (2004a): La scène encadrée: Une scène-tableau? In: Haquette, Jean-Louis; Hénin, Emmanuelle (Hg.): La scène comme tableau. Poitiers, Rennes: La Licorne. Presses universitaires de Rennes, S. 23–52.

Hénin, Emmanuelle (2004b): Le théâtre ou la redondance du signe. In: Littératures classiques, Jg. 50, S. 63–84.

Henrich, Dieter (1957): Der Begriff der Schönheit in Schillers Ästhetik. In: Zeitschrift für philosophische Forschung, Jg. 11, S. 527–547.

Herrmann, Hans-Christian von (2005): Das Archiv der Bühne. Eine Archäologie des Theaters und seiner Wissenschaft. München, Paderborn: Wilhelm Fink.

Hertz, Neil (2001): Das Ende des Weges. Die Psychoanalyse und das Erhabene. Frankfurt am Main: Suhrkamp.

Hogrebe, Wolfram (1984): Fichte und Schiller. Eine Skizze. In: Bolten, Jürgen (Hg.): Schillers Briefe über die ästhetische Erziehung. Frankfurt am Main: Suhrkamp, S. 276–289.

Hohendahl, Peter Uwe; Bermann, Russel A.; Kenkel, Karen J.; Strum, Arthur (2002): Öffentlichkeit/Publikum. In: Barck, Karl Heinz; Fontius, Martin; Schlenstedt, Dieter; Steinwachs, Burkhart; Wolfzettel, Friedrich (Hg.): Ästhetische Grundbegriffe. Stuttgart, Weimar: J.B. Metzler, Bd. 4, S. 583–637.

Houben, Heinrich Hubert (1965): Verbotene Literatur von der klassischen Zeit bis zur Gegenwart. Ein kritisch-historisches Lexikon über verbotene Bücher, Zeitschriften und Theaterstücke, Schriftsteller und Verleger. Reprografischer Nachdruck der Ausgabe Berlin 1924. 2 Bände. Hildesheim: Olms.

Höyng, Peter (2003): Die Sterne, die Zensur und das Vaterland. Geschichte und Theater im späten 18. Jahrhundert. Köln, Weimar, Wien: Böhlau.

Hunt, Lynn (1992): The Family Romance of the French Revolution. London: Routledge.

Hunt, Lynn (1993): Pornography and the French Revolution. In: Hunt, Lynn (Hg.): The invention of pornography. Obscenity and the origins of modernity. 1500–1800. New York: Zone Books, S. 301–339.

Immer, Nikolas (2008): Der inszenierte Held. Schillers dramenpoetische Anthropologie. Heidelberg: Winter.

Jacob, Joachim (2005): „Versinnlichung". Das Symbol als Darstellung des Schönen und die Materialität der Literatur. In: Berndt, Frauke; Brecht, Christoph (Hg.): Aktualität des Symbols. Freiburg im Breisgau: Rombach, S. 161–184.

Jakobson, Roman (1983): Der Doppelcharakter der Sprache und die Polarität zwischen Metapher und Metonymik (1956). In: Haverkamp, Anselm (Hg.): Theorie der Metapher. Darmstadt: Wissenschaftliche Buchgesellschaft, S. 163–174.

Jehle, Peter (1986): Zur Herausbildung des Staatstheaters in Frankreich. In: Bosch, Herbert [et al.] (Hg.): Der innere Staat des Bürgertums. Studien zur Entstehung bürgerlicher Hegemonie-Apparate im 17. und 18. Jahrhundert. Berlin: Argument-Verlag, S. 7–40.

Kablitz, Andreas (2000): Corneilles Theatrum Gloriae. Paradoxien der Ehre und tragische Kasuistik („„Le Cid" – „Horace" – „Cinna"). In: Küpper, Joachim; Wolfzettel, Friedrich (Hg.): Diskurse des Barock. Dezentrierte oder rezentrierte Welt? München: Wilhelm Fink, S. 491–552.

Kantorowicz, Ernst (1990): Die zwei Körper des Königs. Eine Studie zur politischen Theologie des Mittelalters. München: Deutscher Taschenbuch Verlag.

Kern, Andrea (2000): Schöne Lust. Eine Theorie der ästhetischen Erfahrung nach Kant. Frankfurt am Main: Suhrkamp.

Kirchner, Thomas (1991): L'expression des passions. Ausdruck als Darstellungsproblem in der französischen Kunst und Kunsttheorie des 17. und 18. Jahrhunderts. Mainz: Philipp von Zabern.

Kluckhohn, Paul (1966): Die Auffassung der Liebe in der Literatur des 18. Jahrhunderts und in der deutschen Romantik. 3., unveränderte Auflage. Tübingen: Max Niemeyer Verlag.

Kolesch, Doris (2006): Theater der Emotionen. Ästhetik und Politik zur Zeit Ludwigs XIV. Frankfurt am Main, New York: Campus-Verlag.

Kommerell, Max (1957): Lessing und Aristoteles. Untersuchung über die Theorie der Tragödie. 2. unveränderte Auflage. Frankfurt am Main: Vittorio Klosermann.

Koopmann, Helmut (1989): Freiheitssonne und Revolutionsgewitter. Reflexe der Französischen Revolution im literarischen Deutschland zwischen 1789 und 1840. Tübingen: Max Niemeyer Verlag.

Koschorke, Albrecht (1999): Körperströme und Schriftverkehr. Mediologie des 18. Jahrhunderts. München: Wilhelm Fink.

Koschorke, Albrecht (2006): Schillers „Jungfrau von Orleans" und die Geschlechterpolitik der Französischen Revolution. In: Hinderer, Walter (Hg.): Friedrich Schiller und der Weg in die Moderne. Würzburg: Königshausen & Neumann, S. 243–259.

Koschorke, Albrecht; Lüdemann, Susanne; Frank, Thomas; Matala de Mazza, Ethel (2007): Der fiktive Staat. Konstruktionen des politischen Körpers in der Geschichte Europas. Frankfurt am Main: Fischer.

Koselleck, Reinhart (1972ff.): Einleitung. In: Brunner, Otto; Conze, Werner; Koselleck, Reinhart (Hg.): Geschichtliche Grundbegriffe. Historisches Lexikon zur politisch-sozialen Sprache in Deutschland. Stuttgart: Ernst Klett, Bd. 1, S. XIII–XXVII.

Koselleck, Reinhart (1973): Kritik und Krise. Eine Studie zur Pathogenese der bürgerlichen Welt. Frankfurt am Main: Suhrkamp.

Kost, Jürgen (2004): Wilhelm von Humboldt. Weimarer Klassik. Bürgerliches Bewusstsein. Kulturelle Entwürfe in Deutschland um 1800. Würzburg: Königshausen & Neumann.

Kotte, Eugen (1998): Drama und Geschichte. Die Genese der ‚Wallenstein'-Trilogie und ihre Auswirkung auf die Gestaltung der Hauptfigur. In: Convivum, S. 103–141.

Krebs, Roland (1985): L'idée de „Théâtre National" dans l'Allemagne des Lumières. Théorie et réalisations. Wiesbaden: Otto Harrassowitz.

Kronauer, Ulrich (1978): Rousseaus Kulturkritik und die Aufgabe der Kunst. Zwei Studien zur deutschen Kunsttheorie des 18. Jahrhunderts. Heidelberg: Groos.

Lämmert, Eberhard (2006): Schillers ‚Demetrius' und die Grenzen der poetischen Gerechtigkeit. In: Hinderer, Walter (Hg.): Friedrich Schiller und der Weg in die Moderne. Würzburg: Königshausen & Neumann, S. 17–32.

Lange, Sigrid (1993): Die Utopie des Weiblichen im Drama Goethes, Schillers und Kleists. Frankfurt am Main [et al.]: Lang.

Laudin, Gérard (2004): Le droit ou la force. L'instrumentalisation du droit, de la recherche du bien général, de la volonté du peuple et de l'opinion publique dans „Marie Stuart". In: Revue germanique internationale, Jg. 22, S. 71–85.

Lausberg, Heinrich (1973): Handbuch der literarischen Rhetorik. Eine Grundlegung der Literaturwissenschaft. 2. durch einen Nachtrag vermehrte Auflage. München: Max Hueber Verlag.

Lefort, Claude (1986): Permanence du théologico-politique? In: Ders.: Essais sur le politique XIXe–XXe siècles. Paris: Édition du Seuil, S. 251–300.

Lehmann, Johannes Friedrich (2000): Der Blick durch die Wand. Zur Geschichte des Theaterzuschauers und des Visuellen bei Diderot und Lessing. Freiburg im Breisgau: Rombach.

Lehmann, Johannes Friedrich (2003): Der Zuschauer als Paradigma der Moderne. Überlegungen zum Theater als Medium der Beobachtung. In: Balme, Christopher; Fischer-Lichte, Erika; Grätzel, Stephan (Hg.): Theater als Paradigma der Moderne? Positionen zwischen historischer Avantgarde und Medienzeitalter. Tübingen, Basel: Francke, S. 155–166.

Lehmann, Hans-Thies (2004): Rhythmus und Tableau. Überlegungen zum Theater Racines. In: Heeg, Günther; Mungen, Anno (Hg.): Stillstand und Bewegung. Intermediale Studien zur Theatralität von Text, Bild und Musik. München: ePodium, S. 39–61.

Lehmann, Hans-Thies (2005): Postdramatisches Theater. 3. veränderte Aufl. Frankfurt am Main: Verlag der Autoren.

Leiteritz, Christiane (1994): Revolution als Schauspiel. Beiträge zur Geschichte einer Metapher innerhalb der europäisch-amerikanischen Literatur des 19. und 20. Jahrhunderts. Berlin, New York: de Gruyter.

Lepenies, Wolf (1969): Melancholie und Gesellschaft. Frankfurt am Main: Suhrkamp.

Lerch, Eugen (1953): Lessing, Goethe, Schiller und die Französische Klassik. Mainz: Florian Kupferberg.

Liesegang, Torsten (2004): Öffentlichkeit und öffentliche Meinung. Theorien von Kant bis Marx (1780–1850). Würzburg: Königshausen & Neumann.

Louvat-Molozay, Bénédicte (2008): L'émergence de l'instance spectatrice. In: Louvat-Molozay, Bénédicte; Salaün, Franck (Hg.): Le spectateur de théâtre à l'âge classique. XVIIᵉ & XVIIIᵉ siècles. Montpellier: l'Entretemps (Champ théâtral), S. 24–27.

Lüdemann, Susanne: Beautiful soul – beautiful state? On charis and charisma in Schiller's Demetrius. Unveröffentlichtes Manuskript.

Lüdemann, Susanne (2004): Metaphern der Gesellschaft. Studien zum soziologischen und politischen Imaginären. München: Wilhelm Fink.

Luhmann, Niklas (1982): Liebe als Passion. Zur Codierung von Intimität. Frankfurt am Main: Suhrkamp.

Luhmann, Niklas (1980): Interaktion in Oberschichten. Zur Transformation ihrer Semantik im 17. und 18. Jahrhundert. In: Ders.: Gesellschaftsstruktur und Semantik. Frankfurt am Main: Suhrkamp (Gesellschaftsstruktur und Semantik, 1), S. 72–161.

Luhmann, Niklas (1984): Soziale Systeme. Grundriß einer allgemeinen Theorie. Frankfurt am Main: Suhrkamp.

Lyons, John D. (1999): Kingdom of disorder. The theory of tragedy in Classical France. West Lafayette: Purdue University Press.

Lyotard, Jean François (1991): Leçons sur l'Analytique du sublime. (Kant, *Critique de la faculté de juger*, §§ 23–29). Paris: Galilée.

Mackervoy, Susan Denise (1989): Schiller and french classical tragedy. A comparative study. Unveröffentlichtes Manuskript, 15.09.1989, Cambridge.

Mannheim, Karl (1984): Konservatismus. Ein Beitrag zur Soziologie des Wissens. Kettler, David; Meja, Volker; Stehr, Nico (Hg.). Frankfurt am Main: Suhrkamp.

Marin, Louis (1975): La critique du discours. Sur la „Logique de Port-Royal" et les „Pensées" de Pascal. Paris: Éditions de Minuit.

Marin, Louis (1988): Pour une théorie baroque de l'action politique. In: Naudé, Gabriel: Considérations politiques sur les coups d'Etat. Paris: Editions de Paris, S. 5–65.

Marin, Louis (1997): La critique de la représentation théâtrale classique à Port-Royal. Commentaires sur ‚Le traité de la comédie' de Nicole. In: Ders.: Pascal et Port-Royal. Herausgegeben von Alain Cantillon. Paris: Presses Universitaires de France, S. 240–264.

Marin, Louis (2005): Das Portrait des Königs. Aus dem Französischen von Heinz Jatho. Berlin: Diaphanes.

Marquard, Odo (1962): Kant und die Wende zur Ästhetik. In: Zeitschrift für philosophische Forschung, Jg. 16, S. 231–243, 363–374.

Martini, Fritz (1979): Demetrius. In: Hinderer, Walter (Hg.): Schillers Dramen. Neue Interpretationen. Stuttgart: Reclam, S. 316–347.

Marwyck, Mareen van (2010): Gewalt und Anmut. Weiblicher Heroismus in der Literatur und Ästhetik um 1800. Bielefeld: transcript.

Maskell, David (1991): Racine. A Theatrical Reading. Oxford: Clarendon Press.

Matala de Mazza, Ethel (1999): Der verfaßte Körper. Zum Projekt einer organischen Gemeinschaft in der politischen Romantik. Freiburg im Breisgau: Rombach.

Matala de Mazza, Ethel (2006): Herz oder Finsternis. Moderne Barbaren in Edmund Burkes ‚Reflections on the Revolution in France'. In: Bay, Hansjörg; Merten, Kai (Hg.): Die Ordnung der Kulturen. Zur Konstruktion ethnischer, nationaler und zivilisatorischer Differenzen 1750–1850. Würzburg: Königshausen & Neumann, S. 195–215.

Matuschek, Stefan (2009): Kommentar. In: Schiller, Friedrich: Über die ästhetische Erziehung des Menschen in einer Reihe von Briefen. Herausgegeben von Stefan Matuschek. Frankfurt am Main: Suhrkamp, S. 127–281.

Matt, Peter von (2006): Die Intrige. Theorie und Praxis der Hinterlist. München: Carl Hanser.

Matzat, Wolfgang (1982): Dramenstruktur und Zuschauerrolle. Theater in der französischen Klassik. München: Wilhelm Fink.

Meier, Albert (1993): Dramaturgie der Bewunderung. Untersuchungen zur politisch-klassizistischen Tragödie des 18. Jahrhunderts. Frankfurt am Main: Klostermann.

Meier, Albert (2009): Des Zuschauers Seele am Zügel. Die ästhetische Vermittlung des Republikanismus in Schillers „Die Verschwörung des Fiesko zu Genua". In: Luserke-Jaqui, Matthias (Hg.): Friedrich Schiller. Dramen. Darmstadt: Wissenschaftliche Buchgesellschaft (Neue Wege der Forschung), S. 35–55.

Mein, Georg (2000): Die Konzeption des Schönen. Der ästhetische Diskurs zwischen Aufklärung und Romantik: Kant – Moritz – Hölderlin – Schiller. Bielefeld: Aisthesis Verlag.

Melvin, Peter H. (1975): Burke on Theatricality and Revolution. In: Journal of the History of Ideas, Jg. 36, H. 3, S. 447–468.

Menke, Bettine (2007): Wozu Schiller den Chor gebraucht… In: Dies.; Menke, Christoph (Hg.): Tragödie – Trauerspiel – Spektakel. Berlin: Theater der Zeit (Recherchen, 38), S. 72–100.

Menke, Christoph (1998): Heros ex machina: Souveränität, Repräsentation und Botho Strauß' ‚Ithaka'. In: Bolz, Norbert; van Reijen, Willem (Hg.): Heilsversprechen. München: Wilhelm Fink, S. 71–86.

Menke, Christoph (2003): Subjektivität. In: Barck, Karl Heinz; Fontius, Martin; Schlenstedt, Dieter; Steinwachs, Burkhart; Wolfzettel, Friedrich (Hg.): Ästhetische Grundbegriffe. Stuttgart, Weimar: J.B. Metzler, Bd. 5, S. 734–786.

Menke, Christoph (2006a): Die Depotenzierung des Souveräns im Gesang. Claudio Monteverdis „Die Krönung der Poppea" und die Demokratie. In: Horn, Eva; Menke, Bettine; Menke, Christoph (Hg.): Literatur als Philosophie – Philosophie als Literatur. München: Wilhelm Fink, S. 281–296.

Menke, Christoph (2006b): Vom Schicksal ästhetischer Erziehung. Rancière, Posa und die Polizei. In: Ensslin, Felix (Hg.): Spieltrieb. Was bringt die Klassik auf die Bühne? Schillers Ästhetik heute. Berlin: Theater der Zeit, S. 58–70.

Menninghaus, Winfried (1994): ‚Darstellung'. Friedrich Gottlieb Klopstocks Eröffnung eines neuen Paradigmas. In: Hart Nibbrig, Christiaan L. (Hg.): Was heißt „Darstellen"? Frankfurt am Main: Suhrkamp, S. 205–226.

Menninghaus, Winfried (1995): Lob des Unsinns. Über Kant, Tieck und Blaubart. Frankfurt am Main: Suhrkamp.

Merlin, Hélène (1993): L'épistémè classique ou l'épineuse question de la représentation. In: Littératures classiques, H. 19 der Gesamtfolge, S. 187–198.

Merlin, Hélène (1994): „Public" et littérature en France au XVIIᵉ siècle. Paris: Les Belles Lettres.

Merlin-Kajman, Hélène (2000): L'absolutisme dans les lettres et la théorie des deux corps. Passions et politique. Paris: Honoré Champion (Lumière classique).

Mettler, Heinrich (1977): Entfremdung und Revolution: Brennpunkt des Klassischen. Studien zu Schillers Briefen „Über die ästhetische Erziehung des Menschen" im Hinblick auf die Begegnung mit Goethe. Bern, München: Francke.

Meyer, Herman (1959): Schillers philosophische Rhetorik. In: Euphorion, Jg. 53, S. 313–350.

Michelsen, Peter (1979): Der Bruch mit der Vater-Welt. Studien zu Schillers „Räubern". Heidelberg: Winter.

Miernowski, Jan (2003): Le plaisir tragique de la haine. Rodogune de Corneille. In: Revue d'histoire littéraire de la France, Jg. 103, S. 789–821.

Minder, Robert (1961): Schiller, Schwaben, Frankreich und die Herrlichkeit der Väter. In: Zeller, Bernhard (Hg.): Schiller. Reden im Gedenkjahr 1959. Stuttgart: Ernst Klett, S. 170–200.

Mücke, Dorothea E. von (1991): Virtue and the veil of illusion. Generic innovation and the pedagogical project in eighteenth-century literature. Stanford: Stanford University Press.

Muehleck-Müller, Cathleen (1989): Schönheit und Freiheit. Die Vollendung der Moderne in der Kunst. Schiller – Kant. Würzburg: Königshausen & Neumann.

Mülder-Bach, Inka (1998): Im Zeichen Pygmalions. Das Modell der Statue und die Entdeckung der „Darstellung" im 18. Jahrhundert. München: Wilhelm Fink.

Müller-Seidel, Walter (2009): Friedrich Schiller und die Politik. „nicht das Große, nur das Menschliche geschehe". München: C.H. Beck.

Münz, Rudolf (1998): Theater und Theatralität der Französischen Revolution. In: Münz, Rudolf: Theatralität und Theater. Zur Historiographie von Theatralitätsgefügen. Mit einem einführenden Beitrag von Gerda Baumbach. Herausgegeben von Gisbert Amm. Berlin: Schwarzkopf & Schwarzkopf, S. 154–195.

Nebrig, Alexander (2007): Rhetorizität des hohen Stils. Der deutsche Racine in französischer Tradition und romantischer Modernisierung. Göttingen: Wallstein.

Neumann, Gerhard (2000): Einleitung. In: Neumann, Gerhard; Pross, Caroline; Wildgruber, Gerald (Hg.): Szenographien. Theatralität als Kategorie der Literaturwissenschaft. Freiburg im Breisgau: Rombach, S. 11–32.

Neuschäfer, Hans-Jörg (1971): D'Aubignacs „Pratique du théâtre" und der Zusammenhang von „imitatio", „vraisemblance" und „bienséance". In: Aubignac, François-Hédelin d': La pratique du théâtre. und andere Schriften zur ‚Doctrine classique'. Nachdruck der dreibändigen Ausgabe Amsterdam 1751 mit einer einleitenden Abhandlung von Hans-Jörg Neuschäfer. Herausgegeben von Hans-Jörg Neuschäfer. Genf: Slatkine Reprints, S. VII–XXVII.

Niefanger, Dirk (2006): Geschichte als Metadrama. Theatralität in Friedrich Schillers „Maria Stuart" und seiner Bearbeitung von Goethes „Egmont". In: Hinderer, Walter (Hg.): Friedrich Schiller und der Weg in die Moderne. Würzburg: Königshausen & Neumann, S. 305–323.

Ockenden, Raymond C. (1989/1990): „Wilhelm Tell" as political drama. In: Oxford German Studies, Jg. 18/19, S. 23–44.

Oellers, Norbert (2005a): Schiller. Elend der Geschichte, Glanz der Kunst. Mit 38 Abbildungen. Stuttgart: Reclam.

Oellers, Norbert (2005b): Wallenstein. In: Luserke-Jaqui, Matthias (Hg.): Schiller-Handbuch. Leben – Werk – Wirkung. Stuttgart: Metzler, S. 113–153.

Orlich, Wolfgang (1984): „Realismus der Illusion – Illusion des Realismus". Bemerkungen zur Theaterpraxis und Dramentheorie in der Mitte des 18. Jahrhunderts. In: Romanistische Zeitschrift für Literaturgeschichte, Jg. 8, S. 431–447.

Oschmann, Dirk (2007): Bewegliche Dichtung: Sprachtheorie und Poetik bei Lessing, Schiller und Kleist. München, Paderborn: Wilhelm Fink.

Osels, Irmgard (03.04.1986): Zur Funktion der Tragödie in der französischen und der deutschen Klassik. Eine Betrachtung über die klassische Tragödie bei Jean Racine und Friedrich Schiller. Berlin.

Ott, Karl August (1964): Die Rede als dramatische Handlung. Racines „Phèdre" in der Übersetzung Schillers. In: Müller-Seidel, Walter; Preisendanz, Wolfgang (Hg.): Formenwandel. Festschrift zum 65. Geburtstag von Paul Böckmann. Hamburg: Hoffmann und Campe, S. 319–350.

Ozouf, Mona (1976): La fête révolutionnaire. 1789–1799. Paris: Gallimard.

Pasquier, Pierre (1995): La mimésis dans l'esthétique théâtrale du XVIIe siècle. Histoire d'une réflexion. Paris: Klincksieck (Théâtre et critique à l'âge classique).

Paulson, Ronald (1983): Burke, Paine and Wollstonecraft: The Sublime and the Beautiful. In: Ders.: Representations of Revolution (1789–1820). New Haven, S. 57–87.

Pavel, Thomas (1996): L'art de l'éloignement. Essai sur l'imagination classique. Paris: Gallimard.

Petersen, Susanne (1987): Marktweiber und Amazonen. Frauen in der Französischen Revolution. Dokumente, Kommentare, Bilder. Köln: Pahl-Rugenstein.

Pille, René-Marc (2005): La force des choses. Schillers „Wallenstein" als Tragödie der politischen Vergeblichkeit. In: Euphorion, Jg. 99, S. 153–188.

Pleschka, Alexander (2010): Penetrierende Blicke: Marie-Antoinette und Schillers ‚Maria Stuart'. In: Calhoon, Kenneth S.; Geulen, Eva; Haas, Claude; Reschke, Nils (Hg.): „Es trübt mein Auge sich in Glück und Licht". Über den Blick in der Literatur. Berlin: Erich Schmidt Verlag, S. 117–130.

Plessner, Helmuth (1953): Zur Anthropologie des Schauspielers. In: Ders.: Zwischen Philosophie und Gesellschaft. Ausgewählte Abhandlungen und Vorträge. Bern: A. Francke, S. 180–192.

Port, Ulrich (2002): „Künste des Affekts". Die Aporien des Pathetischerhabenen und die Bildrhetorik in Schillers „Maria Stuart". In: Jahrbuch der Deutschen Schillergesellschaft, Jg. 46, S. 134–159.

Port, Ulrich (2005): Pathosformeln. Die Tragödie und die Geschichte exaltierter Affekte (1755–1888). München: Wilhelm Fink.

Prader, Florian (1954): Schiller und Sophokles. Zürich: Atlantis.

Prigent, Michel (1986): Le Héros et l'Etat dans la tragédie de Pierre Corneille. Paris: Presses Universitaires de France.

Primavesi, Patrick (2008): Das andere Fest. Theater und Öffentlichkeit um 1800. Frankfurt am Main: Campus.

Rancière, Jacques (2004): Malaise dans l'esthétique. Paris: Galilée.

Rancière, Jacques (2005): Politik der Bilder. Berlin: Diaphanes.

Ranke, Wolfgang (1992): Kommentare zu Friedrich Schiller. In: Turk, Horst (Hg.): Theater und Drama. Theoretische Konzepte von Corneille bis Dürrenmatt. Tübingen: Narr, S. 232–242.

Rebentisch, Juliane (2003): Ästhetik der Installation. Frankfurt am Main: Suhrkamp.

Rebentisch, Juliane (2006): Demokratie und Theater. In: Ensslin, Felix (Hg.): Spieltrieb. Was bringt die Klassik auf die Bühne? Schillers Ästhetik heute. Berlin: Theater der Zeit, S. 71–81.

Recki, Birgit (2008): Die Dialektik der ästhetischen Urteilskraft und die Methodenlehre des Geschmacks (§§ 55–60). In: Höffe, Otfried (Hg.): Immanuel Kant: Kritik der Urteilskraft. Berlin: Akademie Verlag (Klassiker Auslegen, 33), S. 189–210.

Rehm, Walther (1951): Römisch-französischer Barockheroismus und seine Umgestaltung in Deutschland. In: Ders.: Götterstille und Göttertrauer. Aufsätze zur deutsch-antiken Begegnung. Bern: A. Francke, S. 11–61.

Reschke, Nils (2006): „Zeit der Umwendung". Lektüren der Revolution in Goethes Roman „Die Wahlverwandtschaften". Freiburg im Breisgau: Rombach.

Riedel, Wolfgang (1985): Die Anthropologie des jungen Schiller. Zur Ideengeschichte der medizinischen Schriften und der „Philosophischen Briefe". Würzburg: Königshausen und Neumann.

Robert, Jörg (2007a): *Schein und Erscheinung*: Kant-Revision und Semiotik des Schönen in Schillers Kallias-Briefen. In: Bollenbeck, Georg; Ehrlich, Lothar (Hg.): Friedrich Schiller – der unterschätzte Theoretiker. Köln, Weimar, Wien: Böhlau, S. 159–175.

Robert, Jörg (2007b): Selbstbetrug und Selbstbewusstsein. „Demetrius" oder das Spiel der Identitäten. In: Robert, Jörg (Hg.): Würzburger Schiller-Vorträge 2005. Würzburg: Königshausen & Neumann, S. 113–141.

Rothe, Matthias (2005): Lesen und Zuschauen im 18. Jahrhundert. Die Erzeugung und Aufhebung von Abwesenheit. Würzburg: Königshausen & Neumann.

Roßbach, Nikola (2005): Die Verschwörung des Fiesko zu Genua. Ein republikanisches Trauerspiel (1783). In: Luserke-Jaqui, Matthias (Hg.): Schiller-Handbuch. Leben – Werk – Wirkung. Stuttgart, Weimar: J.B. Metzler, S. 53–65.

Samet, Elizabeth D. (2003): Spectacular History and the Politics of Theater: Sympathetic Arts in the Shadow of the Bastille. In: Publications of the Modern Language Association of America, Jg. 118, H. 5, S. 1305–1319.

Saße, Günter (1996): Die Ordnung der Gefühle. Das Drama der Liebesheirat im 18. Jahrhundert. Darmstadt: Wissenschatliche Buchgesellschaft.

Sautermeister, Gert (1992): Maria Stuart. In: Hinderer, Walter (Hg.): Schillers Dramen. Stuttgart: Reclam, S. 280–335.

Scherer, Jacques (1950): La Dramaturgie classique en France. Paris: Nizet.

Schings, Hans-Jürgen (1980): Der mitleidigste Mensch ist der beste Mensch. Poetik des Mitleids von Lessing bis Büchner. München: Beck.

Schings, Hans-Jürgen (1980/1981): Philosophie der Liebe und Tragödie des Universalhasses. „Die Räuber" im Kontext von Schillers Jugendphilosophie. In: Jahrbuch des Wiener Goethe-Vereins, Jg. 84/85, S. 71–95.

Schings, Hans-Jürgen (1990): Das Haupt der Gorgone. Tragische Analysis und Politik in Schillers „Wallenstein". In: Buhr, Gerhard; Kaiser, Gerhard (Hg.): Das Subjekt der Dichtung. Festschrift für Gerhard Kaiser. Würzburg: Königshausen & Neumann, S. 283–307.

Schlenther, Paul (1881): Ein Straßburger Vorspiel der Neuberin. In: Archiv für Litteraturgeschichte, Jg. X, H. 4, S. 450–576.

Schmidt, Benjamin Marius (2001): Denker ohne Gott und Vater. Schiller, Schlegel und der Entwurf von Modernität in den 1790ern. Stuttgart, Weimar: J.B. Metzler.

Schmidt, Jochen (2004): Die Geschichte des Genie-Gedankens in der deutschen Literatur, Philosophie und Politik. Von der Aufklärung bis zum Idealismus. 3., verb. Aufl. Heidelberg: Winter.

Schmitt, Carl (1922): Politische Theologie. Vier Kapitel zur Lehre von der Souveränität. München, Leipzig: Duncker & Humblot.

Schmitt, Carl (1928): Verfassungslehre. München, Leipzig: Duncker & Humblot.

Schmitt, Carl (1956): Hamlet oder Hekuba. Der Einbruch der Zeit in das Spiel. Düsseldorf, Köln: Eugen Diederichs Verlag.

Schneider, Helmut J. (2003): Familiendramaturgie und Nationaltheateridee: Zur Publikumskonzeption in der deutschen und französischen Dramaturgie des 18. Jahrhunderts. In: Schmidt-Haberkamp, Barbara; Steiner, Uwe; Wehinger, Brunhilde (Hg.): Europäischer Kulturtransfer im 18. Jahrhundert. Literaturen in Europa – Europäische Literatur? Berlin: Berliner Wissenschafts-Verlag, S. 59–77.

Schneider, Helmut J. (2008): Humanity's Imaginary Body. The Concepts of Empathy and Sympathy and the New Theater Experience in the 18th Century. In: Deutsche Vierteljahrsschrift für Literaturwissenschaft und Geistesgeschichte, Jg. 82, H. 3, S. 382–399.

Schneider, Sabine M. (1998): Die schwierige Sprache des Schönen. Moritz' und Schillers Semiotik der Sinnlichkeit. Würzburg: Königshausen & Neumann.

Schramm, Helmar (1996): Karneval des Denkens. Theatralität im Spiegel philosophischer Texte des 16. und 17. Jahrhunderts. Berlin: Akademie Verlag.

Schramm, Helmar (2005): Theatralität. In: Barck, Karl Heinz; Fontius, Martin; Schlenstedt, Dieter; Steinwachs, Burkhart; Wolfzettel, Friedrich (Hg.): Ästhetische Grundbegriffe. Stuttgart, Weimar: J.B. Metzler, Bd. 6, S. 48–73.

Schröder, Volker (1999): La tragédie du sang d'Auguste. Politique et intertextualité dans „Britannicus". Tübingen: Gunter Narr.

Schulte-Sasse, Jochen (1972): Der Stellenwert des Briefwechsels in der Geschichte der deutschen Ästhetik. In: Lessing, Gotthold Ephraim; Mendelssohn, Moses; Nicolai, Friedrich: Briefwechsel über das Trauerspiel. Herausgegeben von Jochen Schulte-Sasse. München: Winkler Verlag, S. 168–232.

Schulz, Gerhild (2003): Rhetorik im Zeichen sprachlicher Transparenz: Racine – Lessing. Dresden: Thelem bei w.e.b. (Aufklärungsforschung, 3).

Schulze-Witzenrath, Elisabeth (1988): Die ‚klassische Dämpfung‘ der Rede in der Tragödie und im Roman des französischen 17. Jahrhunderts. In: Nolting-Hauff, Ilse; Schulze, Joachim (Hg.): Das fremde Wort. Studien zur Interdependenz von Texten. Festschrift für Karl Maurer zum 60. Geburtstag. Amsterdam: B. R. Grüner, S. 236–256.

Schweitzer, Christoph E. (1992): Wallensteins Verrat, ‚Egmont‘, ‚Phèdre‘ und die Pferde. In: Goethe Yearbook, Jg. 6, S. 193–205.

Seifert, Rita (2004): Die Huldigung der Künste im Grossherzogtum Sachsen-Weimar-Eisenach. Grossfürstin Miara Pawlowna und der Dichter Friedrich Schiller. Weimar: weimardruck.

Seiler, Bernd W. (2001): Fehlgehende Theorie und gelingende Praxis. Über den Wandel in Schillers Kunstanschauungen. In: Wirkendes Wort, Jg. 51, S. 325–342.

Sennett, Richard (1997): Fleisch und Stein. Der Körper und die Stadt in der westlichen Zivilisation. Frankfurt am Main: Suhrkamp.

Sergl, Anton (1998): Das Problem des Chors im deutschen Klassizismus. Schillers Verständnis der ‚Iphigenie auf Tauris‘ und seine ‚Braut von Messina‘. In: Jahrbuch der Deutschen Schillergesellschaft, Jg. 42, S. 165–194.

Sick, Franziska (1993): „Le Cid“ und „La Querelle du Cid“: Zur Entstehung eines neuen diskursiven Feldes im Absolutismus. In: Romanistische Zeitschrift für Literaturgeschichte, Jg. 17, H. 3,4, S. 246–263.

Siguret, Françoise (1987): ‚Le ciel avec horreur voit ce monstre sauvage‘: Genèse de textes et d’images. In: Papers in French Seventeenth-Century Literature, Jg. 14, S. 83–102.

Sørensen, Bengt Algot (1963): Symbol und Symbolismus in den ästhetischen Theorien des 18. Jahrhunderts und der deutschen Romantik. Kopenhagen: Munksgaard.

Spitzer, Leo (1931): Die klassische Dämpfung in Racines Stil. In: Ders.: Romanische Stil- und Literaturstudien. Marburg: N.G. Elwert’sche Verlagsbuchhandlung (G. Braun), Bd. 1, S. 135–268.

Sprengel, Peter (1991): Die inszenierte Nation. Deutsche Festspiele 1813–1913. Mit ausgewählten Texten. Tübingen: Francke.

Staiger, Emil (1967): Die Kunst der Interpretation. Studien zur deutschen Literaturgeschichte. 5., unveränd. Auflage. Zürich: Atlantis-Verlag.

Starobinski, Jean (1961): L’œil vivant. Essai (Corneille, Racine, Rousseau, Stendhal). Paris: Gallimard.

Starobinski, Jean (1971): Jean-Jacques Rousseau. La transparence et l’obstacle. Suivi de sept essais sur Rousseau. Paris: Gallimard.

Steinhagen, Harald (1990): Schillers „Wallenstein“ und die Französische Revolution. In: Zeitschrift für deutsche Philologie, Jg. 109, Sonderheft, S. 77–98.

Stellmacher, Wolfgang (1989): Zwischen Shakespeare und Racine. Schiller auf der Suche nach dem klassischen Drama. In: Streller, Siegfried (Hg.): Literatur zwischen Revolution und Restauration. Berlin: Aufbau, S. 70–90, 224–227.

Stenzel, Hartmut (1995): Die französische „Klassik“. Literarische Modernisierung und absolutistischer Staat. Darmstadt: Wissenschaftliche Buchgesellschaft.

Stephan, Inge (2004): „Da werden Weiber zu Hyänen…“ Amazonen und Amzonenmythen bei Schiller und Kleist. In: Dies. (Hg.): Inszenierte Weiblichkeit. Codierung der Geschlechter in der Literatur des 18. Jahrhunderts. Köln, Weimar, Wien: Böhlau, S. 113–132.

Stöckmann, Ingo (2003): Anthropologie und Zeichengemeinschaft: Schillers Grammont-Berichte. In: Steigerwald, Jörn; Watzke, Daniela (Hg.): Reiz, Imagination, Aufmerksamkeit. Erregung und Steigerung von Einbildungskraft im klassischen Zeitalter (1680–1830). Würzburg: Königshausen & Neumann, S. 127–145.

Subramanian, Balasundaram (2007): Die ‚Ästhetischen Briefe‘ als ‚Fürstenspiegel‘ der politischen Moderne. Zum Einfluß Edmund Burkes auf Schiller. In: Bollenbeck, Georg; Ehrlich, Lothar (Hg.): Friedrich Schiller – Der unterschätzte Theoretiker. Köln, Weimar, Wien: Böhlau, S. 87–121.

Sweeters, Marie-Odile (1985): Les femmes et le pouvoir dans le théâtre cornélien. In: Niderst, Alain (Hg.): Pierre Corneille. Actes du Colloque tenu à Rouen du 2 au 6 octobre 1984. Paris: Presses Universitaires de France, S. 605–614.

Szondi, Peter (1973): Die Theorie des bürgerlichen Trauerspiels im 18. Jahrhundert. Der Kaufmann, der Hausvater und der Hofmeister. Mit einem Anhang über Molière von Wolfgang Fietkau. Mattenklott, Gert (Hg.). Frankfurt am Main: Suhrkamp.

Szondi, Peter (1978a): Der tragische Weg von Schillers Demetrius. In: Ders.: Schriften. Frankfurt am Main: Suhrkamp, Bd. 2, S. 135–154.

Szondi, Peter (1978b): Versuch über das Tragische. In: Ders.: Schriften. Frankfurt am Main: Suhrkamp. Bd. 1, S. 189–288.

Szondi, Peter (1978c): Tableau und coup de théâtre. Zur Sozialpsychologie des bürgerlichen Trauerspiels bei Diderot. Mit einem Exkurs über Lessing. In: Ders.: Schriften. Frankfurt am Main: Suhrkamp, Bd. 2, S. 205–232.

Thirouin, Laurent (1997): L'aveuglement salutaire. Le réquisitoire contre le théâtre dans la France classique. Paris: Honoré Champion.

Ueding, Gert (1971): Schillers Rhetorik. Idealistische Wirkungsästhetik und rhetorische Tradition. Tübingen: Max Niemeyer Verlag.

Utz, Peter (1990): Das Auge und das Ohr im Text. Literarische Sinneswahrnehmung in der Goethezeit. München: Wilhelm Fink.

Valentin, Jean-Marie (2007): Lessing, critique de Corneille. De „Polyeucte" et „Rodogune" à la théorie de la catharsis. In: Ders. (Hg.): Pierre Corneille et l'Allemagne. L'œuvre dramatique de Pierre Corneille dans le monde germanique (XVIIe–XIXe siècles). Paris: Desjonquères, S. 295–329.

van Ingen, Ferdinand (1988): Macht und Gewissen: Schillers ‚Maria Stuart‘. In: Wittkowski, Wolfgang (Hg.): Verantwortung und Utopie. Zur Literatur der Goethezeit. Ein Symposium. Tübingen: Max Niemeyer Verlag, S. 283–309.

Viala, Alain (1985): Naissance de l'écrivain. Sociologie de la littérature à l'âge classique. Paris: Éditions de Minuit.

Vogel, Juliane (2002): Die Furie und das Gesetz. Zur Dramaturgie der ‚großen Szene‘ in der Tragödie des 19. Jahrhunderts. Freiburg im Breisgau: Rombach.

Vogl, Joseph (2002): Kalkül und Leidenschaft. Poetik des ökonomischen Menschen. München: Sequenzia.

Vogl, Joseph (2007): Über das Zaudern. Berlin, Zürich: Diaphanes.

Vom Hofe, Gerhard (1990): Die Verkündigung des „ästhetischen Staats" im höfischen Theater. Zu Schillers lyrischem Spiel „Die Huldigung der Künste". In: Aurnhammer, Achim; Manger, Klaus; Strack, Friedrich (Hg.): Schiller und die höfische Welt. Tübingen: Max Niemeyer Verlag, S. 168–183.

Voßkamp, Wilhelm (Hg.) (1993): Klassik im Vergleich. Normativität und Historizität europäischer Klassiken. DFG-Symposion 1990. Stuttgart, Weimar: J.B. Metzler.

Weber, Max (1972): Wirtschaft und Gesellschaft: Grundriß der verstehenden Soziologie. 5., revidierte Aufl. Winckelmann, Johannes (Hg.). Tübingen: Mohr.

Wegmann, Nikolaus (1988): Diskurse der Empfindsamkeit. Zur Geschichte eines Gefühls in der Literatur des 18. Jahrhunderts. Stuttgart: J.B. Metzler.

Wild, Christopher J. (2003): Theater der Keuschheit – Keuschheit des Theaters. Zu einer Geschichte der (Anti-)Theatralität von Gryphius bis Kleist. Freiburg im Breisgau: Rombach.

Wilkinson, Elizabeth Mary; Willoughby, Leonard Ashley (1977): Schillers ästhetische Erziehung des Menschen. Eine Einführung. München: Beck.

Zelle, Carsten (1995): Die doppelte Ästhetik der Moderne. Revisionen des Schönen von Boileau bis Nietzsche. Stuttgart, Weimar: J.B. Metzler.

Zelle, Carsten (2005): „Über die ästhetische Erziehung des Menschen in einer Reihe von Briefen" (1795). In: Luserke-Jaqui, Matthias (Hg.): Schiller-Handbuch. Leben – Werk – Wirkung. Stuttgart, Weimar: J.B. Metzler, S. 409–445.

Zelle, Carsten (2007): Darstellung – Zur Historisierung des Mimesis-Begriffs bei Schiller (eine Skizze). In: Bollenbeck, Georg; Ehrlich, Lothar (Hg.): Friedrich Schiller – der unterschätzte Theoretiker. Köln, Weimar, Wien: Böhlau, S. 73–86.

Zur Lippe, Rudolf (1974): Naturbeherrschung am Menschen II. Geometrisierung des Menschen und Repräsentation des Privaten im französischen Absolutismus. Frankfurt am Main: Suhrkamp.

Zymner, Rüdiger (2002): Friedrich Schiller. Dramen. Berlin: Erich Schmidt Verlag.

Personenregister

In das Register wurden vor allem historische Personen aufgenommen. Spätere Autoren finden zumeist nur Erwähnung, wenn sie eine eigenständige Theorie entwickelt haben, auf die im Fließtext ausführlich eingegangen wird.